全祖望集彙校集注

四

【清】全祖望 撰　朱鑄禹 彙校集注

上海古籍出版社

第四册目録

卷二十八　題跋二

讀史記漢興諸侯王表……二八七
讀齊悼惠王傳……二八八
讀王陵傳……二八九
讀魏其侯傳……二八九
書史記公孫弘傳後……二九一
讀魏相傳……二九一
書漢書文帝功臣表後 蔣增。……二九二
題漢書城陽景王傳後……二九二
題漢書平陽侯傳後……二九三
題漢書吴王濞傳後……二九三
讀魏志王凌傳……二九四
讀魏志曹爽傳……二九五
讀魏志鄧艾傳……二九六
書諸葛氏家譜後……二九六
跋五代史李茂貞傳後……二九七
跋宋史王益柔傳後……二九八
書宋史夏竦傳後……二九八
再書……二九九
書宋史劉元城先生傳後……三〇〇
書宋史胡文定公傳後……三〇〇

書宋史張邦昌傳後……一三〇一
跋宋史楊文靖公傳後……一三〇二
跋宋史胡舜陟列傳……一三〇三
跋宋史史浩傳後……一三〇四
跋宋史趙雄列傳……一三〇六
跋宋史楊大異列傳……一三〇七
跋岳珂傳……一三〇八
跋宋史陳謙列傳……一三〇九
跋宋史鄭丙列傳……一三一〇
跋宋史袁韶列傳……一三一〇
讀明高皇帝紀……一三一一
跋明史楊守阯傳後……一三一二
跋明史袁崇焕傳後……一三一二
跋明史朱燮元傳後……一三一三
讀明史張春傳……一三一三
書明遼東經略熊公傳後……一三一四

卷二十九　題跋三

跋庚申外史……一三一六
書蒴勝遺聞後……一三一七
跋甲乙倭變録……一三一七
讀全黔紀略……一三一八
國史唯疑跋……一三一八
跋勺中志略……一三一九
題東江事跡……一三一九
題雪廬焚餘……一三二〇
蘧編題詞……一三二〇
跋甲申十九忠臣事跡……一三二一
跋明崇禎十七年進士録……一三二三
跋綏寇紀略……一三二六

跋彭仲謀流寇志……一三二七
題戾園疑跡一……一三二九
題戾園疑跡二……一三三〇
題戾園疑跡三……一三三〇
題蝗蝻録……一三三一
題南都雜志……一三三二
題江變紀略……一三三二
再跋……一三三三
三跋……一三三三
跋梨洲先生行朝録……一三三四
再書行朝録……一三三七
題所知録……一三三七
題也是録……一三三八
殘明東江丙戌曆書跋……一三三八
讀使臣碧血録……一三三九
幸存録跋……一三四〇
續幸存録跋……一三四〇
汰存録跋……一三四一
跋三垣筆記後……一三四一
題宦夢録……一三四二
題高中丞存漢録……一三四三
題朶顔三衛宗支……一三四三
題潭西草堂憶記……一三四四
再題……一三四四
題天南逸史……一三四五
題嶺表紀年……一三四六
再題嶺表紀年……一三四七
題庚寅桂林百官簿……一三四八
粤中版授官簿跋蔣增。……一三四九
題海上遂志録……一三五〇

題桑郭餘鈐 …… 一三五〇
題視師紀略 …… 一三五一
題三山野録 …… 一三五一

卷三十 題跋四

題惲氏劉忠正公行實後 …… 一三五三
明大學士熊公行狀跋 …… 一三五四
題陸鯤庭陳玄倩傳後 …… 一三五八
題馮鄴仙尚書行狀後 …… 一三五九
蔡忠襄公傳後論 …… 一三六〇
書熊魚山給諫傳後 …… 一三六一
跋始寧倪尚書墓銘後 …… 一三六一
題薛歲星作王武寧傳 …… 一三六二
題徐俟齋傳後 …… 一三六二
題馬士英傳 …… 一三六三
題史閣部傳 …… 一三六三
題田間先生墓表後 …… 一三六四
錢忠介公崇祀録跋 …… 一三六五
讀陸太僕年譜 …… 一三六五
再讀陸太僕年譜 …… 一三六六
三讀陸太僕年譜 …… 一三六六
題徐狷石傳後 …… 一三六六
題沈端恪公神道碑後 …… 一三六七

卷三十一 題跋五

讀荀子 …… 一三七〇
跋賈太傅新書 …… 一三七一
書韓文公集後 …… 一三七二
讀石徂徠集 …… 一三七二
題雁湖注荆公詩 …… 一三七三

跋宋宗忠簡公集……一三七四
跋木筆雜鈔後……一三七四
題真西山集……一三七五
東發先生史稿跋……一三七七
跋史方叔朴語……一三七七
題史秦州友林集……一三七八
跋遺山集……一三八〇
重定中州集序目……一三八一
讀歸潛志……一三八二
題許文正公集後……一三八三
跋危學士雲林集……一三八五
再跋危學士雲林集……一三八六
書何大復集後……一三八六
題朝鮮洪樞府忍齋集……一三八七
書明詩綜後……一三八八
書甬上耆舊詩後……一三八八
書明名臣言行録後……一三八九
跋張茂滋餘生録……一三八九
跋鄺湛若嶠雅後……一三九〇
浩氣吟跋……一三九一
題萬民部履安續騷堂集後……一三九一
跋吴稚山歲寒集……一三九二
書明夷待訪録後……一三九二
題歸恒軒萬古愁曲子……一三九三
題南隄詩……一三九四
題王解州集……一三九五
湘帆堂集跋尾……一三九五
題陶丈紫笥集……一三九六

卷三十二　題跋六

柳氏水經校本跋……一三九八
清常道人趙琦美脈望館三校本水經跋……一三九九
孫氏水經再校本跋……一三九九
何氏三校本水經跋……一四〇〇
再跋何氏水經……一四〇〇
三跋何氏水經……一四〇一
沈氏水經校本跋……一四〇一
水經漸江水篇跋一……一四〇二
水經漸江水篇跋二……一四〇三
水經漸江水篇跋三……一四〇三
水經漸江水篇跋四……一四〇四
水經漸江水篇跋五……一四〇五
水經濟水篇跋……一四〇六
水經漯水篇跋……一四〇六
水經泄水篇跋……一四〇七
水經江水篇跋……一四〇八
水經灘水篇跋……一四〇八
水經涑水篇跋……一四〇九
讀胡氏資治通鑑注……一四一〇
題讀史方輿紀要……一四一一

卷三十三　題跋七

題哀江南賦後……一四一二
題蘇若蘭迴文詩……一四一三
跋韓侍郎致光贈吴顛尊師詩……一四一三
跋韓致光閩中詩……一四一四
跋唐人牛希濟荀息論……一四一五
書程尚書子糾辨後……一四一六

范少師式齋墨蹟跋……一四一六
跋袁正獻公與舒和仲帖……一四一七
吳興趙文敏公父子兄弟夫婦甥舅墨蹟跋……一四一八
跋月泉吟社白湛淵詩……一四一九
書劉文靖公退齋記後……一四二〇
書劉文靖公渡江賦後……一四二一
跋戴剡源與先泉翁倡和詩……一四二四
題蒲壽宬詩……一四二五
跋楊文懿公家訊後……一四二五
跋唐荊川與萬鹿園札……一四二六
跋豐考功札……一四二六
題石齋先生遺詩……一四二六
跋王節愍公手蹟……一四二七
錢忠介公墨蹟跋……一四二八
錢尚書牧齋手蹟跋……一四二八
高鴻臚夢箕手蹟跋……一四二九
魏庶常子一墨蹟跋……一四三〇
無名氏手蹟跋……一四三一
馮徵遠手蹟跋……一四三一
跋李昭武先生墨蹟……一四三二
跋周鄮山先生墨蹟……一四三二
跋林太常輓姜給事詩……一四三三
書毛檢討忠臣不死節辨後……一四三三

卷三十四　題跋八

跋六經奧論……一四三五
題豐氏五經世學……一四三六
書朱子綱目後……一四三七
跋劉宋周朗選舉疏……一四三七

跋王荆公改正經義劄子……一四三八
跋宋高孝兩朝御墨卷……一四三九
跋汪伯彦封事……一四四〇
跋周南仲開禧敕後……一四四〇
跋月泉吟社後……一四四一
心史題詞……一四四二
跋袁尚寶記北京營造始末……一四四三
題閑中今古録……一四四四
又題閑中今古録……一四四四
跋陳半湖聞見録……一四四四
題崇禎遺詔事實後……一四四五
書祁門張侍御請毁逆奄墓疏後……一四四六
跋柳先生年譜……一四四六
再跋柳先生年譜……一四四七
題范文正公年譜……一四四七
書郗氏族譜後……一四四八
跋槎湖張氏族譜……一四四九
跋田表聖墓志……一四四九
書宋中大夫周公家傳後……一四五〇
跋王檢正庭秀傳……一四五一
跋豐吏部宅之傳……一四五一
跋袁處州行狀……一四五二
跋袁尚寶行狀……一四五三
跋陳祭酒行狀……一四五三
書江陵張相國行狀後……一四五四
又書江陵行狀後……一四五四
跋明王晉溪尚書傳……一四五五
跋衛元嵩元包後……一四五五
跋四明尊者教行録……一四五六
題〔蟫〕〔鐔〕津集……一四五六

書道德真經三解後……一四五七
讀道德指歸……一四五七
跋黄氏道德經附注……一四五八
跋黄氏陰符經附注……一四五八
書程雲莊語録後……一四五九
再題雲莊語録……一四六〇
跋劉屏山唱道集説……一四六一

卷三十五　題跋九

跋秦泰山石刻廿九字……一四六二
跋岣嶁碑……一四六三
跋壇山石刻……一四六三
跋周文王神功二字……一四六三
漢北海相景君碑陰跋……一四六四
跋會稽禹穴窆石銘……一四六四
跋魏受命表……一四六五
跋北齊乾明碑……一四六五
跋唐則天后少林寺敕書石刻……一四六五
唐開元（祀）〔紀〕泰山銘舊本跋……一四六六
李陽冰謙卦篆書跋……一四六七
跋唐大使府墓磚……一四六七
跋薛尚功手書鐘鼎款識……一四六八
跋宋方信儒陳孔碩題名……一四六八
題王半山鄞女志……一四六九
題蔡卞重書曹娥廟碑……一四六九
金朝散胡東平神道碑跋……一四七〇
元翰林學士王文定公神道碑跋……一四七〇
跋明司經局題名碑……一四七一
跋柳州羅池廟碑……一四七一
跋歐曾兩集古録桂陽周府君碑……一四七三

跋水心先生石經春秋詩……一四七四
跋禮記石經月令……一四七五
跋孟蜀廣政石經……一四七五
跋宋嘉祐石經……一四七六
廖氏世綵堂韓文跋……一四七六
跋舊槧三蘇文集後……一四七七
題重刊宋本廣韻後……一四七八
跋乾道四明圖經……一四七九
跋四明寶慶開慶二志……一四八〇
再跋四明寶慶開慶二志……一四八一
三跋四明寶慶開慶二志……一四八一
延祐四明志跋……一四八二
再跋延祐四明志……一四八二
至正四明續志跋……一四八三
成化四明志跋……一四八三
跋寧波簡要志……一四八四
它山水利備覽跋……一四八四

卷三十六　論一

春秋五霸失實論……一四八六
春秋四國强弱論……一四八八
秦穆公論……一四八九
楚莊王論……一四九一
叔仲惠伯論……一四九二
論華元劫盟事……一四九四
孔子正名論……一四九四
萇弘論……一四九六
亡吴論……一四九八
越句踐論……一五〇一
信陵君論……一五〇二

卷三十七　論二

諸葛孔明入蜀論……一五〇五
司馬孚王導論……一五〇七
陶侃論……一五〇九
謝安論……一五〇九
袁憲論……一五一〇
韓柳交情論……一五一一
李習之論……一五一二
杜牧之論……一五一四
唐天祐紀年論……一五一六
唐李克用元擴廓論……一五一七
晉開運用兵論……一五一八
周世宗論……一五二〇
宋澶淵親征論……一五二三
曲端論……一五二三
劉錡論……一五二六
論謝上蔡應城事……一五二八
明毅宗南遷論……一五二九

卷三十八　論三

漢經師論……一五三二
唐孔陸兩經師優劣論……一五三四
三家易學同源論……一五三五
周程學統論……一五三七
律呂空積忽微論……一五三八
水旱變置社稷論……一五三九
宅經葬經先後論……一五四一
門生論……一五四三
破惑論蔣增。……一五四五

卷三十九　議

亞聖廟配享議上……一五四六
亞聖廟配享議中……一五四七
亞聖廟配享議下……一五四九
前漢經師從祀議……一五五〇
唐經師從祀議……一五五一
尊經閣祀典議……一五五三
章文懿公從祀議……一五五四
祀先蠶議……一五五六
請修舉兩制故事議……一五五七
右科取士規制議……一五五八
請復服内生子律議……一五六〇
請考正承重服制議……一五六二
重修蛟蜃二池議……一五六三
重浚鄞三喉水道議……一五六四
重浚古小溪港議……一五六六
改高橋張俊廟議……一五六七

卷四十　考

毛詩初列學官考……一五六九
周禮正歲正月考……一五七一
古車乘考……一五七二
歷代封爵考……一五七五
彭城五諸侯考蔣增。……一五七七
祁連山考……一五七八
燕雲失地考……一五八〇
揚子雲生卒考……一五八二
陶淵明世系考……一五八四
河東柳氏遷吳考……一五八五

通鑑分修諸子考……一五八七
阿育王寺十二題考……一五八八
續甬上賜府考……一五八九
董徵君墓考 蔣增。……一五九一

卷四十一　簡帖一

奉方望溪前輩書……一五九二
奉望溪先生論喪禮或問劄子……一五九四
與鄭筠谷宮贊論嗣君承重服制帖……一五九六
答施瞻山問天文二十四時帖子……一五九七
答施瞻山問鐘聲不比乎左高帖子……一五九九
答李嶧陽問開方法帖子……一六〇〇
答陳杏參問律呂星野配合帖子……一六〇三
奉慈溪馮明遠先生論燕號封國書 蔣增。……一六〇五
與鄭筠谷宮贊論猗嗟詩序書……一六〇六
答吴中林通守論康誥三篇書……一六〇七
答董映泉問吴草廬易纂言外翼書……一六〇九
答陳時夏先生問杜氏長暦帖子……一六一一
與謝石林御史論古本大學帖子……一六一二
答朱憲齋辨西河毛氏大學證文書……一六一三
與徐徵君惠山論春秋指掌圖帖子……一六一五
答鄭筠谷宮贊論朱氏經義考帖子……一六一六
與施東萊論六經奥論中解溝洫帖……一六一八
答萬九沙先生辨尚書象恭滔天帖子……一六一九
與李元音論左江樵易義帖……一六二〇
與葛巽亭論易剥卦貫魚帖……一六二二
答杭堇浦辨毛西河述石經原委帖……一六二三
答史雪汀論孔門門人弟子帖子……一六二五

卷四十二　簡帖二

答沈東甫徵君論唐書帖子……一六二八
論唐書宗室世系表一則柬沈東甫……一六三〇
答沈東甫問李茂貞地界柬……一六三一
答王十一兄敬朗論五代史天德軍建節始末帖子……一六三三
答史雪汀問宋瀛國公遺事帖子……一六三五
與杭堇浦論金史第一帖子……一六四〇
與杭堇浦論金史第二帖子……一六四一
與杭堇浦論金史第四帖子　第三帖子已入內集。……一六四三
與杭堇浦論金史第五帖子……一六四五
移明史館帖子一……一六四六
移明史館帖子二……一六四八
移明史館帖子三……一六四九
移明史館帖子四……一六五一
移明史館帖子五……一六五三
移明史館帖子六……一六五四
移廣東志局論佟督不當立傳帖……一六五五

卷四十三　簡帖三

與陳時夏外翰論通鑑前後君年號帖……一六五七
新舊五代史本末寄趙谷林……一六五八
答史雪汀問十六國春秋書……一六五九
答臨川先生問湯氏宋史帖子……一六六一
答趙徵君谷林問南宋雷樞密遺事帖子……一六六二
答臨川先生論慶元黨籍鄭湜帖……一六六三
答陳時夏先生論鄂忠武王從祀帖……一六六五
奉浙東孫觀察論南宋六陵遺事帖子……一六六七

再奉觀察孫公帖……一六六八
答史雪汀問六陵遺事書 蔣增。……一六七〇
與史雪汀論行朝録書……一六七五
答陸聚緱編修論三藩紀事帖子……一六七七
與趙谷林辨嘯臺集中紀蒼水事跡書……一六七八
與紹守杜君札……一六八〇
柬萬丈孺廬問徐巨源事實書……一六八一

卷四十四　簡帖四

奉臨川先生帖子一……一六八三
奉臨川先生帖子二……一六八五
奉臨川先生帖子三……一六八七
奉臨川先生帖子四……一六八八
奉臨川先生帖子五……一六九一
答臨川先生問淳熙四君子世系帖子 蔣增。……一六九二
與鄭南谿論明儒學案事目 十一條……一六九三
答諸生問南雷學術帖子……一六九七
答諸生問榕村學術帖子……一六九九
奉萬九沙先生問任士林松鄉集書……一七〇〇
奉萬西郭問魏白衣息賢堂集書……一七〇二
奉九沙先生論刻南雷全集書……一七〇四
與盧玉溪請借鈔續表忠記書……一七〇六

卷四十五　簡帖五

水經湛水篇帖子柬東潛……一七〇八
水經潞水篇帖子柬東潛……一七〇九
水經列葭水帖子柬東潛……一七一一
水經渚水帖子柬東潛……一七一二

水經斯洨水帖子柬東潛……一七一三
水經雍水帖子柬東潛……一七一四
水經漥水篇帖子柬東潛……一七一五
水經夏肥水帖子柬東潛……一七一六
水經嶓冢山帖子柬東潛……一七一七
答沔浦房師一統志稿書……一七一八
答陶稺中編修論江省志稿書……一七一九
奉馮茗園前輩論姑蘇姑胥地名帖……一七二一
答陳時夏先生論漢壽得名帖……一七二二
與施東萊論明代以北京爲行在帖……一七二三
答張石癡徵士問四大書院帖子……一七二四
答趙誠夫論褚塘小誌帖……一七二五
答萬九沙編修問史參政遺事帖子……一七二七
答九沙先生問史樞密兄弟遺事帖子……一七二九
答九沙先生問史學士諸公遺事帖子……一七三〇
與沈徵君彤論沈氏家傳書……一七三三
答董愚亭兄弟論董氏宗譜書……一七三四

卷四十六　簡帖六

説杜工部杜鵑詩答李甘谷（蔣增。）……一七三六
答胡復翁都憲論義山漫成五章帖子……一七三七
奉答謝石林侍御論碑版故事帖子……一七三九
與唐丈南軒論漢隸書……一七四一
辨隸古書分書真書答董罘圃（蔣增。）……一七四二
與厲樊榭論機神廟祀書……一七四三
寄江都朱憲齋戲語祀司命帖子……一七四五
答施東萊問明代誥敕帖……一七四五
巡撫不得稱中丞帖子示董生……一七四六
答陳南皋論太守稱明府帖……一七四八
答族人祭始祖以下書（蔣增。）……一七五〇

與厲樊榭勸應制科書……一五一
答姚薏田書……一五二
與趙谷林兄弟書……一五三
奉方望溪先生辭薦書……一五五
與友人絶交書……一五六

卷四十七　雜問目

答杭堇浦石經雜問　八條……一五九
答杭堇浦北齊書雜問　六條……一六二
答李朝陽唐書雜問　六條……一六三
答臨川先生雜問　五條……一六六
答沈東甫徵君文體雜問　六條……一六八
答厲樊榭宋詩人問目　四條。|蔣增。……一七一
答諸生問思復堂集帖　十五條……一七二
奉答萬九沙編修寧波府志雜問　八條……一七五
奉寄萬九沙編修論寧志補遺雜目　七條……一七七
奉答萬九沙編修寧志糾繆雜目　十條……一八〇
答葛巽亭日湖故事問目　六條……一八三
答蔣生學鏞問湖上三廟緣起　三條。|蔣增。……一八五

卷四十八　雜著一

武王不黜殷辨　以下十八首|蔣增。……一八九
江源辨……一九一
辨宋祁漢書校本……一九三
辨南史陸法和傳……一九四
辨鄞江先生墓志……一九六
崇教寺楊義婦事紀疑……一九七
辨李國楨事……一九八
原緯……一九九

原命……一八〇一
原社……一八〇三
釋奥……一八〇四
釋竈……一八〇五
先聖前母祀典或問……一八〇六
左氏謚説……一八〇八
文説 二首……一八〇九
禁原蠶説……一八一〇
説蘋婆果……一八一一

卷四十九　雜著二

記項燕事補注六國年表後 以下二十二首
|蔣增。……一八一三
拾漢豫章太守賈萌事……一八一三
記王荆公三經新義事附宋史經籍志……一八一四
記先少師事……一八一五
記宋湖心寺浮屠妙蓮治錢唐江事……一八一六
記王之明事……一八一七
記馬士英南奔事……一八一八
記許都事……一八一八
拾中丞高公郎陽舊卒事……一八二〇
記方翼明事……一八二二
記石齋先生批錢蟄菴詩……一八二二
浙西分地録……一八二三
浙東分地録……一八二四
百粤分地録……一八二六
鄞西湖十洲志……一八二七
甬上寓公偶志……一八二九
招寶山鐵符志……一八三〇
志懸磁葑廟緣起……一八三一

志阿育王寺舍利始末……一八三三
吴綾志……一八三四
車螯志……一八三五
大算袋魚志……一八三五

卷五十　雜文

祝萬九沙前輩七秩序……一八三六
李甘谷五十序……一八三八
錢芍庭七十序……一八四〇
董鈍軒六十序……一八四一
董遜齋母李太君七十序……一八四二
祭蒼水張公文……一八四三
錢忠介公大像繪成重題栗主入祠祭文 代錢濬恭作。……一八四四
合祭錢張二公文……一八四五
合祭錢張二公於砌街李氏文……一八四五
祭楊元徽明府文……一八四六
剡源二哀 有序……一八四八
哀石將軍廟古樹辭 有序……一八四九
五嶽遊人哀詞 同陳南臯、李甘谷。……一八五一
蕺山講堂策問……一八五三
端溪講堂策問一……一八五四
端溪講堂策問二……一八五六
端溪講堂條約 四條……一八五七

鮚埼亭集外編卷二十八

題跋二

〔李評〕此卷論史，較論經爲精。蓋謝山於經學博而不核，又爲宋儒學究氣所錮，遂致識見偏狹，無能發明。史學則自爲精密，南宋、前明尤其專門名家之學也。

讀史記漢興諸侯王表

史公作漢表，一往棼錯，其於韓王、代王尤甚。按高帝二年十月，使韓太尉信擊韓王鄭昌，降之，即立信爲韓王。六年正月，以雲中雁門代郡立兄喜爲代王，同日以太原郡爲韓國，徙信封之，都晉陽。已而信請治馬邑，許之。蓋割代國支郡雁門之馬邑以爲信都，非徙王代也。史公於秦楚之際月表二年，已書信之封韓，而五年則書曰『信徙代』，不知信未嘗稱代王，其謬一也。且信移治代之馬邑亦在六年，非五年，其謬二也。乃於漢興諸侯王表則曰『高帝二年，信元年，都馬邑』，則又以信初封即在馬邑，其謬三也。五年曰『信降匈奴，國除』，則信尚未徙封而已降，其謬四也。

乃若代王喜以六年封，以七年失國，九年立皇子如意爲代王，九年徙如意爲趙王，而代不置國，十一年始立文帝爲代王。今年表則曰『九年喜失國』，是滅〔校〕黄本作『滅』。如意之年以增喜之年，其謬一也。又曰『是年復置代，都晉陽』。按九年代未嘗復置；且復置，則其王爲誰？其謬二也。文帝王代，始都晉陽，前此皆都代，亦不得曰『九年都晉陽』，其謬三也。

讀齊悼惠王傳

齊哀王首舉兵以誅諸吕，其相召平不從而死，賴魏勃以集事，則平固應誅，而勃當封。乃吾觀功臣侯表，文帝封召平子奴，而勃大爲灌嬰所責，則何也？曰：是漢君臣有爲爲之也。蓋平殆守常而不達事變之人，非吕黨也。而文帝已深知後世必有藩國之禍如吴、楚、淮南、燕者，故其封召奴，所以振張尚、王悍、韓義輩之名節也，即灌嬰之責魏勃，亦所以預防閒忌、伍被之徒也，有憂患焉。雖然就事言之，則未爲得其平，非中道也。斯濟北王〔校〕黄本無『王』字。所以怏怏而啓釁也。

讀王陵傳

曲逆侯、絳侯之對，王丞相何其料事之神也。致堂謂二侯奚以知己之必後太后而死？吾以爲此二侯既成功，史家從而夸其詞耳。觀曲逆侯自請居禁中，方且避禍之不暇，何嘗有成算哉？倘有成算，則是時二侯既籌之熟矣，其後事將決裂，猶且燕居深念，計無所出，直待陸賈進交驩之説，而始恍然大悟，以五百金爲絳侯壽，何也？史家於此亦自相矛盾而不知矣。吾意二侯之對，必曰：方今柄在太后，姑從之，而徐圖之，此則近於人情矣。史家附會之語，芟之可也。

讀魏其侯傳

太史公淺人也。其以竇嬰與田蚡合傳，三致意於枯菀盈虛之間，所見甚陋。凡太史公遇此等事，必竭力形容之，雖曰有感而言，然不知嬰、蚡之相去遠矣。漢之丞相，自高惠以至武昭，其剛方有守可以臨大節者，祇四人：王陵、申屠嘉、周亞夫及嬰也，故予嘗謂亞夫當與嬰合，而嬰不應與蚡合。亞夫與嬰並以討七國有名，其功同；並以争廢太子見疏，其大節同；並不得其死，其晚景亦同。嬰之傳中，但當序其討七國，争太子，崇儒術，以見其長；而於其末，略敘其爲蚡所陷以死，至於灌夫等事，則別見之蚡傳可也。蚡本不應立特傳，〔校〕黄本作『特立傳』。但當與後此之淳于長，同附外戚傳中可矣。嬰有臨大節之勇，而惜乎其不學，雖崇儒術，而未嘗有得。向能杜門養晦以息機，則淮南之禍，蚡必族；蚡既族，嬰必再相；嬰得再相，必能引進汲黯之徒有大節者，而與之共事，不亦善乎？乃以牢落之故，喪其身於灌夫，此則吾所以爲嬰惜也。

雖然，三代以後，人才難得，終漢之世，其可以繼此四人者，元帝時蕭望之，（武）〔成〕帝時王商，哀帝時則王嘉。望之與嘉又稍參以儒術，其餘皆不足以當臨大節之一語，然則嬰豈可與蚡同傳哉。

〔李評〕司馬氏之史記，乃其有託之文，體例雖或未純，而具有深意。後之人得其一者，便足稱良史。凡事創始者難，繼述者易。子長此書，開闢鴻濛，遂爲萬世秉筆者之祖，而後之迂儒小生，或執章句以議其事之失實，或據私見以譏其言之失倫，皆蚍蜉之撼大樹也。如謝山者，不如當龍門斯僕之役，而目之曰『淺人』，是亦妄人焉已矣。

〔又評〕武安固不及魏其，然其人英毅闊達，又能佐武帝崇儒術，亦相才也，何得與定陵侯比。且史家立傳，苟非賢不肖甚相遠者，不必斤斤氣類之同異爲分合也。子長以嬰、蚡同傳，政以其事終始相比，依次敘述，曲直自明，與袁盎、鼂錯等傳同例。謝山云云，蓋其受宋人之愚，務欲以書法盡史家能事，所謂學究氣也。

書史記公孫弘傳後

西京雜記：公孫弘起家於齊爲丞相，故人高賀從之，弘食之脱粟，覆以布被。賀怒曰：『何用故人富貴爲？脱粟布被，我自有之。』弘慙。賀告人曰：『公孫内服貂蟬，外衣麻枲；内廚五鼎，外膳一殽；云何以示天下？』於是朝廷疑其矯焉。弘聞，歎曰：『寧逢惡賓，不逢故人。』列傳言弘奉禄皆給賓客，家無所餘。今以雜記之言觀之，恐亦虚矣。汲黯廷詰，雖略得其大概，要之發露隱情，不若此之盡也。

讀魏相傳

厚齋謂弘恭、石顯之禍，開於弱翁，蓋其由許廣漢以進，亦刑人也，不能制恭、顯，宜矣。近者何學士義門非之，謂弱翁欲由許氏以發霍、顯弑后之奸耳，附會宦官，則非其所爲也。予讀褚先生續史記：『相以府掾陳平等劾中尚書，坐之大不敬，長史以下皆死，或下蠶室。』是則弱翁阿附宦官之明文也。宣帝以刑餘爲周、召，其所由來者漸，而宰相因以之逢君。厚齋未曾引及此，而義門亦考之未詳也。少孫之書，時亦有足采者，此類是也。

書漢書文帝功臣表後

文帝封誅諸吕功臣，殊不叶人意，如城陽、濟北、平陽、曲周而外，陸賈亦未賜爵，而獨封召平之子，豈以齊哀王之起兵爲反耶？如以齊爲反，則文帝自代來，殪少帝，是亦反也。總之因諸臣初有立齊王之議，而賞罰俱失其平，不謂醇厚如帝而有此。

題漢書城陽景王傳後

城陽、濟北二王並預誅諸吕之謀，而論功則城陽更大。文帝以其初將立齊王而絀之，亦已隘矣，遂使濟北卒以失職反，而城陽獨不有怨望之跡，賢哉！抑不獨無怨望之跡而已，吴、楚反時，膠西連絡諸齊，時齊國分爲七王。其四皆同之齊，濟北王志亦與之，獨不及城陽。史記載諸齊之語曰：『城陽景王有義，攻諸吕，弗預，事定分之耳。』是可以見城陽失職，不改忠節，且能素約敕其子孫。故諸齊逆料其不從，得免汙染，城陽真不可及哉。班史削去此語，予特表而出之。

題漢書平陽侯傳後

高帝世臣，當諸吕時，平陽侯曹窋功最盛，次之曲周侯子酈寄，而事定論功不及焉。平陽爲御史大夫，即以文帝元年免。及景帝時，曲周并失侯矣。予嘗謂文帝亦少恩，當時大臣論功，亦難逃其責也。然二人者，不媿於高帝矣。

題漢書吴王濞傳後

七國既敗，乃下詔令諸將以多殺爲功，想見天姿〔校〕黄本作『資』。之刻薄，追思殺三公以謝七國，不亦恥乎？予嘗謂景帝最庸，唐昭宗尚不肯遽害杜讓能，景帝出其下矣。既敗而始令多殺，何不追雪三公耶？

讀魏志王淩傳

王淩謀討司馬懿而不克，懿以軍至，雖五尺童子亦自知不克全矣，而謂面縛出降以望生，無斯理也。又謂淩乘船徑就懿，爲懿所拒，至中途乞灰釘以嘗懿之意，而懿予之，始自裁。淩之庸謬果如此，豈能討懿者，亦不應爲當時人望所屬矣。又謂懿臨死時，見淩爲祟，則淩之神明早澌滅於請降、請灰釘之日，而死後能復振乎？此史臣謬采誣善失實之詞，而不知其非也。

曰：然則史之所記非乎？曰：此乃司馬家兒所以謗淩之詞也。淩志大而才疏，其敗也，必有麾下内應於懿，縛之以降者；其乞灰釘也，蓋惟恐不速死，而非有冀於懿之宥之也。夫然，故大呼賈逵之字以求諒於神。温公修通鑑亦仍舊史之謬，不可解也。

〔蔣評〕二十二史中，晉書最舛謬，直出魏收穢史之下，所載王淩事，非特面縛出降爲誣，即請灰釘亦非其實，或懿特賜灰釘，促其死耳。先生辨其一，而猶存其一，或於當日情事尚未覈。

讀魏志曹爽傳

舊史不平之事，有二大案焉：其一爲曹爽，其一爲王叔文、王伾。爽以曹氏宗支，有見於司馬氏之難制，奪其官，思以張王室，不可謂非，而不自知駕馭奸雄之非其才也，委任何、鄧而又非其才也，遂見覆於司馬氏。既覆，而司馬氏百端造謗以加之，史臣從而書之，居然下流之歸矣。

叔文、伾有見於宦官之難制，奪其兵，思以張王室，不可謂非，而不自知中貴之勢之極重而難返，而二人非其才也，委任八司馬而又非其才也，遂見覆於宦官。既覆，而宦官百端造謗以加之，史臣從而書之，居然下流之歸矣。

叔文、伾之事，范文正公頗昭雪之。今上又取其言而表之，可以稍爲平反。〔李注〕國朝諸儒之爲伾、文雪者：田氏雯古懽堂集，馮氏景解春集，陳氏祖范司業集，王氏鳴盛十七史商榷。而王氏之言，尤反覆詳明，足爲千古定案。而爽之冤，千古無言之者。嗚呼！八司馬當時幸而不死，皆有文章經術傳於世，故後人尚有昭雪之者，何、鄧實亦八司馬之流，〔校〕黄本無『當時』至此三十三字。浮躁率露則有之，其心豈有他哉？身罹重典，不復邀有心人之原諒，其可傷也。

雖然，叔文、伾無兵柄，八司馬亦不過才人耳，故不足以制宦官。爽有兵，又有桓範之謀，而不能用，則誠癡兒也。〔蔣注〕懿既閉城拒爽，雖用桓範之謀奔許都，亦終非懿敵。特所謂『不失作富家翁』者，則晉史之誣耳。

讀魏志鄧艾傳

鄧艾之將略雄矣，然其人則粗疏，以故爲鍾會所播弄而不自知。以此觀之，昔人謂江油之師可坐〔校〕黄本作『生』。縛者，亦非過也。

書諸葛氏家譜後

方遜志謂諸葛兄弟三人，才氣雖不相類，皆人豪也。當司馬昭僭竊之時，征東拒賈充之言，起兵討之，事雖無成，身不失爲忠義，豈非大丈夫乎？世俗乃以是訾之，謂漢得龍，吴得虎，魏得狗，爲斯言者，必賈充之徒，揚雄所謂『舍其沐猴而謂人沐猴者』，善哉斯言。〔校〕黄本無上四字。

予觀東漢之末，東南淑氣萃於諸葛一門，觀其兄弟分居三國，世莫有以爲猜者，非大英雄不能。厥後，各以功名忠孝表著，而又皆有令嗣，何多材也。東吴自周瑜、魯肅既亡，苟安偷息，莫敢謀及北方。

太傅惓惓出師，差强人意，惜以不密殞命。逆臣腐儒嘵嘵，所謂成敗論壯士者耳。太傅不死，北方未得高枕卧也。衛將軍父子仗節，爲兩漢四百餘年任（綢）〔綱〕常之重，蜀志尚多貶詞，可謂無人心者。副軍師終身不向晉室而坐，峥嶸龍種，要不與狐兒鼠子等也。〔一〕

跋五代史李茂貞傳後

日知録據薛昌序鳳翔法門寺碑，謂：『碑以天祐十九年立，而其文已稱茂貞爲秦王，則前乎同光之二年，茂貞先自稱秦。』按資治通鑑考異曰：『茂貞改封秦王，薛史無的確年月。實録同光元年十一月壬寅，秦王茂貞遣使賀收復，自後皆稱秦王。至二年二月辛巳制「秦王茂貞可封秦王」，豈有秦王封秦王之理，必至是時始自岐封秦也。』據此，則茂貞稱秦，唐莊宗實録可證，顧氏偶失記也。若温公謂無以秦封秦之理，疑其未嘗自稱，則又非也。茂貞之封岐王，乃唐所命，其稱秦，則私署耳。莊宗以新天子錫命諸藩，即其所自稱而授之，理當然也。尹洙五代春秋『開平二年秦人來寇雍州』，至『同光二年秦王

〔一〕〔蔣注〕朱子録古今父子忠於國者，欲取諸葛瞻。而南軒以浪戰亡國詆之。其實南軒亦不記富平、符離之敗爲誰，可謂目不見睫者也。〔嚴注〕張宣公撰諸葛武侯傳，其譏瞻尤甚，要之非平允之論也。

茂貞薨』，皆書秦不書岐。而何光遠鑑誡録：『馮涓告蜀主，莫若與秦王和親。』然則開平篡唐，茂貞即以秦王稱制矣，通鑑始終書岐王，誤也，因牽連書之，以申顧氏之緒。

跋宋史王益柔傳後

〔校〕黄本列跋宋史袁韶列傳後。

王益柔在熙寧時老矣，而通鑑之成，他人讀之，僅一紙即欠伸思睡，獨益柔讀之終卷，何其老而好學耶。進奏院之會，雖小人借之以傾君子，但益柔所爲傲歌『欹倒太極命帝扶，周公、孔子驅爲奴』，則不可爲訓也。其禍蓋自取之。〔一〕

書宋史夏竦傳後

明崇禎間流寇之亂，楊督師榜於路曰：『有能得張獻忠頭者，封萬户侯。』甫翼日，而幕府堂皇庖壁

〔一〕〔李注〕此乃當時爲石曼卿、杜默一輩人習氣所染。予觀蘇子美雖有才氣，然狂而不適於用，歐公以爲執友，又杜祁公之壻，遂不無標榜增重耳。

〔嚴校〕『壁』當作『湢』。之間，亦有榜曰：『有能得楊嗣昌頭者，賞銀三錢。』督師以是失魄，卒喪師殞身。

偶讀孔經父說叢，則固有先乎此者：夏竦西征揭塞云：『有能得元昊頭者，賞錢五百萬貫，爵西平王。』已而市中有榜亦云：『有能得夏竦頭者，賞錢兩貫文。』夏遂大沮。嗚呼！猾虜行事，不約而同如此。夏氏之得以功名終者，幸也。

經父又言：『夏議合五路進討，凡五晝夜，屏人絶吏，密處置軍馬糧餉等事，封鑰一大櫃中。一夕失之，夏進兵之議遂格，懇乞解罷。』然則使夏終迷不復，必有如獻賊中道劫取督師令箭翻城之事。草竊之徒，亦可畏矣。

再書

夏安期在宋史頗多褒語，而經父言其奔喪至京師，館中同舍謁見，不哭，坐榻茶橐如平時。安期之死，其子伯孫亦如此。嘻，異矣！

書宋史劉元城先生傳後

朱子曰：『忠臣殺身不足以存國，讒人搆禍，無罪就死。劉莘老死不明，今其行狀似云死後以木匣取其首，或云服藥，皆不可考。國史此事，是先君修正，云：「劉摯、梁燾相繼死嶺表，天下至今哀之。」又云：「范淳夫死亦可疑，雖其子孫備載其死事詳細，要之深可疑。」又云：「當時多是遣人恐嚇之，監司州郡承風旨者皆然，諸公多因此自盡。」』予初猶疑其語，今觀元城傳中所載蔡京累遣人脅害之事，乃知朱子之言，不盡出傳聞之過也。嗚呼！元祐黨人，竟何罪而至此。〔一〕

書宋史胡文定公傳後

致堂、籍溪、五峰、茆堂四先生，並以大儒樹節南宋之初，蓋當時伊、洛世適，莫有過於文定一門者。

〔一〕《蔣注》淳夫之死，觀東坡集，恐未必如朱子之言。元城亦勁直，即州郡恐嚇，何至遽自盡，或惇、卞輩遣人害之耳。觀此陳了翁事，則元城不應惶急如此。

四先生殁後，廣仲尚能禪其家學，而伯逢、季履兄弟，遊於朱、張之門稱高弟，可謂盛矣。宋史别列籍溪於隱逸，不知是何義例。籍溪雖立朝不久，然再召適當秦相諱言之後，一時誦其輪對疏者，以爲朝陽之鳳，固不可謂之潛德終淪者矣。况淵源實建安所自出，雖建安謂其講學未透，要不可不列之儒林也。

茆堂還朝，秦相問令兄有何言，對曰：『家兄致意丞相，善類久廢，民力久困。』秦相已愠，因謂茆堂曰：『先公春秋議論好，只是行不得。』茆堂曰：『唯其可行，方是議論。』又問柳下惠降志辱身，如何？茆堂曰：『總不若夷、齊之不降不辱也。』遂以書勸其避相位，以順消息盈虚之理。秦相愈怒，一日，忽招茆堂飲，意極拳拳，歸而臺章已下。宋史衹載其蔡京之對，且謂因致堂與秦相絶，遂并罷，不知茆堂自不爲秦屈，不一而足，非以致堂之牽連也。

予擬重修宋史，謂宜考諸胡祖孫三世顛末，合爲一傳以表之。

籍溪少嘗賣藥，其後書堂中尚有『胡居士熟藥正鋪』牌，卒成一代儒者，真人豪哉。

書宋史張邦昌傳後

靖康之難，馬時中抗詞以復辟事申邦昌，徐師川挂冠以去，至以昌奴呼其婢，皆得書於國史。而此外，如吴亨仁已僅僅附見於時中傳，至喻汝礪之捫膝不屈，則竟泯然矣。喻以知名士淪落，況其下焉者乎？虹縣尉徐端益不拜僞赦，堂吏張思聰亦首建反正之議，雖其人微，然即此一節已自足傳，顧僅見於華甫先生集，可歎也。

跋宋史楊文靖公傳後

楊文靖公之子安止，本傳言其力學通經，亦嘗師事程子，然於其出處大節則不書，不知其何意也。朱子言：胡和仲嘗勸秦丞相，以相公當國日久，中外小康，宜請老，以順消息盈虚之理。秦曰：『我尚未取中原。』和仲曰：『若取中原，必須用兵，相公是主和議者。』曰：『虜自衰亂，不待用兵可取也。』其後安止亦有劄子，勸之去位。秦大率如對和仲者，於是不樂安止，遂坐此去國。不然，安止亦須爲從官，然則安止真不媿爲文靖子矣。

初，汪聖錫在三山刊文靖集，安止令姑弗入奏議於其中，蓋以當時尚多嫌諱，亦文靖所定道鄉先生集中之例也。朱子謂文靖晚年出山一節，世多疑之，奏議尤不可不行於世。安止聞之，遽梓之於延平。蓋程門四先生：定夫後人曾爲秦丞相所挽，而其人不甚發揚，至使其從昆弟竊取定夫所解論語，以獻於秦。上蔡三子：一死楚，一死閩，祇克念者，紹興中漢上奏官之，而遽卒。與叔則無聞焉。其有聲者，惟楊氏耳。

安止官終判院，而水心謂文靖卒於紹興丙辰，七十年來無仕者，又不可解也。

跋宋史胡舜陟列傳

胡待制不附秦檜以致殺身，本傳載之甚詳。而羅鄂州新安志不書焉。篁墩以爲鄂州終以其父之嫌，不盡所言。鄂州賢者，豈有此耶？及見朱子褒録高登狀，言待制官静江，因檜父曾令古縣，欲爲立祠，高方爲令，持不可，待制誣以罪，下獄鍛鍊之，訖無罪狀而止。然則待制非能忤秦檜者也。當時忤檜之人，本非一輩，容有求附於檜而反忤之者，待制即忤檜，亦此輩耳。

後村集謂待制逮捕高母死舟中，高航海投匭上書，乞納官葬母。檜素蓄憾，即下高静江獄，比至而待制爲漕使吕源發買馬事，先下吏死，有天道焉。嗚呼！待制恂恂儒者，常命其子仔采摭經傳，作孔子編年五卷，又嘗請復孟子於講筵，末路如此，良可惜也。

高於靖康中，已與陳東上書，力陳六賊之罪，又言金人不可和，卒忤檜以死。朱子既請於朝，又與留衛公言之，始得贈恤，而宋史不爲立傳，誣善失實，一至於此。〔李注〕高登，宋史卷三百九十九有傳，與鄭轂、仇悆、婁寅亮、宋汝爲四人同卷。

跋宋史史浩傳後

吾鄉史氏，一門五宰執。忠定〔嚴注〕史越王初謚文惠，改謚忠定，自當從其後者。謝山喜稱謚號、國爵以炫博，故於越王，或稱文惠，或稱忠定，不肯一例。此篇前後兩稱，尤足惑人。雖以阻恢復事爲梅溪所糾，然其立朝，能力薦賢者。乾、淳而後，朱、陸、陳、呂、楊、舒諸公，皆爲所羅，而使諸子與楊、舒諸公遊，尤可敬，故終當在正人之列。其一參政，二丞相，一樞密皆不免清議。

史臣特著獨善先生〔嚴注〕彌鞏，浩之姪。及璟卿、蒙卿三公，世有補宋宰相世系表者，史氏可以生色矣。然諸史中，尚多賢者，不祇三人而已。

文惠少子彌堅，累官潭州安撫使，其平土寇，行義倉，極爲真文忠公所稱，累勸忠獻〔嚴注〕彌遠謚。辭相位，不聽，遂食祠禄於家凡十六年，加資政殿學士。吴泳鶴林集内制行詞有曰：『在熙寧則不黨於熙寧，如安國之於安石；在元祐則不黨於元祐，如大臨之於大防。』寧宗御書『滄洲』二字賜之。卒謚忠宣。〔李注〕錢氏宋史考異：『理宗紀，端平元年六月詔，故端明殿學士開府儀同三司史彌遠，贈資政殿大學士，謚忠宣。此別是一人，非彌遠也，當是刊本之譌。』據此，則竹汀未及見先生集外文也。宋人有書判清明集，皆以載能吏之最著者，彌堅豫焉。

文惠從子彌應，嘉定七年進士，不爲諸兄弟所喜，交游之來言時事者，輒退之。陳習菴序其詩曰：『余外家赫奕寵榮，蟬鼎相望，獨舅氏自樂翁常羅讒退，閉門求志，行吟空山，有詩數卷，宣患難之所志，傳逸度於將來。仕終寧海尉。其詩後爲宋梅磵所刻，以爲耿介拔俗之語，瀟灑出塵之作，世所傳自樂山吟者也。』習菴大儒，許與不苟，則自樂亦史氏之君子也。

又朝奉大夫守之，文惠孫也，心非叔父所爲，中年避勢遠嫌，退居月湖之陽，著升聞録〔校〕黄本『升』作『異』。以寓諷諫，與慈湖諸先生講肄不倦，寧宗書『碧沚』二字賜之。忠獻每有所作，必曰：『使十二郎知否？』

愚以爲當合忠宣、自樂、朝奉爲一傳，獨善與蒙卿爲一傳，璟卿别爲一傳，合爲一卷。碧梧翠竹，以類相從，庶潛德不終湮，而宗衮亦未嘗不籍以吐氣也。

〔李評〕文惠之主和議，周公謹齊東野語中載其與張魏公往復語甚詳，可謂老謀深識，不得與秦會之並論。其後魏公出師之效何如耶？迂儒小生，動以阻恢復爲文惠罪，雖謝山亦仍其謬説，可歎也。恢復之義固正，要當論其時勢。秦氏枋國時，韓、岳、劉、吴諸名將皆在，金人草創中原，規制未定。其時主和議者，真罪人也。後世若丘瓊山輩猶以此稱秦檜者，是邪説也。文惠當國時，宿將已盡矣，□□洛陽，金人久設重鎮矣，其勢已成，敗盟必不利，故文惠極力持之。倘必以和爲罪，則韓侂胄之謀恢復，何以世又罪之耶？如謂韓固小人，其所爲無足取，則端平時，當國者鄭靖之，非小人也，何以入洛之役，世又議之耶？大抵世人過尊朱子，又因南軒而及其父，遂謂魏公無一不當，與異議者便非正人，何其陋歟。

跋宋史趙雄列傳

趙衛公相孝宗，力主規恢，又有保全朱子之功，然其晚年乃排南軒先生，則大累平生矣。本傳直書其事。古之名臣，往往一生多所建樹，而但以一二節爲人所少者，真可惜也。

特衛公有良子，開禧中殉蜀難，史臣没而不書。因歎唐有宰相世系表，則雖瑣瑣任子皆得附名汗簡，而宋之脱略至此，不可謂非不幸矣。

程史：衛公子希光名昱，少苦學，以司馬、周、程爲師，每謂『存天性之謂良貴，充諸己之謂内富』，故漠然不以利禄動其心，出仕二十餘年，僅一磨勘，任不滿三考，其恬退如此。汛埽一室，左圖右書，盡晝夜、積日月不舍。先是吴挺帥蜀，衛公言挺爲人雖細密警敏，而敢於欺君父，恃其憸巧愚弄士大夫，朝廷用之不得其地，西人以其二父，故莫不畏之。挺死，朝廷雖略行其言，已而復故。開禧丁卯，吴曦僭叛，希光每念衛公此言，輒投地大慟，或至氣絶不蘇。初欲買舟順流而東，賊以兵守蜀門不果。於是制大布之衣，每有自關表避亂而歸者，輒號泣弔之。遺書成都帥臣楊輔，勸以舉義，辭旨激切，遂絶粒卧疾不能起，猶晝夜大號，聲達於外；置一劍枕間，每欲自刺，輒爲家人捍之而止。如是數四，卒不食而死。時倦翁兄德夫在蜀幕，故具知之。

予考逆曦之變，宋史於死節者載之頗悉。希光以宰相子，有此忠義，獨不得豫表揚之列，然則潛德之不章者，恐尚多也。因書之衛公傳，以見宋之世臣雖衰，尚有仗大節如此者。衛公論吴挺事，本傳亦失載。

跋宋史楊大異列傳

楊大異登嘉定十三年進士，其爲四川參議官死節更生，在理宗嘉熙三年。已而入知鼓院，遷理寺，出持廣東庾節，除祕閣奉祠，蓋尚未六十也。家居又二十四年卒。而宋史言其少時，乃嘗受春秋於五峰胡氏之門。愚考五峰之卒在紹興之末，今姑以大異死節之時追計之，間以孝宗二十六年，光宗五年，寧宗三十年，理宗十三年，已七十餘矣。大異從五峰時即甚少，亦當及冠，果爾則其成進士，已六十餘，本傳年八十二之言，又恐不足信也。

五峯弟子寥寥寡傳，然自南軒而外，如彪居正、吴晦夫，俱在淳熙前後之間，大異相去懸遠，於嶽麓弟子吴、趙輩，尚稱後進，則譌誤可知。

諸胡以籍溪爲最長，致堂、茆堂，皆與五峯年相若，無及孝宗之世者，惟廣仲稍後死，其與南軒昌明文定之學，最爲碧泉遺老，或者大異曾受經焉，而本傳因之成謌耳。

跋岳珂傳

鄂王諸孫，倦翁最有聲於時，其禮記之學，則爲衛正叔以後第一；其程史諸種，則多足以備宋史之遺；其玉楮集則爲嘉定一名家；若其上吴畏齋啓，惓惓以開禧兵隙爲寒心，力言招僞官，遣妄諜，無補於事，允稱志識不羣者矣。然予考張端義奏疏劾史相國彌遠城狐社鼠，布滿中外：朱端常、莫澤、李知孝、梁成大之在臺諫，袁韶之在京畿，鄭損之在西蜀，馮榯之在殿巖，吴英之在許浦，岳珂、楊紹雲、鄭定、蔡廙之在四總，借天子之法令，吮百姓之膏血，外事苞苴，内實囊橐。何居乎？倦翁而亦預此列也。

宋史於鄂王〔校〕黄本作『岳王』。附傳甚略，而徐鹿卿傳：『珂守當塗，制置茶鹽，自詭興利，横斂百出，商旅不行，國計反屈於初。命鹿卿覈之，吏争竄匿。鹿卿寬其期限，躬自鉤考，親得其實。珂辟置貪酷吏，開告訐以罔民，没其財。民李士賢有稻二千石，因之半歲。鹿卿悉縱舍，而勸以其餘分諸民，皆感泣奉命。珂坐是罷。』又杜杲傳：『珂爲淮東總領，杲以監崇明鎮事隸之，議不合求去。珂出文書一卷曰：「舉狀也。」杲曰：「比而得禽獸，雖若丘陵，弗爲。」珂怒，杲曰：「可劾者文林，不可强者杜杲。」珂竟以負蘆錢劾之，朝廷察其無虧，三劾皆寢。』又袁甫傳：『珂以知兵財召，甫奏珂總餉二十年，焚林竭澤。珂竟從外補。』然則珂直掊克忮深之小人，得無有媿於乃祖乎？倦翁生平頗景仰朱子，具見桯史所録，其所爲不當至此，抑或色取而行違者耶？本傳所以寥寥，殆亦有所諱而然。偶與吾友厲二樊榭言之，爲之太息。

跋宋史陳謙列傳

開禧用兵，而慶元之黨禁弛，然諸君子雖少挺，而又以言恢復事，遭物論矣。水心、稼軒且不免，何況其他。嗟乎！開禧之事是也，其人非也。然知其不可而爲之，則機有可乘，雖公山佛肸，當爲一出，況平原託王命以行之者乎？若水心之固辭草詔，其胸中早秩然矣。平原既死，羣小借此口實，以逐去諸君子。黑白混淆，宋之所以終於不競也。

陳益之，淳熙遺老，晚以邊才復用，再起再蹶，其料皇甫斌，安襄城，保漢陽，水心所謂『有三大功，不特無銖寸之賞，而反以爲罪』者，宋史詆其呼侂冑爲『我王』，以予考之説部，則莆田陳讜之事也。讜與謙字相近，遂妄加之，曾謂以益之風節，而出此乎？宋史之妄如此。

跋宋史鄭丙列傳

慶元道學之禁，濫觴於鄭丙，宋史詆之甚峻。予夷考之，則前此丙亦清流，一自倡攻道學，遂喪名節，而一跌不可復振矣。朱子嘗言建寧自程、鄭二守至今，聖節不許僧子升堂説法，其餘無敢任之者。程公即泰之也。桯史：丙初登西掖，力言賞功遷職之濫，奎札獎許；又力雪陳龜年之獄。韓子師以曾覿援，將召用，丙力争之，大臣多譖爲賣直，上獨重之，亟遷吏書。王公謙仲〔嚴注〕藺，方丞宗正，因進對，有愛莫能助之薦。如是，雖古之名臣，何以加諸。水心亦稱丙之風力。嗚呼！朱、王、葉三老者，皆慶元黨魁也，丙亦何心，狓猖晚節，竟相背而馳乎？然宋史一概抹而不書，則亦非善惡不相掩之史法也。

跋宋史袁韶列傳

袁越公韶爲執政，世皆指爲史氏之私人，而卒以史氏忌其逼己而去。葢嘗考其事而不得也。延祐志云：『李全反山陽，時相欲以静鎮，公言揚失守，則京口不可保，淮將如崔福、卞整皆可用。適崔以閫命來樞府，公夜與同見。故事：相府無暮謁者，公力言崔可用，相疑不悦，卒罷政歸。』是傳出於越公曾孫清容之手，宋史亦本此。及讀清容集，則公尹行都，築射圃，以馮將軍射法，每旬校閲。山陽弄兵，公責時相不發兵坐視，以至去國。於時領兵殿巖者，幾欲承受風旨，襲夏震事，以報私恩。然則史、袁相逼，更有不可言者，讀宋史者所不知也。

越公少爲絜齋之徒，不能承其師傳，呈身史氏，以登二府。其晚節思扼其吭而代之，進退無據。雖所争山陽事，史屈袁申，然以越公之本末言之，要非君子也。史、袁卒爲婚姻，故亦共諱其事。清容亦欲爲祖諱，故言之不盡。予特爲著其事，以補史闕。

讀明高皇帝紀

高皇一朝事，予不甚當於心，曾見於謁孝陵詩，以其殺戮無度也。其最有功綱常者，爲宋追討叛臣蒲壽庚之徒，加其子孫以禁錮，此足大快人意，而實録不書，故本紀亦略焉。或疑此事爲無徵。

按吾鄉袁太常柳莊爲其先進士〖嚴注〗袁鏞。作忠義録，内載四明制置使趙孟傳子，高皇發遣，以其降元也，是則最可信者矣。夫沈充之後有沈勁，故惡惡不及於子孫，此舉雖非中道，然足以寒亂賊之膽，況又無所爲而爲，則高出於漢祖誅丁公之上也。

跋明史楊守阯傳後

尚書之卒，閣中已爲議謚，而楊新都尼之。尚書於易名之禮實無媿，新都爲屠襄惠公修宿憾焉，君子非之。曹石倉記其事。然乙酉江上之役，其後人尚寶司卿德周以爲請，詔謚文肅，是則諸野史皆未及也。事見吾鄉林都御史時對集。〔嚴注〕碧川尚書，明史附之其兄文懿公守陳傳中，未嘗別立傳也。此題未妥。

跋明史袁崇焕傳後

南都已有爲崇焕請恤者，未得施行。桂王在粤，争請之，會北來者以太宗檔子所言，雪崇焕之冤，始復官，賜謚曰襄愍。此見吾鄉高武選宇泰集。按鄮舍人嶠雅已有詩紀此事，但未及其易名耳。〔一〕其以太宗密謀死，亦以之得雪，異事也。

〔一〕〔嚴注〕嶠雅有留都贈梁非馨詩，自紀其後云：『非馨爲袁督師重客。督師以孤忠見法，天下冤之。後十二年，予與非馨同朝，非馨在主政，予在史館，疏白其冤，復爵賜葬。非馨真信友矣。』

跋明史朱燮元傳後

南都補賜累代名臣謚法，李映碧請及尚書，而終不與焉，亦闕事也。予曾見吾鄉沈侍郎延嘉集，其在東江爲尚書草謚議，曰襄毅。及讀倪職方無功集，則尚書之謚，乃忠定也。無功，越人，且於朱氏爲戚屬，必有據。或侍郎所擬乃初謚，而後改定之，今亦無知者矣。〔一〕

讀明史張春傳

太僕以崇禎四年陷於東，天聰之五年也；凡九年而卒，崇德之四年也。顧以太宗實録參之明史，則事不甚合。又取何絜所作太僕傳參之二史，亦不甚合。實録：太宗令太僕上書莊烈帝勸令講和。太僕曰：『此事必不可言，我係被執，又非所宜言。』太宗遂不復强。而明史莊烈既遥加太僕以憲節，太僕有疏請議和，遂爲劉孔昭所劾。有司請削太僕所加憲節，帝雖不從，而有司竟收其二子下獄至於死，

〔一〕【李注】吾鄉張岱有明越人三不朽圖贊，亦稱朱忠定，張氏于朱爲戚屬，則忠定之謚，可信不疑。

則大相矛盾。夫使太僕果勸明以和，亦不害其爲忠，然終不如實録所言之凛然。且使太僕既奉太宗之命以勸和，實録何以反諱其事而抹殺之，不可信者一也。當時俘囚諸人，如德王嘗上疏於明以勸和，鎮守太監亦嘗上書於明以勸和，實録皆備載其文，何獨於太僕之疏而諱之，而抹殺之，不可信者二也。吾故曰實録所據乃當時檔案，必不錯，其錯當屬明史。然明史亦不應鑿空撰爲此事，或者當時之人有冒太僕之名以上書者，因招孔昭之劾，異國遼遠，莫能覈其誣耳。何傳亦不載此事？然則究當以實録爲定也。〔二〕

書明遼東經略熊公傳後

〔校〕黄本列卷二十九。〔嚴注〕廷弼。

明啓禎間，東事之壞，如破竹之不可遏，一時大臣，才氣魄力足以措拄之者，熊司馬一人耳。古稱温太真挺挺若千丈松，雖礧砢多節，自是足用。司馬之卞急伉厲，蓋亦此種，用人者貴展其才，原不當使一二腐儒，操白簡以議其旁也。關門再出，廟堂諸公忌其有所建白，乃以全不解兵之王化貞漫誇六

〔二〕〔嚴注〕孫高陽行狀云：『監軍張春上書請款，邱嘉禾密表其事。公曰：「春亦有須眉，不聞其妻六日不食而自經乎？」』然則春之上書，實有其事。謝山疑之，非也。謝山疑是冒名，則不可知。

十萬兵平遼，爲之掣肘。時江侍郎秉謙力陳經臣不得展布尺寸，反使撫臣得操節制之柄，必誤國事，不幸言而中矣。當國者苟有人心，即寸斬撫臣以謝經臣，猶且不足，反以不能死綏罪之。是猶束烏獲之手足，使力不勝匹雛者代之任重，及蹶而僨，則曰是亦獲有同咎，可乎？爰書將定，樞輔孫公承宗、大司寇〔校〕黄本作『大司馬』。喬公允昇、太僕周公朝瑞、刑曹顧公大章皆援議能議勞之例，而太僕凡四上疏，褎如充耳。獨怪大司寇王公紀、大中丞鄒公元標、都諫魏公大中亦皆力持以爲當死，是則予之所不能解者。〔一〕有明三百年，以文臣能任邊疆之事者，惟曾襄愍公銑并司馬耳，曾死於西，熊死於東，〔校〕黄本作『北』。英雄之所遇一也。

〔一〕〔嚴注〕孫高陽行狀云：『上章請下廷弼于理，與化貞並讞。』〔蔣注〕襄愍固才臣，然用于劉林陷没之前，則足支柱東事。其後殘疆日益潰爛，所建三方布置之策，不特是時兵財俱絀，亦未必果能成功也。東林諸公所以欲殺之者，以前任督學時，因湯賓尹故，杖殺諸生，有宿憾焉。然其後，逆奄反以廷弼贓誣坐諸公，而拷掠以死。玄黄水火，釀禍已久，而國隨以亡，可慨也夫。

鮚埼亭集外編卷二十九

題跋三

跋庚申外史〔嚴注〕權衡。

姚江黄氏南雷書目載有庚申君大事記，元荅禄與權著，予博訪之未得也。今盛傳於世者，惟太行山隱士權衡庚申外史，〔嚴注〕據虞山言，則大事記乃權衡所撰，然則大事記即外史也。南雷書目殆誤耳。其中尚有可疑者：方至順時，謂庚申君非明宗子，黜寘江南，虞道園實草詔。已而庚申踐祚，未悉前事，召諸老臣赴上都，道園與焉，馬伯庸以宿憾發之，於是有皮繩馬尾之逮。其事錯見於元史本傳、續資治通鑑綱目、葉盛水東日記諸書。今依外史，則伯庸亦同草詔者。按是時奉詔書其事於脱卜赤顔者，翰林學士承旨阿鄰帖木兒、奎章閣大學士忽都魯篤彌實，而播告中外之詔，道園草之，不聞有他人也。且使伯庸預聞是事，方且株連是懼，掩諱不遑，更何暇爲道園下石。況中丞並非簪筆之官，大抵爲傳聞之失也。若閒中今古録，又以大事記爲劉尚賓〔校〕黄本作『寔』。作，或者别有一書，俟更考。

書翦勝遺聞後〔嚴校〕『遺聞』作『埜聞』。

野史之妄不足信者多矣，偶閲徐中行〔嚴注〕正卿。翦勝遺聞，有曰：『中山王徐達北征，追元順帝將及之，忽傳令班師。常遇春大怒，馳歸告帝曰：「達反矣。」達引軍歸，帝時方盛怒，戒閽吏曰：「達入，慎毋縱之。」達既入，未見帝，疑必有變，乃拔劍斬閽吏，奪關而出。帝因使釋其罪，令謁。達不允，帝不得已，視之舟中。達曰：「達有異圖，不在今日，臨江鞠旅，亦能撫有江淮，顧弗爲耳。且吾不擒元順帝，亦籌之熟。彼雖微也，亦嘗南御中國。我執之以歸，汝曷治焉。天命在爾，已知之矣。顧達何人，敢以自外。」帝重感悟，結誓而去。』古之臣子，未聞有得與君相爾汝者，況明太祖之嚴乎？斬關殺吏，是何語也。

跋甲乙倭變録

張侗初〔嚴注〕鼐。甲乙倭變録，雖所志止松江，然多足與其時督撫諸公傳相參證者。其載明初吴淞一帶海防，則百世之案也。所載四辨士，蔣洲、陳可願爲吾鄞產，而華錦之遺，出於周述學，乃越產，皆在浙東。三江固多奇人哉。

讀全黔紀略

李公茂嶼全黔紀略一卷，〔一〕毫無自矜之語，亦無所歸咎於人，但於按臣史永安有微詞耳，可謂君子之言。吾鄉先正，當明季不媿封疆之臣者，一爲公，一爲高公守鄖功，其事相等。李公功爲奄黨所攘，史永安乃奄黨。而高公爲陳演所抑，俱不蒙上賞。明之賞罰顛倒如此。

國史唯疑跋〔嚴注〕黄景昭。

晉江黄相國東厓國史唯疑，黎媿曾嘗見之，云有一尺許。周櫟園許爲之刻而不果。相國歿後，媿曾訪之其子知章，云經亂散失不全矣。李化舒曰：『三山高雲客鈔有副本。』雍正壬子，予從同里范太

〔一〕〔嚴注〕李公諱槤，謚忠毅，杲堂父行也。杲堂爲作行狀。施虞山在史館爲作傳。

守筆山家鈔之，祇四册，殆亦非足本也。

跋勺中志略 〔嚴注〕劉若愚。

予家舊藏勺中志略原稿，爲劉若愚手寫本，其中塗竄頗多，與近本間有不同。而黑頭爰立仗㑩一卷，載馮涿州通奄事跡，較近本更詳。予聞涿州再起，惡熹宗實録害己，遂焚其書，是兩朝從信録所由補也。然涿州能去大内之籍，而不能杜名山之藏。姑無論東林遺老，史筆成塚，即刑餘如若愚，其所著述，有終不可得而滅者，則何益矣。噫！

題東江事跡

凡杭人無不訴毛文龍之冤者，其昧於鄉里之私，而所見如傖父，可一哂也。文龍絶無可以牽制遼事者，而但以鞭長不及自大，跋扈恣睢，有取死之道，此了然者。惟是〔袁〕崇煥從嚴校補『袁』字。亦尚無恢遼之定算，足以自信者，而汲汲以殺文龍爲先著，則已疏矣。是時即少置文龍，亦無害於恢遼之計也。既殺之矣，其所以爲東江善後之計者又未盡，以致有異日之禍，是則崇煥之無所辭咎者爾。〔二〕方文龍交搆經撫，其罪即可死，不待是時，而是時反失之驟者，以崇煥所處言之也。至於將死，而叩頭乞免，斯則文龍之所以爲文龍矣。或曰文龍之死，由於華亭陳仲醇授意於錢閣學，〔嚴注〕龍錫。益屬妄言。

題雪廬焚餘〔校〕黄本無此篇。

雪廬焚餘一卷，趙維寰所著也，不足稱史學。惟其中論袁襄愍斬毛帥事得其平，襄愍地下亦當心服者也。當采之入明史。

蘧編題詞〔校〕黄本列卷三十錢忠介公崇祀録後。

福清葉文忠公〔嚴注〕向高。蘧編，蓋其年譜也，而足以證國史，其中述黨事甚詳。當時諸君子多咎

〔二〕〔蔣注〕袁公此舉誠太驟，然文龍歲索餉不貲，國何以堪？若裁節之，安知不附本朝，以戕故國。大約皮島之師，以援遼則不足，以擾遼則有餘。袁公戮一大帥，而其部下讋不敢動，亦見其威略。若後此之禍，則固出意外也。

文忠，蓋亦責備賢者之意。文忠欲收西涯之功而不得者也，豈可以阿附加之哉？編中極言魏忠節公〔嚴注〕大中。受吏科之非，尤爲詳悉。忠節若不受吏科之命，可以免阮大鋮之毒噬矣。斯則老成明哲之言也。〔一〕

跋甲申十九忠臣事跡

〔校〕黄本與下篇並列卷三十題田間先生墓表後。

十九忠臣，孟公有子附焉，故爲二十，而南都又益以陳侍御純德，則二十一矣。世祖所賜謚無純德，此必有説。今明史仍以二十一人入列傳。嘗聞之黄先生曰：『甲申之難，陳侍御在俘戮之

〔一〕〔李注〕大鋮之惡，至南都而始極，當魏閹時，猶未甚也。忠節即不受吏科，亦未必能免於楊、左之獄。謂魏閹之肆毒，盡由大鋮指使者，蓋後人因其覆亂南都，惡而甚之之辭，所謂下流之歸也。惟是魏閹之燄已張，忠節方被攻危甚，而汲汲履首垣之任，致爲魏閹矯旨詰責，辱已甚矣，不於此時拂衣自歸，而辨疏甫上，旋復受事，忍垢叢妒，亦何爲乎。其後高邑去位，梁谿亦歸，忠節與袁忠毅一時俱逐，清流大獄，旦夕已成，而東林諸君子尚請以應山掌憲，此亦不識時務之甚者矣。

列，而雜入之。』意者以此不預乎？〔二〕是時大亂搶攘，未敢遽信一家之説而芟之，然亦不可不存其説。

跋明崇禎十七年進士録

〔嚴校〕作十六年。又〔注〕癸未楊廷鑑榜。

嗚呼！此結有明一代之局者也。高皇帝三百年鼓鐘之澤，烈皇帝十七年〔嚴校〕作十六年。夢卜之誠，於是乎熸。是科以邊警阻隔，貢士之副計車者不能前，詔書特改試期於秋仲，倥偬釋褐，未及題名太學而國已亡。通州閣學〔嚴注〕魏藻德。由庚辰進士第二，不三年遽大拜，又驟越同事三相，副井研閣學〔嚴注〕陳演。主省試，蓋遭遇之最隆者。鼎湖之役，井研已賜歸，徘徊闕下，偕通州蒲伏賊營，以遭戮辱。而相傳是科館選，流賊密令山西巨商主之，凡求讀中祕者，巨商即招致之，爲納賂於宦者，無不得。及城陷，牛金星大言曰：『新翰林尤宜速報名。』諸人始悟前此來招致者之爲

〔二〕〔李注〕按冷廬雜識卷一云：『余按明史本傳，不言俘戮，惟云都城陷，賊下令百官以某日入見，衆攝純德往，還邸慟哭，遂自經。因考范文忠公以下二十八人，皆聞變即時致命，而侍御獨死於入見之後，此所以不得謚也歟？』

賊也，内負疚而外畏禍，逡巡而出，盡汙僞命。第一甲三人無論已，三十六庶常不得免者三十四。嗚呼！是館閣未有之恥也。〔李注〕此説傳聞之妄，使果有之，則賊入都後，自當不次擢用，何以最幸者僅授檢討，納貨者不過編修，餘且用爲散官俗吏乎？且賊何恃乎此，而爲招致計也。是蓋三十六人借以自誇，而造此不根之言，真館閣之大恥矣。以是知君子之守身，必無可夤緣幸進之理，而當時苞苴之詭如此，亦不可謂非亡國之君矣。

予嘗得流賊所授降臣官簿一册，頗與諸野史所紀不同：金壇周鐘以勸進撰表得檢討，最幸。夷陵黄燦納貨五千，得編修。華亭朱積引見同年，得檢討。西鄉楊棲鶚得直指。豐城史垂譽、霑化李呈祥並得禮儀從事。嘉善魏學濂得户司務。晉江楊明烺得順天安撫。晉江張元琳得關門防禦。遂平魏天賞得兩淮運副。東莞張家玉、大興史可程、懷寧劉餘謨、真定梁清標、安福劉肇國、山陰魯栗、昆明龔鼎、韓城李化麟、晉江王九雲、會稽王自超、新喻萬發祥皆以庶常留館。下此則盡改爲縣令：南昌羅憲汶得遷安，番禺劉廷琮得内江，麻城傅學禹得長安，杞縣何胤光得井陘，陽城白胤謙得南鄭，淄川高珩得襄陵，掖縣張端得仁壽，項城趙熲得大名，武陵胡統虞得曲沃，清苑張元錫得武功，大名成克鞏得華陰，崇德吴爾壎得蒼溪。就中惟張家玉不入朝，捕至不拜，縛端門者五日釋之，遂投書喻賊，賊又臨以刃不動，賊必欲授以官，家玉忽遜詞受之，人皆疑焉，不知其以此乘間而逃也。萬發祥則爲耳聾，且毁面，賊怒夾之，亦逃去。吴爾壎詐爲將之任者，得逃。其後家玉殉於增城，最烈，發祥殉贛關，爾壎殉江都，蓋三十四人中之孤鳳也。〔李注〕按欽定勝朝殉節諸臣録以張家玉、吴爾壎皆于甲申謁賊苟免，其後乃堅拒大兵，故不予謚。魏學濂亦終死，要不失爲晚蓋。〔嚴評〕學濂降賊後，僅得户部司務，乃侘傺自盡，何足云晚蓋，蓋梨洲志墓不可信。其餘則皆已矣。幸得不預者二人：達州李長祥，其後間關戎行，累起累蹶，事敗行遯，不知所終，最稱完節。而其一亦不終。散官則全椒吴國龍得待詔，宜興吴剛思得禮儀從事，清苑王爾禄得户從事，無錫秦汧得禮司務，井研胡顯得中書，常熟歸起先得西京留守經歷，安邑吕崇烈得屯田防禦，鄞縣徐家麟得山東防禦，涇陽武㦒得淮陰防禦，安邑王道成得青州防禦，宛平楊璥得揚州府尹，掖縣姜金胤得□州府尹，全椒吴國鼎得濟寧令，津江程玉成得山西學正，而如吉水鍾性樸之降於路者，尚不在此數焉。龔鼎、程源再亂滇中。

嗚呼！有明中祕，禮絶百僚，而甲科亦最重於流輩，一時喪亂，士失所守，竟擾擾至此，悲夫！南中解尚書學龍再定六等逆案，傳聞不甚有據。如家玉、發祥反誤入之，而得脱者甚多，後世將何所信焉。予之詳〔校〕黄本無『反』字至此二十三字。録而不諱也，殆以爲百世之戒，雖或觸孝子慈孫之恨而不恤也。

雖然，莫謂是科之人止此也。澤州孟章明隨其父刑部侍郎兆祥殉京師，清苑張羅俊與弟光禄卿羅彦殉保定，三原石崑以佯狂死。〔李注〕據陝西通志作石𡺵，以聞北都陷，痛哭不食死，入祀忠義祠。而是集卷十二有石巖、字映崑，三原布衣。南中之亡，歙縣凌駉殉河南，〔李注〕顧亭林聖安本紀言，凌駉爲臨清兵備時，暗通大清，已受山東巡撫之命，出示稱順治元年。然于南京亦發疏不絶。孟津陳爊殉洛陽，鄞縣周志畏殉江都，無錫龔廷祥殉江寧，江都梁於涘殉萬安，崑山顧咸建殉錢唐。其起兵者：掖縣劉允浩殉建昌，溧陽史夏隆殉吉安，烏程温璜殉休寧，華亭李待問殉華亭，嘉定黄淳耀殉嘉定，宜興盧象觀、吴江吴〔易〕〔易〕從嚴校改。殉太湖，而長洲劉曙亦以謀起兵死。閩中之亡，江都鄭爲虹殉仙霞，廣安歐養素、南昌熊緯殉汀州行營，晉江郭符甲殉晉江。其守贛而死者，京山楊文薦，錢唐姚奇胤，南昌龔棻；而休寧吴聞禮殉永豐，南昌周定礽殉廣信。浙東之亡，吴江王景亮殉三衢，海寧俞元良殉海寧，錢唐徐復儀殉會稽。監國魯王入閩，莆田林嵋、海寧湯棻殉興化，侯官林垐殉福清，而閩縣林之蕃亦以謀起兵死。粤中則山陽朱日昇家居，以通表事洩，死孫賊之難，嘉定羅國瓛殉虔南，晉江郭承汾殉貴陽，而宜興吴貞毓亦以孫賊死。滇中之亡，廣安鄧思廉殉緬甸。其遯入海島而死，終不食周粟者：慈溪馮元飂、同安沈佺期、嘉興譚貞良也。此外如雲南楊永言、會稽余若水〔李注〕若水先生名增遠，字謙貞，忠節公煌之弟，若水其號也。此誤。青浦張若羲、山陰金廷詔、鄞縣周齊曾、餘姚李安世、〔李注〕是科題名碑録，紹興有兩李安世，一、山陰府志稱其官尚寶司卿，然無可考。一、餘姚人，字泰若，萬曆四十三年舉人，與黄尊素同榜，先官泗州學正，成進士，後未授官。府志附其父槩傳。泰若先生以古文名，有詩文集，亦居郡城。余嘗見顯聖寺碑，先生所篆額在順治十三年，系銜曰前進士。遂寧吕潛、嘉善錢默、順天李孔昭，皆固守

殘山剩水之節，以終其身。〔一〕

嗚呼！觀於前，此四十餘人，十五宗之所飲泣也。觀於後，此四十餘人，亦足以一雪死者之恥矣。

跋綏寇紀略 〔嚴注〕吳偉業。

陳令升曰：『梅村綏寇紀略不類其集，疑非梅村所爲，然舍梅村亦莫能當此者。』令升蓋心疑之，而

〔一〕〔李注〕是篇諸人謚號如下：

孟章明　明謚節愍，清謚貞孝。

孟兆祥　明謚忠貞，清謚忠靖。

張羅俊　周志畏　劉允浩　史夏隆　熊　緯　湯　棻　林　垐　均謚烈愍。

龔廷祥　梁於涘　吳　昜　劉　曙　郭符甲　姚奇胤　龔　棻　周定礽　王景亮　俞元良　徐復儀

郭承汾　鄧思廉　林　嵋　均謚節愍。

顧咸建　李待問　黃淳耀　楊文薦　均謚忠節。

温　璜　鄭爲虹　羅國瓛　均謚忠烈。

吳貞毓　謚忠節，永曆謚文忠。

不敢質言也。及見林太常璽菴〔嚴注〕時對。所答先贈公帖子謂：『此書原名鹿樵野史，出一遺老之手，梅村得之，遂以行世。然其中爲不肖門生鄒漪竄改十五，遂無完本。』〔蔣注〕太常之言亦恐未確。紀略中祖左寧南，頌洪督師，皆係曲筆。惟穀城變一卷，紀楊武陵最爲平允，而篇末尤淋漓盡致。梅村集中，無此文也。太常每言及漪，輒切齒，以爲吾同譜鄒木石何不幸生此無賴子，專爲輾轉降附之張縉彦出脫。按漪所作明季遺聞，以出脱縉彦，曾被蕭震參糾者也。而萬徵君季埜則謂其中亦有可節取者。

今觀其議論，附見綏寇紀略者，又頗爲李明睿〔蔣注〕明睿，梅村會試房師。粉飾，盛稱其請南遷之疏，同符吉水，〔嚴注〕李文忠公邦華，吉水人。幾得施行，而爲光時亨所阻，亦子虛也。三垣筆記：明睿在本朝嘗爲禮部，擬進懷宗謚法，尋罷官南歸，呈身阮大鋮幕中，其人蓋不足稱。故閣徵君百詩謂鄒漪生平之壞，坐受縉彦之賄，明睿之囑。

跋彭仲謀流寇志

前太常林璽菴〔嚴注〕時對。先生曰：『彭仲謀〔嚴注〕孫貽。流寇志，但憑邸報流傳，全無實據。凡啓釁、養亂、徙薪、潰癰，以至督撫賢否，將士勇怯，勦撫乖宜，勝敗失律始末，曾未抉出。至敘陷賊諸人，譌以承譌，更多誕妄。

如左良玉於崇禎癸未秋，避賊南下，大肆焚劫，陪都震動。南樞部熊明遇束手無策，適李忠文公邦華。被召，便宜定亂，莊烈帝面諭有『江南賴卿而定』之語。而彭氏但稱南樞禦亂功，斯何説也。

〔嚴注〕

蔡忠襄公撫軍山西，流寇至境，令巡按汪宗友守太原，而身以兵控平陽。宗友自求脱身，乃請晉王連檄促之歸，平陽遂陷，宗友反以輕棄平陽劾蔡，此山西人所不平者。而彭氏竟謂蔡公不聽宗友之言，以失平陽，不已謬乎？

有明成例，凡皇子十齡方出封。崇禎己卯封皇三子爲定王，至甲申年十五；辛巳封皇四子爲永王，至甲申年十三。而彭氏謂定王年五歲，永王年三歲，則不知典禮之故也。

河南大將陳永福曾射流寇中目，後因孫督師陣亡，同左光先降賊，賊不修舊怨，永福感恩，頗爲盡力。而彭氏以爲戰敗殺死。

濟南府推官鍾性樸，癸未進士，易代後，爲山東督學。而彭氏以爲殉難，是以失節之人爲死綏也。

翰林方以智爲都御史孔炤子，陷賊不屈，南歸，阮大鋮誣以僞命，入之六等，舉朝大譁乃止。而彭氏以爲降賊授庶常。

户部主事介松年與前商邱令梁以樟避兵松關，松年病死，當時或訛傳其陷賊，以樟力辨其冤。而彭氏以爲官給事而降保定，是以無罪之人爲從逆也。

周奎降賊，雖被拷掠，然未嘗死，其於北太子一案，尚預廷讞。而彭氏云流寇責令挑水數日而絶。

閻爾梅參史閣部軍事，乙酉以還，刊章名捕，合肥龔鼎孳救之而免。而彭氏云斃於僞防禦武悰之手，亦以生爲死也。

兵科顧鋐雖非殉節，然以搒掠絶命，而彭氏入之勸進之列，并不知南都曾有節愍之謚也。蓋其失實，尚難枚舉。』

太常三朝遺老，史學極博，桑海見聞，尤其身歷，其所辨正甚多，惜其身後子孫式微，無復收拾之者。因閲彭氏之志，不禁爲之慨然，乃述其緒言爲跋尾。

題戾園疑跡一

凡論南都事，而以王之明爲真者，如杭人吴農祥輩皆然，甲乙紀略尤甚。其實王之明之僞無疑，即據紀略所言，其出獄入宫之後，遣人持敕封南都獄神爲王，則居然自以爲天子矣，其愚而妄何如。當此大亂時，符丕、劉胤之材不能有濟，況其下之甚者乎？然則便令非僞，亦必無成者也。張怡曰：『聞之賊中人，太子被害於通州之東門外。』其説近是。

題戾園疑跡二

乙酉以後，東宮、二王之蹤跡雜出，皆流傳無據之詞也。南僞太子則近似乎東宮，北僞太子則近似乎永王，其浮屠一鑑則近似乎定王。而定王尤多。當王之明未至之前，已有定王南來被沈之説，故左良玉檄中『既沈其弟，又殺其兄』，蓋指此。其後又多稱朱三太子者，皆以爲定王耳，不知其皆非也。或安謂南僞太子乃新朝所遣，以眩惑南中者，尤悖。善乎攝政王之言曰：『太子果真，不過封以一王而已。』此言可以解天下之愚矣。既係成方遂之徒，安得不誅。若如錢鳳覽者，其心則可原，而惜其不達於事理也。

題戾園疑跡三

太子僞，永王僞，定王僞，斯不足深怪者，若福王亦僞，則見於所知録。而予見林太常蠒菴集中，較之所知録尤詳，則益奇矣。堂堂留都，以史大司馬之定策，且名賢林立其間，而使卜者王郎輩，踐天子位焉，豈非怪事！於是有僞先帝，僞福王之父恭王，僞妃童氏，又有僞太后，乃馬士英之母房氏。若僞

齊王，僞潞王之弟郡公，僞皇姑者，不足道矣。天降大亂，怪異百出，欲國之不亡，得乎？〔一〕

題蝗蝻録〔嚴注〕阮大鋮。

世皆言阮圓海志在一官，若當時借邊才之説，畀以遠方開府，或豫，或黔，其志滿矣，不至如後來決裂也。予則以爲不然。小人之欲無厭，試觀其一起即奪貴陽之樞枋，尋覬其黄扉一席矣，安得飽彼腹乎？且以爲豫撫耶？是導之使北降也。以爲黔撫耶？亦不過稱臣於孫可望而已。誰更能挽之反正者。

〔一〕〔蔣注〕福王之僞，不止見于二書。至童妃、太后，則恐不當以僞疑之。妃雖遭亂流落，王豈有不相識，而敢於冒稱者。惟福王本僞，轉慮妃之識之，而下獄耳。三垣筆記中載：『弘光迎太后相見，皆愕貽，因牽太后入道旁舍，耳語移時，乃抱頭而哭。』蓋太后爲衆所識，不得不迎，非童妃比，要其耳語者，何語也？若南都破後，馬士英奉之至杭者，當時以爲士英母，非太后，則誠可知。〔楊注〕全氏頗信福王爲僞。予考諸野記，王實不僞，請一言折之曰：馬士英挾奔之太后固僞也，南都奉迎之太后亦僞耶？豈有母子而不覺察其僞者。蓋阮大鋮欲盡殺東林、復社諸君子。嚮後諸君子追憾其事，並恨王之任大鋮也，造言汙衊之不已，復奮斷曰是非明之宗室也，甚疾之之詞爾。

題南都雜志

野史最多妄言。如史閣部入興平軍中，爲其所制；其後興平漸爲閣部所感，而跋扈之氣一變，乃曰閣部微服爲道者始得脱，賴靖南助之，何其妄歟。靖南固忠，然於閣部始終以興平之憾不甚爲用，安得此言。

題江變紀略

〔校〕黄本作再題江變紀略。〔嚴注〕徐世溥。

巨源謂袁公繼咸預於晉陽之甲，當時江左諸公皆有此説。李映碧曰：『朝中雖萬公元吉亦云然，莫能明也。』今明史力辨之。予觀袁公乃厚德人，必不預其事，一時被劫，無由自脱，而袁、左故相睦，故有疑之者。但何不死於左夢庚投誠之時，更烈烈耳。當時江左一督爲公，一撫爲張公亮。二公蓋皆思爲何公騰蛟，故隱忍待之。而張公不待入燕而死，校袁公倍了潔也。

再跋〔校〕黄本并下三跋爲一，題作題江變紀略後。

巨源深譏姜公燕及，〔嚴注〕曰廣。謂其不知人而預事也。〔一〕然設身處地，則姜固有甚難者。當金、王突起，託名故國，奉迎舊輔，而謂可以扃户而力拒之，其凶鋒不容姜之肥遯也，且立死矣。是時之死甚無名，此姜之所以不得不出。既出安得復歸，祇有一死殉之耳。儒者據正誼以立言，責備賢者非不當，然終非局内，不知事勢之難自由也。

三跋

金、王定非能成事之人，然使當時贛州不梗，則李成棟之兵下庾關，直抵江上，外援未絶，雖終非官軍之敵，而圍城未易遽下，且尚有退步也。天特假高進庫〔校〕黄本作『進厙』。〔嚴注〕高傑之兄子。以厄之，以是知大〔校〕黄本作『天』。命之有歸也夫。

〔一〕〔嚴注〕籛後人與巨源書有云：『舊輔腐儒也。當少爲讚予，以旌愚忠。』舊輔，即指姜公。

跋梨洲先生行朝録

行朝録中，桂藩紀年一卷最多訛錯，蓋當時道遠，不免傳聞之殊也。先贈公遺書中，有同時諸公帖子，論此書者不下十紙，予取而序次之，爲跋尾。

周順德齊曾云：『方公以智從亡梧江，蓋丁亥也。是年，桂藩以閣銜召之入直，方公知事不可爲，力辭，所謂「十召不出」，即指此也。〔一〕是年，桂藩走武岡，以智入天雷苗〔嚴校〕作菴。中，猶未爲僧也，庚寅始爲僧。』今録云：『丁亥三月，以智棄妻子入山爲僧。』蓋失考也。

〔一〕〔李注〕王夫之永曆實録大行皇帝本紀『隆武二年丙戌，上即位於肇慶，十二月，以中允方以智、編修劉湘客，充經筵講官，已而不行。永曆三年己丑正月，進方以智爲東閣大學士禮部尚書，召入直，稱疾不赴。』方以智傳言：『給事中劉鼒疏劾司禮監太監王坤。坤疑疏出以智手，爲寢經筵。以智遂掛冠去，客桂、柳間。永曆三年超拜禮部尚書東閣大學士，不赴。平樂陷，乃舍妻子爲浮屠去。』平樂之陷在永曆四年十一月，實順治七年庚寅也。然則行朝録固誤，周齊曾謂以智於丁亥從亡梧江亦非也。

萬徵君斯同云：『丁亥，〔校〕黄本無此二字。劉承胤以武岡降，桂藩踉蹌疾馳，遇（兩）〔雨〕，宫眷衣食都乏。古坭口〔校〕黄本作『古泥口』。總兵侯性遠來迎駕，供給上下服御，膳品俱備。桂藩感其功甚厚，口授商邱伯。』今録云：『商邱伯侯性迎駕，晉封祥符侯。』不知何據。〔一〕

錢侍御肅圖云：『金聲桓之叛歸粤中也，降表以豫國公自署，詔改封昌國公。聲桓自以反正有功，朝廷輒違所署，意頗怏怏。致書粤中大臣，請還故封，卒未之許。』今録云：『封聲桓爲豫國公。』又一舛矣。〔二〕

閩中降將郭天才舊屬聲桓部下，其語此事甚詳悉。

宗徵君誼云：『明金陵曆、閩中曆及會稽、長垣、舟山諸曆，其與新曆竟有不同。如粤中曆，以庚寅之十有一月置閏，而新曆則辛卯二月是也。瞿、張二公以庚寅十一月初六日被執，以閏月十七日正

〔一〕《李注》永曆實録侯性傳言：『性從上入武岡，封商邱伯。上奔靖州，至柳州，性獻三宫服御。加性太子太師左都督。』

〔二〕《李注》瞿忠宣集載永曆二年十一月塘報江西大捷疏中有『豫國勛臣聲桓，建武勛臣得仁』之語。又永曆三年九月報中興機會疏有『豫國公金聲桓偶然敗衄』之語。似聲桓固封豫國矣。永曆實録亦言封聲桓豫國公。聲桓傳言：『姜曰廣承制封聲桓豫國公。聲桓遣幕客雷德復入奏於粤。又報何騰蛟於楚。騰蛟即填空頭敕，鑄銀印，間道遣使仍封聲桓爲豫國公。使先達，而南寧詔至，封聲桓昌國公。聲桓曰：「吾以豫國公舉義，人但知有豫國，而不知有昌國。」辭後敕，請如騰蛟敕。』上許之，爲加敕行。』是其敍封豫國之故甚明也。

命。』今録云：『被執明日遇害。』何也？瞿公浩然吟流傳於世，亦未之考耶？

德清胡處士渭云：『潘樞部駿觀，歸安諸生，以己丑春間道入粵，庚寅扈從墮水而死。』今録云：『戊子，以駿觀爲樞部，不知尚未至粵也。』此係吾同鄉姻眷，更無可疑。

周順德又云：『何吾騶以己丑三月宣麻入直，不久即去。甫去，而黄士俊至，代之，庚寅亦去。』今録云：『己丑，何、黄同入内閣，庚寅同罷。』非也。〔一〕

陸處士宇爆云：『陳邦傅駐潯州，焦璉駐平樂。從前，一最跋扈，一最恭順。其後，一叛一死。兩人判然不同。』今録中連類而書，不爲别白，此失之大者。

葉處士謙曰：『滇中争王封一案，是最大節目。首輔嚴起恒以此爲孫可望所害，投之水中，一夕虎負其尸登岸。』今録中於起恒不及片詞，何也？蓋自起恒死，而桂藩入安隆。〔嚴注〕此下恐有佚文。

〔一〕〔李注〕永曆實録大行皇帝紀：『永曆己丑何吾騶、黄士俊入見，各以大學士兼宫保尚書入直。六月何吾騶有罪免。四年正月上奔梧州，黄士俊、陳世傑等皆逃去。』何吾騶傳言：『何騰蛟聞敕召吾騶，大怒，欲疏攻之。吾騶懼，不赴召。騰蛟敗没，吾騶遂偕士俊赴闕，敕留入直。會袁彭年掌西臺，吾騶多齟齬之。彭年疏侵吾騶，吾騶行疾乞休。上亦厭之，聽之去。』黄士俊傳言：『士俊偕何吾騶入見，以故相位居瞿、嚴上。吾騶以與袁彭年互訐解官去。士俊以柔順爲上所留。上幸梧州，士俊以病請歸里。』夫之時官行人，目見其事。是何、黄于己丑同入閣，固無可疑，庚寅同罷則非也。

予思以黎洲先生見聞之博，又親與錢飲光、金道隱諸公交，尚有此失，況他人乎？是時，吾鄉人多仕閩中，而粤中最少，以道梗也。故先贈公頗費考索焉。

再書行朝録

〔大〕〔太〕沖先生從亡海上，累官都察院左副都御史，〔二〕其後晦跡南歸，雖庭誥中，亦諱〔校〕黄本下有『書』字。其事，世遂鮮有知之者。惟行朝録：己丑師次健跳，大學士沈宸荃、劉沂春，禮部尚書吴鍾巒，兵部尚書李向中，户部侍郎孫延齡，左副都御史某，職方司郎中宋養時，户部主事林瑛從亡。按録中凡書『某』，皆先生所自紀。温哂園作南疆逸史不審其即爲先生，乃襲此文而不改，則失之矣。

題所知録〔嚴注〕錢澄之。

黎洲先生亟稱所知録之可信，然録中多袒『五虎』，蓋田間翁〔嚴注〕錢澄號田間。與劉湘客厚，尤與金

〔二〕〔嚴注〕李杲堂爲黎洲先生之配葉孺人撰權厝志云：『先生從行朝，官御史臺副使。』

堡厚也。其謂金堡所以不死桂林之難，蓋欲收葬稼軒，則可發一笑矣。嶺表紀年則謂高必正留嚴起恒，是日金堡大約朝臣，共排張孝起，田間亦在其列，堡啖之以修撰兼御史故也。然則田間正不獨以與湘客厚而左袒之，蓋熱中於進取耳。嗟乎！『是何天子，是何節度使』，尚求進不已乎？

題也是録

鄧都督〔嚴注〕凱。也是録質實無虚語。但其責李定國似太苛。定國畢竟是流寇出身，故其罪在不能殺馬吉翔耳。若欲其以一隅而抗王師，挽鄧林之落日，是非所能也，要其始終爲桂王，百折不降，至於旁皇交阯境上，祈死而竟得死，是則天鑒之矣。屈大均過李獻武王祠曰『從來賜姓者，只有晉王賢』，謂定國也。今明史桂王傳於王死後，大書曰『李定國卒，其子以所部降』，而後終卷。然則定國之卒，關於王者大矣，定國亦可以瞑目矣。

殘明東江丙戌曆書跋〔嚴注〕黄宗羲。

乙酉秋九月，職方主事權知餘姚縣事王正中表曰：『伏以上天下澤，頒朔以定民心；治曆明時，紀年以垂國統。知大明之昭然，斯餘分之不作。臣正中誠惶誠恐，稽首頓首。竊自高皇洗湛昏之日月，頒之夏商；列聖承復旦之乾坤，分其經緯。豈意天崩地裂，玉改鼎淪。幸遇主上飛龍會稽，援戈江左。而日官失御，天學無傳。雖百務未遑，姑次第夫典禮；乃一統爲大，將肇始夫春王。一鴈不來，竟是誰家之天下？千楪〔校〕黄本作『旗』。欲動，難慰〔校〕黄本作『惟』。避地之遺民。臣正中博訪異人，親求巖穴。有黄宗羲者，精革象之學，任推算之能，爰成大明監國魯元年丙戌大統曆一卷。謹繕寫，隨表上進以聞。』又別狀曰：『宗羲係餘姚故監察御史贈太僕卿尊素之子，思宗皇帝所賜蔭，今方以里社子弟從軍，在左僉都御史孫嘉績部。』有詔優答，宣付史臣。次年二月，録宗羲從軍之勞并造曆功，授職方主事。尋與正中並爲御史。予從野史得此表，而家藏故有丙戌曆書一卷，因附録之於後。

蓋自甲申五月世祖章皇帝入主中原，而山海未靖，四王迭起，其自爲正朔者尚十餘年，節氣、正閏、晦朔互有不同，是亦権史者所不可略也。黄氏最精曆學，會通中西，顧於滄海横流之際，一小試之，以甌越之彈丸，當山河之兩戒，其亦可悲也夫！

讀使臣碧血録〔校〕黄本『讀』作『題』。

左蘿石〔校〕黄本無此二字。侍郎之烈，不待言矣。其卒殺陳洪範於身後，雖涉於怪，亦可以吐人不平之氣者也。〔二〕國初凡三案：一則侍郎，再則錢鳳覽之殺謝陞，三則黄靖公之偕諸國殤殺田雄。或曰：是皆遺民造爲此言。曰：然則司馬宣王亦受此言，而通鑑不之非，何也？亦人心之公也。

幸存録跋

〔嚴注〕夏允彝。

夏文忠公幸存録有二本，其一稍詳，且志阮大鋮語曰：『此敝門生錢謙益也。』而一本無之。愚疑前一本乃足本，若芟之者，乃丙戌以後，東澗之客代爲洗雪，而削去之耳。嗚呼！此公之瓦裂，雖滅去此一語，亦不足以自蓋也。

續幸存録跋

〔嚴注〕夏完淳，夏允彝子。

世以續幸存録爲夏淳古作，〔嚴注〕夏完淳字存古，此云『淳古』，殆誤。若非淳古，固不應用此名也。然

〔二〕〔李注〕冥報事尚有熊廷弼、吴裕中之殺丁紹軾，顏佩韋等五人之殺毛一鷺，雷演祚之殺阮如鋮，見三垣筆記、剥復録、南略諸書。

有可疑者，其自稱内史，以越中嘗命爲中書舍人也，似矣。顧其序南都衆正之任用，而曰：『先人備位小宰。』此何所本？文忠官考功耳，乃以爲小宰乎？其時小宰，則吕公大器也。淳古不應昧於官制若此。〔李注〕不知明人稱吏侍曰『少宰』，其稱吏部郎曰『小宰』，猶唐人之稱『小天』。

汰存録跋 〔嚴注〕黄宗羲。

黄先生指幸存録爲『不幸存録』，以其中多忠厚之言，不力詆小人也。録中於浙黨、齊黨有恕詞，又棃洲最恨者馬士英，夏氏稍寬之。巢先生因而序以證之，謂是録出於文忠身後，蓋冒託其名者。然慈溪鄭平子曰：『棃洲門户之見太重，故其人一墮門户，必不肯原之。此乃其生平習氣，亦未可信也。』予頗是之。

跋三垣筆記後 〔嚴注〕李清。

映碧先生三垣筆記最爲和平，可以想見其宅心仁恕。當時多氣節之士，雖於清議有功，然亦多激

成小人之禍，使皆如映碧先生者，黨禍可消矣。〔一〕

其中力爲弘光洗雪，言其變童季女之誣，至於主立潞藩諸臣，皆絶不計及。又言其仁慈勝而決斷少。

當時遺臣中不没其故君者，有幾人歟？於龔鼎孳直書其埴中之過不少貶，更人所不盡知也。其中記甲申死難諸臣有李國楨，記乙酉死難諸臣有張捷、楊雄埴，則失考也。至鄭鄤一案，當主梨洲先生之説，而筆記所言太過耳。〔二〕

題宦夢録〔嚴注〕景昉。

黄太穉宦夢録言魏藻德之驟進，由於馮銓，其言足補明史。然藻德之福命，遜於銓多矣。但太

〔一〕〔蔣注〕李氏三垣筆記多袒奄黨而抑東林。其論「三案」，亦時作微詞，特不敢明主要典耳。至興化、荆谿，其優劣，雖五尺童子能知之。乃云「使吴公去其忮，周公去其欲，即周、召何遠之有」，則比而同之矣。是欲借興化以雪荆谿。其實興化尚可雪，荆谿必無可雪也。其於周仲馭、介生二人亦作一例觀，皆漫無黑白者，不知先生何以有取於是書？

〔二〕〔嚴注〕鄭鄤一案，當以陳忠裕公之言爲徵，蓋僞君子而真小人也。其生平爲君子所稱，又爲小人所攻，故至今有疑爲正人者。忠裕自著年譜，言鄤事甚詳。梨洲爲同社人回護，其言安可信。

穉與李建泰善，極稱之，則失人也。建泰本有時名，故夏文忠公孝存録亦稱之。及觀其當大難時，特庸人耳。太穉頗譏興化受督師之命而惰，然興化之才遠在太穉之上，其督師非惰也，實當事不可爲之時耳。

題高中丞存漢録

即守鄖記略也。〔嚴注〕高斗樞。

王光恩入本朝爲襄陽總兵，存漢録中載之甚明。其後，以反而死，見於高公之子宇泰所著雪交亭集。光恩以反死，其弟光泰入鄖陽十三家軍中，亦見雪交亭集。而明史列光恩於高傳之尾，曰「以功名終」，誤矣。雪交亭集流傳不甚廣，若存漢録則送入史館，不應亦未之見也，斯言蓋誤本於盧宜。

題朶顔三衛宗支

明之朶顔三衛，今之蒙古喇爾沁也。其前事見於明史朶顔本傳，後事則皆見於累朝諸實録。是册蓋職方之底簿也，在韓江馬氏藏書中。讀史者考證力不及此，然如有仿遼史之例作部落表，則是册不爲無用也。東人之長曰土蠻，曰黑失炭，曰長秃，曰納木歹，曰那彦兀兒；西人之長曰把都兒，曰辛愛，曰安灘；北人之長曰納林：其所屬多矣。今之喇爾沁凡三國：一曰杜冷郡王札世，一曰鎮國公吴特巴拉，一曰多羅貝勒札木，殆并爲大部也。方太宗伐明時，喇爾沁以軍從，曾上書莊烈帝請罷兵修好，書中猶稱三衛，自陳不得已之故。今明史失載，當補入。

題潭西草堂憶記

〔嚴注〕吴牲。

記言宜興欲復涿州冠帶，而已阻之，事在辛巳〔校〕黄本作『辛卯』。冬，次年六月始入閣。然則今明史本傳，謂馮尚書元飈，勸宜興引興化入閣，共成涿州之事。興化入，而背初説，二輔因之搆隙，其説不可信矣。興化果如此，此小人矣。興化自記，歷歷言前爲井研所阻，後爲所中，其於宜興似無隙也。興化自以才爲上知，明史不知何據，坐以此説譏其始進不正，吾未之敢信也。

再題

〔校〕黄本無此二字，此文與上篇合，提行另起。

思陵宰相以庶寮破格用者，興化之才爲第一。及其受督師之命而不前，譏之者多矣，雖同官黄景昉亦云然，其實不足以咎興化也。天下豈有無一兵一將，而令其以宰相之虚名擊賊者，甚矣其謬也。史公可法論救之疏，其足以雪之矣。

題天南逸史

是書殆瞿留守族人所爲，故多稱先太師，又間稱稼軒，而述留守之言，稱之爲弟；又言在留守幕府爲之理錢局事，則亦嘗仕於桂矣。而予考庚寅桂林百官簿，無其人也。其自稱是年圖入蜀不果，又往來恭城，頗與永國公曹志建善，且自言乙酉幾死於詹世勛，則是預於太湖集師之役者也。按嶺表紀年曰：『己丑，守輔瞿式耜同族瞿共美到粤，亦海上來也，明年題授行人。』則是書殆即其人所作。〔一〕其所志留守身後事，有御史姚端，有楊藝，有陽羨浮屠清凝。今明史但有楊藝耳，

〔一〕《李注》哂園誤以此書爲瞿昌文撰，紕繆殊甚。書中述留守，稱之爲弟，豈不知昌文乃稼軒孫，非稼軒弟乎？昌文自有粤中紀事及粤行記，方簡討密之題其後：敘昌文以戊子臘月自吴赴粤，己丑徂暑，始抵桂林，與嶺表紀年所云己丑瞿共美到粤，亦海上來，書年相合。共美，瞿純仁元初子也。且某氏元初墓志銘中則謂其取友曰瞿汝説星卿，所由留守稱之爲弟耳。則天南逸史出自共美所撰，夫復何疑。

可采以補其闕。

題嶺表紀年

是書未知出於何人之手，似有憾於稼軒與別山者。〔一〕 其謂稼軒元隨周文、顧成之橫，至比之江陵

〔一〕《李注》紀年歷詆稼軒，則作者必與稼軒不相能可知。哂園以爲魯可藻所述，非也。考可藻與稼軒悉心協力，共守桂林，焦璉歎爲文官如此，我能滅此朝食者也。可藻署總制兩廣銜，稼軒曰：『方今武臣多自署督鎮，妄自尊大，貽笑遠人。君奈何亦效此。果欲兼撫，盍令予代君請乎？』可藻遜謝之。即此二事，可知可藻斷不毀稼軒。紀年之書不出自可藻手也，決矣。稼軒手評金道隱嶺海焚餘，擊節歎賞。及『五虎』之敗也，七疏申救。又具密揭封進，呈桂王太后，其袒護至矣。然不必爲稼軒諱也。謝山于明末諸王事，如數家珍。而獨于稼軒之比『五虎』，猶未之或知也，何歟？甚矣，權史之難也。《嚴注》『五虎』者，袁彭年、丁時魁、劉湘客、金堡、蒙正發也。稼軒之厚金堡，事誠非誣。庚寅正月，户部尚書吴貞毓、禮部尚書郭之奇、兵部侍郎萬翺、吏科給事中張孝起、朱士鯤等合疏參『五虎』。稼軒連拜七疏解之。事見瞿昌文粵行紀事。紀事又云：『五月詔獄案定：袁彭年功多免議，冠帶閒住。劉湘客、蒙正發擬徙。丁時魁戍靖州衛。金堡戍清浪衛，俟贓完日發遣。正人遭陷，士氣侵削。王父七疏之後，憤懣不食。文亦不避時忌，朝夕與四君子遊，以名節氣誼相砥礪。』觀此，則稼軒之標榜『五虎』又何疑。

之游七，嶺外大臣唯于元曄、魯元藻〔李校〕應作可藻。不爲之屈，餘雖別山不能免。周文死，顧成官至錦衣僉事，後爲稼軒孫昌文縊殺之於桂林。稼軒不應至此，別山亦不應至此。〔嚴評〕稼軒晚節無可議，其平日殆未盡善，亦無庸爲之諱也。又言別山與元曄爭爲督師，激稼軒怒，收回成命。果爾，別山非貞士矣。又言稼軒亦標榜『五虎』，不免勛鎮習氣，疑出自愛憎之口。明季野史家極難信，以二公之大節，可保其必無此。然士大夫亦正不可不以此爲戒也。

再題嶺表紀年

魯尚書元藻〔李注〕桂王時，惟有魯可藻，始召御史，巡按廣西，後爲巡撫，加兵部侍郎，晉尚書。此作『元藻』誤也。仕桂王，蓋章曠之亞，而出堵胤錫之上，事去，潔身不辱，亦難能也。明史不爲立傳，乃闕事。嶺表紀年載其於己丑冬，疏請召録諸賢，時則楊廷樞已殉節贈侍讀，而召張自烈爲檢討，且以沈壽民、劉城、康范生爲給事，杜如蘭、金光豸爲禮、兵二部郎，張之陞、金光昊爲行人。當此匆匆，而以收羅遺逸爲事，亦見有明三百年養士，善政未替也。明史楊廷樞傳亦失載。

題庚寅桂林百官簿

寧士仕於嶺外者甚少，以是時道斷也。考之百官簿祇三人：其一曰余御史鷃起，其一曰任太常斗墟，皆鄞人；其一曰陳工部純來，奉化人。太常豫於安隆十八先生中，最烈矣。工部不知所終。御史在明史附見何公騰蛟傳中，曾以監軍下湖南有勞，而其後失其事。予里居訪之諸余，乃知爲故通政使本之後，今亦絶世無可考。近始得其始末，太息其從亡勤事，而晚節爲曹志建所誤爲可惜，乃附志之。

曹志建者，亦鄞人也，字光宇，世襲滄洲衛官，以大兵故，曹氏合門死王事者凡十有三人。志建不知何以得起於楚，官至巡按，已而得道、郴諸州二十餘縣，駐龍虎關，桂王封之爲保昌侯，晉永國公，加太師。堵胤錫者，初爲長沙守，與志建善，後亦爲闖部方招撫忠貞營以爲用，率之入衛。忠貞故流賊，志建畏其抄掠，以兵襲之，得胤錫。志建恨其左袒忠貞也，欲留而殺之。胤錫逃入富川監軍僉事何圖復寨。志建索之不得，以兵圍之。圖復善撫傜僮，得其死力，志建累敗，益恚，而圖復已送胤錫入朝矣。志建乃欲殺圖復，而御史故於志建爲中表兄弟，又累立功幕府，爲人所重，志建用之以誘圖復，竟入其寨，指天日爲誓，力言曹兵無他，願釋甲合從以報國，而志建已解兵去，圖復稍信之。於是入關見志建，志建厚禮之，請以爲郴桂道，盡移其家守關。既至，一夕殺之，闔門無遺，僅二子脱入傜峒，時人大以之咎御史，而御史次年暴卒於梧。志建自是亦不振，竟爲大兵所滅。其兵敗時，猶疑圖復之子導傜兵以報仇云。或曰御史實爲志建所欺，非有心於誘圖復者，然終莫能明也。

初予議祀甲申以後諸忠節，范生鵬問予以御史何故不豫，其時予尚未深悉其事，未敢答。今范生逝矣。嗚呼！志建亦忠義之後，卒以悍不終，而御史受其累，乃知文山幕府列傳中，未易廁也。

粤中版授官簿跋

蔣增。〔校〕黄本無此篇。

粤中版授官簿一册，予見之仁和趙氏，審定爲桂王庚寅年所輯。蓋稼軒、別山以庚寅之冬桂林陷，死節，〔嚴注〕稼軒、別山死于順治七年庚寅十二月十七日。而桂王已丑開科，親取諸庶常。今是簿首列稼軒，部臣中列別山，而諸庶常皆列焉，其爲桂林未陷時物明矣。閩南諸遺臣皆列名，而浙之石浦、翁洲諸人一不得預，則以魯王猶未通問故耳。〔李注〕鄭成功以戊子八月通表于粤，故金門寓跡諸臣，早登粤籍。若魯王通問，蓋在癸巳去監國號後矣。其中人物，予所知者止十之六七，惜不得起獨漉諸公而問之。

題海上遂志録

鄭成功之在海上，世祖曾以海澄公招撫之，成功亦上表，但不肯薙髮而止。不肯薙髮，則非真降矣，然其多此一表，是不能不媿於王保保者也。故世祖嘗曰：『成功若果忠於明豈不善，但彼實嘗投誠上表，豈非反覆之徒？』大哉王言，成功亦當内慙矣。世之論成功者，譽之或太過。要其人自是雄兒，幸而死於壬寅，使天假之年，至於三逆抗命之時，是大患矣。是則聖朝得天之厚也。

題桑郭餘鈐

桑郭餘鈐者，謂桑惟翰所法爲郭汾陽，而明季之吴逆又似乎師桑，然其説不甚覈也。吴逆進退俱失，無所置辨，至謂其以陳沅故叛闖，則亦近乎下流之歸。據楊宛叔言，與沅同見縶於劉宗敏，既而沅爲宗敏所挾去，不知所往，則國難時沅尚未歸吴也。其亦安所考而得其實乎？【蔣注】吴梅村與吴逆同時，而集中圓圓曲載陳沅始末甚詳，與桑郭餘鈐之説合，恐屬有據。

題視師紀略

謝三賓視師紀略一卷，蓋自登、萊還時所爲也。三賓非有將才，幸遇朱公未孩得成功，遂加太僕，猶以不得旌節怨望，而不知其乾没賊營金數百萬，不遭愆尤已屬萬幸矣。其富既耦國，遂有以告流賊者，甲申之難，其子於宣方官行人，以此被拷獨酷，致死。晚年求用於新朝，總仗此多金，欲以賄殺『六狂生』不克，竟殺『五君子』，以爲進取之路，而新朝終薄其人，不用也。然所殺吾鄉之正士，則亦多矣。甚矣，此多金之爲厲也。三賓知嘉定時，以贄列錢受之門下，爲之開雕婁、唐諸公集。其後與受之争妓柳氏，遂成貿首之仇。南都時受之復起，且大拜，三賓稱門下如故，其反覆如此。而所擁多金，至戊子以後，爲海道孫枝秀勒取殆半。三賓忿甚，賂大府劾去枝秀以報之，所費亦不貲，於是其金漸耗，遂蕉萃以至於死。

題三山野録

〔校〕楊本無此篇。此據龍尾本補入。〔馮注〕蔣氏原本，列於内編金史第三帖子與董浦後。案謝山明季野史題跋，皆歸外集，因移列於此。

是書一名思文大紀，所述亦多疏漏，不稱良史，惟馬忠宣公思理事，得其實。按諸史皆言馬公與曹文忠公同殉福州之難，今明史據之，誤也。馬公在福州未死，遯之海上，及魯王至，遂相之，與熊公汝霖、錢公肅樂同事，以勞瘁卒于沙埕舟中。王由沙埕至健跳，吴公鍾巒爲之議謚曰忠宣。事見吴公海外集中，亦見高公宇泰雪交亭録。自相魯以後，野録亦未及詳，故予牽連及之。

鮚埼亭集外編卷三十

題跋四

題惲氏劉忠正公行實後

遜菴先生〔嚴注〕名本，字日初。在劉門，其勇於急難，不下祝公開美。行實一篇最詳盡，惟言意爲心之所存，則遜菴有不盡守師説者，故黎洲別撰行狀一篇。然遜菴所敘，間有黎洲之所未及者，當並存而不廢也。遜菴之自敘曰：『日初避亂天台，聞訃道阻，嗣後崎嶇閩、粵。越五年己丑南還，始得哭先生於古小學。』然則遜菴丁戊之間，殆亦嘗參海上軍事者乎？

赧王之立也，世謂史閣部，所以持異議者，出於吕大器、錢謙益，而遜菴行狀與忠正子伯繩所作年譜，則謂馬士英先持異議，其後中變，遂嫁之史公，此異聞也。當更考之。

遜菴後嘗爲僧，然有託而逃，不以累其正學。近議於忠正祠中配享，諸高弟有不知而欲去遜菴之名者，予力持之得免。〔一〕

遜菴之子壽平工畫，今人皆知之，而遜菴身肩正學之傳，以遺民不媿其師，反寂寞無能道之者，甚矣原伯魯之多也。〔繆注〕正叔託之畫隱，而其詩，寓故國之感，遜菴之孝子也。

明大學士熊公行狀跋〔嚴注〕熊汝霖。

明史所作公傳，皆本行狀，而乙酉以後起兵之事甚略，蓋有所諱而不敢言。予則以爲不必諱者。夫浙東一隅之地，其不足以抗王師也明矣。然使當時如公之策，盡公之才，則王師亦終煩擘畫，而江上

〔一〕〔李注〕湯修業惲正菴先生傳云：會邊事亟，應詔上守禦十策，不報。以家事屬長子楨，擕書三千卷，二子桓、格，避地天台山中。兩都覆，魯王監國，以吏部侍郎姜垓薦，遣使聘之，不出。尋避福州；福州破，走廣州；廣州復破，乃易僧服，名明曇，轉徙建陽間。既而金壇王祁復建寧，先生出山。未幾建寧破，長子楨來省，與王祁先後戰死，桓、格亦被掠。先生收殘卒走廣信，入封禁山，尋至杭州，以計脱格於總督陳錦所，共還里。桓不知所終。楨遺腹子煜，亦尋卒。大雲山房文初集遜庵先生傳略同此，所謂崎嶇閩粤五年，己丑南还事也。然則遜庵丁戊之間，未嘗參海上軍事。謝山殆失記建寧王祁事，故有此疑。以謝山之博聞，而猶有遺脱，然則今日去先生又二甲子，考定桑海遺聞，豈易事乎！

未必不以此〔校〕黄本下有『多』字。延歲月之喘，乃卒不能用其言也，是則天命在聖朝，雖有善者無如何也。故正惟詳述之，而後知亡〔校〕黄本作『故』。國之際，未必無人，而回天之力，無自而施也。

方潞王之在杭也，蕪湖信至，公與蕺山劉公奔赴，公議發羅木營兵拒戰，且守獨松關。潞王已定策迎降，不納。於是東歸，劉公絶粒，而以起兵事屬之公。公歸姚數日，事未集，劉公遲公不至，垂死張目曰：『雨殷豈忍約哉？』劉公卒之二日，而公兵起山陰，會稽兵亦起，公哭於劉公旐前而行。閏六月二十五日，會師西陵，駐營龍王塘。時列營數十，參差前卻不一，公軍於其中最弱，而戰最勇。每出兵必先戰，戰輒爲大兵所首衝，或敗，公輒再整兵不少挫。於是，樞輔張公國維約諸營以十月初八日爲始，連戰十日。是日，公與陳公潛夫合營而進，部將盧可充先登有功。次日復戰，又次日復戰，諸將史標、魏良皆有功。息兵三日復出，史標伏兵西岸，魏良先出戰死。伏發，大兵不利，益兵至，公姪茂芳出鬬，史標以大礮衝之，又捷。未及十日，收兵而止。而公已四戰，勝負亦相當。

先是，公與諸軍議以江面仰攻甚難，不如間道入内地爲攻心策。而海寧諸生顧名佐適來乞師，又查繼坤、查繼佐兄弟亦至。繼坤爲公言臨平陳萬良之勇，能梗大兵。平湖馬萬方亦來，公喜，以書幣招萬良，至則請於王，以爲平（吴）〔胡〕將軍。議西渡，乃以十月十八日使部將徐明發渡江策應。萬良方爲大兵所困，明發至而免。於是公軍遂西行，殺臨平務官，至北陸，萬良與明發合軍，札五杭，敗嘉湖道佟國器軍，焚大舟二，奪小舟二十餘，大礮四，甲三、弓三十一、刀槍共一百四十餘，時十月二十二日也。

次日札新市，次日札雙林，次日遂至吴江，次日以軍無繼，退五杭，復退臨平。次日至天開河，大兵正邀擊，而公以中軍至，遂濟江。是役也，浙西爲之一震，而惜其不繼而返也。

十二月朔，大兵伏内墩，張公國維部將趙天祥西渡，公軍應之。張軍在上流，公軍在下流，大兵徘徊不果出，各以其軍返。二十四日，張公復議分道齊出奪門，方國安軍先敗，諸將不救。公與陳公潛夫、王之仁血戰於下流，得相持，而諸軍氣已沮。公憤甚，乃乞師於張鵬翼、裘尚奭，仍與陳公合軍以出，國安亦遣兵來會，稍有斬獲。公始終欲用西師，乃請封萬良爲平（吴）〔胡〕伯，以吴（易）〔昜〕爲總督，朱大定、錢重爲監軍。大定身至浙東請期，且言嘉善、長興、吴江、宜興皆有密約，而瑞昌王在廣德，引領以待，查繼坤、馬萬方輩皆喁喁也。於是孫公嘉績、錢公肅樂亦助公請，公議由海寧、海鹽，直趨蕪湖以梗運道。又慮二郡可取不可守，則引太湖諸軍以爲犄角，足踞浙西之肩背而困之。萬良請但得兵三千人，給半月餉，即可有成。顧公軍不滿千人，其餉又減口以給，陳公軍無可支，而餘營有兵有餉，皆坐視。公雖大聲疾呼，繼以痛哭，而莫如之何。孫公乃遣知餘姚縣王正中獨進，至乍浦，不克而還。於是萬良三疏請行，公爲之力措得餉，又無舟，乃以兵陸進，冒矢石以前，幾克德清，而德清内應之民兵先潰，公部將徐龍達死之。於是吴（易）〔昜〕方以軍來會，而公兵以無繼，已渡江，浙撫張存仁大出兵攻（易）〔昜〕，則萬良之軍入山自保，不敢復出。是役也，使江上有牽制之兵，則公軍尚未返，萬良與（易）〔昜〕皆得互相援。而又以獨進敗。於是公請急援萬良，永豐伯張鵬翼、宣義將軍裘尚奭皆請行，而開遠伯吴凱尤毅然請獨任之。行且有日，忽有詔張鵬翼援嚴，吴凱守温，其局復散。最後而大學士陳盟亦助公請，乃復議别遣翁洲、石浦兵，由海道行。又令姚志卓出廣德，其事益迂緩，而江干已失，公亦入海，卒死鄭彩之手。〔一〕

蓋自『畫江』事起，諸公皆忠臣，而所謀之鋭，志之專，膽之勇，未有過於公者。諸野史多疏漏，祇蕭山徐氏浙東紀略稍具首尾，予故旁參互證，别爲行狀跋尾一篇，以比張中丞傳書後之例云。

公生平頗畏其夫人之嚴，故在北都嘗置一妾，生子而留置之京，未嘗攜歸。及公入海，并一子爲彩所害。而妾自京歸，攜其子，得以奉公之祀，此亦狀所未載者。而萬良軍敗被執，亦不屈以死。萬方從公入海，竟卒於域外。

徐氏浙東紀略亦有誤者，如謂王之仁來歸，出公之力，不知此乃錢忠介公事，誤移之公。高氏雪交亭録則謂公子爲鄭彩壻，公死後，尚育於彩家，亦誤也。〔嚴注〕舟山紀略云：『汝霖子琦官，彩壻。彩陽撫之，而陰賊之。』

〔一〕〔嚴注〕戊子元旦，王語公曰：『數載間關，蹙蹙靡騁，當此新正，先生得佳兆否？』對曰：『昨除夕夢一道士揖臣而贈詩，但記末二句云：「可惜忠臣一片心，甘與東流返故鄉。」恐非佳兆。』王默然。尋改曰：『堪羡忠臣一片心，喜遂澄清返故鄉。』公頓首謝。

題陸鯤庭陳玄倩傳後

〔嚴注〕陸培、陳潛夫。南雷文案作陳朱明，朱明是其榜名。

鯤庭、玄倩二先生之搆難也，至傾江、浙諸社，各分左右袒，鯤庭得十八，玄倩僅十二，檄書輩出。殘明門户之争，多起於細微，即此可驗。相傳鯤庭矜而亢，玄倩不持小節，各有瑕疵。

玄倩之按中州，方略大震，或語鯤庭曰：「爰盎亦自可人。」鯤庭殉乙酉之難，玄倩跳而東，起兵於西陵之下莊疇。昔浙東才彦和鯤庭者，如萬履安、劉瑞當輩，始皆謝過結歡，恨前此不相知，而玄倩首上疏爲鯤庭請贈謚，時益歎爲不可及。

玄倩之起兵也，破家餉軍，事去，曰「我不可以負鯤庭」，挈其妻妾沈水而死。未幾鯤庭入夢於其子曰：「若輩小兒，恐未知大義，自今以往，其與陳氏後人重敘舊好，以永世世。」先太常公聞而嘆曰：「曠林之戈，一變而共爲鄧林之杖，更何尤哉！」

初鯤庭最善者曰宫允吴君，〔一〕其殉也，呼之與偕，而宫允逃之，君子曰：「人固不易知也！」

〔一〕〔嚴注〕明詩綜卷六十八：吴太沖，字默寘，錢唐人，崇禎辛未進士，以簡討升南國子監司業，轉中允。此所云「宫允吴君」，即其人歟？

題馮鄴仙尚書行狀後

〔嚴注〕馮元飈。留仙之弟，眉仙之兄。

浙東以沈文恭公之故，黨議所錮，及於四朝，斯真可謂黨錮者矣。馮氏兄弟始一舉而洗之，而人才復通，可謂大有功於浙東者也。然尚書才大，故聯絡太廣，相傳前此東林門户甚嚴，至尚書始有佛門廣大之説，稍收彼黨，以爲我用。石齋先生之禍，謝陞、魏照乘必欲殺之，尚書授計於吴來之，〔嚴注〕昌時。遂得涿州之力以起宜興，得宜興之力以救石齋，是蓋不得已之用心也。而尚書亦以此蒙謗。及尚書自中樞歸，世謗其爲避事，以爲負國，則其説尤不公。予謂尚書之去位，並非負國，何也？尚書力争秦督之出關矣，甚且請身先下獄，以覦其言之驗。而思宗必不之聽，不可則止，是宜去之時矣，必栖栖而取陳新甲之禍，則愚人也。尚書之料事如此，思宗不能竟其用，斯國之所以亡也，而以之謗公，不已寃乎。

野史謂宜興欲復涿州冠帶而不能，尚書勸其引興化同升，以爲助。興化既相負前約，於是與宜興有隙。此説亦不覈，興化亦豈反覆若此。據黄氏宦夢録，則謂尚書不甚合於興化，力糾袁繼咸，不任江撫，又與前説相背。此等皆不足信之言。

〔蔣評〕二馮極受思陵倚眷，一則乞身於國事垂危之際，一則竄身於部將作逆之餘。君止與止，其義安在？南雷以交游之故，所作留仙墓銘，猶欲强爲洗雪。先生又以鄉里之前輩，而曲恕鄴仙，皆非定論也。

蔡忠襄公傳後論

〔嚴注〕懋德。此題亦欠妥。

明烈帝時，以西竺之傳講學者，蔡忠襄公雲怡、黄忠潔公海岸、金文毅公正希皆先後殉節。是固滏水所云「佞佛不害其爲君子」者歟。然或又云三公多此一講學也。

陽曲傅氏作忠襄傳，多軼事，其所載山東人李氏講木虎，乃甚言忠襄之迂，非有用才也。講學諸公不切時務，蓋誠有之。然陽曲竟謂忠襄雖死，實無功於晉，其有功在提學江西時，能得萬元吉、揭重熙、曾櫻支柱天地，足以言功，則過矣。忠襄即不克以保晉爲功，而克以一死示晉人綱常之義，即功也。且萬、揭、曾三公之死，足以爲師門之功，而忠襄之以身倡死，反不足爲功，亦過於責備賢者矣。忠襄豈敢以一死爲功，在論者正不可以其盡瘁危疆爲無功也。

況據陽曲言，忠襄先檄寧武周公共守太原。周以師至忻矣，而國人謂周之部下皆邊兵，不可測，忠襄不得已，謝遣之。然則使周公得入城共守，事未可知。忠襄之無功，未可以咎忠襄也。三公中，正希最稱知兵，然觀其薦用申甫，得無亦木虎之流亞哉？

書熊魚山給諫傳後〔嚴注〕開元。

姜敬亭、熊魚山並糾陽羨相國得譴。但敬亭因疏中有『皇上何所見而云然乎』一語，思陵怒其詰問，詔旨遂責『二十四氣』姓名。至魚山則似原未能無罪者。嘗讀盧函赤續表忠記〔蔣注〕此事亦見明史稿，不止表忠記也。言其自建言降調以後，怏怏失志，會求光禄丞不得，嘗思所以報之。迨兩次召見，因首輔在旁，不敢盡言，卒聽吴來之之託，默然神沮，游移畜縮，全屬私見。以烈皇之猜察，即令披肝瀝血，絲毫無瞻顧，猶恐言不見信，況如此者，能不動其疑乎？故尹宣子謂帝是時已愠首輔，實怒魚山之首鼠，謂其兩下討好，遂反以誹謗大臣加之。雖未知然否，要之固宜矣。

跋始寧倪尚書墓銘後〔嚴注〕元璐。

鴻寶先生在明謚曰文正，其在國朝謚曰文貞，當時禮部牒行浙撫下倪氏，文卷可據也。今明史並作文正，誤矣。初，明人本擬謚爲文忠，先生之弟朗齋，願得文正。或曰文正，古未有以贈死難者。朗齋曰：『是乃所謂得正而斃者也。』議遂定。於是同難杞縣劉宫允亦用此謚，并及於遜志先生，皆以朗齋之言故也。文貞之謚，於義略同，然終未可竟混〔校〕黄本作『溷』。爲一也。

題薛歲星作王武寧傳

〔嚴注〕薛寀，字諧孟。王名之仁。

歲星所作王武寧傳，如其言，浙東之役全出其功，而孫、熊、錢、沈反屬聞風而起者，謬矣。方、王同罪，而王以一死，浙東人多稱之，雖清流如蔡大敬、徐涵之多所稱許，其故何也？武寧子鳴謙，亂後爲僧，即所稱宣在，字友聞者也，粉飾其父事，以乞言於諸公，故世多信之。不知非鳴謙之狂愚，不足以速其父之亡，而身後欲爲其父求忠臣之目，何可得也。歲星所作諸忠傳，聞其多類此，讀者幸諦審之，勿輕信也。

題徐俟齋傳後

〔嚴注〕枋。

石齋先生於丙戌薦俟齋，貽書卧子招之入閩。卧子亦欲俟齋參其軍，俟齋皆力辭，以爲諸公不過因先人之大節，而及藐諸孤，是昔人所云『因以爲利』者，故不敢，若安危得喪，非所斤斤也。此可以見俟齋晰義之精，而其中未嘗不具保身之哲，可以爲世法。顧作俟齋傳者，多未之及，予故表而出之。

題馬士英傳〔校〕黄本無此篇。

馬士英有良子曰馬錫，非其父所爲，欲感悟之而不得，遂先歸，其後不豫於禍。一曰馬鑾，則與士英同死，張怡載其事於隨筆。嗚呼！以錫所爲，不欲挂名於士英傳中明矣。然明史不宜失之，是則犁牛有子之説也。

題史閣部傳〔校〕黄本無此篇。

禮賢館徵士〔嚴注〕歸莊之兄也，名昭，字爾德，時參史公府事，城破死之。請決高郵湖以灌大軍，史閣部曰：『民爲貴，社稷次之。』其仁人之言乎。閣部之純忠大節，無可議矣，而是言則關於淮海百萬生靈之命，揚人所當尸祝也。諸傳皆不載，予得之王解州朱旦之詩，特志之。且決湖所以害大軍者少，而害揚人者多，勢且與汴河之覆轍同，又不可不知也。

題田間先生墓表後〔嚴注〕錢澄之。

望溪作田間先生墓表，未嘗從其家訪遺事，但以所聞先生爲諸生時，辱巡按御史之附奄者著之，謂即此一節，可以想見其生平也。先生從亡之詳，具載所知録，望溪似亦未見此書。

吴農祥謂先生曾以山陰嚴相國之薦，拜副都御史兼學士，持節受高一功、李錦等降時，高、李合軍擐甲，傳呼使者入見，踞坐不起，先生前叱之曰：『汝輩昔失身爲賊，其罪滔天。今既洗心革面，願爲王臣，而作此偃蹇狀，是何禮也？吾當一死報國，寧有懼耶？』二賊嗒然氣喪，急起，跪而受詔，且謝過。先生留其營者久之，後所謂『鄖陽軍』者也。農祥言此事親得之杭人朱東觀，當時實以副使同先生往，當不謬。且其文甚壯。但高、李之降，在思文時，非永明也。撫高、李以歸國者，中湘何督師，非山陰也。先生由推官遷膳部，改庶常，終於編修，非副都。先生自序立朝，惟救金道隱戍滇事，不言其他。豈有所知録不載，而尚可信者。

農祥所作殘明諸公傳多矣，信口無稽，以欺罔天下，不知其何所見，而考據又疏，未嘗覈其歲月時地之確，可爲絶倒。乃鈔所知録以寄望溪，使更詳序其本末，揭之墓門，幸無使囈語留貽，淆亂舊史爲也。〔一〕

〔一〕〔蔣注〕表中亦有隱語，但以忌諱而略之耳。

錢忠介公祟祀録跋

〔嚴注〕肅樂。

顗菴王公視浙學，行部至寧，首祀錢忠介公於學宫，并及丙戌殉節秀才趙景麟，可謂以忠孝訓世者矣。顧謝三賓亦以是年同得祀，何其漫不考覈，一至此耶？

予年十四爲諸生，謁先司空宗伯公於祠，見三賓主，憤甚，擊之不碎，投之泮水，并故提督張杰之主亦投之，忽忽二十六年矣。奸人就死，魂魄應已澌滅，即在學宫，豈敢晏然享祭，此不過予少年意氣之所激也。展閲忠介祀録，記之於後。

讀陸太僕年譜

〔嚴注〕夢龍。〔楊注〕陸太僕名夢龍，字君啓，會稽人，萬曆三十八年進士，官至山西參政。崇禎七年，賊圍静寧州，戰死，贈太僕寺卿。明史稿附張問達傳。

洪承疇爲秦督，其殺賊多失實，蓋既仕本朝，梅邨輩諛之也。此惟梨洲先生嘗言之。然予求其徵而不得。今讀陸太僕年譜，言其尾賊而不敢擊賊。是譜出於甲申之前，可以見梨洲之言不誣。據太僕之子惠迪言，洪督待太僕甚不相能，太僕死事，其得恤者出於巡按練國事之力，則洪督幾掩其忠矣。是不可因梅郰輩雷同之口，而附和之也。

再讀陸太僕年譜

太僕爲兗東道時，方征登、萊，謝三賓視師，其媚高潛，諂劉澤清，太僕詳志其醜。三賓自作視師紀略盡諱之，然在三賓之生平，固不足恥也。

三讀陸太僕年譜

太僕半生𩾖歷兵間，爲忌者所抑，而卒死於兵。予微嫌者，矜氣未化，讀年譜可見矣。兵，危事也，而太僕易言之，故陶石梁言其喜言兵，蓋微詞也。隆德之難，固由洪督之掣肘，然觀其一出，亦自輕脱，少臨事而懼之意，此正不可不知，非敢妄議勞臣也。

題徐狷石傳後

〔嚴注〕徐介，字孝先。

馮山公集中有徐狷石傳，吾友王瞿〔嚴注〕麟徵。多所不滿，請吾更作。予以馮傳略具首尾，亦足資考證，若瞿所訪得軼事，可別志之傳後也。瞿曰：狷石嚴事潛齋，其後潛齋亦畏狷石。嘗一日過潛齋，問曰：『何匆匆也？』潛齋答曰：『主臣！以兒子將就試耳。』狷石笑曰：『吾輩不能永錮其子弟以世襲遺民也，亦已明矣。然聽之則可矣，又從而爲之謀，則失矣。』於是潛齋謝過，甚窘。〔校〕黄本無此二字。狷石最善顧宛溪，會有事欲商之宛溪，而宛溪在崑山司寇館中，狷石徘徊其門不入。會宛溪之從者出，因以告，乃得見，然終不肯入。司寇亦聞之，亟遣人出迎之，狷石已解維疾去矣。潛齋之辭徵車也，其孺人頗勸之，狷石謂曰：『吾輩出處之際，使若輩得參其口乎？』潛齋遽曰：『謹受教。』是皆瞿所述狷石軼事，足以厲風俗者。

題沈端恪公神道碑後 〔嚴注〕近思。

端恪神道碑文，出於静海厲尚書，然其於公之學術節概，有未盡者。端恪少時嘗在靈隱（守）〔寺〕從黄本改。中爲僧，碑文諱之。不知不必諱，且更有不可諱者。世宗憲皇帝夙耽禪悅，其在朱邸，徧讀三車經籍，直見性宗，及登極，遂絶口不道，然而熟處未忘也。兵部侍郎臨川李公嘗以燕閒獨對，上問之曰：『聞汝於書無所不見，則二氏諒所盡通。』李公對曰：『主臣！〔嚴注〕『主臣』二字衍，癸巳類稿卷十一詳之。臨川對必不敢作是語，非如上篇題徐狷石傳後，潛齋之答狷石也。向於藏經亦諦觀之，然甚無補於天下國家。』上笑而頷之。又數年，端恪以吏部侍郎亦獨對，上問之曰：『汝固嘗爲僧，其於宗門必多精詣之言，試陳之。』而端恪曰：『臣少年潦倒時，逃於此。及幸得通籍，方留心經世事，以報國家，日懼不給，不復更念及此。亦知皇上聖明天縱，早悟大乘。然萬幾爲重，臣願陛下爲堯舜，不願陛下爲釋迦。臣即有記，安敢妄言以分睿慮。』上改容頷之曰：『良是。』時臨川已罷官，聞而嘆曰：『君子哉！闇齋也。』說者以爲雍正十年以前，内廷不舉法會者，二公力也。

端恪前此爲選（君）〔曹〕，從黄本改。尚書隆科多密勿重臣，最專斷，曹郎莫敢仰視，端恪獨侃侃持正議。一日畫諾，尚書曰：『可。』端恪曰：『不可。』尚書怒，端恪持之益力，良久，尚書忽曰：『沈選君諍友也。』改而從之，且曰：『寮友當如此矣。』入告於世宗，遂不次加太僕卿，仍領選司，自此得大用。

予嘗謂古今儒佛二家，多由儒而佛者，未有由佛而儒者。有之，自端恪始。端恪既爲儒，私淑應潛齋先生之學，故最醇。潛齋在日，端恪尚少，及自靈隱歸，得見潛齋之高弟沈君士則、凌君嘉即，從之求得其遺書，乃知正學有在，發明宗旨。已而於潛齋語間有未安，皆反覆以求其通，論者以爲應氏功臣。碑文極闡明端恪之學，而不知其淵源所自出，予故特表之。

東撫田文鏡請以耗羨歸於公用，世宗已許行，而猶召九卿議之。衆以上意所向，不敢争，公獨争之力，言今日則正項之外更添正項，他日必至耗羨之外更添耗羨，他人或不知，臣起家縣令，故知其必不可行。世宗曰：『汝爲令，亦私耗羨乎？』公曰：『非私也。非是且無以養妻子。』世宗曰：『汝學道，乃私妻子乎？』公曰：『臣不敢私妻子，但不能不養妻子，若廢之，則人倫絶矣。』世宗笑曰：『朕今日乃爲沈近思所難。』是日，衆皆爲公懼。然上雖不用公言，而亦不怒也。碑文微及此事而不悉。端恪之卒，其二子皆少，故事跡不能盡詳。其獨對語，世所不知，予從臨川李公得之，當記之以登國史。長君遷，今爲户部，語次，因乞予序其事。

鮚埼亭集外編卷三十一

題跋五

讀荀子

太史公傳荀子，謂行年五十始至齊遊學，顏黄門家訓因之，而劉中壘説苑作十五，相去懸絶，無可折衷。考儒林傳：齊威王招天下之士於稷下，而荀子客焉。威王在位三十六年，不知荀子以何年至，姑弗論，但以歷事之君計之，則宣王十九年，當齊極盛之時；湣王四十年，當齊大亂之時；襄王十九年，當齊中興之時。星移物换，前此田駢之屬皆死，而老師獨存，尚修列大夫之缺，三爲祭酒，固已百齡有餘。然而齊王建之三年，春申君方相楚，又歷八年，荀卿仕焉。春申柄政二十四年，死於李園之難，荀卿失官，卒葬於楚。即如説苑所云，已極年齒之永者矣。又據説苑，荀卿歸卒於趙，亦與史記不同。

荀子生於趙，見史記；卒於趙，見說苑。然終身未嘗立趙之朝，以齊始，而以楚終，乃曾與趙臨武君論兵於孝成王之前，頗不可解。方荀子之由趙而齊，孝成未立，及其由楚而趙，孝成已亡。(太)〔大〕抵當在去齊適楚之交，其年數頗相合。通鑑所載，頗爲得之。此雖無甚關係，然亦讀史者所當考也。

跋賈太傅新書

太史公言漢文帝雅器太傅，將任以公卿之位，大臣多不之喜，遂以年少初學詆之。世或以太傅不善用其才，深爲惋惜。予竊以爲絳、灌當時賢臣，不應至此。

考應仲遠風俗通，是時太中大夫鄧通有寵於帝，太傅與之同列，獨不爲禮，恨而擠之，因漸見疏。然則長沙之出，殆非盡大臣之過也。此係太傅立朝大節，太史公及交其孫，乃不爲之表章，可謂疏漏。史稱鄧通不過自謹其身，絕無他能，觀於仲遠所言，亦可畏矣。夫得君有若文帝，三代以還不多觀者，然且深知太傅之才，仍使弄臣得與比肩，薰蕕鑿枘，可爲長太息者矣。

書韓文公集後

退之先生陽山之貶，實爲韋、王之黨所排，諸家皆無識者，洪慶善、方崧卿始備得其顛末，足以補唐書之漏。按寄三學士詩云：『或自疑上疏，上疏豈其由？』又云：『同官盡才俊，偏善柳與劉，或慮語言洩，傳之落冤讎。』别竇司直詩云：『前年出官由，此禍最無妄，姦猜興彈射，不逐恣欺誑。』又云：『愛才不擇行，觸事得讒謗。』是當時小人忌先生，必欲乘間去之，特駕其罪於建言，即素以文章相契者，亦不能容。故神道碑謂論旱饑，本傳謂論宫市，皆非致禍之本。又寄三學士詩云：『前日遇恩赦，私心喜還憂，果然又羈縶，不得歸耡耰。』别竇司直詩云：『行當挂其冠，生死君一訪。』蓋韋、王之黨敗後，餘孽猶存，先生雖量移，仍多危懼，城狐社鼠，可想見其概矣。

讀石徂徠集

〔嚴注〕介。

徂徠先生嚴氣正性，允爲泰山第一高座，獨其析理有未精者。其論學統，則曰『不作符命，自投於閣』，以美揚雄，而不難改竄漢書之言以諱其醜，是一怪也。其論治統，則曰『五代大壞，瀛王救之』，以美馮道，而竟忘其長樂老人之謬，是一怪也。涑水亦不非揚雄，然猶爲之周旋其辭，謂其鑒何、鮑之禍，而委蛇爲之。即南豐以爲合箕子之明夷，雖其言亦失春秋之意，要未若徂徠之武斷。夫欲崇節誼，而乃有取於斯二人者，一言以爲不知，其斯之謂歟？

題雁湖注荆公詩

〔嚴注〕李壁。

荆公詩注五十卷，見於昭德讀書志，而不詳誰作。〔嚴注〕近海鹽張氏刻此書，甚精工，顧其所祖之本乃元刻，删節甚多。予嘗得宋刊十餘卷。今雁湖之卷與之合，然晁侍郎年輩不及見嘉定以後書，則志所列别是一本，非雁湖作也。〔繆注〕此是侍郎後人添注，不得疑另一書。但不知雁湖之前既有注，何以絶不一引及之，不可解矣。雁湖居撫州，築崀峰草堂以箋公詩，又引曾景建以自助，其功甚勤，其材甚博，然尚不能無失者。如錢公輔築偃月堤於四明，故公贈之詩曰：『載沙築成天上路。』今泛引唐人宰相沙堤以證之，疏矣。江鰩柱爲春産，車螯爲冬産，今雁湖謂江鰩柱即車螯，謬之甚者。又謂曾文定公未第時，嘗游四明，其説無據。三者皆關吾鄉掌故，故特詳之。至引後山紫微詩句入注，益屬無謂。荆公乃後山前輩，豈有反引用後山詩者，紫微則荆公不及見矣。以雁湖之多學，而謌誤在所不免，信乎注書之難也。

跋宋宗忠簡公集〔嚴注〕澤。

宗留守集六卷，遺事一卷，雜文一卷，歲甲辰從友人左東陽家得之。公之人不以文重，及見其文，益不能不悲其人。嗚呼！宋南渡時，有李忠定與公而不能用，讀忠定梁溪集及忠簡二十四疏、約諸帥勤王入衛書，可謂大聲疾呼，垂涕泣而道之，何物汪、黄，褒如充耳，悲夫！予又讀明儒王華川所作公傳，謂公以高宗無北還意，中原不可無主，固請以信王榛爲兵馬大元帥。信王，高宗母弟也，汪、黄遂譖公有異圖，是以有門下侍郎、御營副使之授，命未下，而公訃聞。此事國史、家乘〔嚴評〕宗公家乘，何處見之？皆不書，未知華川何所出，書之以俟博雅。

跋木筆雜鈔後

木筆雜鈔二卷，諸書目皆云不知作者。愚讀其書，乃水心先生弟子，故於永嘉諸公行事爲詳，而所嚴事者則陳筼窻。書中有云：『予少時好爲譏切之文，筼窻袖以示水心。水心曰：「雋甚。吾鄉薛象先端明當吴之時，未有吴之筆也。吴似王逢原，惜其好駡亦如之。」』愚考之水心集中有答吴明輔書，乃篔窻表弟，當即其人也。

按明輔字子良，後村集中有其輓詩曰：『水心文印雖傳嫡，青出於藍自一家。尚意祥麟來泰時，安知怪鵩賦長沙。忤因宫妾頭無髪，去爲將軍手汗靴。他日史官如立傳，先書氣節後詞華。』其爲當時直節侍臣如此，而宋史不作傳，可怪也。

題真西山集〔嚴注〕德秀。

慈溪黄氏兩朝政要曰：『理宗時，天下所素望其爲相者，真德秀文行聲迹，獨重嘉定、寶、紹間，僉謂用則即日可太平。端平親政，趨召至朝，正當世道安危升降之機，略無一語及之。乃阿時相鄭清之，飾其輕舉敗事，謂爲和、扁代庸醫受責。又以清之開邊，建議御閲，卒以府庫不足犒賞，事不可行，致前至諸軍，質貸備衣裝無以償，故鬨，延及州兵皆鬨，自是軍政不復立。知貢舉事，復以喧駡出院。除政未及拜，以疾終。』

子全子曰：乾、淳諸老之後，百口交推，以爲正學大宗者，莫如西山。近讀臨川李侍郎穆堂類稿譏其沈溺於二氏之學，梵語青詞，連軸接幅，垂老津津不倦，此豈有聞於聖人之道者。愚嘗詳考其本末，而嘆西山之過負重名，尚不止於此。兩宋諸儒門庭逕路，半出入於佛老，然其立身行己，則固有不媿於古人者。龜山、上蔡而後，橫浦、玉山皆是也。西山則自得罪史彌遠以出，晚節頗多慙德，其學術之醇疵，姑弗論可矣。文潔篤行醇儒，固非輕詆人者，況其生平依歸，左西江而右建安，而論是時之有宰相器者，獨推袁蒙齋，〔嚴注〕甫。而深惜西山之無實，則是非之公心也。其事又耳目所親接，則非傳聞失實也。宋史西山本傳即出文潔之手。其後元人重修，雖諱其隳軍、知舉之短，而於呵護鄭清之一節，亦多微辭。然則端平之出，得非前此偶著風節，本無定力，老將知而耄及之耶？吾於是而致歎於保歲寒之難也。

西山以博學宏詞起家，故詞命爲最著，然其兩制文字，凡遇嘉定以後宰執，多有伊、傅、周、召之譽，殆亦可以已而不已者歟？或又言倪文節公〔嚴注〕思。糾彌遠昆命元龜之制，彌遠私人〔嚴注〕指陳晦。所據以自辨者，亦得之西山。雖西山未必以此求用於當時，然亦要可以已者耳。慈湖初見西山，因以其命訊日者，戒其須忘富貴利達之心。由今觀之，西山未能終身踐此言也，然則其不能攘斥佛老，固其宜耳。

今世之尊西山者，雷同一詞，予之言，固知世之論學者必有妄摘大儒之説，然舊史之是非，不可枉也。故謹録文潔之語，柬之臨川侍郎，以申其所未盡焉。

東發先生史稿跋〔嚴注〕黄震。

東發先生日鈔，後一半即其文集也，别有理度二朝政要。近又得其戊辰史稿，乃其爲史館檢閲時所作列傳：一杜範，一真德秀，一洪咨夔，一袁甫，一徐元杰，一李心傳，凡六篇，疑即日鈔中所闕二卷是也。先生所極稱者杜丞相。其於真文忠公傳，謂晚節阿附鄭清之，大有微詞，與理度二朝政要所言，互相證明。政要最推袁正肅公，而傳中稍不滿。其論學，今宋史真文忠公傳頗采公文，以爲藍本。世有能重雕日鈔者，當以此稿及理度二朝政要附之。〔嚴注〕今長塘鮑氏已刻入叢書中。

跋史方叔朴語〔嚴注〕史彌大。

方叔爲文惠長子，官至禮部侍郎，先文惠卒。其所著甚多，而朴語二篇則其擬子部之作。其書謂司馬文正公大而未化，尚去韓忠獻公一間，雖未必盡當，要亦有志者。方叔之書多不傳，予得見此二篇，鈔之，以爲甬上遺文一種。

題史秦州友林集

〔嚴注〕史彌寧。按錢少詹云：南渡後，秦州不入版圖，當是泰州之誤。

清叔爲文惠弟大中大夫源之第三子，以其妻宗女澤，累官武功大夫，右春坊帶閤門宣贊舍人，除忠州團練使，知秦州，兼淮安提舉。友林集本二卷，今僅存乙藁而已。

史氏家門著作極盛：

經苑則文惠有尚書講義、二十二卷。周禮天地二官講義、十四卷。論語口義，二十卷。彌大有易學指要衍極圖説，定之有鄉飲酒儀、一卷。太極圖論、二篇。易贊蓍説，嵩之有周禮講義，文卿有易解，蒙卿有易究，十卷。芳卿有古易、學詩題詞、夏小正經傳考，葵卿有太極圖説，公珽有易演義、象數發揮。

史料則彌遠有高宗聖政編要、二十卷。孝宗寶訓、六十卷。紹興求賢手詔，一卷。忠宣有書判録，彌忠有廬陵教民集，守之有升聞録。

傳記則文惠有會稽先賢傳，二卷。定之有鄱陽志、三十卷。饒州志。二卷。

象數則守之有潛虛解。

説林則彌大有世家、二篇。朴語二篇。鏡菴叢書，守之有世學、二十四卷。心易龜鑑，文卿有石窻野語。

書學則文惠有童丱須知，三卷。彌忠有歷代總括、臨池筆記，芳卿有石鼓文考。

類纂則吉卿有廣事文類聚。

而別集則文惠有鄮峰真隱漫録、五十卷。直翁外集，二十五卷。彌大有朴齋外集，忠宣有滄洲詩稿，彌林有慥齋集，彌忠有自齋集，五十卷。彌應有自樂山吟，彌鞏有獨善先生集，五十卷。宜之有用拙齋集，定之有月湖集，嵩之有野樂篇，百篇。宅之有雲麓集，安之有類稿，慥之有拙齋集，蒙卿有果齋集，越伯有雲閒集，徽孫有觀物和陶詩，公珽有蓬廬居士集。大半爲經籍志之所未載者。〔一〕

予搜求前輩文獻，於永樂大典中鈔得文惠周禮、論語二種，彌大朴語二篇；於天一閣范氏得文惠漫録；其餘則偶或遇其奇零篇幅，而未能盡也。當時以三宰相、兩執政重圭累衮之勢，而各肆力於撰

〔一〕《李注》是編所載大半爲經籍志之所未載者。據宋史藝文志經類書類有史浩講義二十卷。小學類有史浩童丱須知三卷。史類故事類有史彌遠孝宗寶訓六十卷。禮類有史浩周官講義十四卷。論語類有史浩口義二十卷，其下有紹興求賢手訓一卷，高宗聖政編要二十卷，注乾道、淳熙中修，蓋不著著撰人姓氏，非彌遠也。彌遠生隆興二年，次年爲乾道元年，紀年盡九年癸巳，彌遠亦止十歲，尚未登朝，十四年丁未始登第，安得預修政要乎？傳記類有史定之鄉飲酒儀一卷。地理類有史定之鄱陽志三十卷。集類別集類有史浩真隱漫録五十卷。此所舉各書，多不見於志。竹汀考異云：能之，彌鞏字。咸淳初，由大理寺丞知常州，撰毘陵志三十卷，史志所未載，先生此條亦失收。

述，亦正有不可及者。序稱文惠爲魏王，按宋史文惠封魏公，贈越王，恐序誤也。

清叔之官不達，今讀其集，蕭然物外，不能見其爲閥閲家兒，其亦同叔、南叔之亞也歟。讀書附志載有黄景説、曾丰序，而今無之，蓋弁於甲稿之首也。今乙稿序亦失其首葉，吾友厲徵君鶚定爲鄭械作。

跋遺山集〔嚴注〕元好問。

遺山之於金，雖有爲崔立撰碑之累，事由刦脅，要其志節，不可盡没也。〔一〕其力求修元史，亦思以效忠於金，卒被阻而罷，然其惓惓亦至矣。惟是遺山以求修史之故，不能不委蛇於元之貴臣，讀其碑版文字，有爲諸佐命作者，至加『先太師』、『先相』、『先東平』之稱，以故國之逸民而致稱於新朝之佐命者如此，則未免降且辱也。遺山又致書耶律中令，薦上故國之臣四十餘人，勸其引進，是非可以已而不已者耶？顧言呼諸子相從潁水濱，昔人風節尚哉！要之遺山祇成爲文章之士，後世之蒙面異姓而託於國

〔一〕〔趙季梅注〕遺山初爲左司都事，後崔立作亂，自立爲太師都元帥尚書令鄭王，其黨皆拜官，遺山亦爲左右司員外郎。是污僞命矣，不僅撰碑已也。

史以自脱者，皆此等階之厲也。嗚呼！宗社亡矣，寧爲聖予、所南之介，不可爲遺山之通，豈予之過爲責備哉。

重定中州集序目

中州集第一卷至第七卷，是遺山所先定者，至第八卷邢具瞻『忽别』起，愚爲數之，至第九卷馬舜卿，適合商平叔所云百家詩略之目，蓋即平叔本，而遺山附入之，不欲没其實也。『諸相劉豫』而下，則又遺山所續采者，故詮次復别，是皆按遺山自序而可知也。

獨其中於愚意有未慊者。遺山之開卷也，以宇文虚中爲首。虚中終不可與吴激輩同年而語。虚中僞受金官，志圖挾淵聖南歸，事已垂成，秦檜以其蠟丸洩之金，遂與同謀高士談闔門受害。故宋爲之贈官、予謚、立廟、置後，而且賜姓於其嗣子，即宋人之痛之，而虚中之志可原也已。朱弁固賢者，其不屑與虚中合集，或亦未悉其密謀也，倘必執豫讓二心之言以繩之，無乃使長逝者過於誣屈。曩者同年生杭世駿注金史，愚嘗遺書欲其爲之灑刷，世駿亦以爲然。遺山所作傳，亦未嘗不著其事，而仍弁之卷首，則失矣。

趙晦，靖康末一主簿，汴京破後不復仕；楊興宗以建炎渡江，著龍南集以志懷；斯其人皆陶潛、司空圖之儔也。姚孝錫曾仕金，遺山尚置之南冠之列，而反於二公混以爲金人，亦所未安。

遺山謂金之文藝當以蔡珪爲首，其説甚當。然甲、乙二卷，宋、遼遺臣，先後參錯不甚了了，別起之二卷亦然。

故愚妄爲定之，以首二卷爲前集，以位置宋、遼遺臣，自吴激始合之，以張斛、蔡松年、馬定國、祝簡、朱之才、劉著、施宜生，及後二卷之王競、李之翰、晁會、趙慤、王樞，而附之以劉豫、杜充、張孝純、虞仲文，仿歐史唐六臣傳之例也。以末一卷爲外集，則司馬朴、滕茂實、朱弁、何宏中、趙晦、楊興宗，而附之以宇文虚中、高士談、姚孝錫，仿宋史周三臣傳之例也。其餘則爲正集，依其時代次之，亦可矣。

近世言金史者，好詆遺山，蓋自王尚書阮亭始。然遺山亦何可輕詆。如愚所言，未必非遺山之功臣也。

讀歸潛志

〔嚴注〕劉祁。

元裕之與劉京叔互委撰崔立碑。裕之作滹南墓志，有云：『崔立劫殺宰相，送款行營。翟奕輩請建功德碑，召公爲文，自分必死，姑以理諭之。奕輩不能奪，竟脅太學生，託以京城父老意而爲之。』太學者，京叔與麻信民也。裕之別業上梁文曰：『一軍搆亂，羣小歸功，劫太學之名流，文鄭人之逆節。命由威制，佞豈願爲，就磨甘露御書之碑，細刻錦溪書叟之筆。伊誰受賞？於我嫁名。悼同聲同氣之間，有無罪無辜之謗。耿孤懷之自信，聽衆口之合攻。追韓之騎甫還，射羿之弓隨彀。』此指京叔之委過於裕之也。及觀京叔歸潛志中所述，則深有憾於裕之，并及滹南。予平情考之，滹南與裕之實不欲撰碑，而又不敢抗，故强付之京叔與麻信民。京叔二人亦不能抗，而卒挽裕之以共謗。文人遭此，亦可悲也。

陵川郝文忠公，宗師遺山者也，其詩曰：『國賊勒文召學士，滹南先生付一死。林希更不顧名節，兄爲起草弟親刻；省前便磨甘露碑，書丹即用宰相血。數樽黄封幾斛米，賣卻家聲都不計。』蓋極口詈京叔矣，然其末曰：『作詩爲告曹聽翁，且莫獨罪元遺山。』則遺山之不能無罪，亦可見矣，特不應使獨受過耳。史臣書其事於滹南傳中，元、劉情事，頗爲平允。雖然，胡不早去，而栖栖於圍城之中，以自貽伊戚。吾乃嘆宋之亡，相率引身而遁者，自審不能爲文丞相、家參政，而又懼遭吴堅、賈餘慶之辱，雖其於殉國之義有愧，而潔身則得矣，正未可以深罪之也。或曰是時四郊皆兵，殆欲去而不能，不然，裕之輩不若是之愚也。雖然，此手豈可使著賊，吾不能不爲諸君惜也。

題許文正公集後〔嚴注〕衡。

静修先生退齋記，予向疑其爲許文正公而作，然尚未敢質言之。及讀道園作安嘿菴集序曰：『昔者天下方一，朔南會同，薦紳先生，固有得朱子之書而尊信表章之者，今其言衣被四海，家藏而人道之，其功固不細矣。而静修曰：「老氏者，以術欺世而自免者也。陰用其説者，莫不以一身之利害，節量天下之休戚，其終必至於誤國而害民。然特立於萬物之表而不受其責焉，而自以孔、孟之時義，程、朱之名理自居，而莫知奪也。」觀静修考察於幾微之辨，其精如此。』以道園之言考之，其爲許文正公無疑也。文正自請罷中書政事，教國子，故静修以欺世自免誚之，而亦可見其所得於江漢〔嚴注〕趙復。之傳者，殆不盡與文正合也。

道園又曰：『文正遺書，其於聖賢之道，所志甚重遠，其門人之得於文正者，猶未足以盡文正之心也。後之隨聲附和者，謂修詞申義爲玩物，謂辨疑答問爲躐等，謂屏棄猷爲乃涵養德性，謂深中厚貌乃變化氣質。外以聾聵天下之耳目，内以蠱晦學者之心思，而謂文正之學，果出此乎？』是則又指當時學派之流弊。

要之，文正興絶學於北方，其功不可泯，而生平所造詣，則僅僅在善人有恒之間，讀其集可見也。故數傳而易衰，静修所謂『欺世自免』者，則自其辭就之間有以窺見其微疵，然後知君子用世之難。

跋危學士雲林集〔嚴注〕素。

竹垞據貝清江集，頗疑學士晚年未嘗銜命守祠，特以其子於幰教授安慶，好事者遂附會之。按潛溪銘學士墓，稱『洪武三年冬，監察御史王著等劾公亡國之臣，不宜用，公坐免，詔出居和州。閱再歲卒』。當時北平故官，豈止學士一人在朝，臺臣何以獨見掊擊，其爲仰體當宁之旨明矣。若清江集混言三年識公京師，未幾公卒，是蓋不欲詳言其事，故略舉之。學士以國史不死，固昧於輕重之義，然其出累朝實録於刀劍章皇之下，功亦不小。乃史局既開，並未聞有一人過而問者，可以想見是時當宁眷睞之衰，黯然無色，所以潛溪又有『春秋既高，雅志不仕』之語。後世失身瓦裂之徒，可爲殷鑒，而尚或援此爲例，可謂不自愛惜之甚者也。

教授名𣃁，亦見潛溪銘中，清江集作於幰，或是其字。按廣韻『於幰』正切『𣃁』字，教授好奇，遂取爲字，自古在昔，如楊朱之字子居，乃其證也。竹垞謂北平載記脱去『幰』字，不知載記書名，當是『𣃁』字之訛，并識之，以正其失。

再跋危學士雲林集

學士曾受業於草廬，及予讀胡仲子集〔嚴注〕胡翰。乃知其又爲祝先生蕃遠高弟，則學士之於槐堂，其統緒固不自一家也。仲子稱蕃遠遇事不顧利害，與人開心見誠，所至以講學爲己任，指授有師法，尤屬意學士，與之語，或終夕不寐，去輒目送之，以爲興吾教者，必若人也。蓋學士爲其師友所期如此。予又見學士撰李先生仲公集序，亦稱學生。嗚呼！學士徧請業於其鄉之碩儒，而大節卒不克自持，得無言有餘而行不足乎？蕃遠之所期於學士者，虚矣。閑中今古録謂明太祖因徙元舞象至南，使象舞，象伏地不馴，遂書牌曰『危素不如』，而學士因之被謫。嗚呼！何辱如之。

書何大復集後〔嚴注〕景明。

明正、嘉時，執詩文之牛耳者，爲李北地，而大復和之。顧大復以早逝，不永其年。予少讀大復集，以爲特文士耳，及讀先進遺風言大復以中翰奉敬皇帝哀詔下雲南，遠方君長及中貴人，咸以象犀珍貝贈遺，概謝不納。逆瑾用事，上書諸大臣，言宜振立以抑瑾權，不用，謝病里居。踰年，有言之瑾者，免官。瑾敗，西涯薦之，詔復原官。錢寧欲與交驩，以畫求題，大復謝曰：『古畫不可玷污。』有御史客死京邸，中人廖鵬贈之棺，大復曰：『吾友生不苟受，豈以死受之乎？』賻金易之。乾清宫災，上書極言義子不可畜，宦寺不當寵。北地江西之誣，大復上書争之甚力，積爲樞要所不喜，出之校士。其大節有如此者，惜乎未見其止也。

題朝鮮洪樞府忍齋集〔嚴注〕暹。

忍齋集，文三卷，詩二卷，明萬曆時，朝鮮大臣輔國榮禄大夫領中樞府事兼管經筵洪暹退之著，忍齋其別號也。小長蘆叟葺明詩，東人至九十一家，有屬國爲最盛，然未見此集。雍正壬子閏五月，吾友仁和趙六意林得之燕市，卷首無序，其末有左議政金榮貴所作墓志銘，言其官吏曹時，曾忤枋臣下詔獄，拜杖。尋以典試發策，歷舉前代戚里宦寺之禍，坐直言見謫。晚年三領揆席，深以盛滿爲懼，每承一恩命，必固辭至十數章，蓋東國大臣之賢者也。東國最重世家，退之亦父子宰相，稱盛族云。其文肖其土風，大率平衍之音。近日小山堂插架甲於浙河，如此本者，亦儲藏家所未有也。

書明詩綜後

竹垞選明詩綜，網羅固多，訛錯亦甚不少：即以吾鄉前輩言之，屠辰州本畯並未嘗爲福建運司，蓋因其曾任運同而訛。陸大行符，東林、復社名士，有環堵集傳世，乃訛其名爲彪。以此推之，必尚有爲我輩所不及考者。〔一〕牧齋列朝詩選，竹垞歷詆其疏，愚以爲著述家總不能無餘論也。

書甬上耆舊詩後〔嚴注〕李鄴嗣。

竹垞譏杲堂甬東耆舊之選，罣漏不一而足，如陸中翰寶者，曾與百穀、孟陽諸公往還贈答，並非隱晦，不知杲堂何以失收。杲堂罣漏誠多有之，但竹垞所舉卻失。中翰與杲堂爲前後輩，猶及相見，杲堂之例，薦紳以神宗末年爲止，惟布衣或有不拘者，是不足以誚之。

〔一〕〔嚴評〕百卷之書，其誤處倘止此二條，則可以不必言。如其不止於此，則此二者亦極微矣。摘此遂足以爲明詩綜之跋乎？可笑。

書明名臣言行録後〔嚴注〕徐開禧。

崑山徐開禧輯明名臣言行録百卷，予觀其搜羅稗野諸鈔，與實録相參錯，雖不能無罣漏，用功可謂勤矣。但晦翁宋名臣言行録每所援據，必注其書之所出於下，此最是著述家一妙例。開禧不然，便屬疏濶。至成祖靖難功臣，如張河間、朱東平，則並不録，是竟闕一朝人物，不知其何意也。聞新城王士禎亦有是書，予未之見。

跋張茂滋餘生録〔嚴注〕忠穆公肯堂子。

鯢淵先生殉難，闔門二十七人同盡，獨公冢孫茂滋以遺命保宗祀，逃出道隆觀中，行至中途仍被俘，因於鄞獄。鄞之義士陸宇爆、董守諭、董德偁百計出之未能得，公之故將汝應元、故客宋龍輔之，亦未得。大名人蕭伯闇、閩人劉鳳翥皆公舊所取士，適俱在鄞，共爲言於當事，乃免。茂滋既出而病，館於陸氏觀日堂中幾死，病中著餘生録且萬言，其述俘囚中之困厄，令人不能卒讀，文境固真，亦筆力足以達之。時尚未冠，乃知茂滋真奇才也。病愈，蛟川義士范兆芝送之歸華亭，應元爲經紀其家。乃未幾而茂滋卒，蘭摧玉折，皋陶不祀，可哀也已。

初，茂滋著蒙難紀言，其文係駢體，請正於先贈公，以爲弗佳，乃改撰此録。今予家尚有茂滋手書餘生録稿及蒙難紀言原本，每一展閲，輒爲泫然。

跋鄺湛若嶠雅後

〔嚴注〕露。

湛若先生大節，不待言矣。顧其少時曾入阮大鋮之門，大鋮文集，湛若爲之序，稱門生焉。蓋湛若少時好聲樂，大鋮在留都，羅而致之也，非後來大節，則湛若幾不免爲奄人之徒，人所以貴晚詣也。湛若嶠雅，係其手書開雕，古香可掬。東莞袁督師曾於粵中邀贈謚，非嶠雅無以知之。〔一〕黎洲先生謂桑海諸公集，可備詩史，信夫。

〔一〕〔嚴評〕嶠雅未嘗言贈謚。據二十八卷袁崇焕傳跋言『崇焕賜謚襄愍，見宇泰集』，又引嶠雅，而云『未及其易名』。今跋嶠雅，又云『非嶠雅無以知之』，謝山喜隨口説話如此。

浩氣吟跋 嚴式耜、張同敞。

稼軒先生晚節如此，可謂偉人也已。然其少年連染於牧齋之習氣，把持闍訟一事，爲其師太過，反以身爲戮，豈非牧齋累之耶？然自丙戌以後，牧齋生平掃地矣，而先生浩氣吟中，猶惓惓焉，至形之夢寐，其交情一至此乎？牧齋顔甲千重，猶敢爲浩氣吟作序，可一笑也。

題萬民部履安續騷堂集後 〔嚴注〕泰。

履安在復社中，甬上四孝廉之一也。丙戌後，文虎早逝，時有七孝廉皆謝公車，而次公節最高，履安、天鑑次之，即四孝廉之三也。履安與謝氏婚，乙酉之役，諸公欲殺謝氏，履安救之。及戊子，諸公反爲謝氏所殺，履安力不能止，遂以此大不理於口。然履安亦甚自悔，故以『悔』名菴，其後同志始稍原之。林太常蠒菴貽書董隱君曉山，言『春秋責備賢者，固當，然不可没其補過之心』，可謂平情之論。適予選甬上耆舊詩，特爲著其事，此固不必諱也。〔嚴注〕謝三賓一子名於宣，四孫：爲輔、爲霖、爲憲、爲衡。履安之女壻謝爲兆，殆三賓之姪孫耶？

跋吴稚山歲寒集〔嚴注〕鍾繼。

稚山吴尚書在海上時，合累朝革命之際仗節死者，自孤竹兩公子始，合爲一集，題曰歲寒松柏，而陶泉明、謝皋羽之徒，則附見焉。予得之同里高辰四隱君家，尚有宗伯手印鈐識其首。是時流離荒島，今日域中誰家天下，而其序首有曰：『國有以一人存者，其人亡，而國不可亡。故商亡，而易暴之歌不亡，則商不亡；漢亡，而出師之表不亡，則漢不亡；宋亡，而正氣「丹心」之什不亡，則宋不亡。』千百年而下，讀之者應爲張目，真歲寒中一倔强老也。萬九沙太史家有穉山集，因録而遺之，使附諸後。〔一〕

書明夷待訪録後〔嚴注〕黄宗羲。

明夷待訪録一卷，姚江黄太冲徵君著，同時顧亭林貽書嘆爲王佐之才，如有用之，三代可復。是歲

〔一〕〔馮注〕抱經樓藏有錢濬恭手寫穉山集一卷，末附歲寒松柏集一卷，有『門孫錢濬恭□於乾隆□年』一行。今歸蕭山別宥齋朱氏贊卿。

爲康熙癸卯，年未六十，而自序稱梨洲老人。萬西郭爲予言，徵君自壬寅前，魯陽之望未絶，天南訃至，始有潮息煙沈之嘆，飾巾待盡，是書於是乎出，蓋老人之稱所自來已。原本不止於此，以多嫌諱弗盡出，今并已刻之板亦燬於火。徵君著書兼輛，然散亡者什九，良可惜也。〔一〕

題歸恒軒萬古愁曲子〔嚴注〕莊。

世傳萬古愁曲子，瑰瓌恣肆，於古之聖賢君相，無不詆訶，而獨痛哭流涕於桑海之際，蓋離騷天問一種手筆。但不能定其爲何人所作，近人或以爲謔翁，或以爲道隱，或以爲石霞，皆鮮證據，惟魏勺庭徵君及其事於恒軒壽序，予始取而跋之。沈繹堂詹事謂世祖章皇帝嘗見此曲，大加稱賞，命樂工每膳歌以侑食。古之遺民野老，記甲子，哭庚申，大都潛伏於殘山剩水之間，未聞有得播興朝之鐘呂者，是又一異事也。

〔一〕〔馮注〕貞羣篋中藏有南雷黄子留書一卷，計文質、封建、衛所、朋黨文五篇，其序曰：『癸巳秋，爲書一卷，留之篋中，後十年續有明夷待訪録之作，則其大者多采入焉，而其餘棄之。甬上萬公擇謂尚有可取者，乃復附之明夷待訪録後。是非予所留也，公擇之所留也。癸丑梨洲老人題，門人萬斯選訂。』

恒軒太僕曾孫名莊，一名祚明，字（元）〔玄〕恭少入復社，於書無所不窺，兼工行草諸體。嘗題其齋柱云：『入其室，空空如也；問其人，嚚嚚然曰。』時皆笑之。方史閣部守淮、揚，恒軒仲兄爾德，名昭，參幕府事，所稱禮賢館徵士者，城破死之。恒軒亦同顧推官舉師，不克，行遯得免。書淫墨癖，竟以佯狂終身。

題南隄詩

〔嚴注〕李桐。

鄞之湖上南隄，經始於先宗伯公，别名曰桃花隄，未竟而逝，湖上諸公卒成之。宗伯集中固無詩，而諸公亦絶少，即敬身先生不過數首，殆闕事也。封若先生獨成一卷，敬身序之，足以補志乘之遺矣。但封若題詞中，以爲即北宋人偃月隄故址，則又非也。考延祐志，湖上之隄有二：偃月在湖之北，廣生在湖之南；偃月蓋當紅蓮閣下，以衛酒務；而廣生當壽聖院前，以飼魚。明時並無矣。今之南隄尚在廣生之南，間以真隱觀，其去偃月遠，不可指爲一也。偃月、廣生並在湖之中流，截水爲隄，而南隄則即以城下沙尾爲之，同名曰隄，而所以爲隄者不同，不可不知也。故國消沈，喬木淪胥，今沿隄以求桃，無復一枝片葉矣。猶幸先生之詩尚存，後人倘不考，沿其譌而仍之，所失不已多乎？宗伯之菘窻，近在隄北，抑吾家子孫所當審正也。爰弁數語於首。

題王解州集 〔嚴注〕王朱旦，家勤之子。

『五君子』之中，楊氏無後，其四家亦不過一傳而絶，咄咄怪事也。解州於其中以文詞顯，其經術不若先人，其文詞則遠過之，惜其不爲王裒，而爲嵇紹，故吾鄉人不甚稱，以此見吾鄉前輩月旦之嚴，今無矣夫。解州集不遇予，亦幾於隻字不得傳。

湘帆堂集跋尾

平叔湘帆堂集在江右諸公中，文品出王於一、魏凝叔之上，〔嚴注〕傅平叔，名占衡。謂傅文在魏、王上，亦屬過許。然本領稍薄，魄力亦孱耳。平叔之父，給事天啓間，爲奄黨麗名逆案，故平叔終身不交復社諸公。在弘光中，嘗與文止書云：『先人於天啓中，特以會議三案要典，遂爲罪戾。』崇禎初，且有論其依附孫淇澳者，此正今日之所諱。又與友書云：『先人心跡，半被浮雲，能見諒於二祖列宗，而不能得之依門傍户之徒。』又云：『東鄉死後，莫能闡幽。』然予讀南雷文集，則必以阮大鋮、傅櫆並稱，阮、傅相齊，其人豈有可雪耶？又讀三垣筆記，則曰：『給事連疏糾左、魏誠過，然其糾汪文言狎邪，則一時頗稱快者。』

後因糾忠賢，終璫世不出，則謂其贊導殺左亦過。』又曰：『張太宰捷累稱其枉，而弘光中不起官，或以其先經楊維垣糾，故弗許也。』則當時固有以給事爲枉者，然使給事果曾糾璫，平叔之口何不及此，筆記恐誤也。〔二〕據平叔所言，亦不能諱其豫名於要典，而又不能決言其爲淇澳同志，其詞支矣。映碧素不既張捷，因此而并信其所與者耳。以平叔之文，不能雪其父，孝子慈孫之憾也。

題陶文紫笥集〔嚴注〕元淳。

紫笥先生文未能洗盡華藻，然酷肖范蔚宗，同時罕其匹。顧爲人奡岸，不能少受屈折，前輩多畏之，不甚爲吹噓也。崑山徐學士領明史，延致天下之士，四明萬丈季野任考索，頗委紫笥以文，故是集多明史諸傳。其時紫笥尚年少，未通籍，而閣丈百詩輩，皆忘年交之。已而卒爲忌者所排，與崑山絕，其同里翁尚書亦知之。紫笥成進士，一日在翁邸，翁之子驕而汰，辱何丈義門於衆中，紫笥憤甚，請翁

〔二〕〔蔣注〕三垣筆記一書，最多失實，其於東林、復社諸君，頗肆詆諆。如云：『莊烈帝一日對諸臣語及移宮，謂選侍極愛朕兄弟，外臣不知，多此糾紛。』則并宗主要典，思以一手掩天下目矣。於周仲馭、鄭崟陽，尤極口罵之。而獨喜張捷、傅懋，可謂無是非之心者也。

出以正誼責之。翁護其子，頗不以紫笴言爲然。紫笴長揖竟出，且謂之曰：『明公之力，不過使陶生不爲翰林，請從此辭。』已而紫笴果不與館選，其謁銓得昌化，在窮島中，竟卒於官。

紫笴之入粵也，謂義門曰：『吾今豈復望進取，但竭撫字之力，以求無負於國。他年幸得報政歸，讀書授徒，更盡其能事於文，藉手以見萬、閻諸先生，足矣。』然卒不遂其願而死，而昌化人至今感其惠政不衰。先生之子正一、正靖，皆與予交，而正靖尤厚，今亦死矣。爲題於其集之後。〔二〕

〔二〕《嚴注》紫笴先生南崖集四卷，皆在官時所作，筆力高絶，趙秋谷序而馮山公傳之。謝山此跋獨不提及，何耶？

鮚埼亭集外編卷三十二

題跋六

柳氏水經校本跋〔嚴注〕僉。

柳大中名僉，吴之隱君子也。生當武宗之世，其所校水經以宋槧手鈔極審，改正錯簡，如潁水篇、渠水篇、濦水篇，皆大有功。當是時，楊用修、王慎中之本，尚未出也。大中隱約衡門，世莫之知，歷朱鬱儀、吴中珩諸人所開雕，皆未問及於大中。其書在洞庭葉石君家蓋二百年，至康熙初始出。故如亭林諸老猶未之見，而渭水篇中補得脱簡四百餘字。世之有功於是書者，孰能如大中乎？謝耳伯拜下風矣。〔嚴注〕謝耳伯名兆申，邵武人。石君儲藏甲於吴中，能爲大中傳此本，亦可尚也。今此本歸於揚之馬氏小玲瓏山館。

清常道人趙琦美脈望館三校本水經跋

清常道人水經，一校於萬曆丙午，再校於己酉，三校於庚戌，蓋以宋本、謝本、黄本分勘之。其所謂别鈔本者，則歸太僕家本也。惜其失去第九卷至第十五卷。觀其校於燕邸，於直沽，於中州，於留臺，用功亦勤矣。清常藏弆最富，身後多歸於錢遵王，而是書之傳，則葉石君之力也。今歸於揚之馬氏小玲瓏山館。

孫氏水經再校本跋

〖嚴注〗潛。

康熙丁未十一月十八日，從葉石君處借得清常道人三校本一勘，又用柳大中家鈔宋本再勘，亦自石君處。戊申正月三十日畢。是日石君從洞庭來，述山中所聞見：如李龍眠三馬，米元章楷書寶章待訪録，其所見也；白樂天手書金剛經一行一楷，趙韓王家譜，張循王鐵券，倪雲林手書所著江南詞，其聞而未見者也。此皆寶玉大弓。嗟乎！何日得盡觀以暢予懷，記以俟異日。孫潛。

柳、趙諸本，皆以國初始出，而集其成於潛夫，其功最篤。讀其跋語，兼知石君之好事，想見國初文明之盛，稽古之士，日得所未見，以恢張耳目，不禁神往。予遊吴下問諸後進，莫知潛夫之本末者矣。潛夫名潛，字菣園，一字節生，又曰知節君。今是本亦藏小玲瓏山館。

何氏三校本水經跋〔嚴注〕焯。

義門先生水經三本，予皆見之。其初校本以甲戌，未見所學，猶不免竟陵習氣也。再校本以丙子，及見亭林所訂，則進矣。三校本以戊戌，更進矣。以此見前輩精進之功。其述洪文惠公之言曰：『世無善本，雌黄不可妄下。』則校書之蓍蔡也。然先生所取以校此本者，亦不出胡氏資治通鑑注及隸釋二種，則尚失之隘。近日杭人趙生一清，又博求之元和志、初學記、太平寰宇記、太平御覽、九域志以及雍録、齊乘、宋元諸圖經，斯後來居上矣。

再跋何氏水經

謂自東武陽出者爲一漯水，自高唐出者又一漯水，乃閻潛邱之妄也。謂滎陽有北礫溪，又有南礫溪，乃胡東樵之妄也。皆析一水而二之者也。聞喜有涑水自爲一篇，雷首又有涑水附見河水篇注中，則二水也，而義門混而一之。雖其誤始於欒永言，成於顧景范，然以義門之審而不能正，以是知讀書之難。

三跋何氏水經

汨羅之汨，讀如覓，汩没之汩，讀如骨，而字則同。其作汩者，音弋，本作𣲖，說文曰「治水也」。孫愐乃謂汨羅之汨，即汨字，讀如覓，而汩没之汩，讀如骨，謬也。二汨同，而汩别是一字，戴侗、田藝衡則合而一之，謂汨即汩，又非也。汩非水名，上林賦曰「潏弗宓汩」，南都賦曰「漻淚淢汩」，是也。義門精於小學，而亦誤主孫說，當以郭氏佩觿正之。

沈氏水經校本跋〔嚴注〕炳巽。

國初諸老皆有水經校本，如顧亭林、宛溪、胡東樵、黄子鴻、閻百詩、劉繼莊，而俱無傳者。惟亭林之本見於何氏所録，黄氏之本，相傳入於新城池北庫中，獨渭水、沔水二篇行於世。繼莊竟脱落。若東樵、宛溪、百詩之本雖未見，而其所證據之旁出者，頗多紕繆，東樵其尤也。苕中老友沈君繹旃，〔嚴注〕

炳巽。少與其兄東甫〔嚴注〕炳震。從事於此，東甫遂以屬之。歲在庚午，予貽書求其稿，繹旃欣然攜之至杭，并亡友董訥夫之本以來。訥夫，亦義門高弟也。繹旃與予討論浹旬，遂留置予插架中。其發摘譌誤，如錯姑水、檀臺岡、瓌侯亭、横山并漢功臣表酇侯之誤音爲多，不特有功於善長而已。予於是書所借助，老友莫如繹旃，通家子則趙生一清，不意叢殘讎對中，逢此二特，是則厚幸也夫。

水經漸江水篇跋一

漸江水篇，錯簡狎出，故不可讀。其實善長之纏絡亦可按也。漸江固至錢唐而止，然其江浦則由靈隱而阼湖，而臨平，而禦兒，而柴壁，而及於東岸之固陵，而查瀆。其自西陵湖而下，始系之曰『湖水』，上通浦陽江，下注浙江，而後由永興以入越，由是而山陰，而會稽，則了然矣。試讀江水篇，『江浦』、『江涘』，不知其若干也，曾是漸江獨無之乎？迨隋人改爲運道，而遺跡不可考矣。先贈公曰：『固陵之西，地名柳浦，有橋曰跨浦，六朝時以埭防之，以官守之，至宋時，橋址尚在，見於胡氏通鑑注，乃江浦之水口也。』此千古未發之佳證，因釐正之，以授先君，予自此得改次焉。

水經漸江水篇跋二

山經：『浙江出三天子都在其東。』郭景純曰：『出新安黟縣南蠻中。』此與漢志合，亦與酈注水經合，唐人盧潘引漢志始作黟縣南率山，蓋因蠻字之相近也。黟人因而爲之目曰率山，曰率水，而并改山經之本文曰『在率東』，則誣甚矣。今之爲黟志者，莫不以率山、率水裝點地望，而不知其非也。漢志具在，豈可以一人之異同，而擅改其文，乃并改山經以就之乎？當東漢之時，新安一帶，山越居之，故曰『蠻中』，賀齊、諸葛恪傳可考。若以爲『率』，他書所無，樂史太平寰宇記始列其目，而九域志仍不及焉。曾是以羅存齋、程篁墩司志事，而尚不能考正燕説乎？

水經漸江水篇跋三

漢志：錢唐縣『武林山，武林水所出，東入海，行八百三十里』。酈善長曰：『闞駰云：「山出錢水，東入海。」吴地記言：「縣惟漸江，今無此水。」』按武林山者，今之靈隱山也，東入海，則是絶錢唐江而東，至於今山陰縣之三江閘口，乃其入海之道。不然，不得云東入也。如此，則不滿二百里，安得有八百三十里？由錢唐至吾甬上之海口，過今郡之三，亦僅五百里，終不得八百三十里也。斯其爲記録之誤無疑。此句當是錯簡，在大末縣下『穀水東北至錢唐入江』，計其所行，蓋約略得八百三十里之數。至於錢水則其實非山水，蓋即江水，所謂錢唐蓋即錢水之塘，而流傳華信誑衆之事，妄也。武林山水，則故由柳浦以入江，今入隋運河中，亦非如吴地記中所云也。

水經漸江水篇跋四

漢志於浦陽之水曰柯水，則今曹娥是也。曰潘水，則今錢清是也。曹娥之流，由諸暨而嵊，直與句章接，則嶀浦、𨗇浦、漁浦、剡溪、簟溪，胥會之矣。其又東之水，見於漢志者，惟句章之渠水，而鄞、鄮間無述之者，乾道圖經以來，皆不及也。予考鄞、鄮間之水，皆江水也：其在今奉化之境者，漢之鄞也，曰奉化江；其在今之鄞境者，漢之鄮也，曰鄞江；其在今之慈溪境者，漢句章之西界也，曰慈溪江。三江而外，皆以隄堰隔斷江水，畜四明二百八十峰山溪之水，如小江湖，如東錢湖，如廣德湖，如花墅湖，皆可以謂之渠水。然皆起於六朝之後，漢世所無，而漢志所云『渠水』，絶不可考。且凡水之以『渠』名者，必其出自人力，而後謂之渠，如鴻溝謂之『渠水』，邗溝亦謂之『渠水』，諸如太白渠、成國渠、蒙籠渠、漳渠、泃渠皆是也。則句章之渠水，亦必居民苦江潮之斥鹵，而引山溪之水爲渠以利田溉，無可疑也。

水經注序浦陽之東流，至於句章而止。然其自白石山而東曰剡縣，江邊有查浦，東行二百餘里與句章接；夾浦有六溪，夾溪崩崖若傾，其即所謂『渠水』者矣。蓋六溪皆簟溪之支流，簟溪入浦陽，而此六溪者，瀦而爲渠，遂獨爲句章之望。雖於前人無明文，然舍是更無水以當之矣。吾鄉掌故，於二漢少流傳，人代已遠，三犀雙鵠，湮没已久，爲可歎也。

水經漸江水篇跋五

漸江西入之道，得柳浦而曉然。若無水，何以有浦，又何以有埭，又何以有橋。既有之，則知其與臨平湖水合不難矣。由臨平而達禦兒之柴壁，江水亦合谷水而下，至於柴壁，渾濤東注，以趨固陵，是江水至禦兒已與浙江合。許慎、晉灼、闞駰謂江水至山陰始與浙江合者，特要其終而言之，其實不待山陰也。若以史家書法言之，當云江水至禦兒與浙江合，又東至山陰入海。水經以爲至餘姚，乃其誤耳。或疑南江東下之道，烏程一帶地勢中高，過此則海鹽又中高，不知雖有高原，豈無下隰。江水匯震澤而來，所趨者爲諸縣之下隰，不相阻也。乃若不知而作者，妄爲杭志三詰、三誤之編，則不知柳浦之本通，不礙於江湖内外之纏絡，多作葛藤，益可以箝其口矣。考善長於沔水篇曰：『浙江至臨平湖南，合南江，又至餘、暨，東合浦陽江。』今誤本曰：『浙江至臨平湖南，合浦陽江。』遂不可曉。

水經濟水篇跋

說文四瀆之泲，𠧟聲；常山贊皇之濟，齊聲；絶不相混。漢志所引禹貢、職方古文皆泲也，惟贊皇之濟則别焉。自應仲遠誤合之。然酈善長即已非之，而徐堅於初學記辨之，徐鍇又辨之，王應麟又辨之，陳大猷又辨之。雖沿謁莫能改正，要之混泲而爲濟，未聞有以濟爲泲者。蓋贊皇之濟，在漢志本名石濟，續志始脱去「石」字，但稱濟水也。不料樂史遂從而甚之，反以濟爲泲，而引衛詩以證之。夫衛封域中，有泲水無濟水，衛女不能出宿於贊皇、癭陶之間也，諒矣。且樂氏以餞禰之禰，爲曹州之大禰，則其去出宿之地益遠矣，是自相矛盾也。張自烈不能辨，王圻亦竟承樂史之謬，顧祖禹又承王圻之謬，其失大矣。

水經溳水篇跋

水經：「溳水出河南密縣大隗山入潁。」説文曰：「異聲。」而説文又有瀷水，亦出河南密縣入潁，則翼聲也。乃求之水經，無所謂瀷水者，而徐鼎臣注，則溳水亦讀作翼聲，與説文戾。乃考之鼎臣之前，先有師古，其於地理志密縣下溳水，亦曰翼聲，與鼎臣合。及細讀善長之注，則曰：「時人謂溳水爲敕水，以音相類也。』則善長亦讀作翼聲，故與敕混，若異聲，又何混焉。愚竊疑潩水即瀷水也，故自潁水及洧水、濦水之入潁者，並不聞更有瀷水。説文偶誤重出，而異其音。徐氏亦覺其非而改之，但未及申明之，此其失耳。後考之小學諸家，則戴侗曰：『瀷即潩之重文。』其説是矣。

水經泄水篇跋

許氏説文言水皆有依據，惟以汳水爲禹貢之灉水入泗，又以滎播之播爲潘水，是二大錯，而餘無之。至其言泄水，則有難曉者。其曰『水受九江博安，洵波，北入氐』，泄水之出博安，是也，而洵波不知所在。爾雅濄爲洵，則當是濄水之旁出；但濄在淮北，泄在淮南，隔岸相望，而不相就，許氏安所指乎？又自漢後不聞有氐水，惟澨水一名泜水，見於左傳，乃淮水上流之分支，雖同入淮，而泄水不能入之。既而思之，許氏雖誤，然誤亦必有因。蓋其所謂入氐者，非泜也，乃沘也。水經沘水篇亦嘗誤云：『泄水入沘。』至酈注始糾之。寫本之誤，又以沘爲氐，則益不可通耳。據酈注則泄水出博安，入濡須，其言有據，故注引説文最篤，而于此條不録，有以也夫。

病中忽悟得『洵波』二字，乃『芍陂』二字之誤文，但考泄水合濡水入芍陂，亦非出也。乙亥五月，又題。

水經江水篇跋

江水失去第四篇，而青林湖以下水竟無考。胡東樵、閻潛邱不知其闕，乃謂已見沔水篇者，真妄言也。沔水乃北江之流，而中江將安所歸？二老窮畢生之力以治水經，不意其作此囈語也。按説文：『泠水出丹陽宛陵，西北入江。』今不知泠水爲何水也。又云：『籓水在丹陽。』今不知籓水爲何水也。其可考者，惟溧水，見説文，亦見漢志。應（邵）〔劭〕以爲南湖，蓋今之丹陽、高淳、石臼諸湖也。廬江之北湖見漢志，則樅陽湖也。而陵陽之淮水，即秦淮，則已見沔水篇矣。考漢志宛陵縣下云：『彭澤聚在西南，清水西北至蕪湖入江。』漢志之清水，疑即説文之泠水也，其地俱合。應劭誤以此泠水爲泠道之泠水，故臣瓚非之曰：『宛陵去豫章北界三千里，又隔諸水，不得從下逆至泠道而後入江。』師古以瓚爲是。不知此乃丹陽之泠水，於豫章以北何與乎？杭人趙生一清曰：『清水蓋今清弋江一帶。』頗爲近之。

水經灕水篇跋

灕水一名灕水，乃牂柯江之下流，分鬱水、豚水諸川入於交州，復至中土，歷三十六灘而爲灕水，本無所關於湘水。其必引湘水而通之者，秦史禄運漕之故也。故湘、灕所以通，專在於零渠。水經不知，遂謂湘、灕同源，此大謬也。范石湖曰：『灕水南下興安地勢高，與湘水遠，不相謀。史禄始派湘之流而注之灕，使北水南合。作渠之法，於湘流沙磧中，壘石作鏵觜，鋭其前，逆分湘流爲兩，激之六十里行渠中，以入灕江與俱南。渠繞興安界，深不數尺，廣丈餘。六十里間，置斗門三十六，土人但謂之「斗」。舟入一斗，則復閘斗，伺水積漸進，故能循崖而上，建瓴而下，千斛之舟，亦可往來。治水之巧，無如此渠。』石湖之言，足補善長之遺，兼糾柳開輩之謬。

水經涑水篇跋

水經之例，凡羣水合於一大水者，皆詳志其源流。若别自有篇者，雖於大水志其會歸之地，而不復詳，以本篇自具也。涑水别自有篇者也，出於河東聞喜縣黍葭谷，過周陽，又過安邑，又過解縣，而注於張陽池，此其源流也。乃河水篇中，河北縣又有一涑水，水出縣之雷首山，西南流亦曰雷水，逕桑泉，俗謂之陽安澗水，而西南流注於河。其源流各别。

蓋聞喜之涑，即洮水也。通鑑地理通釋所云『在陝州夏縣北四十里者』是也。河北之涑水，則雷水，亦陽安水也。通鑑地理通釋所云『河中臨晉縣東十二里者』是也。近人竟合而一之。樂史曰：『涑川自聞喜接河中。』而顧祖禹曰：『涑即絳水下流，自絳，歷聞喜、夏縣、安邑、猗氏，至臨晉縣界，合姚暹渠而西出，經蒲坂，又西南注於河，名陽安澗水。蓋自猗氏以上皆洮水之源流也。自臨晉以下，則河水篇者是已。』

此在水經一百二十餘篇中一大疑案，而未有疏晰之者。愚讀涑水篇，但言涑水入張澤，而不言張澤之所入。又曰『西北去蒲坂十五里』，然則聞喜之涑水所入，正與河北之涑水所出相接，而又皆名涑水。道元不細剖之，乃兩處並引左氏『伐我涑川』之語，則道元已自蒙混矣，況千餘年後乎？厚齋雖兩列之，而亦不甚了了，遂日益無徵。及讀唐志『虞鄉縣北十五里有涑水渠，貞觀十七年蒲州刺史薛萬徹所開，自聞喜引流入臨晉以溉田』，乃恍然曰：斯兩涑水所由合也，則前此聞喜之流，並不與臨晉通，蓋至唐而始合也。故鹽池圖説曰：『涑水中尾多窄，至臨晉而山溪諸水咸注之。』不知涑水本至張陽而止，所謂『中尾多窄』者，出於人力之通，過此則又一涑水也。若左傳之涑川，則原在聞喜，不在蒲坂，蓋王官城亦在聞喜也。惜不起樂、顧諸公而語之。

讀胡氏資治通鑑注〔嚴注〕三省。

胡梅磵曰：『人苦不自覺。前人之注之失，吾知之；吾注之失，吾不能知也。』斯言真克己之論。

梅磵是注，世人宗之，罕敢議者。顧宛溪始摘其數條，而未盡中其失也。予細讀之，則不止宛溪所舉而已。如東燕之石濟乃河水之支流，而以爲四瀆之濟。求桑丘不得，而竟以汝南之下桑里當之。英布爲漢軍敗於洮水之上，洮水乃沘水之誤，而梅磵以爲零陵之洮水。他若以秦之廣陵屬九江，直是無稽之言。予少時聞之慈水前輩馮君明遠，極言是注之失，而未及叩其詳，稍長亟欲盡其説，而馮已逝矣。竊思一一彈駁，勒爲糾謬一書，病廢不果。但梅磵注之佳者實多，予之欲糾之者，正欲爲其功臣也，安得稽古之士，成予志乎？

題讀史方輿紀要

〔嚴注〕顧祖禹。

以汳水爲禹貢之灉水，其説出自許叔重。果爾，則鴻溝自古有之，實與酈氏禹塞滎澤之言相表裏。然世儒無信之者，唯東坡頗然之。不謂顧宛溪亦主其説，并以之改職方，謂『豫州，其川滎、洛』，滎非滎澤，滎與灉通，即汴水，則近於謬矣。其言三江，主松江、婁江、東江，言九江，主湘江，皆未當。而謂英布所敗之洮水，即震澤之洮湖，尤舛。宛溪地學，實出東樵、潛邱、子鴻之上，綜羅既多，不能無錯。然此則其大者，不意其失言也。

鮚埼亭集外編卷三十三

題跋七

題哀江南賦後

甚矣！庾信之無恥也。失身宇文，而猶指鶉首賜秦爲「天醉」，信則已先天而醉矣，何以怨天。後世有裂冠毁冕之餘，蒙面而談，不難於斥新朝，頌故國以自文者，皆本之「天醉」之説者也。即以其文言之，亦自不工。信之賦，本序體也，何用更爲之序，故其詞多相複，漘南直詆爲荒蕪不雅。學子信少陵者多，其肯然漘南之言乎？若顔氏觀我生賦，實勝於信，蓋深有愧恨之意，而非謬爲支言以欺世者。予嘗謂近人如東澗，信之徒也；〔一〕梅邨則顔氏之徒也；同一失節，而其中區以别矣。

〔一〕《繆荃孫注》此殆指牧齋。

題蘇若蘭迴文詩

臧榮緒晉史，載竇連波妻蘇若蘭迴文詩八百字，名璇璣圖，見徐堅初學記所述。崔鴻前秦録：蘇蕙，始平武功人，陳留令道賢第三女，年十六，歸竇滔，滔甚敬之。及苻堅時，滔爲秦州刺史，坐事被徙流沙，蕙因織錦爲詩寄之，實與臧書相合。則天大周帝製，乃謂滔妾趙氏有寵，蕙摧辱之；已而滔鎮襄陽，遂獨攜妾之任，絶蕙音問，蕙悔恨，作此詩。文選注引詩序，又謂方滔徙時，誓於蕙，不更娶，既至沙漠，背其約，蕙作詩以贈。三説不符，然臧、崔生六朝，相去不遠，較之隋、唐以後之言，似可信。近見阮亭先生池北偶談所書，於此詩同異未備，因摭一則，以佐考證。

跋韓侍郎致光贈吴顛尊師詩〔嚴注〕偓。

予嘗以歐陽公唐書嘆天復、天祐後無節義之臣，推原於『白馬清流』之禍，士氣喪盡，有以致之。然恐當時尚有其人，特遭五閏喪亂，遂失之耳。因追爲搜緝，補作唐遺臣一卷，其已見於史者，曰司空侍郎圖、韓侍郎偓、羅隱、梁震輩，此外尚有如孫郃、陳向之徒，尚得十餘人，亦稍慰歐公之憾，然莫能盡也。韓侍郎丙寅在福州，有贈吴顛尊師詩曰：『飲酒經何代，休糧度此生。跡應常自逸，顛亦强爲名。道若千鈞重，身如一羽輕。毫釐分象緯，袒跣揖公卿。狗竇號光逸，漁陽裸禰衡。笑雷冬蟄震，巖電夜珠明。月滑侵簪冷，江光逼屨清。半酣思救世，一手擬扶傾。擊地嗟衰俗，看天貯不平。自緣懷節義，可是計烹亨。議論通三教，年顔稱五更。老狂人不厭，密行鬼應驚。未識心相許，開襟語便誠。伊余常服義，願拜十年兄。』斯人非唐之貞士棄官隱於黄冠者乎？雖其名不可考，然當附之司空諸公之後。致光又有送人棄官入道詩云：『社稷俄如綴，雄豪詎守株？忸怩非壯志，擺脱是良圖。塵土留難綴，纓緌棄若無。冥心歸大道，回首笑吾徒。』是亦一吴顛也，然則其時之埋形晦迹，竟與草木同腐者，豈僅此哉？豈僅此哉？

跋韓致光閩中詩

劉後邨曰：『唐史謂致光挈族入閩依王氏。按王氏據福唐，致光乃居南安，曷嘗遂依之乎？』後邨之言是也，而尚未盡。致光以丙寅至福唐，主黄滔家。丁卯唐亡，戊辰尚寓福唐，己巳寓汀州之沙縣，庚午寓尤溪之桃林，辛未而後始至南安，則其在福唐亦三年，又二年而居南安耳。然致光之居南安，固不依王氏，即居福唐，亦非依王氏。何以知之？王氏固附梁者也，致光避梁而出，豈肯依附梁之人？故其嘆郎官之使閩者曰：『不羞莽、卓黄金印，翻笑羲皇白接羅。』鵲詩曰：『莫怪天涯棲不穩，託身須是萬年枝。』驛步詩曰：『物近劉輿招垢膩，風經庾亮污塵埃。』喜涼詩曰：『東南亦是中華分，蒸鬱相凌太不平。』悽悽詩曰：『嗜鹹凌魯濟，惡潔助涇泥。』閑興詩云：『他山冰雪解，此水波瀾生。』豈但於王氏無一毫之益，且危疑百端矣。讀詩論世，可以得其情狀也。

跋唐人牛希濟荀息論〔校〕黄本列卷三十四。

是論在永樂大典中。其言唐憲宗以後，遺詔擇立太子，不由大臣之謀，皆左右近密建議，既定，然後書奏，令大臣署之，民間謂之『車轂狀』，宦官謂之『金輪圖』。嘗有請趙公同署名者，公流涕不忍執筆。其子曰：『一門三百口，在於今日。』遂代署之。宦者喜，亟命以清列。按通鑑：『懿宗咸通十三年二月，以刑部侍郎奉天趙隱同平章事。僖宗乾符二年二月罷。』范質五代通録梁李振曰：『懿皇升遐，韓中尉殺長立少，以利其權。』是即希濟所指也。唐書但稱宦官等矯詔立晉王儼，不言所殺何王，亦不及趙隱。得此論可以補其闕。唐宰相表：隱三子，光逢太常卿，光裔膳部郎知制誥，光胤駕部郎。光逢相梁，光裔相南漢，光胤相唐，未知代署者爲誰。隱爲相二年，無一事可紀，『車轂』、『金輪』，亦異聞也。

書程尚書子糾辨後〔嚴注〕大昌。〔校〕黄本列卷三十四。

晦翁以朱子稱，乃其歿後羣弟子推而呼之者。同時張敬夫、吕伯恭、陸子静、葉正則、陳同甫、陳君舉、薛季宣、程可久諸君，大都皆曰元晦耳。程泰之尚書仕孝宗時，其卒在晦翁前，而辨子糾事，乃有朱子之目。予疑是文非尚書筆。況張清江乃晦翁弟子，所著春秋集注，尚書不及見，而辨中亦及之，其爲揑造明矣。尚書遺籍，如禹貢圖論、易原、詩論、北邊備對、衍繁露、雍録，予俱見之，惟此乃載於文獻志者，未知其何所出。竊欲質之博雅君子。

范少師式齋墨蹟跋〔嚴注〕楷。

宋少師式齋范公楷，在理宗朝爲名臣，詳見袁文清公慶元志，其詩則予未之見也。乾隆癸亥，其九世孫核得其墨蹟，一咏梅花絶句，一咏茶花絶句，其後鈐以『清白家風』私印。是卷在范氏爲世寶，在吾甬上，足補耆舊之闕，亟録而藏之。先公搜甬上前輩詩，在杲堂簿録之外數十家，其風節文章之著者，尚書豐清敏公、舒中丞嬾堂、王宗卿珩、蔣中奉璿、鄭魯公若沖、太師史文惠王、朱少師翌、張于湖、袁正獻公、正肅公、陳侍郎和仲、史春坊友林、陳參議西麓、皇甫處士東生、程教授時叔兄弟、程侍郎徐、紀助教堂、鄭教授駒，其餘不甚見稱於世，若陳晉錫者，尚多有之。今得尚書之詩，悵先公之未見也。若鄭江先生詩，見於荆公墓志者，是王氏子孫私撰，託之荆公，非真筆也。妄男子取而列之，以補杲堂之本，則謬矣。核能購其先人之墨蹟，以充文獻，賢矣哉。

跋袁正獻公與舒和仲帖〔嚴注〕燮。

某頓首再拜，和仲學士親家契兄侍右。多日不得上狀，惟有瞻仰。即此冬杪晴寒，伏惟侍庭〈春〉〔春〕容，尊履有相，萬福。某碌碌乘障，深媿無補，惟日夜思歸。當今仕宦，大抵皆難。若沿江州郡，則難而又難者也。財賦取辦於船稅，舍之則無策，征之則招謗。過客紛紛，有投贄者，有挾貴者，予之少即怒，多則不勝其費，此豈易區處哉！官中錢物，皆生民膏血，豈可輕用，寧使人謗且怒耳。賢昆仲朝夕歡聚，浸淫磨礲，有日新之益，此乃兄弟爲友朋也，甚善。更宜日課一經一史，尤佳。學者但慕高遠，不覽古今，最爲害事。〔嚴注〕此象山所不肯言者也。子路曰『何必讀書，然後爲學』？夫子曰：『是故惡夫佞者。』是雖聖人，於書不敢廢，況他人乎？純仲近讀何書？更在賢伯氏程督之耳。匆匆通問，天寒更幾保愛不宣。某頓首再拜，和仲學士親家契兄侍右。

右袁正獻公與舒和仲帖。和仲，文靖之長子，純仲其弟也。正獻是帖，蓋在守江州之時，觀其所述過客之難於酬應，德人之言也。帖尾諄諄勸讀書。予嘗見延祐慶元志中，載正獻一帖，亦答舒氏兄弟者，大略與此相同。深戒學者騖高遠而不覽古今，此是當時爲陸學者之習氣，正獻及之，不一而足，可以知陸學本不如此，及其流弊至於如此，則是傅子淵、包顯道之徒有以致之，而楊、袁不爾也。故延祐志中所載帖，極稱慈湖之讀書，今跋此帖，正可以彼此互相證明。

往者臨川先生昌明陸學，然其病則言陸學絶無流弊，如此便成矯枉阿私。觀正獻二帖，而當時爲陸學者之流弊，章章如矣。陸學精處正在戒學者之束書不觀，游談無根，學者可不戒乎？

延祐志中所載之帖，跋於深寧王先生，亦吾里中前輩也。今是帖再跋於小子。敬惟鄉社前輩大儒之心畫，歷劫猶存，芒寒色正，而小子衰殘病廢，於斯道茫無所見，年來健忘昏耄，古今經史，日以廢業。正獻是亦樓之精舍，與吾家近止一葦，歲時過之，曷禁悚然。是帖，昔藏於檇李項氏，今歸於江都閔氏。

吳興趙文敏公父子兄弟夫婦甥舅墨蹟跋

小山堂長趙君谷林、意林兄弟，出示松雪家門墨蹟一卷，凡七幅，後有吾鄉慈水陳文定公敬宗跋，又有太原傅山先生跋，美哉！天水之世寶也。第一幅爲松雪記事，予孫提領行可者；第二幅爲管夫人漁父詞四首；第三幅爲公弟孟頫送剛父學正之任桐川詩；第四幅爲公子仲穆所書坡公念奴嬌赤壁詞；第五幅爲仲穆子彦徽所書章孝廉乞粟疏；第六幅爲公子仲光和草堂秋興詩八首，又和若拙詩一首；第七幅首尾不完，然猶可審其爲黄鶴山人王(濛)〔蒙〕所作子猷雪夜訪戴圖序，山人固公之甥也，故附卷末。

文定爲吾鄉名德碩儒，向未嘗見其手筆。是卷以鷗波亭中父子、兄弟、夫婦、甥舅墨妙，歸於谷林，固趙氏之幸，得見文定之跋，又予之幸也。

剛父姓王氏，吴人，以字行，有兵略。其後從桐川學正徙吾慶元。適方國珍來寇，總管輩不能禦，剛父自請分守東門，累殺賊，國珍以是不敢窺慶元者數年。剛父去官，而慶元不復可守矣。予嘗嘆元史不載剛父事，吾鄉圖經亦莫爲剛父立傳者，僅得其概於先王父贈公所輯方氏事略。予嘗過東門，爲賦王學官故營詩，編入句餘土音。適見孟頫贈剛父詩，因牽連及之。

跋月泉吟社白湛淵詩〔嚴注〕斑。

白湛淵在吟社中，變姓名爲唐楚友，不知其爲吾鄉舒文靖公之後也。生十齡，以孤穉隨母養於白，

大德庚子任毘陵教授，剡源勸其援范公例復姓，未知果否。然要爲吾鄉添一詩人。〔一〕

書劉文靖公退齋記後〔嚴注〕因。

許文正、劉文靖，元北方兩大儒也。文正仕元，而文靖則否。以予考之，兩先生皆非宋人，仕元無害，然以元開剏規模言之，其不足有爲可知，則不仕者，自此遠矣。文正從祀，而文靖則否，誠不可謂非屈也。

然吾讀文靖退齋記，謂：『世有挾老子之術以往者，以一身之利害，節量天下之休戚，其終必至於誤國而害民。然而特立於萬物之表，而不受其責。而彼方以孔、孟之時義，程、朱之名理，自居不疑，而人亦莫知奪之，是乃以術欺世，而即以術自免。』斯其言，未知其何所指也。及讀楊僉事俊民爲作祠記，則曰：『先正得時行道，大闡文風，泉人宗之如伊、洛。先生斥之曰：「老氏之學也。」』以祠記之言合

〔一〕〔嚴注〕宋學士集十九卷，有湛淵先生白公墓銘云：『先生本四明名儒舒少度遺腹子，白嶸官通武郎，育以爲嗣。常州路教授，陞浙江等處儒學提舉，階將仕佐郎，署淮東鹽倉大使，再遷從事郎，婺州路蘭溪判官，乃歸老西湖。』觀謝山此跋，似未見宋文者，何也？

之，則所指者即文正也。豈當日文正辭左轄，居祭酒，蓋有見於道之難行，而姑思以儒官自安，故公以是詆之歟？要其在當日必實有所見，而今不可考矣。

文正之仕元，世多遺議，予蓋不盡以爲然。由文靖之言觀之，則知苟非行道之時，必不當出，亦不當擇地而居之。蓋立人之朝，即當行道，不僅以明道止；不能行道，而思明道，不如居田間而明道之爲愈也。斯其文靖之意，而非後世之論也。然則文靖高矣。孫徵君奇逢最爲表章文靖之學，而未及此。適校元儒學案，因表此案，附之於後，以存先儒異同之故焉。

書劉文靖公渡江賦後

劉文靖公渡江賦，前人論之者多矣。瓊山以爲幸宋之亡，黜其從祀。後渠則以爲欲存宋。夏峰力主後渠，而論者終未釋然於瓊山之説。予以爲兩家皆非也。諸公蓋但讀其賦，而未嘗取其集考之，故不能定其案，明儒讀書之疏，大率如此。

許文正與文靖皆元人也，其仕元又何害？論者乃以夷夏之説繩之，是不知『天作之君』之義也，豈有身爲元人，而自附於宋者，真妄言也。文正仕元，文靖蓋否，何也？文靖蓋知元之不足有爲也，其建國規模無可取者，故潔身而退，不然文靖已受集賢之命，非竟不欲出者也。渡江之舉，宋曲而元直，文靖傷宋之爲奸臣所誤，留行人以挑師釁耳。蘇天爵以爲哀宋，是也。哀宋，則固非幸其亡，而亦非有意於存之，所謂置身事外而言者也。

吾請徵之於其詩。其憶郝伯常曰：『一檄期分兩國憂，長纓不到越王頭』，末曰：『飛書寄與平南將，早遣樓船下益州』，此其罪宋之無故而執使臣也。但據此而言，其詞頗厲，幾幾乎若幸其亡者，而正不然。其題理宗南樓風月圖曰：『試聽陰山敕勒歌，朔風悲壯動山河。南樓煙月無多景，緩步微吟奈爾何。』又曰：『物理興衰不可常，每從氣韻識文章。誰知萬古中天月，只辦南樓一夜涼。』理宗自題有『併作南樓一夜涼』之句，『才到中天萬國明』，則藝祖詩也。其題理宗詩卷曰：『己未天王自出師，眼前興廢想當時。臨江釃酒男兒事，誰向深宮正賦詩。』是三詩者，皆以痛晚宋之君不恤國事，自取夷滅，而非幸之之詞。其題理宗緝熙殿硯詩曰：『使君持送緝熙硯，捷音才到山中人。四十三年如電抹，此硯曾經秋復春。』題度宗熙明殿墨詩曰：『松風生哀□硯滴，似訴優游解亡國。只今惟有哀江南，寶氣不受鵝溪縑。』書事詩曰：『唱徹芙蓉花正開，新聲又聽采茶哀。秋風葉落踏歌起，已覺江南席卷來。』此其哀之至矣，豈幸之乎？至其書事詩又曰：『路人遥指降王道，好似周家七歲兒。』此則尚論陳橋之事之非，而傷天道之好還，其與伯顏『得國小兒，失國小兒』之語，正自不同。故過東安趙氏先塋云：『今古區區等如此，五陵哀雁入秋雲』，至曰：『朱、張遺學有經綸，不是清談誤世人。白首歸來會同館，儒冠争看宋師臣。』此似美家鉉翁之徒而作。又曰：『風節南朝苦不伸，泝流直欲到崑崙。世宗一死千年見，此是黄河最上津。』此似斥留夢炎之徒而作。其咏海南鳥曰：『精衛有情銜太華，杜鵑無血到天津。聲聲解墮金銅淚，未信吴兒是木人。』凡此皆文靖置身事外，平情論事之作，存之幸之，俱無預也。

至其不肯仕元之意，亦皆見之於詩，其咏四皓詩曰：『智脱暴秦綱，義動英主顔。鄙哉山林槁，搏也或可班；安得六黄鵠，五老相追攀？』四皓固嘗入漢廷，希夷亦朝宋祖，而皆不仕，文靖以之自況也。又曰：『孺子誠可教，從容濟時艱。出處今誤我，惜哉不早還。』託興於四皓之輔漢惠，而終不能安漢，以見己之不當留也。故題嚴光詩曰：『爲陵成高節，此亦天子恩。中庸久蕪没，矯激非天民。』其言皆和平中正，以求出處之宜，然其傷時之意，則累見之。和歸園居詩曰：『人生喪亂世，無君欲誰仕？滄海一横流，飄蕩豈由己。』和擬古詩曰：『忍飢待竹實，淡蕩今何之。歌以靈鳳謡，亂以猛虎詩。』和雜詩曰：『太玄豈無知，不覺世運迫。爲問莽大夫，何如成都陌。』又曰：『西山霍原宅，古跡猶可稽。長吟豆田謡，愁雲落崩崖。』則覩時政之謬，而思晦迹以自保明矣。然其和歸園居詩又曰：『乾坤固未壞，杞人已哀鳴。雖知無所濟，安敢遂忘情。』和擬古詩又曰：『客從關、洛來，高論聽未終。連稱古英傑，秉國或從戎。生世此不惡，君何守賤窮。急呼酌醇酒，延客無何中。』則文靖豈忘世者，特厄於其時耳。其和咏貧士曰：『淵明老解事，撫世如素琴。豈有江州牧，既來不同斟。』是則戒心於霍原之禍，而所以勉受徵書者也。

蓋文靖之不仕於元，本不因宋，雖亦嘗譏揚雄，羨管寧、陶潛，而與諸人有故國故君之分者不同。

況文靖先世皆仕金，故哀金之詩亦多：和歸園居詩曰：『陵谷變浮雲，家世如殘局。區區寸草心，依然抱朝旭。』題金太子墨竹曰：『策書紛紛少顏色，空山夜哭遺山翁。我亦飄零感白髮，哀歌對此吟雙蓬。』早發濡上曰：『别家忘再宿，桑海問何年？』過奉化曰：『百年元魏史，千古汝南哀。』宋道人詩卷曰：『知音有銅狄，逸史訪金源。』上塚曰：『故國無家仍是客，病軀未老錯呼翁。』登中山城曰：『陵遷谷變横流地，卵覆巢傾死節臣。毛髦諸孫生氣在，九原精爽凜猶新。』謂其從伯祖死貞祐事也。雄州詩曰：『灑落規模餘顯德，承平文物記金源。』又題金太子墨竹曰：『手澤明昌秘閣收，當年緹襲爲誰留？露盤流盡金人淚，應笑翔鸞不解愁。』跋遺山墨蹟曰：『遺墨數篇君惜取，注家參校有他年。』此皆其哀金之作，味之，似過於哀宋者，蓋其先世所嘗臣事也。

文靖生於元代，見宋、金相繼而亡，而元又不足爲輔，故南悲臨安，北悵蔡州，集賢雖勉受命，終敝屣去之，此其實也。瓊山、後渠所云，不皆成囈語哉？

跋戴剡源與先泉翁倡和詩 〔嚴注〕表元。

剡源答泉翁詩云：『酣歌待約東鄰伴，潑面晴風漲酒瀾。』又云：『更有鄰墻全處士，醉吟能泛百杯寬。』是泉翁寓杭後所酬唱也。今泉翁之詩，自吟社而外無存者，惜夫！

題蒲壽宬詩〔繆注〕壽宬集著録四庫。

顧徵君亭林紀蒲壽宬事，令人髮指。明初禁錮蒲氏子孫，諒壽宬之後亦同在其中，可以報之矣。偶見其爲浮屠刺血寫法華詩云：『丹書何切切，滴心不滴血；縱使血可乾，其如心不竭。蜀鳥啼作花，至今萬山纈。殺身以成仁，遺訓有先喆。』何其謬爲激烈，一至此也。然讀之終無沉痛之意，蓋膚語耳。

跋楊文懿公家訊後〔嚴注〕守陳。

文懿公長子茂元得刑曹，而寄之訊，以爲『吾始而喜，繼而憂，終而恨。喜者，以進士多外補，今得京職，父子足相聚也。憂者，以初筮仕而得刑曹，人命至重，恐有失也。恨者，以自此恐不復讀書，遂爲俗吏也』。教子如此，可以爲天下人父之鵠矣。雖然歐公與人言，多及吏事，不談文章，則吏事亦學也，公又何恨之有。茂元後官侍郎，稱名臣，不愧文懿之教云。

跋唐荆川與萬鹿園札

〔嚴注〕萬表。

荆川與鹿園札三十餘紙，予得其七。荆川文吏，而惓惓於論兵。鹿園大將，而諄諄於論學。觀其翰札，令人肅然起敬也。適九沙七十生辰，予無以爲之壽，即以七紙致之。九沙喜曰：『吾家世珍也！』因囑予爲之跋。其餘紙亦歸九沙從子西郭。

跋豐考功札

〔嚴注〕坊。

考功與周中丞莓厓札，言其子鍪有萬夫之勇，又極言其不孝。考功有愧於學士，宜其子亦多忤耳。然嘗見鍪詩，又頗蘊籍，不似勇夫，何也？

題石齋先生遺詩

〔嚴注〕黄道周。

石齋先生遺詩，是人僞作，其中真筆不及半，但觀其湊成三百十一篇之目，便是邨學究所爲，强合毛詩之數者。開卷便説留侯因人成事，坐據三韓千里之地，漁陽鐵騎所出，而不能用，是其人全不識東西者。陽翟之韓而以爲三韓，三韓而即以爲漁陽，何其妄乎？以讀破萬卷之石齋，而爲此言耶？〔一〕

跋王節愍公手蹟〔嚴注〕道焜。

明之亡也，浙中仗義殉節之臣極盛，而杭人獨少。甲申之難，竟無一人。乙酉南都之亡，家居而死者：陸大行鯤庭、王邵武昭平、祝貢士開美；死於師者翁都督也。畫江之役，褒恤諸忠，但及大行，不及邵武，吾鄉董户部次公争之曰：『死一耳，何以恤典有偏？將謂大行係甲榜，邵武係乙科耶？今之甲榜而賣國者，肩相望也。』邵武始得謚節愍。

今年冬杪，獲見邵武手蹟於户部家，乃國難前所寫摺扇見寄者，乃知邵武於户部爲舊契，邵武不負故國，户部足報故人，交有光矣。〔二〕自三公以死倡，丙戌而後，陳太僕潛夫、陳將軍萬良、徐主事復儀、

〔一〕〔嚴注〕忠端此詩，殆爲假作留侯，而故謬其辭耳，非全不知東西者。張忠烈公集中有留侯論，則指洪同安，意與忠端同，非僞作也。

〔二〕〔嚴注〕王公殉節時，遺命墨蹟并曾鯨所畫絹本小像，藏海寧吴七文騫家。予向日嘗見之。

俞主事元良、周貢士宗彝、張將軍起芬、姜指揮國驤、吴都御史聞禮、吴太學惟修、姚都督志卓、姚太僕奇胤、湯守道芬、張都督堅、郁大令廷諫輩，尚有人焉。莫爲之先，何以鼓其氣哉？邵武向未嘗見其手筆，爲正容肅拜而觀之。邵武子均，壬午鄉貢進士，於遺民中最苦節，亦應附志。

錢忠介公墨蹟跋

〔嚴注〕肅樂。

往與萬編修九沙搜羅因國末造忠義諸公墨蹟，獨以不得忠介錢公書爲憾。已而得其爲諸生時試義殘帙，喜而裝潢之，屬予跋尾，予逡巡未作。九沙寓亭不戒於火，是册亦歸天上，悵惋無已。今年忠介嗣子濬恭得此卷，乃忠介自書咏史諸作，筆法跌蕩清妙，爲之驚躍再拜，循環把玩，惜九沙已爲古人，不及見此墨寶也。濬恭方與予編公遺集，因以是跋附之集後。

錢尚書牧齋手蹟跋

尚書手蹟共十幅，在馮研祥家，皆與馮氏羣彦往還者。第一幅云：『足下奇士，遘此奇窮，此天所以善成足下也。楊大洪作秀才時，貧病艱危，備所不堪，吾黨慷慨建豎，無烈於大洪者，彼固於困窮時辨此矣，足下定當得力於此。』其言善矣，然則尚書晚節狓猖，殆以少年甲第清華，故累之耶？其云：『曹生能救清漳，可謂不負吾門。閩人若更跳梁，當置清漳於何地？』清漳指黄忠烈公也。忠烈之被逮，上疏争之者葉廷秀、涂仲吉，周旋其事者彭士望，以二千金爲納橐饘者戴初士、黄商侯，顧不知曹生爲誰？幅中所及人物：如錢不識、孫子度、吕季臣、陳子木，皆禾人，則疑是曹給事遠思，當更考之。閩有周之夔，故異黨也，跳梁者必其人矣。振公亦不知爲誰。第二幅云：『劫灰之後，歸心佛乘，急欲請書本藏經，以供檢閱。聞霍魯齋作守道，此好機緣，春夏間欲往訪之。兄過嘉禾，幸爲商地主，不至栖栖旅人也。内典可更爲一蒐訪。嗚呼！望塵干索，禪力何在？不覺爲之一笑。』第十幅云：『春宵一刻，先令細君滿引一杯，以助千金之興。』細君，指柳氏也。予聞之周鄮山，謂牧齋年六十四，柳氏年二十四歸之。客有訪之者，柳氏出侑酒，依然舊日風流。觀此箋，并前索酒札，知柳氏固酒徒。黄忠烈公見諸弟子有與女校書詩者，輒戒之，牧齋跌蕩乃至於此，宜其有『浪子燕青』之誚。此卷歸吾友趙六意林，令予跋之。予學殖荒落，未能詳覈，良自媿也。

高鴻臚夢箕手蹟跋

南都王之明一案，以鴻臚起，而亦大受其累。其被刑也，昂首答曰：『區區之誠，二祖列宗所共鑒也。』至今聞者爲之神傷。是札云：『訛傳驚恐，總無的確，只有在山困頓，聽吾主命而已。』是殆王案未了時。而又云：『在山幸本土之人修防固守，亦似可保，但恐大亂，當以南通、括蒼爲退步，而資斧難延，恐爲首陽之續。』則又是南都已破時。而又云：『大主在上，必不令人枉死。』則又是赧王未擒時。吾友趙六意林以此狐疑，令予定其時日。愚以意度之，鴻臚既還山，則王之明已訊畢，特爰書或恐尚有後命耳。而赧王聞江都之信奔蕪湖，大兵直下秣陵，浙中亦風鶴交警，故有南通、括蒼之説，然尚未聞靖南消息，則故君尚在也。大略當如此。

魏庶常子一墨蹟跋

子一書畫俱工〔一〕，同年孟公章明得其所贈便面，以交黎匣貯珍之。孟公早攀橋山之髯，子一以遲蒙謗，傷哉！然子一致蠟書於夏峰謀殺賊，而欲以唐通爲應，則無知人之明矣。唐通豈可恃耶？若其書之工，觀此便紙，已得其概。

〔一〕《嚴注》子一名學濂，降賊不得志而自盡耳，又何足惜。子一有一僕，甲申三月以子一不肯死，對之自剄。

無名氏手蹟跋

此札不知姓名。觀其與閩人搆難之語：『外屈其形，内食其心。』是黨人之多事者，可以想見明季甘陵之禍。

馮徵遠手蹟跋

太常馮公三子：大馮君留仙即元颺，小馮君鄴仙即元飈，天下所共知，而三相公元飂眉仙繼之。其羣從則元飂徵遠，亦其一也。津撫與尚書負重望，遭逢國難，相繼野死於杭之湖上，其志可悲矣，當世猶多責備。然兩公未展之志，其季成之，從亡不顧，卒以蹈海。明史不能附入兩公之傳，真一大漏也。徵遠受部曹之命於江上，事去，蕉萃以死。黎洲先生所謂『竹梧鸞鵠，困於柴水』者，其人亦當在遺民中。偶於馮研祥家見其手札，爲之泫然。

跋李昭武先生墨蹟

昭武先生〔嚴注〕文瓚。與先贈公最厚，故予家所有詩箋、尺牘、箑頭極多。然予少時但以書人、詩人目先生耳，稍長始悉先生之大節，因爲之作墓幢之文。顧里中人知者，蓋寥寥矣。是卷乃先生平淮碑論，書以贈陸丈春明者。先生之集已亡，則是論尤所當存也。李君海若爲其族孫，以未得先生墨蹟爲憾，予因贈之，而跋其尾，并書其墓幢之文於前。

跋周鄮山先生墨蹟

鄮山先生〔嚴注〕容。之書，博觀諸家，略迹取神，藏鋒鋩於渾朴之中。論者以爲先生之畫勝於文，詩勝於畫，書勝於詩，蓋確評也。予謂如先生之書，方可當雅健之目。

跋林太常輓姜給事詩〔嚴注〕姜埰。

䞇菴太常輓姜敬亭詩，姜氏未嘗入刻。予家有其手卷，蓋書以求正先贈公者，乃知敬亭避地天台，江干之役，太常輓之出仕監國，而不赴。又言吏部嘗與太常同事姚江戎幕，則戊子以後浙東山寨中事也。此皆野史所未及者，足以當詩史矣。

書毛檢討忠臣不死節辨後〔校〕黄本列卷二十四，作『書忠臣不死節文後』。

蕭山毛檢討奇齡有三大辨，其一爲忠臣不死節文。異哉！其立言也。忠臣不必盡死節，然不聞死節之非忠臣也。

世知檢討之文，由於盧鎮遠宜〔嚴注〕盧宜，字公弼，號弗庵，又字函赤。所作續表忠記，而不知其所以然。鎮遠，予同里先輩也，初任蕭山教官，其時檢討以亡命之餘歸里，得復諸生名籍，怨家不能忘情，多相齮兀，而又以制舉荒落，連試下等。鎮遠獨奇其才，拂拭之備至，檢討亦感之甚，其所謂師弟，非尋常學舍中人比也。鎮遠所作續表忠記，其初集爲趙給事吉士所雕，二集爲程上舍某所雕，皆與檢討論定而出者，即令檢討爲之序。今所雕，乃檢討手書本，字畫甚拙，可覆審也。〔一〕鎮遠遷官而卒，檢討志墓，亦載其事。

已而京師有戴名世之禍，檢討懼甚，以手札屬鎮遠之子曰：『吾師所表章諸忠臣，有干犯令甲者，急收其書，弗出也。』其子奉其戒惟謹。乃檢討懼未止，急作此辨，而終之曰：『近有作續表忠記者，猥以長平之卒，濫充國殤，而假託予序。恐世之人不知，將謂不識名義自我輩始，故不可無辨。』又改其志墓之文曰：『公之續表忠記假予爲序。』嗚呼！何其悖歟！

檢討不過避禍，遂盡忘平日感恩知己之舊，斯苟稍有人心，必不肯爲，而由此昌言古今忠臣原不死節。夫負君棄國，與夫背師賣友，本出一致。檢討之心術盡於斯文，檢討之生平盡於斯文。其詡詡然落筆時，蓋可想矣。檢討所作鎮遠墓志底本，并其手札，至今猶藏盧氏。其子嘗流涕出以示予，予因爲記之。

若以續表忠記言之，其紀事誠有未覈，文亦多不工，雖予不敢以其同里爲之辭。特檢討親爲之序，而反覆如此，其心原不爲書之是非起見，則可駭也。天門唐庶常建中曰：『君姑置檢討弗問，蓋諒其非本心耳。』予大笑而頷之。〔二〕

〔一〕〔嚴注〕予所見者，其書八卷，有趙吉士、汪灝二序，不見毛序，又不詳初集、二集，殆後來合刻者，非初刻本也。

〔二〕〔嚴注〕西河此論固謬，乃其恃才强辯之常。謝山加以醜辭，若欲罄其陰私以盡暴之天下，此亦甚非長者之言。

鮚埼亭集外編卷三十四

題跋八

跋六經奧論

竹垞先輩跋六經奧論，據漁仲所上書，祇有書考、書辨譌、詩傳、詩辨妄、詩名物記、春秋考、春秋列國圖、諸經序、刊謬正俗跋，而無奧論；且謂其書議論，頗與通志略不合。然其於是書之妄，有未盡者。蓋漁仲卒於高宗末年，其於乾淳諸老則前輩也，而書中稱薛常州者四，則孝宗以後人之書矣；稱朱文公者一，則寧宗以後人之書矣。又引晁公武易解，皆漁仲後輩也。而最發露者，其天文總辨中論鬼料竅一條，謂夾漈先生嘗得是書而讀之，尚得以爲漁仲所著乎？乃笑明中葉人傳是書爲漁仲而行之者，蓋終未嘗讀是書也。

予又觀其論易，謂先天諸圖，康節得之希夷將啓手足之際，則作是書者其於人之系代源流，本不知也。

其引福州道藏所刻郭京周易舉正，則意其亦閩人，而要其中議論固有發前人所未逮者，如論秦誓之類是也。惜其撰人之不傳耳。

題豐氏五經世學〔嚴注〕坊。

豐氏既謬造石經河圖、石經魯詩、石經春秋、石經大學，又謬造高麗尚書、日本尚書，於是又造先賢先儒所爲諸傳記以輔翼之，而皆託之清敏，或其大父方伯所傳，黎洲別傳記之略具。

豐氏詈朱子無所不至。夫欲詈之，則必先考據其時代而言之，以庶幾人之或信，不當任口周内也。今託於郝陵川之言，謂史衛王通於楊皇后，朱子館史氏，因爲大夫得見小君之禮以附會之。門人或問所出，則曰：『忘之。』使朱子而果然，則校之豐氏之背父逢君，良不甚遠。不知朱子卒於慶元六年，史之官未達也。歷開禧至嘉泰三年，史不過吏部侍郎，猶然侍從。是年誅平原，始執政。史雖以内援得成功，然非有共仲、叔孫、僑如、慶克之汙，豐氏豈特得罪大賢，即史衛王當擊之矣。

且朱子何嘗館史氏？館者，慈湖楊文元公也。陵川則江漢先生〔嚴注〕趙復。之徒，力宗朱子者也。

豐氏非漫不讀書之人，而悖誕至此，其病狂以後所爲無疑也。若其中亦有可采者，不當以人廢之，是則梨洲之言信然。

書朱子綱目後

黄幹〔嚴注〕謝山於象山弟子未嘗直呼姓名。黄文肅，朱子大弟子，而直曰黄幹，何也？嘗謂綱目僅能成編，朱子每以未及修補爲恨。李方子亦有「晚歲思加更定，以歸詳密」之語。然則綱目原未成之書。其同門賀善争之，以爲綱目之成，朱子甫踰四十，是後修書尚九種，非未成者。又力言朱子手著。但觀朱子與趙師淵書，則是書全出訥齋，其本之朱子者不過凡例一通，餘未嘗有所筆削，是左證也。著述之難，即大儒不能無餘論，雷同附和之徒，遂以爲春秋後第一書，可謂耳食。苟或能成朱子之志，重爲討論，不可謂非功臣也，但必爲蚍蜉所大駭耳。

跋劉宋周朗選舉疏

三代以下之士，衰甚矣，選舉之法，徒有其名無其實，士亦無復立志者。偶讀通典劉宋孝武帝時，周朗上疏欲令二十五家置一長，百家置一師，男子十三至十七皆令學經，十七至二十皆令習武。習經五年有成，升之司徒。習武三年有成，升之司馬。若七年不能明經，五年不能達武，雖公卿子弟，長歸農畝。孝武帝不能行也。愚謂此即明初社學之制，洪、永之間蓋嘗行之，而惜其不久。然七年、五年，其期稍迫，寬之以十年、八年可也。

跋王荊公改正經義劄子

〔校〕黄本自此篇至跋月泉吟社後列卷三十三。

荊公改正經義劄子，其中第二道曰：『臣近具劄子，奏乞改正經義，尚有七月詩，剥棗者，剥其皮而進之，養老故也，謂亦合删去。如合聖心，乞付外施行，取進止。』案毛傳解剥爲擊，故釋文音普卜翻。荊公不以爲是，乃以養老解之。偶一日到野老家，問主人何在？其家曰：『撲棗去矣。』荊公悵然自失，歸而請刊去之。見容齋隨筆。古人訓詁之學，不可輕易如此。

〔嚴評〕一段是荊公本文，一段是容齋隨筆，自家只著十二字，又極没要緊，何跋之有。

跋宋高孝兩朝御墨卷

錢唐丁高士鈍丁得宋楊和王所藏高孝兩朝御墨一卷，其中并有賜和王之子者。予見之嘆曰：『此風雲慶會閣中故物也。』風雲慶會閣者，和王洪福橋里第，所以貯奎墨之所也。先是和王卜宅，中爲大府，旁列諸子四宅，極其宏麗。而一浮屠謂之曰：『此龜相也，得水則吉，失水則凶。宜引湖以環之。』和王方被殊眷，即以乞之高宗，高宗許之，又曰：『恐廷臣有言，宜速爲之。』於是和王督濠寨兵數百，又募民夫，連晝夜爲之，三日而成。入自五房院，出自惠利井，凡數百丈。工成，而言者繼至，高宗諭曰：『沂中有平盜功，雖盡以西湖賜之，亦不爲過。惟卿容之。』言者遂止。和王乃復用僧言建高閣，以御賜『風雲慶會』四字揭之，而供奎墨焉，蓋亦取昂首俯湖之象。相傳百有餘年，辛巳，其家捨閣於佑聖觀，識者以爲龜失其首，將不利矣。次年，果大火，數百楹無孑遺，〔嚴評〕此段見齊東野語，而田汝成西湖游覽志載之者，豈可直録之，以爲己之作哉。而是卷得存，不可謂非天幸也。

嗚呼！中興多名將，鄂王、蘄王及劉太尉輩之功，無一售者。其得窮極富貴以老，莫如附會政府之張循王，而次之即和王，試觀奎墨之稠疊，可以想見恩遇之隆。三復思陵西湖之語，君子是以知宋之不復北征已。

跋汪伯彦封事

建炎七年，高宗以逆豫師退，手詔問諸舊輔以善後之計：故相則李綱、汪伯彦、朱勝非、吕頤浩、秦檜，故參政則顔岐、李邴、張守、王綯，故樞使則韓肖胄。諸公封事，李爲最，吕次之，其餘亦皆有可采，獨顔岐寥寥，一無建明。岐故小人，力阻李忠定入相者也。

尤異者，汪伯彦之封事，假萬全以爲元老，決戰以爲將軍，如相如作賦子虚、亡是之比，而終之以夢見箕子，令其以所見質諸天子，斷自神算，蓋意中猶主和議，而不敢明言耳。其語亦絶非奏對之體，令人發一笑也。

秦檜請聲劉豫之罪，而陽推金人，以紓其締交之計，是則仍其『南人歸南，北人歸北』之説，而不敢言中原人願歸劉豫者，以是時方戰勝也。

跋周南仲開禧敕後

右周正字南仲山房藁中擬開禧奪秦檜官謚敕也。按建炎雜記曰：『秦檜之死，其館客曹宗臣爲博士，定謚曰忠獻，議狀有「道德高天地，勛業冠古今」之語。開禧初，李季章爲禮官，請易以惡謚，奉常定曰繆狠。議上，侂胄謂同列曰「且休且休」，遂止。然忠獻之告已拘取矣，侂胄死，乃復還之。』今宋史寧宗本紀大書『奪秦檜爵，謚以繆醜』。以李氏之言核之，非其實矣。

予最愛敕中序鄂王冤狀，淋漓悲壯，事雖不果行，要足以吐重泉之氣，所當勒之鄂王墓道，使百世共讀之者也。

跋月泉吟社後

月泉吟社諸公，以東籬北窻之風，抗節季宋，一時相與撫榮木而觀流泉者，大率皆義熙人相爾汝，可謂壯矣。然當時主盟，如方、謝、吴三先生，至今學士皆能道其姓氏，而社中同榜之人，自仇近邨而外，多已湮没不傳，向微是書之存，則直與陵谷同清淺，不亦危哉。

其間有可疑者：第三名高宇爲杭州西塾梁相，字必大，而十三名魏子大亦武林九友會梁必大；第六名子進爲分水魏石川先生，名新之，字德夫，而五十三名子直，亦分水魏石川；第七名栗里爲金華楊龍溪，名本然，字舜舉，而三十六名觀我亦金華楊舜舉；十四名喻似之，爲分水何教，名鳳鳴，字逢源，而四十五名陳緯孫亦分水何教，名鳳鳴：皆一人而兩見。十二名鄧草逕爲三山劉汝鈞君鼎，號蒙山，而十七名田起東爲崑山劉蒙山，則異地而同名。四十名柳圃爲月泉竹矐陳君用，而四十六名陳鶴臯亦月泉竹矐陳君用；又五十七名有柳州月泉；四十七名臨清，爲建德王進之，而四十九名亦王進之建德；五十名元長卿爲義烏陳希聲，而五十一名聞人仲伯，亦義烏陳希聲，竟連名而疊出。豈當日隱語廋辭，務畏人知，不憚謬亂重複，以疑之耶？抑歲久流傳，或有譌誤，近世雕本，未及是正耶？是皆當俟之好古者之考證者也。

夫吟社人物，職志昭然，其棼錯猶且至此，何況荒亭野哭，邏舟移榜，其爲張孟兼所不能詳者，尚可問哉？若槐窻居士黄景昌嘗著尚書蔡傳正誤，見兩浙名賢録，湛淵白珽則本吾鄉舒文靖公裔孫，養於白氏，見剡源先生集〔嚴注〕亦見宋潛邱所撰墓銘。

心史題詞〔嚴注〕鄭思肖。

亡友長興王敬所嘗爲予言，心史必是僞作，予是其言，而無徵也。已讀閻百詩集，其中引萬季野語，〔嚴校〕應作曹秋岳。以爲海鹽姚叔祥所依託，則敬所已下世，嘆其不得聞此佳證也。嘗以語錢唐厲樊榭，則謂叔祥豈能爲此詩文。予謂閻、萬二丈，皆不妄語者，必有所據。

所南别有錦綫集，〔嚴注〕今長塘鮑氏刻入叢書。明崇禎中尚存，黎洲先生曾見之。予今求之不得，但從永樂大典得見其奇零者。向使是書而在，以之對勘心史，當有敗闕。但不知叔祥何故造爲是書，雖非真本，要屬明室將亡之兆也已。吴兒喜欺人，至今謬稱智井舊物，以索高價，凡有數本，予見其二。

跋袁尚寶記北京營造始末

〔李注〕袁忠徹，字静忠，鄞人，傳其父太常少卿珙柳莊相人術。永樂初由鴻臚寺序班稍遷至尚寶少卿，著有人相大成、鳳城吟稿、符臺外集。

〔校〕此下四篇黄本列卷三十一。

符臺外集多足以補史事，而其記北京營造本末一篇，謂左副都御史李慶引用梓人蔡新，使之同升卿列，蔡官工部侍郎。濫起人夫，恣爲魚肉，死者幾百萬。初，上命月糧之外，每旬賞鈔，有病者賞醫藥，死者賞棺，慶、新與都督薛禄、指揮沈清等，祇圖剋取入己，盡行乾没。月糧則以死爲生，重妄支給。及殿成，命大醮，以慰死役者，而慶懼以濫役得罪，祇開萬人以上。其奸如此，不半年而三殿災，職此之由也。

按慶、新不足言矣，薛都督名臣也，何以亦依阿其間耶？不亦爲盛德之累耶？

題閑中今古録

黄南山先生孫溥作閑中今古録，其見聞有可采，獨所記欒肇論語駁始末，則誤甚矣。欒肇乃六朝時人，伯牛有疾章，集注所引『君視臣疾之禮』，乃欒肇之説，而朱子引之，今以爲其駁因朱子而作，何耶？

又題閑中今古録

程尚書仲能以文學之禍死，見於存吾是録中，明史以爲病卒，誤矣。明史經萬丈季野之手，萬丈精於權史，而鄉里先正事竟不能審，以是知史事之難。仲能大儒之子，在元已官至尚書，不能爲余闕，并不得爲危素，悲夫！

跋陳半湖聞見録

半湖〔嚴注〕陳槐。聞見漫録，予節録其有關明史者，獨爲一卷，其餘則皆格言也。李自實附寧藩，史家所紀不堪，獨半湖云：『寧藩之叛，邀李議事。李言其失，計當自舉奏以非敢違祖制殺大臣，因彼抗詈致憤而然，願削國削爵。寧藩以其不附，禁之於承奉司。世乃云李受其公爵爲謀主，而滅其家，則過矣。以大臣交藩王，身可死，家不可滅也。』半湖之言如此，則世之所傳，所謂下流皆歸者耳。然寧藩之謀久矣，李豈有不知者，平日附之，而臨時狐疑，則亦適見其爲小人也，究竟何益之有。李有白洲詩集，予於天一閣范氏曾見之。

題崇禎遺詔事實後〔校〕此下兩篇，黄本列卷三十三。

江藩瑞昌悼順王玄孫鎮國中尉統錤纂述遺詔事實一卷，時年七十一矣。其辨野史妄傳遺詔，參錯字樣，聲淚交下。惜其所紀，亦多舛誤：如襄城伯李國楨之葬梓宫，並無其事，當時所妄傳也。太子已陷賊營，而曰不知所之。開齊化門者，曹化淳，非杜勛也。若范文烈公係揆輔，乃以爲刑部尚書；倪文正公係計相，乃以爲禮部侍郎；王侍郎家彦則以爲太僕，孟侍郎兆祥則以爲左通，施副都邦曜則僅稱僉院，吴太常麟徵僅稱户科，而周御史亮工忽稱副都，則官簿崇庳，俱未之考也。侍郎張忻再入本朝，而以爲拷死；行人謝于宣拷死而以爲逃，則死生亦未確也。其餘不能枚舉。又若賀太僕王盛並非死於甲申者，不知何以混而入之。其筆墨謭陋無足觀，末附絶句四十二首亦不工。然選明詩者，不可竟遺此人也。予友張熷取以示予，因題其首。

書祁門張侍御請毁逆奄墓疏後

〔嚴注〕張尚瑗。

明熹廟時，奄禍爲亘古所未有，天奪其魄，莊烈帝出而殛之，『彪』、『虎』餘孽，誅鋤殆盡。而西山之碧雲寺尚有逆奄生前所造冢，穹碑屹立，乃崑山、南樂兩相譔文，入國朝猶無恙。相傳寺僧拱護甚力，遊人過往多以穢物擲其碑，寺僧伺其退，輒洗濯之。予嘗憤守者之愚，而以爲得使崑山、南樂長存面目，被人嗤詈，正自快意。

康熙辛巳，張静齋侍御疏請毁之，得旨允行，是固大快人意之舉。但惜不取碑文搨數本，附之三朝要典之後，足當桓大司馬流芳百世之志也。

跋柳先生年譜

〔校〕黄本與下篇并列卷三十五。

柳先生年譜一卷，不知誰人所作，大略宋儒仿吕汲公韓譜爲之。江都馬涉江昆弟因購宋槧，得見舊本，遂與韓譜合刻。中有辨新唐書二條，謂據子厚先侍御史神道表稱中書令奭，乃於侍御史爲曾伯祖，列傳蓋仍韓退之墓志之誤；而奭字子燕，列傳以爲子邵者非：俱見讀書之精。但子厚柳評事墓志則濟、房、蘭、廓四州刺史楷實仕於唐，而譜以爲隋，豈固歷事兩朝者耶？至楷生夏縣令繹，同葬長安少陵，則譜所載三子，竟遺其名。以是知考證之學，其難如此。涉江歎曰：『有是哉！』因書之於其後。

再跋柳先生年譜

王厚齋曰：『柳州之文多冒名者，馬退山茅亭記見於獨孤及集；百官請復尊號表六首，皆出於崔元翰；請聽政第三表，文苑英華乃林逢。第四表云「兩河之寇盜雖除，百姓之瘡痍未合」，乃穆宗、敬宗時事。代裴行立謝移鎮表，行立移鎮在後。柳州謝上表其一乃李吉甫郴州謝上表。舜禹之事謗譽咸宜三篇，晏元獻曰「恐是博士韋籌作。」而愈膏肓疾賦，晏公亦云「膚淺不類」。若爲裴令公舉裴冕，乃晁說作，柳州之生，冕薨已五年。』今按譜中所列尊號表六首、柳州謝上表未及別擇，其餘似亦知其非而不載。

題范文正公年譜

是譜爲吾鄉樓宣獻公所編，而公五世孫之柔校正者。又有補遺一卷，言行録四卷，皆元時刊本。

自公少有朱氏之困，淄州、池州争所謂『長山』者，紛綸莫定。予嘗見永樂池州府志中，有宋忠臣丁黼，於理宗紹定二年作池州范文正公祠堂記，以青陽朱氏所藏文正手帖及謝太夫人畫像爲據。而府志折衷之曰：『朱氏實籍青陽，文正繼父文翰，嘗任淄州長史，謝於其時歸之，故文正讀書淄州之長山，其説足以解紛矣。』是朱氏雖籍青陽，而青陽之長山，非文正之書舍；文正實寓淄州，而淄州之長山不可以爲朱氏之本貫也。然年譜明曰『淄州長山朱氏』，何耶？公於貴後以金帛酬朱氏撫育之恩足矣，至回贈繼父以太常博士，而以蔭補朱氏子官，則於義未爲當，不可以大賢而曲護之。

書郗氏族譜後

偶見法帖刊誤一書，宋黄伯思著。其中有曰『晉郗氏自太尉鑒以後，遂爲江左名宗。其字讀如尚書「絺繡」之「絺」，世人俗書「郗」作「郄」，呼爲「郄詵」之「郄」，此大謬也。郄詵，晉大夫郤縠之裔；郗鑒，漢御史大夫郗慮之裔；按漢有益州刺史郗儉。文既不同，音亦迥異。唐人如陸魯望之博雅，亦有「一段清香染郗郎」之句，蓋沿俗耳。』

愚按尚書『絺繡』之『絺』，孔傳讀作如字，伯思所據，乃孔傳也。按鄭注讀作『黹』字，今多從之。説文：『郗，成周邑，在河内。』杜氏曰：『河内野王縣西南絺城。』以鄭漁仲通志例，當是以邑爲姓。又按戰國策有絺疵，「郗」既與「絺」通，或即絺疵之後。

跋槎湖張氏族譜

焦文端公志經籍，其譜系家，則吾鄉槎湖張氏之譜在焉。張氏之譜，修於東沙尚書，有善有惡，區別森然，蓋譜系中所未見。先宮詹修全氏譜，族祖見山先生實秉筆，欲用其例，宮詹難之而止。或問予曰：兩家所見若何？予曰：皆是也。尚書志在春秋，一筆一削，雖家乘乎而霜松雪柏，讀之凜然知懼。宮詹則爲孝子慈孫，念有取於包荒之旨，非僅僅懷府怨之恐也。及見戴帥初集，序富春孫氏譜，乃知尚書之例，出於孫氏。

跋〔校〕黄本作讀。田表聖墓志〔嚴注〕田錫。

田侍郎之直節，無可置議。顧其在太宗朝，嘗請封禪，則一言以爲不知者也。漢、唐以來請封禪者，無一非導諛之臣，侍郎非其人也，特其晰理或有未精耳。當時幽、燕未復，銀夏爲梗，開國之勛，較之漢、唐劣矣，乃敢尚啓其侈心乎？不謂侍郎有此失詞也。范文正公尚序此事於志中，亦偶未之思耳。

真宗甚眷侍郎，於其殁也，二子在居喪中，仍食月俸，斯古今恤典中所未有者。

書宋中大夫周公家傳後〔嚴注〕鍔。

予纂古今親表録，友朋多言其徒費日力。不知門地分而流品出，未嘗不於世教有補。鄉先生宋中大夫周公鍔，預名元祐黨人之一。大夫之舅氏范丞相忠宣公純仁，右丞純禮，待制純粹，及大夫初娶婦翁胡右丞宗愈，再娶婦翁王學士覿，中表兄弟范開封正平，九族之中，登錮籍者七人，予既牽連書之。又讀陳忠肅公瓘與兄書云：『章氏議卻不成，農師極惓惓，亦不敢就。自到官，尤覺中饋不可無人，瑞奴等零丁益可憐，不免議同年周户曹之妹。其家清貧，其人年長，貧則不驕，長則諳事，舉家好善，故就之。』户曹，即大夫也。嗟乎！即忠肅之書，可以見大夫一門之賢，而其得力於范文正公、胡文恭公之典刑者，亦豈少哉？文正壻，一爲賈東明蕃，以不附新法忤荆公，而忠宣之出，司馬侍郎忠潔公朴，温公羣從，握節死於金者也。大夫胡氏之私，則僚壻考功忠臣，亦在黨禁，可謂同岑之盛矣。偶從大夫裔孫見家傳，書此以勉。

跋王檢正庭秀傳〔校〕黄本『跋』下有『四明舊志』四字。

檢正爲黄涪翁詩弟子，諸志爲作傳，皆排比其善行，而困學紀聞㩀其磨衲集議論之妄：以鄭介夫爲妄言，陳少陽爲鼓變，是熙豐之法度，非元祐之紛更；謂黨人子弟爲謬賞，謂蘇、黄文章爲末藝；甚者擬程子之學於墨、釋，而以易傳成於楊、謝之删潤，詆趙、張二相尤力。有是哉，其謬妄也。是以深寧斥其邪詖。予謂舒待制之與檢正，文章俱有可觀，當置之文苑，而識其短，以爲後人之戒。

跋豐吏部宅之傳〔嚴注〕豐有俊。

四明諸志俱不爲豐吏部立傳，祇上虞志有之，然不能具其顛末。吏部爲槐堂高弟，而傳不言其承學統；其賸孤女事，見行營雜録，而傳不言其篤行。按後邨哭吏部詩曰：『江表依公稍自强，訃聞朝野共淒涼。纛移北府兵皆散，笳返西州宅已荒。』又曰：『康時才業未全伸，晚建油幢白髪新。畚土爲城塵滿面，握拳猶戰膽通身。』則吏部由京朝官出守藩時，蓋開禧、嘉定之間，江、淮方有兵事，而吏部蓋有勛績者也。其夢吏部詩曰：『老猶奮筆排和議，病尚登陴募敗兵。天奪偉人關氣數，時無好漢共功

名。』又曰：『朝給賻錢方掩骨，家無餘帛可爲衾。』然則吏部之節壯矣，其廉又可知也。他日當博訪其事，附之宋史。〔二〕

跋袁處州行狀 〔嚴注〕袁洪，桷之父。

狀云：『宋之亡也，舊不快意於衣冠者，争上變入爵。陳參議允平有讐家，言新從福州航海來，見參議爲書約蘇都統，以九月乘帆下慶元，當出兵以迎。禮部尚書高衡孫連署勸進。時張元帥督師將征南，命招討使王世强圍捕鞫實，賴處州識其麾下，得解其事。而參政由是得脱。其後復有言昌國大姓以故王爲名者，元帥不聽。』嗚呼！順治戊子、己丑之禍，如一轍也，而衣冠之禍更慘已。

〔二〕〔蔣注〕鏞近纂鄞志，從象山學案中，知其妹壻爲沈端憲，故介端憲以問學於槐堂。又從舒文靖公集得其祭吏部文，知其由宣州□職通判江州，擢知□州，遷浙西運副，晉轉運使安撫淮西。最後讀袁正獻公集有義倉記，有東湖書院記，皆爲吏部作，述其在江右時諸善政，并知其科第之歲月。而後村詩中所云，則係其安撫淮西時事，惜無可考。獨文清祭文中有『强鄰驚讋』語，殆即後村所謂『握拳猶戰膽通身』者耶？至於『老猶奮筆排和議』，則似史彌遠主和時，則又在開禧開邊之後。恨終不能博訪，以竟先生之志云。

跋袁尚寶行狀

〔嚴注〕袁忠徹，珙子。

尚寶袁公行狀，黄先生南山所纂也。尚寶傳其父之學，世以爲術士耳，不知其因成祖養賢之問，而詳及前代學宫，書院之制；論武臣居喪之當解職；謂皇太孫獲鹿當先獻，皆讜論也。而力争靈濟宫符藥之妖妄，尤大臣風節。惜南山先生之狀，其敘事過於質直無文。〔李注〕明史言忠徹頗傾險，陰以術中人，頗不如其父。

跋陳祭酒行狀

吾鄉陳公敬宗，明初名臣也，實與李祭酒時勉齊名南北。吾讀其行狀，乃知其亦嘗奪情起復。明初文臣奪情甚多，而李賢所援祇及楊溥故事，不可解。閣臣雍容絲綸之地，奪情已非訓矣，陳公終身侍從亦奪之，不已謬乎？

〔嚴評〕王漁洋謂楊嗣昌之奪情不必深論，其言不可謂非。祭酒較之嗣昌如何？

書江陵張相國行狀後〔嚴注〕居正。

有明中葉以後，宰執以相軋爲事，是一大患也。方桂洲、分宜兩公玄黄之後，當國者似亦宜爲前車之鑒，讀江陵集，則新鄭〔嚴注〕高拱。之與華亭，〔嚴注〕徐階。一盈一虚，益可畏矣。江陵爲庶常時，乃華亭所教習，故所以護華亭者甚至，卒之傾新鄭而攘其位。後之視今，亦猶今之視昔，當國大臣不竭精神於補衮，而專用之門户中，論世者所長嘆也。〔一〕

又書江陵行狀後

江陵當未第時，深爲遼王憲㸅所眷。時世宗方耽玄默之道，王以方士長生之術見幸。穆宗即位，或誣言有淮南、衡山之謀，遂下請室，江陵實有力焉。語在遼邸紀聞。江陵尋售王府爲第，神宗時之没籍，以

〔一〕〔李注〕余嘗見高文襄集中載與華亭尺牘，幾盈一卷，皆華亭致政後，其子坐獄之時，其所以市恩者備至，而恐猲凌籍之語，多不可堪。蓋嘉靖以後，宰輔一失枋，便爲人脅制如此。

王妃王氏之請也。物换星移，『格天閣在人何在』者，終於不保。生前之機械坑坎，亦可以已矣夫。

〔李評〕江陵自居才相，與唐之姚文貞、李衛公，明之李文達大略相似，而奪情一事，大負世訴。國朝鄞人，若萬季野及全氏皆痛詆之，其實非平情之論也。

跋明王晉溪尚書傳〔嚴注〕王瓊。

明正德間大臣，晉溪之才偉矣，故能默用陽明，以定宸濠之難。其人雖兼機數，然三代以後，盤根錯節，亦有非機數不成者，必墨守迂腐道學之言以格之，此愚人也。明人論晉溪，褒譏各半，非知晉溪者。晉溪爲敬軒再傳弟子，其太公即敬軒弟子也。然則晉溪之心術何嘗不粹，特事有經有權，則所以處之者，亦有體有用。以是知敬軒陽明之學，亦未嘗不合。

跋衛元嵩元包後

宋楊通老謂：『衛元嵩，益州成都人，明陰陽曆算，獻策周武帝，賜爵蜀郡公，武帝不敢臣之，有傳在北史。』梨洲先生詰之，謂：『北史、周書皆無元嵩之傳，不知其何所據。』愚考北史實有元嵩，在藝術傳。但傳言元嵩好言將來事，不信釋教，上疏極論之，因疑元嵩乃道士，而惡釋家者。及讀隋經籍志，周武帝時蜀郡沙門衛元嵩上書稱僧徒猥濫，武帝下詔一切廢毁。然則元嵩僧也，其上疏非詆釋教，乃謂託於釋教者之多耳。自唐中葉以後，沙門始有賜爵之事，元嵩賜爵，其言不覈。予友杭編修云元嵩實道士，不知何據。

跋四明尊者教行録

古人有畫像記、畫像贊二種，獨宋慶元庚申沙門善月爲四明尊者作像志銘，是文章體例中所未有也。四明法智師，主延慶道場，實爲寶雲通公高座，以振天台螺溪之教，沙門宗曉爲之纂教行録七卷。予生平不喜佛書，而是編以有關梓里文獻，故收拾之。其中有紹興壬午青山居士樓弆跋文，當是太師樓楚公异之弟也，并録以廣舊志之遺。

題（蟫）〔鐔〕津集

浮屠之文如（蟫）〔鐔〕津，【嚴注】僧契嵩。蓋亦一世之雄也。其報復昌黎，不遺餘力。雖然，無問昌黎之學非〔蟫〕〔鐔〕津所能排，即以其文，亦豈可遽與昌黎抗歟？是則可謂不自量矣。

書道德真經三解後

道藏中多有易學，鄧錡亦其一家也。雍正甲辰，得見其道德真經三解。一解經，則章句大旨也；二解道，則述天地始終之故也；三解德，則丹竈家言矣。又述真常三百字，以擬陰符之數，冠之卷首。原夫柱史清淨之旨，轉手而爲長生久視之學。隋志未嘗合并，蓋其慎也。鄧氏之書，其意在乎通津，然强分道與德而二之，則支矣。

讀道德指歸

張南漪語予曰：道德指歸前有谷神子序，其云嚴君平姓莊氏，故稱莊子，班史避明帝諱，更之爲嚴。然則篇中所稱莊子者，皆君平自稱也。故卷首即稱：『莊子曰：「老子之作，上經象天，下經象地。」』其發明宗旨，幾二百言。此後每設爲問答，必曰『何以言之』，『何以明之』，『何以效之』。『或曰』、『敢問』而後，以『莊子曰』答之，蓋皆君平自稱之言，無疑也。閻潛邱乃以爲莊周逸篇之文，以補王厚齋之漏，何其觕也，其所引亦不完。南漪之言，覈而篤矣。然予并疑是書乃贋本，非君平之作也。漢志於老子所録有四家：鄰氏經傳四篇，傅氏經説三十七篇，徐氏經説六篇，劉向説四篇。使君平有之，不應不見於志，其疑一也。王貢傳載君平事，但曰祖老子、嚴周之旨，著書十餘萬言，是特祖其意而别爲書，非竟若是書之爲箋釋也。然漢志亦不録，是已亡矣，安得晉、魏間忽出乎？其疑二也。且予嘗觀其文，亦頗不類西京人語，其疑三也。

跋黄氏道德經附注〔嚴注〕潤玉。

南山先生晚年頗言養生，故瓊臺贊其畫像，有『高慕玄虚，漸入佳境』之語。道德經附注三卷，自言因王弼舊注茫昧，因發其光耀之一二，而以不得神從寥廓，快覩昭回爲恨，則好之亦至矣。讀先生傳家集，其養生之言亦津津然。

跋黄氏陰符經附注

南山先生注陰符，以爲當即寇謙之輩所著，其言甚確。其謂篇末一百一十三字，蓋古注而混入經文之内者，因改正之。愚意則謂此乃總結三篇之説，非注也，惜不得起先生而問之。

書程雲莊語録後

〔嚴校〕程智，據南雷文案作程雲章。下篇同。

初南雷黄先生嘗言同時有程雲（莊）者，倡教吴、鄣之門，以一四篇言佛，二三篇言道，三兩篇言儒，乃修飾林三教之餘術，而别自出頭地者。

予思見其書未得，雍正甲寅，長洲徐編修丈澄齋出其遺書示予，三篇之外，尚有守白論。其言以公孫龍子爲宗，而著定爲十六目，其前八目曰：

不著形質，不雜青黄之白，是爲真白。此彼相非之謂指，指有不至，至則不指，不指之指，是爲真指。是非交錯，此彼和同，是爲指物。青白既兼，方員亦舉，二三交錯，直析横分，是爲指變。萬變攘攘，各正性命，聲負色勝，天地莫能定，惟人言是正；言正之物，是爲名物。惟名統物，天地莫測，天地莫測，名與偕極；與天地偕極之物，其誰得而有無之，幻假之，是爲真物。指而非指，非指而指，而指非指，是爲物指。一不是雙，二自非一，隻雙二隻，黄馬堅石，惟其所適，此之謂物變。

其後八目曰：

不落形色，不涉是即，自地之天，地中取天，曰地天。統盡形色，脱盡是即，有天之地，天中取地，曰天地。天地地天，地天天地，閃鑠難名，精光獨透，曰真神。至精至神，結頂位極，名實兼盡，惟獨爲正，曰神物。天地之中，物無自物，往來交錯，物各自物，惟審乃知，曰審知。惟審則直，惟至則止，從横周徧，一知之至，曰至知。實不曠位，名不通位，惟慎所謂，名實自正，曰慎謂。彼此惟謂，當正不變，通變惟神，神化惟變，曰神變。

其宗旨則曰：

天地惟神，萬物惟名，天地無知，惟神生知；指皆無物，惟名成物。

公孫龍子之學，絶於世亦久矣，雲莊蓋參會釋老之言附會之以成其説者也。

雲莊之傳，如熊如灝、金貞輩不甚著名，而正希先生爲最大弟子。正希晚年禪學，蓋得於雲莊其遺書又有易數定序及著法定序十目。

雲莊名智，字子上，一字極士。

再題雲莊語録

正希先生講學師，歙人程雲莊，向嘗聞之梨洲黄氏，得其大略。後見其書於揚之馬氏，果誕謬不足信也。其講兵，師閩人柯仲炯，所謂農丈人者也。仲炯亦自負易學，主象數，予未見其所著。故姚令王君正中説易本之，而正希與劉侍郎之綸並師之。黄太穉曰：『仲炯從董公應舉屯田，一妄男子耳。』嘻！正希之學，一出於雲莊，一出於仲炯，皆自以爲專門，而世莫之信。以所見於用者驗之，即其薦申甫而可知矣。因并附志之雲莊語録之後。

〔蔣評〕按正希先生授命成仁，未應以學術訾之。同時如黄海岸亦以禪宗論學，而大節凛然，皆孔、孟嫡傳也。其薦申甫，似信之過，然申甫特爲中樞所忌，孤軍無援，以是陷殁。方是時大兵以百勝之威，雖盧九台、孫白谷亦不能支，而申甫用車戰，僅數百兵，支吾至三日，則正希之薦，恐非竟孟浪者。先生此條，未免以成敗論，鏞故不敢爲阿私之詞。

跋劉屏山唱道集説〔嚴校〕『劉』作『李』，『唱』作『鳴』，『集説』作『集解』。

屏山唱道集説，〔嚴校〕『唱』作『鳴』。鈍翁駁之詳矣。偶閲湛然居士所爲序，言其二十九歲閲復性書，知李習之亦年二十九歲參藥山而退，因發憤參萬松師，著此書。噫！屏山歴詆諸儒以恣其説，自我成佛足矣，何必援昔人以自重。習之斷非佞佛者，即或其言間有未純，不過學之小疵耳。浮屠輩造爲此説以誣之，而屏山援之以爲例，可爲一笑。

鮚埼亭集外編卷三十五

題跋九

跋秦泰山石刻廿九字

泰山遺刻廿九字，其第一行闕『丞相』二字，其下曰『臣斯、臣去疾、御史大夫臣德』至『昧死請』，與今重摹嶧山碑中廿九字悉同，蓋斯篆之僅存，其亦悕矣。〔一〕

〔一〕【嚴注】此刻，明人得于岱頂，置碧霞元君廟中。乾隆戊午，廟火，秦石已燬，別有摹本，不足觀矣。【繆注】今存十字，建寶斯亭以覆之。

跋峋嶁碑

吴越春秋載神禹有峋嶁山銘，豈得尚存。後人之爲之者，自以韓吏部詩之故，猶之明人妄爲日本尚書，蓋以歐陽兖公詩之故。有是哉，其好奇也。雖然峋嶁碑與穆王壇山四字，夫〔校〕黄本作『無』。人不知其僞，而不知太學石鼓之與二刻鈞也。

跋壇山石刻 〔校〕黄本作『豐山石篆』。

穆王八駿之馬，三道之隥，宜其遊歷所過，有可考者，而已泯然無徵矣。『吉日癸巳』四字，不卜可知其依附。然其與峋嶁之文，皆極奇古，亦非精於此者不能爲也。

跋周文王神功二字

天一閣范氏所收石刻，有『神功』二字，旁勒云『周文王括石書』，乃隸古文也。孫暢之謂臨淄齊胡公墓，桐棺字多與今隸同，以此證隸之不始於秦，使其見此，必以爲始於商矣。馬薺堂謂石鼓出於宇文，其説未覈。至此二字者，或出於黑獺之手，而後人以陀羅尼追【校】黄本無此字。尊之號記之，未可知也。夫黑獺，黑衣之種耳，而書法果如此，則又在沙陀北嶽題名之上矣。

漢北海相景君碑陰跋

趙德甫曰：『漢、晉志官屬，皆有「循行」之名。今景君碑陰故吏自台邱暹而下十九人，作「脩行」，「脩」字恐是「循」字之借。』予思『脩行』者，蓋謂束脩之行也。漢、晉碑皆作『脩』，正可以證漢、晉志之誤。是碑之陰，洪氏且未嘗見，顧予家三本皆有之，蓋明初搨本也。

跋會稽禹穴窆石銘

會稽禹穴之字，趙德甫稱爲『窆石銘』，而王順伯定【校】黄本作『稱』。爲漢刻，是也。近人謂其詞非銘體，因謂碑有銘，而窆無銘。不知古人原不定以韻語爲銘。孔子書季札墓，寥寥十字，亦何嘗非銘乎？

〔李評〕全氏知岣嶁、壇山皆僞是矣。至以石鼓爲僞，則他人所未發，不能深信，乃獨不知季札銘爲僞，何耶？

跋魏受命表

盤洲曰：『所謂表者，蓋表揭其事，非表奏也。』予謂是即石表之表，與碑碣名異而實同。然帝王家著作多用碑，其用表者衹此。近人不知古金石之例，竟以碑、表分差等，誤矣。

跋北齊乾明碑

是碑立於乾明元年，碑文作隸古，全石漫漶，衹存匡郭。其中有可識者，『鎮北將軍祕書監』，蓋其人之官，又有『祠堂』二字，殆祠闕也。當博考之金石之録。

跋唐則天后少林寺敕書石刻

嵩山少林寺有大唐垂拱二年皇太后敕，以寺中有冬筍生，降書志喜。又有大周天册萬歲二年皇帝敕，以寺中有仙藤、白露之祥也。寺僧合而勒之石。嗚呼！溉冬筍，何不哀黄瓜？求仙藤、白露以爲瑞，豈知鸜鵒之翅，已盡折也。〔二〕

唐開元（祀）〔紀〕泰山銘舊本跋〔二〕

開元泰山碑銘，刻在山頂之石，爲前明俗吏以「忠孝廉節」四大字鑱其上，舊文爲所毁者半。天下之謬妄，有如此耶！竹垞嘗詢之野老，謂必架木緣絙而登，然後椎拓可施，而山高苦風吹日曝，紙幅易裂，故模文甚難。予所得乃明范侍郎天一閣藏本，完好無闕，當今日而遇此舊本，可寶愛也。封禪，秦、漢之侈心，是碑雖有儆毖之語，已漸趨於空言矣。至於野無遺賢之賀，則其極功也。

〔一〕〔李注〕正集卷三十七，有唐垂拱少林寺碑跋，標目與此略異，而跋語略同，當是後定稿。其中不同者，僅衹「降書志喜」之「書」作「敕」，「以寺中有仙藤、白露之祥也」句「也」字易「以爲美」，末句作「豈知流禍及於桑條韋未艾也」，皆較此爲詞意周帀，應删此，附其異文於彼下。

〔二〕〔嚴注〕此跋已見前集，較此稍簡耳。

李陽冰謙卦篆書跋

陽冰上李大夫書論古篆，欲備書六經，勒石明堂，惜其有是請而不就也。向使陽冰果主是事，詎不遠勝於開成之本耶？〔嚴評〕繆論。予友當塗徐君文靖嘗謂陽冰事雖未行，其所書字樣，當有存者。故吳立夫詩：『陽冰石經欲㲉乳。』予告之曰：韓退之識陽冰子服之，嘗得其蝌文孝經，非即陽冰之字樣乎？今所傳謙卦，亦即字樣之一種也。

跋唐大使府墓磚

予在邗上，有發地得墓磚者，其上有『大使府燒造』五字，以問予爲何時。予曰：此唐磚也。唐人稱節度大使以示别於副使，若楊、吳以後，則當稱都統府矣。其字畫雖非出於名手，然亦嚴整有法度。

跋薛尚功手書鐘鼎款識

薛尚功手書鐘鼎款識二十卷，藏於天一閣范氏，有周密、趙孟頫、楊伯巖、柯九思、張天雨、王行、周伯温七人鑒賞字跡，而靈武斡玉倫、徒克莊亦有跋焉。最後有豐坊之題。范氏書帖，大半萬卷樓故物，而是本獨不知得之何人，觀坊所題可見也。石刻所傳，蓋僅有其半，而手書精核，更爲可珍。范氏尚有副本，見予之嗜之也，以其副〔校〕黄本作『本』。爲贈焉。

跋宋方信儒陳孔碩題名

是石爲宋嘉定癸酉方公信儒以安〔校〕黄本作『按』。撫陳公孔碩以判官在蘄州祝瑞慶節，探白龍洞諸勝，作篆書題名，極偉。方、陳二公，開禧以後之名人也。其末深以歲事畢登，物情安樂爲喜，異乎遊人之屐也已。予愛而跋之。

題王半山鄞女志

舒王之葬殤女在吾鄉崇法院旁，謝皋羽過而題句者。相傳院中多舒王與會老往來墨跡，戴曾伯『驚風急雨』之詩是也。先侍郎少女許嫁屠侍郎子本畯，未笄而卒，附葬於檢討公墓，啟土得一石，則舒王志也，因揜之而稍移於北。嘻！是一塊土者，世爲殤女之壙耶？〔校〕黄本作『也』。先侍郎曾有文記之，今失去，乃補之集中。

題蔡卞重書曹娥廟碑

曹娥廟石，不存久矣。宋元祐中，蔡卞知越州重書立之。卞、京兄弟皆有書名，而卞稍爲京所掩。顧孝女之碑，書於憸人，則可恨也。

金朝散胡東平神道碑跋

金朝散大夫同知東平府兼山東西路兵馬都總管磁州胡嵩神道碑，欒城李學士治之文，朝散之孫山東按察祇適自書兼篆。文曰：『明昌新辟，公上言上京合懶等，五路牛頭稅粟，虛名不實，宜會計以備邊用。皇嗣未立，宜肅正〔校〕黄本作『整肅』。六宫，以廣胤續。於時大臣非材，五路大姓，多不奉法。元妃李氏專寵，臺諫無敢輕議，而公獨直之，聞者莫不聳動。』此蓋朝散大節，故碑特序之於首。予友杭編修世駿方求金史遺文，因寄之。碑石甚巨，自元以後，中穿之柱無此材矣。書亦工整可愛。

元翰林學士王文定公神道碑跋

〔一〕〔校〕黄本無此下三篇。案此篇已見前集。

王文定公神道碑〔校〕黄本無此字。爲其子公孺〔校〕黄本作『公璠』。所纂文，附見秋澗大全文集，而石刻已不存矣。明弘治辛亥華容王府君儼守衛輝，拜於墓次，慨然興先喆之慕，重爲勒石，而復其祠，清

〔一〕〔嚴注〕此跋已見前集，『嗚呼』以下少異耳，此可删也。

其地，穹碑焕然。嗚呼！今世之吏聞之，殆將以爲羊叔子自佳耳，然亦何與人事，安得古道雅懷如此者乎？三復華容題後，爲之憮然。

跋明司經局題名碑

明制，東宫官屬，爲詹事府，爲左、右春坊，爲司經局。坊局雖羈屬於詹〔校〕黄本無此字。府，而各自爲政，故一府、二坊、一局，公署異地。最初洪、宣之際，二坊且置大學士一員，原非詹府所統也。易代以來，一承其舊。其後坊局公署皆圮，乃俱會於詹府，然其列銜，仍不相統。近人不諳故事，居坊局之任者，竟自以爲詹府之官，可爲發一笑也。是碑乃先禮部公掌司經局時所立，其文與書，皆出公手。予家自明嘉靖以來，世掌綸言，館閣故事，差能言其本末。所愧檮昧之才，累薦未升，一麾遽出，顧瞻玉堂，如在天上，偶展是碑，不禁爲之憮然。

跋柳州羅池廟碑

世所傳柳州羅池廟碑一紙，必以太守印署之。予異而問焉，柳人對曰：『吾柳江中，時有風浪，若取太守所印碑以過，輒無恐，〔校〕黄本作『恙』。故相沿用之也。』因憶明人劉炷筆談言：是碑嘗入瓦礫中，兵火之餘，土人取以築城，所築之處即崩，累築皆然，因驚訝而物色之，則碑在焉，石已横裂爲二，相與扶而植之。有是哉，柳子之靈爽，爲可畏也。

昔田拾遺論柳子，謂其『精多魄强』，斯語最善知鬼神之情狀。古之人，生爲明聖，殁爲明神，其來也有自，其去也有歸，故申甫自嶽降，而傅説爲列星，要不必以禍福驚動人，而後使人知其不朽於冥冥中也。乃柳子以不世出之才，方將大有爲於天下，一擲不中，而不免於奸邪之目，投老荒裔，殁而猶視。彼其精，則英多磊落之精；其魄，則菀結沈冤之魄；〔嚴評〕是何等句法。固有不能與金石俱消者，是大造游魂之變，有此别種，而不可以常例論也。

且吾嘗讀柳子祭吕衡州文而有會也。柳州之與衡州，八司馬中眉目，交情尤篤。而柳州之哭之，已有『蕩爲太虚，結爲光曜，爲雨爲露，爲雷爲霆，復爲賢人，奮爲神明』之問，是其所以抒寫憤懣，而爲身後之兆者，豫見於此，亦可傷矣。劉煦以爲柳人之妄，而咎昌黎之遽實之。其議雖近於正，〔校〕黄本缺『劉』字至此二十二字。然於鬼神之德，則未通也。雖然，柳子生平操論，依乎中庸，故其言曰：『聖人之道，不窮異以爲神，不援天以爲高。』其所以詆左氏春秋内外傳、吕不韋月令者，不遺餘力，垂老遺言，忽躬蹈之，得毋應〔校〕黄本無此字。自笑耶？且夫柳州之有惠政於柳，其遺愛之惓惓於民，而廟祀之，宜也。必以禍福驚動之，以示其奇，則反淺矣。

若龍城録爲王性之所僞作，其載羅池石刻之文，蓋因昌黎詩中語而附會以成之，非昌黎反用其語也。木筆雜鈔乃還取以證昌黎詩，誤矣。今柳州有柳子遺墨，書此數語，而其文稍與録不符，蓋亦柳人之僞也。

跋歐曾兩集古録桂陽周府君碑

桂陽周太守〔校〕黄本作『府君』。有開武溪水道之功，廟食至今，乃後漢書略之。古今循吏之泯然者，可勝道哉？然歐陽文忠以爲周憬，曾文定公以爲周昕，蓋兩先生所見碑本俱闕其名，而據所聞以實之。文忠以爲碑雖闕尚可識者，未必然〔校〕黄本作『寔』。也。

予考太平寰宇記，廣東韶州新瀧有太守周昕廟，即始開此瀧者，行者放雞散米以祈福，而忌著涇衣入廟，則是碑當爲昕作。若寰宇通志湖廣衡州武水有太守周憬廟，則或别以有功祀之，而歲久訛傳移於昕者。蓋武溪出臨武南，流三百里入桂陽，會於昌樂。而一太守廟在水之陰，一太守廟在水之陽，雖地尚隔遠，而〔校〕黄本作『即』。易以同姓同官相混，文定之辨，尚未得盡其詳也。從來金石之學，足補史傳，然非博求其是，則翻多誤者；即令欲正前人之誤，而不能得其所以誤，亦未足以折之也。

跋水心先生石經春秋詩

嘉祐開封石經，片紙隻字，不存人間，并不得如成都孟蜀之本尚見於藏書之目，亦異事也。偶讀水心詩集有曰：『石經春秋一代奇寶，王氏爲熙豐學，廢不用。瑞安沈彬老蠟而有之，其孫體仁，閣以皮焉，予爲名曰「深明」。詩曰：「喟昔洛門初上石，未久翻遭禁書厄。」』是所指者，開封之石經也。

然予考嘉祐本，當宋時流傳亦寡，不特春秋。水心特因荆公不解春秋，而遂以此尤之。其實荆公『斷爛朝報』之言，出於人所附會，尹和靖嘗辨之矣〔一〕。且荆公不解春秋，而要何嘗廢石經之春秋，使後世有誤解水心之詩者，將復增荆公一過，可不辨與？蓋自諸經既有板本，而石經遂多不覩，斯亦自然之勢。即西安石經之得存者，亦幸也。書之以遺吾友杭君堇浦，使附之石經考異之後。

〔一〕《蔣注》案荆公之廢春秋，前人言之多矣。東坡與荆公同時，其集中亦嘗及此。先生力爲之辨，其實和靖一家之言，安足據也。

跋禮記石經月令

唐天寶中刊定月令，置之四十九篇之首，又增益其文。而七十二候之割裂，則其分配出於緯書，以六日七分作五卦，配一月，有公，有辟，有侯，有大夫，有卿。卦之居公位者，得二爻，其下各得一爻，爻各得一候。此本割裂荒誕之尤者，而李林甫輩據之以正月令，可謂不學無術者也。既頒行天下，於是詔集賢院別爲之注，以易鄭注，遂有别爲之疏者，以易孔疏，其詞卑鄙。開成石經遵而用之，始成不易之書。宋端拱中，李至判國子監，請復古文，下兩制議，韓伾、張泌、胡旦皆以爲然，餘人多以朝廷祭祀儀制，多依唐注，請且如舊，又便宜讀時令。大中祥符間，孫奭又言其事，時論終以改作爲難而止。此見宋三朝國史志者，六經奥論以爲獨王學士禹偁不可，遂不改者，非也。其後卒改從古文，則在景祐初，見晁氏讀書志。

跋孟蜀廣政石經

宋時石經不貴陜本，而貴蜀本，殆以陜本止正文，而蜀本有注耶？其時學宫所頒行皆蜀本，故徽公所引石經亦皆蜀本，今亡矣夫。偶過趙谷林小山堂，見其蜀本石經毛詩，自周南至衛風，雖片羽乎，可珍貴也。其中多足與今監本互證異同者，惜不得完本讀之。〔一〕

跋宋嘉祐石經

宋仁宗勒石經用篆，有志於復古矣。其時楊南仲之徒，皆名人也。然予得見汴本石經數紙，其篆亦無甚佳處，何也？

廖氏世綵堂韓文跋

仁和趙徵士谷林之子小林，得宋槧韓吏部集於曲阜孔氏，乃廖瑩中世綵堂本也。瑩中所刊之書，其工料莫精於九經，而草窗評之，以爲不如韓、柳二集之善。今觀小林所得，良佳。

嗚呼！瑩中失身賈氏，蒙謗下流，然其於風雅，不爲無助，校之秦氏之畢少董，韓氏之向冰，蓋有過

〔一〕《嚴注》前集亦有是跋，此篇爲略，惟「自周南至衛風」，正集「衛」作「邶」，當是删定後改，應删此附彼下。

之。顧使瑩中但爲賈氏鑒定書畫，優游東閣，不染事權，雖難以語君子潔身之義，而尚不至於大玷。當時，壑公座客，浙東則梅磵先生胡身之，浙西則蓀壁先生金一之，〔嚴注〕名應桂，爲賈相客，居西湖南山中，築蓀壁山房。以及吾鄉安竹林吏部，皆豫焉。梅磵、竹林多所箴規，不見用，固皭然不染，蓀壁亦不失爲遺民，未若瑩中之被禍也。明嚴氏之盛，文休承亦嘗爲鑒定書畫，而論者未嘗以此訾之，吾不能不爲瑩中深太息焉。然當時薦紳，負盛名力排史氏之後村，尚不免喪其所守，又何尤乎瑩中。要之瑩中所審正之經籍，則終爲可寶，不以其人而廢也。

在昔湖上養樂園爲賈氏第左之别墅，其旁香月鄰，即瑩中所築也。是集之播遷流轉，而仍歸趙氏，足爲湖上故物，縹緗其有幸焉。顧安得九經連軸，并柳先生集亦惠然而至，成合璧耶？小林其更博求之。

跋舊槧三蘇文集後

舊槧三蘇全集是元人物，在明初曾入欒安郡王邸，後歸吾鄉袁尚寶忠徹家，已而流轉於吴尚書原博温閣學員嶠諸庫，又有『魯國世家』之章，通計印識家共十三。其欒城集後，别有『清夢軒刊本』五字，不知誰氏，而紙色甚舊，今世如此種書，亦罕矣。

宋史言高宗贈東坡太師，謚以文忠，御書序贊以賜其家。今是本所載敕，乃孝宗乾道九年之筆也。然則宋史誤矣。揮麈録載潁濱有章簡之謚，則文定疑是後改。今是本載淳熙謚議，則文定乃初請即定，又是王明清誤也。章簡乃元絳謚。明允之謚，賜於開禧時，當雁湖執政，主張蜀學，遂以一字之謚寵之。今是本獨不見其敕與議，不知其本失載耶？抑固有之而脱去耶？

予於雍正癸丑得是書，中間入有力者之手，又二十有二年，乾隆辛未復歸，不勝其喜。且是固吾鄉柳莊舊儲也，因跋其後。

題重刊宋本廣韻後

顧亭林之購廣韻也，但得明人芟本，而是本未之見，既雕，而惜其不完也，歷引前人書所載而爲明芟本所無者，志於後。今以是本考之，則亭林所引者皆在焉。惟姚寬國策後序引廣韻『藍』字下『雍門中大夫藍諸』今本失去『雍門』二字，又作中山大夫，然則亦不免脱落互異也。是本以宋槧重雕，尚有此憾，安得更訪舊人所藏，而讐正之。

廣韻之注博矣，然予觀其姓氏一例，則不甚覈也。如謂孔氏之『孔』，取殷之姓子，而契之降祥自乙，以子加乙，則誣矣。衛之左公子職、右公子洩，而列之左公、右公複姓之目，不亦悖乎？鄧國則云

『出自殷王武丁之後』，不知鄧之姓曼，見於左氏。伍胥抉眼吴門，子孫因以胥門爲氏，胥門巢蓋其後，不知胥生時，巢已爲將，見於左氏。他如楊揚、伍五、毋毋之别，俱不能審，蓋遽數之不可窮也。若一一爬梳而糾正之，未必非陸法言、孫愐之功臣也。姓氏之罣漏者又極多。

是書成於宋之景德，故凡唐諱皆已不避，獨引齊民要術尚作『齊人要術』，蓋偶未及改正也。於是而知蜀中石經之因仍唐諱，固不足怪，而必以爲不忘故國者未必然也。如『齊民』之爲『齊人』，豈獨不忘文皇乎？

亭林謂十干皆引歲陽，而戊字下獨不引著雍，以爲明芟本脱文。今是本亦然，然别見於九魚部下『著』字。又謂凡姓皆引古人以證之，而明芟本去之。今考是本亦不盡然，蓋未必皆有名人可登記，則略之也。

跋乾道四明圖經〔嚴注〕張津。〔校〕黄本自此至它山水利備覽跋皆列入卷三十四。

四明志乘，以吾家爲最備：自胡尚書〔嚴注〕胡榘。寶慶志、吴丞相〔嚴注〕吴潛。開慶志、袁學士〔嚴注〕袁桷。延祐志、王總管〔嚴注〕元恭。至正志、季孝廉〔嚴注〕謙。永樂志、楊教授〔嚴注〕實。成化志、張尚書嘉靖志：無一佚失，足以豪矣。張制使乾道志，則最初之作也，購之不可得，乃過天一閣范氏見四明文獻録，全引其書，爲之狂喜，乃别爲鈔而出之。於是揚之小玲瓏山館馬氏，杭之小山堂趙氏皆來借鈔。顧予猶疑非足本，嘗見成化志中於遐追山二廟下，紀劉毅、胡韏諫吴越無納土事，以爲出自乾道志，今竟無之，則脱簡殆多，然要屬難得之書，可寳愛也。

跋四明寳慶開慶二志

胡尚書榘寳慶四明志二十一卷，吴丞相潛開慶續志十二卷，皆宋槧也，予得之同里陸參政懋龍書庫。寳慶志先以郡志十一卷列於首，分爲敍郡、敍山、敍水、敍産、敍賦、敍兵、敍人、敍祠、敍遺九例，而接以六縣志十卷。續志則不分郡邑，專紀丞相涖明之事，及其詩文而已。吾鄉志乘，以乾道圖經與此二志最古，實爲文獻之祖，可寳也。雍正庚戌，予以拔萃入太學，是書爲人篡去，質於富人之手，【蔣注】二志以雍正間修浙江通志，書局諸人假之先生。志成，杭堇甫編修遂私鬻之。此跋但言『爲人篡去』，蓋爲編修諱耳。仁和趙五兄谷林以白金四十錠贖歸，仍鈔一副本歸予，予作長歌謝之。尚書之志，見於陳振孫書録，鄱陽馬氏通考暨明焦氏經籍志。胡志成於參軍羅濬之手，焦氏誤爲羅儈。而吴志則藏書家未有及者，前此臨川李侍郎穆堂、江都馬上舍嶰谷皆嘗向予借鈔，逡巡未寄，兹并屬谷林鈔以貽之。牙籤厄塞，歷五百年而始流布於時，殆亦有數存其間哉。古者著述雖佳，非人不重。尚書立朝與薛極輩附史相彌遠，稱『四木』，當時有『草頭古，天下苦』之謡，其與丞相之書並列，有慙德焉。故予前所作詩於胡志頗略，然未嘗不自笑其迂也。

再跋四明寶慶開慶二志

吳丞相開慶志皆記其涖明善政，其自九卷而下，則其吟稿也。吾友杭君堇浦頗疑其非志體。予謂丞相涖吾鄉最有惠政，即此志可備見其實心實政之及民者，而以其餘閒春容詩酒，又想見當日刑清政簡之風，原不必以志乘之體例求之也。〔嚴評〕既名爲志，何不以志乘之體例求之？況丞相遺集不傳，則是志之存，可不謂有功歟？獨寶慶志則多訛謬，如元豐之舒亶，中興之王次翁皆爲作皇皇大傳，而高憲敏傳〔嚴注〕閌。不載其受楊文靖〔嚴注〕時。之學，又不載其拒秦檜請婚之事，何歟？史忠定傳〔嚴注〕浩。謂其仲父簽樞〔嚴注〕才。罷官在秦檜死後，則并國史宰執年表未之考也。袁正獻公〔嚴注〕燮。附入遠祖轂傳後，亦寥寥。羅濬謂是書成於一百五日，固宜其有所舛戾也夫。

三跋四明寶慶開慶二志

寶慶志中有載及胡尚書以後事者，予初甚疑之，既而知是書嘗爲劉制使黻所增加也。〔嚴注〕凡宋時志乘之書，皆有後人增益，如吳郡志之類，不僅四明志如此。第一卷牧守，自尚書以後凡二十人而至吳丞相，又十人而至制使，皆附列之，則爲制使所增加可知矣。及讀第二卷經籍志，有四明續志三百三十幅，大使吴丞相置；四十五幅，制使劉公置。吾鄉志乘，自吴丞相而後直至延祐方有續本，未聞有劉志，乃知四十五幅即散入寶慶志中所增加者。然劉制使之涖吾鄉在咸淳，自淳熙四先生而後，吾鄉人物之當表章者不可勝舉，制使一無所增，而增其事之小者，抑末矣。

延祐四明志跋〔嚴注〕袁桷。

延祐四明志二十卷，袁學士清容所修也。是志流傳甚寡，儲藏家皆無之，即在吾鄉亦但有二本，其一在天一閣范氏，其一在陸高士春明家，然皆失去第九卷、第十卷、第十一卷，蓋無從覓其足本矣。清容文章大家，而志頗有是非失實之憾：如謝昌元、趙孟傳皆立佳傳，而袁鏞之忠反見遺，蓋清容之父亦降臣也。又累於吴丞相履齋有貶詞，殆以其大父越公之怨，非直筆也。

再跋延祐四明志

浮屠結習，喜作大言，强半『孔子吾師弟子』之故態也。至有謬妄之至者，如延祐四明志有育王住持知愚傳，初無他善，但言吴丞相履齋判慶元，極尊禮之，問曰：『師之語録，願序引以傳不朽。』愚固謝之。退語人曰：『吴潛晚歲如病風，禍將至，吾豈願其文。』語聞於吴，大怒，繫之獄，杖之。未幾吴果貶死。夫丞相立身有學術，立朝有節概，其蒞吾鄉有惠政，死於賈似道之手，非其罪也，何物愚僧，至擯其文而不屑乎？蓋必以他事被杖，而爲此説以自揜也。清容紀之，殊不可曉。

至正四明續志跋

〔嚴注〕王元恭。

至正四明續志十二卷，王總管寧軒所修也。總管於吾鄉爲循吏，其整頓它山隄堰最有功，志中所書堤堰，補清容之所不備，元時牧守如此，蓋絶少者。

成化四明志跋〔一〕

南里先生纂府志質實可觀，其人蓋醇儒，而東沙續志不爲之立傳。當時南里之子若孫，皆官至藩

〔一〕〔嚴注〕楊寔。少詹事錢先生曰：『此書本名四明郡志，今刊本改爲寧波，其刊改痕迹尚存。』

臬監使，一門貴盛，東沙殆有宿憾焉，而故略之。然南里有傳，出於西涯李文正之手，不籍東沙也。後東沙而爲志者，不能采西涯之傳以補之，則疏矣。予并求得其詩一首，補入甬上耆舊詩中。

跋寧波簡要志

寧波簡要志二卷，明黄南山先生潤玉著。先生嘗著四明文獻録，此則其檃括之書，予鈔之萬處士斯同家。吾鄉志乘自宋、元迄今，其佚不存者，張津之四明圖經、姜嶼之明越風物記、羅濬之四明志而已，其餘皆完好。雍正辛亥，浙江修通志，余方在京，厲二樊榭、杭二堇浦，千里貽書求四明舊志。予遣使請於家君，發插架所有胡尚書榘寶慶志、吴丞相潛開慶志、袁學士桷延祐志、王總管元恭至元志及明楊教授實成化志、張尚書時徹嘉靖志，而以鄭教授真四明文獻、李侍郎堂四明文獻考及先生之二書，盡送志局。蓋吾鄉之書，較他府獨備，譬之禮家，幸不至爲杞宋之無徵也已。

它山水利備覽跋

〔嚴注〕魏峴。

它山水利備覽一卷，予鈔之故太僕陳朝輔家，然非足本也。按至正四明續志載它山堰東諸碶閘凡三十有三：曰攔浦堰，曰唐家堰，曰黄家堰，曰新堰，曰擂木堰，曰朱家堰，曰風伯碶，曰何家小堰，曰沈家堰，曰張家小堰，曰徐家堰，曰樓家堰，曰華家堰，曰蝦堰，曰黄家藕池堰，曰屠氏橋閘，曰范家閘，曰靳家堰，曰鄭家堰，曰祁胡堰，曰李家墖堰，曰陳五耆堰，曰張家堰，曰小馮堰，曰鑪頭堰，曰蔣家堰，曰大蘇堰，曰段塘堰，曰朱瀨堰，曰王家堰，曰松樹浦，曰鄭十八郎堰，曰鄭家食利堰。王總管曰：『以上皆載魏氏水利備覽。近松樹浦又有强堰，皆防蓄水源，滲泄去處，宜時加修築，以備旱潦。』今是本皆無之，是知非完豹也。〔蔣注〕鏞所有此書乃明季楊次莊所雕本，則諸堰皆在焉，然亦得之雲在樓。意先生所鈔乃雇人代書，而鈔者妄删之歟？

五百年以來，水利日荒，三十三堰，蓋多不可考者矣。書爲泉使魏峴所作。吾鄉魏氏，大都出丞相文節公之後，其見於志者，有豹文，有峻。而泉使以水利之書傳，有功梓里，不媿溪上之彦哉。泉使諸子曰潓，曰洽，皆以詩稱，亦見是書中。

鮚埼亭集外編卷三十六

論一

春秋五霸失實論

春秋之五霸，其説不一：〔校〕黄本作『同』。或曰齊桓、晉文、秦穆、宋襄、楚莊也；或則進吴闔廬而退宋襄，或又登越句踐而去秦穆，愚皆不以爲然。秦穆原非中國之霸，曾是西戎之牛耳，而可以言主盟者，雖史記嘗有『天子錫命』之文，而不足信。宋襄實嘗主盟，以困於楚故不終，先儒亦嘗言之。顧不知楚莊之不足言霸也。楚莊於中國，求如宋襄之一歃且不可得，何以言霸。蓋楚自成、穆以來，無日不争霸，而終不得霸，直至盟宋會虢弭兵以後，始得專會於申，而其霸以成。然以靈之無道，終不可言霸，故追屬之楚莊。楚莊非霸，惟馬驌嘗見及之。至吴則黄池主盟，方遂其霸，而國隨以亡，是亦宋襄之流也。越雖嘗主盟，然從之者寥寥，詎能夸糾合之盛乎？蓋所謂霸者，必能使天下望國皆來聽命，定其朝聘之節，張其征討之威，號令分明，有如葵丘，如踐土，而後不媿於禮樂征伐之自出。如楚，如吴，如越，草竊苟簡，不過爲霸之閏而已，即軼秦、宋，何足以嗣桓文。

然則五霸之目，究以誰當之？曰：齊一而晉四也。終晉之霸，由文、襄至昭、頃，凡十君，然實止四世。文公垂老而得國，急於求霸，既有成矣，而圍鄭之役，見欺於秦，此其所深恨也。幸襄公真肖子，足以繼霸，自靈〔校〕黄本下有『公』字。以後而始〔校〕黄本無此字。衰。成公以邲之敗，幾失霸，至景公而復振，至厲公而又衰，中興於悼，其規模赫然有先公風。平公以後，至昭、頃則無譏矣。故文也，襄也，景也，悼也，接齊桓而五。晉之失霸，齊景稍有志焉，而弗能也，是以霸於此而絶。〔一〕

世之無識者，以爲一晉而得五霸之四，疑於予晉過厚。不知論四王者，周之文、武居二，非厚周也。楚之恃强而好勝莫如靈，其時南北既成，而申之會，要必請於晉而行，是以知天下之望惟晉。是說也，今户部侍郎臨川李公最以爲然。

〔一〕《蔣注》景公終不足以言霸，覯于蜀之盟，諸望國皆從楚。晉避楚之衆而不敢與争。是上則有愧文、襄，下不及悼公矣。

春秋四國强弱論

鄭桓公當周之季，已能卜齊、晉、秦、楚四國之大，其後卒如其言。吾以四國形勢論之：晉與秦最上，楚次之，齊爲下。自夏以前皆都晉，蓋其據太行，負中山，扼蒲津，風氣最完固，輔以代北之馬，猗氏之鹽，有不殆者三焉。晉之初封，疆宇尚隘，其後漸廓，直與雍、豫相接，姜戎又附之，故天下莫强焉。而由太原下瞰長安，纔數百里，故嘗足以凌秦。然秦人據函谷，負三巴，扼渭曲，稱爲『陸海』，其險不下於晉。是二國者，實天下之奥區，楚之勢萬不足以擬此。然而伊、洛以南，江、漢環之，亦天塹也。進則由申息以通中原，退則閉方城而守，雖强國弗能驟加，亦足豪矣。

而齊皆無之，雖負泰山，環濁河、清濟，據臨淄，而不足以稱地險，其以東秦稱之者，妄也。是以自桓公卒，晉强則附晉，楚强則附楚，而見摧於晉者爲尤甚，靡笄敗後，再折於平陰，三困於夷儀，無不長驅得志。齊之報晉者一，特乘其欒盈之難，不可爲武，直至晉陽大亂，齊始稍挺，可以知其弱矣。宋之盟晉、楚，共議釋齊、秦，齊終朝楚，而秦不然。甚矣，齊之弱也。

晉、楚相争，晉之大得志於楚者，城濮也，鄢陵也；楚之大得志於晉者，邲也。楚之敗，以子玉、子反；晉之敗，以先穀。苟非然者，莫能相尚，然亦皆去其國而鬭，若直入其境，則未聞其能大勝者，則險可知也。齊則使人入其堂奥而凌之矣。

秦之强，足以抗晉而過楚，乃不得稱霸於中原，則屈於晉也。晉之霸也，首得秦，而伐鄭之役失之，向非襄公之再勝，則晉幾不霸。然雖勝之，而秦遂去而之楚，晉霸之減色也，未嘗不以秦。故成公、厲公之際，累欲收秦而不得。而楚雖得秦，不過稱與國，未嘗能致其朝享，豈若齊之朝晉、朝楚，奉命不暇哉？

夫晉、楚雖世霸，而菁華亦稍竭矣。故五霸之降爲七雄，而秦晚出，莫能與争，是亦運會之迭爲消長也。晉不分，或尚足以抗秦。晉分，而秦盛矣，則秦之不成霸也，亦未必非福。雖然，此亦第以險論之耳。

齊於四國爲稍弱，而桓公之時，南服楚，西致秦，葵邱之會，晉亦聞風而至，何其雄也。内政廢，兵車衰，至使晉人脅之，欲令南東其畝，則亦視乎其人而已矣。

秦穆公論

甚矣夫讀秦誓者之疏也，謂穆公是誓，以其悔過之誠故録之，充是心也，霸而幾近於王。嗟乎！穆公而果悔乎哉？秦、晉之隙，始於伐鄭。秦與晉共伐之，而秦背晉而成之，其曲在秦。然晉受大恩於秦，而以此爲讐，則曲在晉。秦既戍鄭，而又襲之，則曲在秦。然秦自襲鄭，而晉邀之，則曲在晉。是固皆衰世之事，不足深責。

而吾觀當日晉甚巧，而秦甚拙。彭衙之役，孟明欲雪隻輪不返之恥，而不意再敗，至使晉人嗤爲拜賜。悔過者，如是乎？既而晉人取汪以報之，孟明不能禦，復窮兵以逞，至於焚舟。悔過者，如是乎？晉人以爲是必死之兵也，何必與角。角之而勝，無所加於前，而相尋且不可已；不勝，或損吾軍。於是閉關不出，聽其小有所得，可以自蓋，而秦人果封殽尸而還。不知者竟以爲晉之屈，豈知晉者乎？究之王官之役，秦何嘗大有加於晉，不久而晉報之矣。再敗而一勝，已不爲武，而況其不成勝也。既食其悔過之言，又不足遂其雪恥之志，吾竊爲笑之。

且夫孟明庸人耳，其與陽處父相語，甫離俘馘，遽以拜賜爲詞，何其淺也。當其爲斯語，而識者有以卜其彭衙之辱矣。故吾以爲孟明歸秦之後，百里奚、蹇叔殆不久死，而後得以窮兵，不然是二人者必將復痛哭而諫之，而不至如此之悖也。抑或秦誓之文，蓋即出於二人代作之詞，及二人者死，而侈心又動，亦未可知也。左氏之見不及此，盛稱秦君臣，而以爲霸西戎之舉，即由於此，多見其誣也。

然則聖人之録之尚書，何也？曰：是非有取而録之也。聖人蓋歎誓誥之衰，有如秦人之托諸空言，而卒不克踐者，故存之以爲世戒。不見夫詩之録閟宫耶？僖公有何攘楚復許之功，而妄言之。聖人之存之，亦以示譏，非取之也。秦自王官之後，不復東征，蓋亦力竭不能復出矣。是舉也，後世有學之而亡者，慕容垂是也。更有謬悠之説，以爲聖人逆知秦之繼周，而存其誓，則是比於緯候之流，其亦不待吾言而後辨也夫。

楚莊王論

慈溪黄氏曰：『諸家多以討賊譽楚。愚謂楚初令陳人無動，將有討於少西氏，已乃入陳而縣之，是以盜賊之行，紿而取之也，討賊者，如是乎？徵舒弑君，公孫寧、儀行父致君之弑。以法，則徵舒之罪重；以情，則二人之罪尤重。今殺徵舒，納二人，討賊者，如是乎？善乎清江張氏之言云：「二人必誘楚以利，故楚殺徵舒而縣陳。徵申叔時言，陳亡矣。」』又曰：『徵舒之弑，在宣十一年之夏，辰陵之盟，弑已及年，何以不討？楚自背盟，而行無道，故陳亦背楚而從晉。』黄氏之言，可謂核矣。愚初治春秋時，蓋嘗見及此，顧未敢遽反先儒百口同聲之説，不知黄氏已言之也。

然黄氏於楚所以背盟之故，尚未發焉。春秋之世，嗣君得列於會則不討，是雖衰世之法，要亦霸主之例然也。寧、儀之奔楚久矣，而辰陵之盟帖然，則未嘗聽其言。蓋楚但欲得陳而已，無他心也。使陳終服於楚，則少西固在所不討。然而陳即以是年朝於晉，斯楚之所以怒也。於是假討賊之名以加陳，可以使陳無動，固絶非寧、儀之力也。其後之復陳也，亦不盡以納諫，蓋是時陳侯固在晉也。倘晉挾陳侯以與楚争，則事亦尚未可知，於是假納諫之名以復陳，而陳必不敢抗我而他之矣。故謂其討賊者固非，即謂其納諫者，亦未盡也。

楚之與晉争者，陳、鄭、宋耳。辰陵之盟，陳、鄭俱在，未幾俱入於晉，故陳平而加鄭矣。鄭亦有賊耶？鄭平，而及宋之蕭矣。宋亦有賊耶？是固不待辨而明者。聖經但書辰陵之盟於前，則其後無不了然。甚矣夫左氏之昧也，又何況於諸家。

至於靈公之葬，説者以爲前此竟未嘗葬，至是楚始葬之，雖黄氏亦云然，則益昧矣。靈公雖弒，嗣國者固其子也，謂其見脅於逆臣而不備禮，如齊莊公之葬，則固有之，豈竟有棄而不葬者？是特楚人假仗義之名，爲之改葬，而徧告於諸侯耳。五霸之中，惟楚最無可稱，僅此入陳之役，諸家許之，而豈知其皆非聖人之意也。

叔仲惠伯論

荀息之傅奚齊也，阿君命而蹈危機，故左氏以白圭之玷惜之。而春秋之書法，居然與孔父、仇牧同科，蓋以王法言之，是易樹子也；以荀息言之，則君命也。彼菀枯之歌出，而里克以畏死改節矣。則荀息能誓死，不可謂非義。叔仲、惠伯更非荀息比也。彼其所傅者爲世子，先君卒，既已主喪矣，襄仲突出而弑之，此在未事之先，文公未嘗有並嫡之失也，宣公未聞有奪宗之嫌也。彼其私事襄仲之醜，文公不知，何況惠伯？則是惠伯之死，足與烈日争光，而聖人不書焉，何歟？求其説而不得，遂有妄詆爲匹夫之諒者，或指爲暴虎馮河之勇者，前則馬驌，後則顧纁，一口同詞。有是哉！其謬也。果爾則將使魯之臣皆如季孫行父、叔孫得臣，奔走以成襄仲之事者，反得以通權自任歟？得臣無足論矣，行父號稱賢者，方且屈於襄仲而爲之役，則是中流一壺，僅惠伯耳。爲此説者，徒以長後人臨難苟免之習者也。

當付託之重，亦有不死以成事者，季友是也。〔李評〕季友輔兩君，皆不能救其篡弑，委蛇於去就之間。迨慶父不克自立，始以成風事己之故，而立其子僖公，因乘勢而迫慶父之死。其人蓋兼後世孔光之險，宋王導之詐，乃奸佞小人之尤者，安得謂之忍死以成事？是必諒其才力足以辦之而後可，不然不如死之愈也。亦有成事而卒害義者，里克是也。是以亂濟亂，不如死之愈也，安得以惠伯爲徒死哉？倘責惠伯以不能先事弭奸，保其所託，則亦求備之論。要之，其一死不可非也。且夫惠伯之死也，其孥已奔蔡矣，已而復叔仲氏，豈非宣公自媿其篡，襄仲亦自媿其逆，行父輩亦自媿其依違，而魯人亦共憐其忠，而復之乎？奈何百世而後，反有持謬論以非之者哉？

然則聖人之不具於史何歟？曰春秋既諱國惡，不書子赤之死，則惠伯之死，無從附見。此屈於尊者不得已也，亦非以舊史畏襄仲不書而仍之也。

論華元劫盟事

七雄之時，勇夫以氣矜互相尚，習俗既成，王侯亦降心焉。然成功者要僅見，其一則藺相如，其一則毛遂。至於安陵之唐睢，則頗疑附會矣。要其源起於華元之劫盟。然左氏所載夜登子反之牀，其辭氣仍雍容，但終之以子反懼，與之盟而已。曰『懼』，則華元之情狀足以脅之可見矣。此左氏之文詞，所以大雅難及也。奈何妄撰曹沫事，而史公從而實之，妄矣。

孔子正名論

〔校〕黄本列卷三十八。

蘇右丞謂靈公之死，衛人立公子郢，而郢不可，乃立蒯。使輒知禮必辭，辭而不獲，必逃。輒逃，郢立，則名正矣，雖以拒蒯聵可也。雖然孔子爲政，豈將廢輒而立郢耶？其亦將教輒避位，而納父耳。蒯聵得罪於父，然於其入也，春秋以世子稱之。非世子而以世子名，以其子得立，成其爲世子也。若輒避位納父，是世子爲君也，而名亦正矣。其後，胡侍郎謂孔子爲政，必當告於天子方伯，命公子郢而立之。

子全子曰：右丞何以知蒯聵之非世子？若本非世子，而孔子可以世子稱之，則本爲世子，而亦可不以世子目之。宋儒説春秋多如此，乃大亂之道也。孔子以世子稱蒯聵，則其嘗爲靈公所立無疑矣。觀左傳累稱爲太子，固有明文矣。不特此也，其出亡之後，靈公雖怒而未嘗廢之也，又無疑矣。觀左傳靈公欲立公子郢，而郢辭，則靈公有廢之意而不果，又有明文矣。世豈有其子得嗣爲諸侯，而其父遂不必有所受而稱爲世子之禮？右丞之説，真無稽之談也。

惟蒯聵嘗爲靈公所立，未嘗爲靈公所廢，特以得罪而出亡，則聞喪而奔赴，衛人所不可拒也。蒯聵之歸有名，而衛人之拒無名也。然而衛人方自以爲有名，則以蒯聵得罪於父也。夫蒯聵欲殺南子，其處人倫之間，未盡其道則有之，而其心則可原也。雖以此得罪於父，而當在末減之條者也。況靈公前此嘗立之，而其後又未嘗聲其罪而廢之，則衛人欲追探靈公之意而廢之，於義有未安也。故蒯聵之歸有名，而衛人之拒無名也。

況諸侯之子，得罪於父而仍歸者，亦不一矣。晉之亂也，夷吾奔屈，重耳奔蒲，及奚齊、卓子之死，夷吾兄弟相繼而歸，不聞以得罪而晉人拒之也。然則於蒯聵何尤焉。

故孔子之正名也，但正其世子之名而已。既爲世子，則衛人所不可拒也。且使蒯聵不得爲世子，則衛人何所見而立輒。其立輒也，固以其爲世子所出而立之也。天下有世子而不應嗣位者乎？侍郎之説亦未爲斟酌盡善之道，孔子爲政，必不出於此也。〔一〕

〔一〕《李評》不刊之論。解論語「正名」二字尤精確。公羊不以父命解王父命之説，真謬論也。

萇弘論

左傳：「萇弘合諸侯以城成周。衛彪傒曰：『萇弘其不没乎？周語有之曰：「天之所廢，不可支也。」』」左氏之爲此言，以爲周人殺萇弘之張本也。〔二〕子全子曰：有是哉！左氏之妄也。左氏喜言前知，故於萇弘之死，亦豫爲之地步，而不自知其背。使如其言，則是後世人臣，當國事將去，必當袖手旁觀，方有合於明哲保身之旨，而天地之崩裂，且將不顧矣。〔校〕黄本無『顧矣』，有『遠』字。

雖然，吾於萇弘則尚别有責焉。春秋之末，所稱閎覽博物君子〔校〕黄本無『君子』二字，有『儒』字。者，莫弘若也。故孔子亦嘗從之學樂，則其識古今事變必多。據左氏言：周劉氏、晉范氏世爲昏

〔一〕〔李注〕左氏載衛彪傒之言，乃深表萇弘之忠，而歎其冤死之慘，非貶辭也。國語載此事較詳，其引周語、作周詩，曰：『天之所支，不可壞也；其所壞，亦不可支也。』而下云：『今萇弘則欲支天，不亦難乎？』皆深惜之辭。古文每有此文法，如班固贊何武、王嘉云：『武嘉以一蕢障江河，用没其身。』贊翟義云：『義不量力，懷忠憤發，以隕其生。』贊王章云：『王章剛直守節，不量輕重，以陷刑戮。』范蔚宗論張儉云：『儉以區區一掌，而欲獨湮江河，終嬰疾死之，甚多見其不知量也。』論竇武、何進云：『傳曰「天之廢商久矣」，君將興之，斯宋襄公之敗於泓也。』皆本左氏此意爲無可奈何之辭，以深致悲痛，非後人所知。

姻，朝歌之難，周人與范氏及趙鞅以爲討，遂殺弘以說夫范、中行搆難之由，不過欲并趙氏。〔李注〕左傳亦未有言其出師助餉之事，若首特忿鄭、齊，而無如何，因周之弱，借以泄憤耳。是周之與范，本無實迹，即或有之，亦豈萇弘主謀？范、中行之據朝歌，趙氏之據晉陽，其罪惟均。然至於戰不克而伐公宫，既出奔而連齊、衛，結戎蠻以傾故國，則其狓猖潰決，無君甚矣。萇弘方將扶周室於垂盡，射貍首以致諸侯之不庭者，則欲使天子得有其諸侯，即當使諸侯之得有其大夫。今不能明大義於天下，而反從而助焉，天下其謂之何？稽之往事，孫林父之叛衛也，而晉人戍之，是晉霸中衰之時；欒盈之叛晉也，而齊人救之，是齊靈公極亂之時；魚石之叛宋也，而楚人戍之，是楚霸中衰之時：是皆其國無賢臣遠慮，故倒行而逆施一至於此。是以欒盈之亂，叔孫穆子救晉，次於雍榆，春秋予之。彼與國尚有然者，況天下之共主哉。況敬王之入周也，崎嶇伊、洛之間，其慬而得免者，惟晉是依，乃當晉之有事，而忽連衡其叛臣，則其召侮也固宜。

然吾意萇弘之賢，必無此事。或者周室諸臣忌弘之才方見用於劉氏，及晉之討無可委過，從而害焉。如唐之殺杜讓，能以說于岐，固始之流涕致諫而不從者也。古今寃抑之事，容有相類，彼其勃鬱煩冱之氣莫可暴白，所以血三年而化爲碧。不然，則其爲周計固未當，一死亦不足辤矣。惜乎左氏生於定、哀之際，乃不能爲詳考其實也。若據韓非子，則以爲叔向所陷。其時叔向之卒久矣，韓子之言，不知何所據也。貍首之射，太史公嘗笑之，故予不復述，而但就其致死一節論之云。

亡吳論

春秋之季，吳國天下莫强焉，及其亡也忽諸。世之尤之者，以爲會稽之成一也，艾陵之師二也，黄池之會三也。向微是者，吳當遂霸天下。然此皆自事之已形者言之，而非其元氣之所由削，福命之所由傾。

夫吳之亡，始於通晉，成於入楚，而其搆怨於越，則由此兩事而起，固不待其子之身有嚭、同之佞，員、聖之誅，而識者方知之也。且吳建國於江、淮之間，其疆隅不足當楚之半；以形勢言，則大江之與長淮，楚皆踞其上流，江東四戰之地，不足與之争衡。是以自壽夢以前，俯首而附楚者，非特其風會未開，抑且勢不得不然。晉霸既衰，思出奇策以制楚，巫臣又藉手以洩私忿，其通吳於晉者，非能確然謂吳之必可以制楚，以爲即令不果勝，而楚之一歲七奔命，已大病矣。夫吳之一往而無厭也，其亦何所止，竟〔校〕黄本作「境」，屬上句。得志於楚，則必并加於晉，其後齊盟争長之事可驗也。然晉自趙文子當國，而後偷安視息以自延，特利其目前之爲助，而不暇遠慮於吳之即楚也。而楚亦不幸而適在中替之日，當國如子重、子反、子瑕之徒，皆庸材，是以吳得起而乘之。齊桓之謀楚也，蓋亦嘗用徐矣，輔之以江黄道柏而不克也。當時之徐，未必下於吳也，前後之楚不同也。然以累世强大之楚，植根已固，即令不競，豈能猝亡其國，而諸蠻視吴，素屬等夷，其中必有倔强而不相下者，斯越禍之所生也。楚不可猝亡，又生與國之患，則吴之國危。吴之國危，其勢固非中原救援所能及，是則輕其社稷之計，而受人發縱指示之愚，以結歡於鞭長不及之地，失策未有如是之甚者。

且兵者凶器，聖人不得已而用之，故黷武者，造物之所忌也。吴自諸樊以至王僚，無不好戰，疆埸之間，連年角鬬，江、淮而東，前此所未有也。玉帛外竭，干戈近訌，民力幾何而不困也？强水師爲車戰，違地利也。凡若此者，皆吴人墮於巫臣之計而不自知。且吴亦第見平王暮年，信用囊瓦、費無極、鄢將師，幾於尸居餘氣，以爲可亡之會。不知大臣自左司馬戌而下，猶有人焉。又三公子皆賢者，君子是以知楚之未易翦也。隨人、陳人守舊盟而不寒，豈果忘平日見凌之怨，覘國者其審矣。故當是時，非以王者之師臨之，必不足以亡楚。夫王者之師何如？當囊瓦臨陣之際，宣其脅留列侯，殺害忠臣之罪，正告於楚之三軍，以及其近郊遠郊之民，則楚人自瓦解而倒戈。繼遣一介上告天子及中原諸國，宣其累世憑陵諸夏之罪，或許以反其侵地，或許以繼絶，九縣之封，盡還其故，則小國向風，牛酒日至。爲伯州犁、伍奢、郤宛發喪，收諸亂臣之族付諸理官，慰安楚之公室，安堵無恐，禮其士之賢者，則楚人將反爲吾用。於是分兵歸吴，以備不虞；休士於楚，以鎮新國；則秦人必不敢出。而數年之後，入朝周室，一匡天下，大業可得而成矣。七國之時，樂毅入齊，蓋頗有其風焉，而惜乎其用未竟也。

今觀於吴則反是，逞其封豕長蛇之習，恣其倒行逆施之狀，決漳水以灌紀南，決赤湖以灌郢，則民其魚矣。夫概王與子山爭處令尹之宫，則草野之遭污辱，又可知矣。楚人上之則痛心於廟社之荼毒，下之則切齒於家室之播蕩，即無秦人，吴亦安得有楚？卒之内變起，外援至，踉蹌而去，所得不償所失。夫得失之不相償，猶之可也，而過此以往，楚人之讐，雖百世不解，豈不懼哉？不於其身，必於其子孫，固罔或不亡矣。況自晉人以吴困楚，而楚人即以越窺吴。昭公五年，越大夫常壽過始以師會楚伐吴；圉陽之役，越遣大夫胥犴勞之，公子倉歸乘舟，師而從之，其固相結也如此。

三十二年吴始用師於越，而是役也，越遂乘虚入吴。夫吴既素有不快於越，而入郢之時全不爲備，是亦可以見其疏矣。卒之檇李之役，反隕其身，以致貽患於其子。其後句踐興師，申包胥實在焉，則楚自遷鄀而還，雖不以一矢修怨於吴，而吴實亡於楚也。嗟夫！天道好還，故禍機之倚伏如轉轂焉，可不懼哉。

或曰：若吴當會稽之時，不許句踐之成，豈能復爲後患，而跨三江五湖之固，亦不遽至於亡。予曰不然。吴不滅越固亡，即滅越亦亡。夫闔閭父子皆好勝而不顧其後者，使其晏然而有越，則將以爲天下皆莫吾若，其進而與中原爭衡，不待其事之畢也。是時中原遽〔校〕黄本作『俱』。衰，固不能摧吴之鋒，然而商、魯之溝，荼、墨之壘，逞其雄心，虐民以用，楚人復仇之師將起而議其後，百粤宗支之處甌、閩者，從中應之。此其亡，亦不出二十年以後也。

或曰：然則如之何而可？曰：夫差之報仇，是固不可以已者也。既取越而有之，慄慄危懼，撫諸小國，結好中原，其庶可以免乎？雖然，吴以崛起之國，窮兵以犯，鬼神之怒，求其保泰而持盈也，吾有以知其不能。故曰吴之亡，自壽夢以後啟之，至闔閭而極，夫差乃天之所假手者耳。

〔蔣評〕楚亦驟起于春秋之初，亦無歲不搆鬭于江漢之間，浸淫而與上國争衡。然而能支久者，以其法制堅明，又頗能有賢臣以相輔佐。吴則不脱蠻夷舊習，即觀其伐楚一役，争寶者有之，鞭墓者有之，紀律一切蕩然。其臣僅有一子胥，然亦非治國之才。而自諸樊以至闔閭皆以輕躁殞命，況濟以夫差之驕淫乎？此所以亡之易也。若專指其通晉爲致亡之始，則吴即謝絶巫臣，長爲楚役，亦終吞噬耳。至所論滅楚之策，恐亦係儒生常談。以秦之强，燒夷陵，破鄢、郢，楚僅棲于壽春，猶必至六國垂盡之後，興師大舉，始克覆其社稷。而謂區區聲楚之罪，反諸侵地，收用其賢者，闔境帖然。彼樂毅亦終不能定齊，安見吴又籍是以舉楚也。此蓋先生少年之作，未敢奉爲定論。

越句踐論

以吴之强也，而句踐於覆亡之餘，生聚教訓而沼之，是荆楚所弗能，古今之論復讐者，孰有光於斯！自是而反諸侯之侵地，遂以稱長於上國，誠偉矣。然其晚年功業稍衰，何也？曰：是可以見持盈之難也。范蠡之言曰：『句踐之爲人，可與患難，不可與安樂。』以是知其量亦易荒也。彼夫差之初政，蓋刻苦自勵矣，卒以報越，及其功成，何一往而不克自持也。句踐雖不至如此之甚，然以沼吴之後，夷考其所爲，非前日比。

太宰嚭者，亡吴之巨子也，句踐信而任之。其欲納魯哀公而不克，出於嚭之受賂，句踐尚可爲國乎？吾觀范蠡之去也，殆有見於嚭之見用，而飄然而避之也。文種之死也，必嚭惡而殺之也。洩庸以下諸公之不復見也，必皆爲嚭所抑也。太史公謂誅嚭者，謬矣。爲國莫大乎用人，即此一端，其餘皆可知也。鄧艾平蜀而赦黄皓，君子知其不終，況從而用之乎？迹其遠騖上國，於魯，於衛，於邾，逞其雄心，而淮、泗之間，終弗能有，是皆亡吴之遺，而句踐襲之，其幸而不亡者幾希。

嗟乎！晉之衰也，南方之霸凡三出。楚雖久争中國，然至靈王始得專主諸侯之盟，恣睢暴戾，遂以自殞。繼楚者吴，其横行更甚焉，故其亡也愈慘。越則稍戢，故無覆滅之禍，而其不克終霸，要亦侈心爲之也。或以爲種不死，蠡不去，夾輔霸業，必不至於此而已。予以爲種不死，蠡不去，當輔之以廓大其國，而必不教以圖霸，蓋遠處三江五湖之間，鞭雖長而不及，欲博主盟之空名，而耗其國以從之，智者所不爲也。況重之以戮功臣，信壬人，則其衰也固宜。

信陵君論

信陵君之賢，至使漢高祖易代慕之，良亦難矣。其初破秦軍以存趙也，得之侯嬴；其再破秦軍也，得之毛公、薛公，皆知人之效也。顧獨失之虞卿。子全子曰：是舉也，當魏齊之亡走於趙，而已失之，不待虞卿之至也。魏齊，魏之相也，又魏之諸公子也。夫以諸公子之親，加以相之重，而使秦人一言，而竟惴惴乎不能保其頭。即謂齊之庸有以招强國之侮，而以二千里之魏，信陵之才，不能保其公子與相之頭，則辱甚矣。魯仲連之語辛垣衍也，曰：『吾將使秦王烹醢梁王。』衍驚其言，仲連引紂之烹九侯、鄂侯以證之。吾以爲仲連之證猶疏也，何不曰：前者魏未帝秦，秦猶能取魏〔校〕黄本無此字。公子及相之頭。夫公子，王之骨肉也；相，王之左右手也。同爲王而不能庇其骨肉與手，既帝之而何難烹醢其身乎？吾不知是時衍將何辭以對也。

且諦觀秦之肆暴於六國也，固挾其堅甲利兵以摧人，亦半挾其虛聲恫疑恐喝以下人。六國之懦也，堅甲利兵尚未至，而已爲其虛聲所劫，此其所以亡也。彼和氏之璧，其不重於公子與相之頭明矣；澠池一擊之缶，其不重於公子與相之頭，又已明矣；藺相如以身當之，而秦遂不能有加於趙，其氣足以抗之也。秦以其氣加人，人亦以其氣抗之，而秦遂詘然而沮，以是知秦之亦無能爲也。何也？以氣遇氣，有勇者勝，此七國時之風習然也。

且相如之抗秦也，以匹夫入虎口而抗之，若信陵是時，則據（吾）〔五〕國而抗之，不似相如之危也。計不出此，使魏齊走趙，平原仗義留之。及平原被紿，見留於秦，虞卿復以魏齊來歸，而信陵猶遲疑不敢納焉，不可以爲丈夫矣。予嘗爲信陵計，是時莫若留魏齊，令無他往，而治兵待於境上，以書答秦曰：「魏齊下國之公子，而寡君之相也。無忌亦忝公子之末，而與聞寡君之國政者也。范睢則王之相也，秦王爲其相，他國之王孰不爲其相。今王以己之相而求寡君之相，即魏齊不足惜，寡君之相足惜，下國之公子亦足惜。寡君不堪其辱，王必欲齊，請以師見。吾知秦必不敢再索魏齊，亦不敢戰。

至若平原之素行，其他不如信陵，而是舉則在信陵之上。夫平原之與魏齊，越境之交耳，其始之留之也，尚不足爲平原異，及其被紿見留於秦，而侃侃曰：『貴而爲友者，爲賤也；富而爲交者，爲貧也。魏齊者，勝友也，在，固不出也，今又不在此。』〔嚴評〕改竄史記，便不可讀。其言有相如之風矣。是時秦雖不肯出平原於關，然其氣已屈。使趙王能用虞卿之言，必不捕魏齊，而使廉頗、趙奢、李牧之徒，以兵叩關，問罪於秦曰：『魏齊，魏之公子而又相也，平原君寡君之弟，而又相也，范睢則王之相也，秦王爲其相，他國之王孰不爲其相。今王以己之相而縶寡君之相以求魏相，寡君不堪其辱，王必不出平原君於關，願以師見。』吾知秦必不敢害平原，亦不敢戰。然則是舉也，信陵能行之，魏可以自强；趙能成平原之美而行之，趙可以自强。而惜乎其皆不能，以遂秦之暴，以示六國之弱，以是知六國之必亡也。

嗟乎！他人不能，則亦無足責耳矣。信陵君之賢，而亦不能，是可惜也，非特交臂失一虞卿而已也。宋之困於金也，函韓侂胄之首以予之，執田後邁以予之。其人良不足惜，不知國體之辱，士氣之自此而不振也。

鮚埼亭集外編卷三十七

論二

諸葛孔明入蜀論

眉山蘇氏曰：『孔明棄荆州而入蜀，吾知其無能爲。』子全子曰：謬哉！蘇氏之言也。荆州之爲江左重也，誰不知之。雖然，由西北以取東南，則荆州爲要，得荆州而江南不可保。由東南以取西北，則荆州非其地也。當是時，曹氏據中原之形勝，十有其九。由荆州以取襄陽，不過得宛、洛，其地四戰，即得之，江南亦不能以兵守之。倘謂由荆州以窺武關，撼長安，則甚難。桓温之攻苻氏是也。蜀之爲土也，嵯峨天險，宜不過自守之區，而爲長安之背，高祖嘗用之以取三秦。以長安之固，豈蜀之所能争？而長安有事，則蜀之力能爲患。昭烈之入蜀，長安十部甫歸曹氏，張魯未亡，正關中可取之機也。其時欲制曹氏，當以蜀中窺長安爲正兵，而遊軍從荆州以綴宛、洛，故周瑜爲孫權畫策，急以取劉璋，并張魯，結馬超爲上。甘寧亦主其議，而孫權謂使曹氏得蜀，荆州必危，英雄之所見審矣。不然，孫氏方捷於荆，何不徑由江陵北向，而顧爲此迂圖哉？其後孫氏不能得〔校〕黄本作『不能取』。蜀，故終吴之世不能得志於魏。

況孔明曷嘗棄荆也。荆州本非劉氏之有，而江左君臣亦無推心劉氏之誠。吕蒙之徒，日相窺伺，夫人又從中主之。古無借人之地足以成王業者，此孔明得蜀之後，所以不欲裁抑法正也。

吾則謂孔明之失，正在不能棄荆，以起孫氏之釁，而蜀遂以之不振。何也？孔明隆中之策，本欲兼荆、蜀以爲家。有蜀又有荆，兩軍並出，良爲可恃。然孫氏既索荆，則其勢已與劉氏分。況荆本孫氏所取，今據之而不返，其曲蓋有歸矣，曷若慨然以荆州還之孫氏，則鄰好尚可保，而以全力由漢中以撓長安，彼十部之餘，必有響應者。況馬超以宿將正在蜀，即不能盡得長安，而要之長安必危。孫氏既得荆，亦必進而圖襄陽，則曹氏之勢大分矣。曹氏知兵，故其棄漢中也，急徙武都氏於天水，誠懼漢之撓長安也。計不出此，乃使前將軍日結怨於吴，而浪用兵於魏，卒不聞漢中之一甲一矢應之於西，以相犄角也。不但西師寂然，而荆軍之出，疾呼夷陵、上庸之援，竟亦不至也，可以謂之知兵乎？劉封固庸材，然孔明何不見及此也。夫得宛、洛之地千里，不如長安之一郡一縣也，何其瞀歟？迨白帝之役，趙雲亦謂當急據河、渭上流，以圖關東，不當從事荆、吴，則荆州之不必力争也明矣。

或曰前將軍之出師也，魏人將遷都以避之，宛、洛震動，何子過之深也？曰：魏人恐其挾天子而去，故欲遷以避之，遷帝也，非遷都也。魏人之都在鄴不在許，即使漢人得許，亦未能窺鄴也。而況徐晃已至，宛城之內應已平，前將軍之兵已折，即無糜芳輩，亦敗而歸耳。然即襄陽可得，許都可至，挾天子以攻曹氏，而彼以幽、冀之地自固，亦不能挾其頸而笞其背，不如得長安之爲萬全也。是說也，蜀人廖立蓋嘗言之，而蘇氏未之知耳。

或曰：然則襄、鄧不足恃，而宋之南，李忠定諸公皆欲都之，何也？曰：爲其近汴梁也，宋人不甚爭長安，以逼於西夏耳，則勢必由襄、鄧以入宛、洛矣，言各有所主也。

司馬孚王導論

古來簒弑之禍，必有判身家爲之羽翼者，其人既已不顧名節，亦更何所惜。李德林、高熲之徒，以爲縱事不成，族滅亦所不辭。至於陰附而陽離，欲以蒙天下後世之耳目，以爲事成，吾可以享佐命之功，否則可以避禍，斯其術倍工，而其心倍拙。吾於晉得二人焉：其一曰司馬孚，其一曰王導。是二子者，一成一否，而道則同。

史言孚當其兄執柄之時，嘗自退抑，果爾則其預誅曹爽之密謀何耶？疏跡者而能然耶？嗚呼！狼顧之相，孚所曉也。『三馬一槽』之跡，孚所悉也。而邵陵之廢，高貴之弑，皆極力粉飾，以示其無預，果漠然不知耶？至當塗改步，猶自言臣死之日，固大魏之純臣。斯其言，將誰欺歟？孚以文明舊臣，官至鈞輔，使果乃心王室，即令見制於家門，力不足匡，何不飄然去之。以師、昭之悍，其不容卧榻之旁有人異志，又可知也。蓋孚之始也，見人心尚未忘魏，王凌、毋丘儉、諸葛誕、王經之徒迭出，或尚能輔魏以存，故爲自全之計。及久假而不歸，遂自附於貞士矣。善夫厚齋王子之言，以爲上不能爲叔肸，次不能爲朱全昱者。嗟乎！其所謂不夷不惠者，正其欺天罔人之祕也。當是時，有習陽亭侯順者，孚之姪也，其人不達天命，稱制之際，歎曰：『事乖唐、虞，而假爲禪讓！』遂悲泣，由是廢徙姑臧，卒守意不移，終於貶所。向使孚之所爲如順，安平之封，太宰之拜，安得加其身耶？而温公乃取孚而略順，則其疏也。

〔嚴注〕嘗聞諸吾友周明經中孚云，温公實孚之後裔也。

王敦擅命，司徒導以婉順處其間，時主不之疑也。然使姑孰之疾有瘳，典午之命終墜，則所謂大義滅親者，又居然司馬家兒矣，何如王彬之正氣凜凜也。

雖然，原夫孚與導之心，始蓋畏禍，其後則猶思掩惡，至如宋齊邱之徒，恥禪代之議爲人所先，而反覆操異議以梗之，進退失據，反以遭其君之譴，則又降而愈下也矣。

陶侃論

坡公謂晉史所傳陶侃折翼之夢，以爲出於庾氏誣謗之口。庾、陶多嫌隙，誣謗諒有之，然遂以爲忠誠足貫神明，則吾未敢以爲然也。當時忠誠孰有出温忠武之上者，卞、郗二公亦其流亞，而才不足以匹之。陶侃因不預顧命，胸中快快，勤王之師，累欲返鎮，向非忠武，誰挽其駕，其可謂之純臣乎？陶侃而謂之純臣，則郭汾陽之累黜累起，毫無容心，不足貴也。司徒導之入石頭也，侃笑以爲非蘇武之節，然向非忠武，侃亦無乃爲甘卓之流乎？曾憶明季臥子先生嘗有此論，今忘之矣。作陶侃論。

謝安論

王、謝齊名，其人亦相似。王敦之難，導不能抗也，而能巧自異於敦。然不過待敦之死而已。使敦不死，遂成其篡，導將如之何？桓温之難，安不能抗也，而能婉自異於温。然不過待温之死而已。使温不死，遂成其篡，安將如之何？

敦與導爲兄弟，導之心或别有不可知者，安則非其比也，特其才不足以討亂，節不足以拒逆，於是累改九錫之文，以冀事緩而變生，其亦憧矣。〔嚴評〕齊高祖將受禪，虞褚淵或有不可。周太祖入洛將受禪，以馮道未推戴而止。淵與道甘事二姓，素無名節，然其初未相推戴，則篡亦不能徑行也。謝安江左名臣，乃心晉室，志不附溫，宣武亦豈能遂其篡。九錫之緩，中有妙用，謝山何以刻繩之。向令安才足以討亂，節足以拒逆，則溫以九錫之文至，從而聲其罪，加以六師可矣，豈不毅然大丈夫所爲耶？〔校〕黄本作『乎』。

淝水之捷，千古以爲安之才。吾以爲是役也，苻堅失律，使安得以成其名，蓋亦幸而勝耳。安之拒桓沖勤王之師，蓋其矯情鎮物之能事，〔校〕黄本無『蓋』至此二十四字。非果有成算也。安能令玄成淝水之捷，何以不能令玄乘勝直取秦之國乎？厥後進師黎陽，不能復京洛，并可以知玄之才矣。

袁憲論

甚哉！袁憲之妄也。韓擒虎入丹陽，而勸陳主用梁武見侯景故事以臨之，何其不倫也。景雖凶逆，然究嘗爲梁之臣子，故得以御殿之禮慴其氣，〔一〕擒虎於陳寧有此哉？向令陳主用其言，其被辱當

〔一〕〔嚴評〕梁高祖本非庸人，以大耋之年，兵敗之後，御殿以折逆臣之氣，使之汗流浹背，不敢仰視，此豈『無愁天子』所能效顰者乎？

有更甚者。甚哉！憲之妄也。

然則温公載其言於通鑑何也？曰温公偶然之失也。温公蓋有取於憲之臨危不輕去其君，而遂不審其言之誤也。雖然陽源袁氏，如淑，如覬，如粲，良世濟其忠義。梁之昂則始抗節而終失之。惟憲亦卒失身於隋，陽源之澤衰矣。

韓柳交情論〔校〕黄本列卷三十八。

茅鹿門責退之，謂其嘗以列卿光顯於朝，不能援子厚於縉帶而交之日，而顧弔之於墓草既宿之後。是乃目不見唐史之言。近日臨川李丈穆堂據兩家歷官之年駁之，是也。〔校〕黄本作『己』。而於韓、柳交情委曲，則似尚未有盡者，予乃更爲論以申之。

退之官御史時，於子厚爲寮友。然當是時，子厚實據要津，參大政，其視退之之孤立者不同。夷考伾、文當日，原有澄清天下之思，故能收神策軍之權，卻藩方之請，事事皆爲唐室罷政起見，其心未可盡非，而不自知任重〔校〕黄本作『事』。之非其才也。順宗不久其位，新舊猜嫌之際，伾、文遂不克自支，一蹶而滿朝皆加以奸邪之目，遂使八司馬蒙謗。是固出於後世成敗論人之口，而范文正公所極以爲冤者。獨是時，方有一退之而不能用，偶爾建言，遽有陽山之貶。斯則當路諸公所不能辭其咎，而其卒不克大有所爲，亦正於此可見。況其中疑案，尚未易明也。退之寄三學士詩有曰：『同官多才俊，偏善柳與劉。或慮語言洩，傳之落冤讐。』其別竇司直詩有曰：『愛才不擇行，觸事得讒謗。』是因陽山之貶，而歸過於柳、劉者，殆不一口。退之雖不遽信人言，而其中亦不盡帖然也。

然吾以爲子厚必無排退之之事，使其有之，則後此豈有靦顏而託之以子女者。特其不能力爭於伾、文，則誠足抱友朋之媿，而人言亦有自來矣。故使子厚再假數年，則必還朝，還朝，則其與退之必有剖晰前事，可以釋然於形迹者。而不意子厚竟不得再見退之以死。若退之經紀其身後，斯則古人之誼，不以蒼黄易節者也。謂其中年竟未嘗有纖毫之相失者，非也。

古人於論交〔校〕黄本作『友』。一事，蓋多有難言者。而陽山一案，關係舊史，又不獨爲世之處功名之際，妒才嫉能，遺棄故舊，而妄藉口於古人者戒也。迨退之銘子厚，力稱其以柳易播之舉。夫同一子厚也，豈獨於退之爲小人，於夢得爲君子乎？吾知退之是時，亦固諒前事之虚矣。

李習之論〔校〕黄本列卷三十八。

伊、洛諸儒未出以前，其能以扶持正道爲事，不雜異端者，祇推韓、李、歐三君子。説者謂其皆因文見道。夫當波靡流極之世，而有人焉，獨自任以斯道之重，斯即因文而見，安得謂非中流之一柱哉？乃韓、歐已祀文廟，獨不及習之，則尚論者之闕也。

習之之學，未嘗盡本於退之。或者不察，竟以爲韓門籍、湜之流，蓋退之實欲致之於門下，特習之不屈耳。習之之妻，退之兄子也。然其呼退之爲兄，則尚不肯以後輩之禮自居，而況師之云乎？

自秦、漢以來，大學、中庸雜入禮記之中，千有餘年，無人得其藩籬，而首見及之者，韓、李也。退之作原道，實闡正心誠意之旨，以推本之於大學，而習之論復性，則專以羽翼中庸，觀其發明至誠盡性之道，自孟子推之子思，自子思推之孔子，而超然有以見夫顔子『三月不違仁』之心，一若并荀、揚而不屑道者，故朱子亦以『有本領，有思量』稱之。至去佛齋文則其所以衛道者尤嚴。嗟乎！伊、洛高弟，平日自詡以爲直接道統者多矣。然其晚年也，有與東林僧常總遊者，有尼出入其門者，有日誦光明經一過者，其視因文見道之習之，得無有慙色焉。孟子稱能言距楊、墨者，聖人之徒。然則孟子而在，不將亟進習之於上座哉。至其平賦則周禮之精意也，得此意而善用之，睢麟之盛可復也。蓋習之有體有用，具見於復性、平賦二書。文中子之書流傳已久，獨習之嗤其似太公家教。吾於是而知習之所得，蓋未可以尋常窺也。退之文字之交徧天下，至其解論語，解孟子，則習之一人而已。後世以習之之文稍遜退之，而并其有功於聖門者而掩之，惡乎可。

歐公之於唐人，並稱韓、李，而其慕習之也，尚在退之之上。然其所以慕之者，祇於不作哀二鳥賦而止，而反謂其復性書不過中庸之義疏，則尚未爲知其本者。惟葉石林、宋潛溪所以論習之最當，而近人罕信之，是皆因文見道之言誤之也。或謂習之言道而其言未純於道，闢佛而其言時或染於佛，此亦本之朱子。嗚呼！苛矣。是不過習之學力稍未至，而遽短之，可乎？

唐書於習之學術概略不書，反言其累仕不得顯官，怫鬱無所發，見宰相李逢吉面斥其過失，逢吉詭不校，習之恚懼移病，爲有司論罷。夫逢吉之媢克，誰人不曉，習之而欲得顯官耶，必不敢斥逢吉；既斥之矣，寧復有顯官在其意中者。且習之而懼逢吉耶，亦不敢斥逢吉，既斥之矣，抑復何懼之有。是蓋當時朋黨小人誣善失實之詞，而史臣誤采之者。雖以荆公之識，不能盡諒此事，異矣。今因論從祀而牽連及之，并以糾舊史之謬云。

杜牧之論

杜牧之才氣，其唐長慶以後第一人耶？讀其詩古文詞，感時憤世，殆與漢長沙太傅相上下。〔嚴評〕牧之浮薄，恐難與賈傅並論。然長沙生際熙時，特爲廟堂作憂盛危明之言，以警惰窳。牧之正丁輓季，故其語益蒿目搥胸不能自已，而其不善用其才，亦略同。

牧之世家公相，少負高名，其於進取本易，不幸以牛僧孺之知，遂爲李衛公所不喜。核而論之，當時之黨於牛者盡小人也，而獨有牧之之磊落，李給事中敏之伉直，則雖受知於牛，而不可謂之牛之黨。衛公不能別白用之，概使沈埋，此其褊心無所逃於識者之責備，而其勛名之不得究竟，至有朱崖之行，亦未嘗不由此。

然在牧之，則不可謂非急售其才，而不善其用者也。衛公討澤潞，牧之上方略，衛公頗用其言，功成而賞弗之及，衛公誠過矣。然古之人有成非常之功，裂（圭）〔土〕封之，而飄然辭去者，牧之獨弗聞耶？亦何用是怏怏爲也。且衛公雖未能忘情於門户之見，而其相業，則雖怨仇之口不能没，牧之所爲詩，其於衛公深文詆之，是何言歟？

近世海鹽胡孝轅謂牧之年未五十，四典專城，亦不可謂之牢落，其言良是。長洲何焯不以爲然，果爾則是必爲鄧仲華而後可也。且牧之自湖州入爲舍人，唐之舍人，乃入相之資也。其時衛公已退，牧之之大用亦不遠矣，而讀其應召時詩，何其衰之甚耶？殆亦長沙賦鵩之徵也。非所謂不善用其才者耶？

嗚呼！天下之難得者才也，僅而生之，而或有人焉抑之，或又不能隨時知進退得喪，急求表見，而反自小之，是非特其人之不幸也，天下之不幸也。吾願操大鈞之柄者，其無以成見爲用舍，春容而陶鑄之；而負瑰奇之器者，其無以一擲不中遂蕉萃而喪其天年，其庶幾乎？〔一〕

〔一〕《蔣注》此文末數行，蓋先生方爲桐城張相國所抑，殆自喻也。然先生終身無蕉萃之嘆，所見過樊川矣。

唐天祐紀年論

漢亡，而昭烈支一綫於蜀；梁亡，而永嘉支一綫於郢。劉崇之太原，南宋之匡山，成敗修短不同，而其事同也。昭烈得而爲正統，則何氏之欲存永嘉，亦宜。然儒者置之與劉崇等，以其在五代也，匡山則無可議矣。獨唐亡梁篡，更無親支之可期，而諸藩各以天祐紀號，綿延幾二十年，則又一變局也。然前此亦有例，晉亡宋篡，而仇池王楊盛猶以義熙紀年，終其身不改，則唐末之權輿矣。諸藩祗太原尚有心於唐，其餘如鳳翔、淮南，亦何足以語此，劍南則不久即止矣。然是乃核其實而言之也，若以名言之，則天祐之號尚存，不與東西京之廟社俱亡，天下猶知有唐，而史氏不得并此一綫棄之矣。

夫西周之共和，亦猶唐末之例也，特西周之時，無篡號者，而青宫尚有宣王在髫年，爲可望耳。然使李克用不早死，終能滅梁，張承業之徒輔之，安知不求唐之宗子而立之，何必不追美於共和。

故宋元憲公紀年通譜直以天祐紀年引而下接於同光。而近世長洲宋□□亦祖此以著書，是與『帝在房州』之例不同，爲可從耶？然則晉朔之斬，亦當在楊盛之卒，不得以宋之篡爲限也。然其以太原稱帝之歲接天祐，則亦非也。夫諸藩自劍南而外，十七年而太原滅梁，淮南已先稱制，然鳳翔猶用天祐也。同光二年始入貢，稱臣於洛，則唐之紀年尚延二年。若以同光之元直接天祐，是亦未覈其實，不應其十七年以前當存，而十七年以後當去也。夫鳳翔固預有亡唐之罪者，其不足以望太原復仇之師明矣。然而唐朔自十七年而後，以鳳翔較多二年，是不可没也。吾故曰不以天祐紀年則已，如以天祐紀年，則當以鳳翔之奉同光爲止，是前人所未及也。〔一〕

唐李克用元擴廓論

衰世人物，有不可以春秋之義拘之者。歐陽公之論李克用也，以爲僖、昭之亂，天下並起而窺唐，朱氏以梁，李氏以晉，而梁先得之，故克用以之爲名。此其説嚴矣，而未盡。吾嘗綜克用之始終而觀之，蓋其生於唐末，習見藩鎮竊據之徒，以爲是亦無害也。而以沙陀之性，負其雄略而莫施，則亦思據一鎮以自見。然謂其有妄覬神器之心則不可。王琳自言位望有限，豈敢與官争鬭爲帝，蓋亦同此。〔校〕黄本無此注。故既得之，則其爲國家禦侮，折衝必力，朝貢必勤，然苟無故而猜疑之，裁抑之，則彼亦有所不受。斯其人固不純，而其心則無他。

嗟乎！克用前此無論矣，既平黄巢而後，一逼京師，再抗王旅，其罪不可爲不重。然亦田令孜、張

〔一〕《蔣注》史臣紀年當從其實，無其人而虚奉其號，在藩鎮則可，在史筆則不可也。

至誠不可没也。

濬輩有以致之。觀其後奉命討邠寧，一奉朝旨，斂軍而返；鳳翔之困，孤軍深入，不惜敗北；則素心固可原也。唐不能推心於克用，有急而求之，事平而棄之，以致朱氏日張，而唐亡之後，終身不失臣節，則至誠不可没也。

後五百年而有元擴廓，宛然似之。世人之論擴廓，謂其阻兵自固，日與諸鎮爭勝，雖累有詔書，抗不奉行，卒之内患紛然，而國勢愈蹙。然當元末義兵紛起，其立功者祇擴廓，其不負元者亦祇擴廓。元人乃弗之恃，而反惑於憸邪，始猶依違和解，未幾而奪兵，未幾而削爵，自壞其長城，何其愚也。

嗟乎河朔三鎮，則李思齊輩之前車也；王行瑜，則孛羅之前車也；劉仁恭、李存孝，則關保、貊高之前車也。天生此輩，其亦所以困英雄而掣之肘，而是國之將亡，蓋不可復挽矣。

夫擴廓寧得罪於太子，而力持内禪；寧禦侮於藩方，而不貪揆席。此二者，幾幾乎古大臣風，至於明使三反，卒不報聘，與之結昏，亦不反顧，何其烈也。以殘元之臣子如此，其餘雖恕之可也。嗟乎！擴廓之敗於太原，危於大同，播遷於甘肅，而賫志以死於塞外，可謂窮矣，然明祖不能不動色稱之，則公論也。

晉開運用兵論

晉開運之挑敵也，世皆咎以不用桑維翰之言，卒亡其國。子全子曰：吾觀維翰之言，不過以謹守舊盟爲苟安計，是亦庸人之見耳。晉高祖〔校〕黄本無『晉』字。之得國，固鬼神之所惡也，天釀其毒，生一出帝以嗣之。而景延廣在内，杜重威、李守貞、張彦澤三人在外，楊光遠、趙延壽皆昔日之亡唐者，今轉而亡晉，古今酬報之速，未有過於此者。若自繼其世者言之，則不幸而吾祖父有此玷於前，吾膺其統，使人得世世以兒皇帝畜之，屈身下氣，至於黄河如帶，泰山如礪，而弗敢易，以稱善繼善述，是亦必無之事。

唐高祖之臣於突厥，雖未若晉之甚，要其可恥則一也。太宗赫然滅之，遂以幹父之蠱。使出帝有相如房、魏，有將如英、衛，俘德光而犁西樓之穴，彼維翰者東之高閣可矣。

是故開運之禍，在於誤用人，而不在戰。德光之才遠出阿保機之下，而是時中國之可乘，亦非若梁、唐雲擾之際。故唐明宗因王晏球中山之捷，遂連斬契丹之使者，而德光讋不敢動。述律后且以東丹〔校〕黄本作『契丹』。之故，頻請和而不克。即當開運之初，景延廣以十萬横磨劍挑之，而遲之二年，不敢以一矢南〔校〕黄本作『相』。向，則不可謂無畏晉之心也。迨楊光遠招之，始決計入寇，而竇儀一言，李守貞即大敗之於馬家渡，遂與光遠隔絶。德光決戰戚城又敗，坐視光遠之亡不能救也。其先後告捷者：劉知遠有秀容之捷，朔州之捷；馬全節有北平之捷，定豐之捷；白從暉有衡水之捷；梁進有德州之捷；白從珂有七里烽之捷；孫方諫有狼山之捷；薛可言有齊州之捷；張彦澤有定州之捷，泰州之捷。誰謂晉師之難用者？至於陽城之役，幾獲德光，而彦澤狼心未變之時，亦盛言契丹可破之狀。申度之奪橋也，德光遽欲引軍北還，蓋其軍律亦易與耳。故觀於白團谷之圍，軍士憤怒，大呼請戰，則晉軍不可謂不勇。觀於中度之降，哭聲震野，則晉軍不可謂不忠。當是時，何必百勝之將，但如高行周、符彥卿之徒，已足支吾，而必用重威輩者，天使之也。

蓋當出帝之時，其勢不可以不戰，以高祖之鷙悍，猶且悉索奔命，稍有不遂，即遭誚讓。斯其局不可支，使出帝謹守成轍，雖竭中原之力有所不足，終亦必亡而已。至若維翰欲奪延廣之位，而陰使人說帝，以制契丹而安天下非維翰不可，則固屬欺其君之言。夫維翰有何術以制契丹？當時之制契丹，惟有戰耳。如維翰意，不過臣妾以奉之耳。史夸維翰再相，一制指麾十五節使，無敢違者。然首用重威爲都招討使，即是役也。迨其後，委鎮擅自入朝，維翰始疑而欲廢之，則已晚矣。善乎張魏公之言曰：『維翰始終主和，不過偷安固位而已。』

歐陽公謂即令重威等不叛，晉亦未必不亡。此蓋以高祖之㽞業，本無國脈，又重之以出帝之童昏，不亡不止，此探本之言也。明乎此，益可以見開運之禍不關戰，而戰更有未可非者，是又尚論者所當知也。

周世宗論

周世宗之用兵也，所向幾無敵手，使天假之年，則區宇之混一，固不待宋藝祖昆弟，即其削平功烈，亦當有光於宋，不至如藝祖之累駕而終不能制契丹。

世皆言世宗南征北討之策，出自王朴。以予觀之，世宗固未嘗用朴之言，是以其功尤偉。朴之言，至藝祖始盡用之，而其失計亦正坐此。朴謂諸國之易取者莫如唐，請先收其江北，因乘勝以下江南，然後盡定三川五嶺之地，始及燕、雲。而世宗首出兵以攻蜀，隨即伐唐。其於蜀也，翦其秦、鳳、階、成而遽止；其於唐也，翦其江北而遽止；而急用師於三關，其所經略，飄忽震蕩，令人不測。

夫當時，孟、李二嗣主，皆庸才也。當夫隴右倒戈，淮南割地，因其兇〔校〕黄本作『荒』。也而乘之，可以不煩再舉。而世宗審於强弱輕重之間，則不然，當時之能爲中國患者，莫如契丹。其據山前山後之地，尤腹心之憂也。不特河東與爲唇齒，而且間使出没唐、蜀，熒惑中土。所幸者，德光、兀欲適相繼死，契丹之勢亦中落，此燕、雲可取之會也。

世宗知諸割據之當問者首燕、雲，而恐中國有從而窺其後者，於是先用師於蜀，使之匹馬不敢下隴；繼用師於唐，使之一檝不敢渡淮，而我可以長驅於盧龍之塞矣。燕雲既下，周師之威震宇内，諸霸國歛衽而朝，可坐致耳。倘先罷兵力於中國，則契丹反得以完所備，而北方之事，或未可料，故世宗弗爲也。

其後藝祖不能遵世宗之策，汲汲焉以削平諸國爲事，貽燕、雲之憂於太宗，而不知太宗之才不足辦也。朴之言，以諸方既定，則燕、雲必望風内附，如其不然，亦席捲可平，其言竟弗驗也。馴至澶淵之役，而歲幣起；宣和之後，而兵禍起。然則世宗之所見卓矣。

予嘗謂宋之開國無武功，無論契丹，一遇西夏即不能制，其所吞噬，皆垂盡之國耳。太宗欲伐契丹，則趙普固諫。迨師出無功，而普夸其先見。果爾，則燕、雲必不當復也。使世宗不死，其庶幾乎。方其下關南發，固安睡王部落束裝駐馬，望塵思遁，雖善戰如唐莊宗，未有得志如此者也。天之未厭亂歟？抑亦宋諸宗之不幸也。

宋澶淵親征論

明括蒼王交山著論力詆寇萊公澶淵之役，以爲天子外建諸侯以爲疆場，内置宰臣以爲輔弼，天子但垂拱而治。疆場有事，諸侯當致其力；朝廷不寧，宰相當任其責。必欲天子親征，則將焉用彼相矣。幸而契丹請和，車駕坦道而南，苟或失馭，不惟河北淪於敵境，而天下之事去矣。萊公即遠遷，何救於國。

子全子曰：是論也，明人多取之，蓋有惕於英宗之北狩，而信之也。雖然，是固未可同年而語矣。以萊公之忠，豈不知萬乘之不可以輕出。顧是行，非得已也。當是時，契丹之横甚矣，宋之不競又已甚矣。以金甌無缺之天下，鞭箠四裔，亦當沛然有餘，乃兵鋒一抵河上，而重臣皇然請幸成都者有之，請幸金陵者有之，推情論事，其不能有制勝之將可知矣，其不能有運籌之相可知矣，所恃者萊公耳。以萊公之才，赫然整大師而出，其於契丹，亦有何慮，而必奉天子以出者，蓋王欽若之徒可畏也。以萊公在朝，尚且費口舌以争之，甚至出之天雄而後成行。向使欽若居中，則雖出國門，明日有從中牽制之者，不特不能爲裴度，而且爲李綱。故反覆思之，惟有挾天子以親征，則六軍在吾掌握，而譎譎訛訛之徒無所預，且又足以壯士氣，而寒敵人之膽。不惟壯士氣也，亦使天子親履行陣，有以知敵人之可禦，而恍然於望風請遷者之可斬，蓋一舉而衆益備焉。自是契丹亦果慴於天子之神武，不復犯邊，萊公之善算，爲何如乎？蓋萊公之所以遏寇者，早已了然於方寸，不過借天子以杜羣口，充其志，方且欲爲百年之計以大創之，此固非爲孤注之説者所能曉也。

至若有明之事，則非其倫也。總戎而出者，誰爲萊公其人乎？環衛之長，誰爲高武烈王其人乎？王振之力排羣議，必欲其君親出，蓋欲車駕道經其第一幸爲榮。此其所見，安得不僨事乎？萊公本一書生耳，千軍萬馬，赤白之羽交錯，而乃與楊大年飲博自如，是非漫無成算而故爲無懼者也。持此以比有明之事，則所謂不知而妄論者也。

曲端論

宋史臣之爲曲端立傳也，求其一二卓犖可紀之功，寂寥無有，其纍纍者，跋扈遁逃之狀而已。而猶以張魏公之殺之爲非辜，且謂南宋不振之故，自殺端始。斯誠不解其何見？

子全子曰：吾諦觀端之爲人，亦小有知兵料敵之長，而剛愎而不仁，忮刻而自用，尤不樂同列之有功名，并不顧國事之有急難，此其所以再起再蹶，而卒以之殺其軀。

方宗留守之用爲經略也，其時關、隴六路雖已鄰於强寇，而所在義兵徧野，民心未負宋也。端從任事以來，聲稱蔑如，而志在并軍。性復怯戰，婁室自龍門度河，曲方遁矣，鄭驤死矣，王瓊潰矣，唐重死矣，同州再破再敗矣，端無一旅之赴，而誤張嚴於鳳翔，使之輿尸，罪一。擅斬劉延亮，罪二。聞鳳翔、長安議恢復，欲撓其功，擅斬鳳翔將劉彦希，罪三。又殺長安將張宗，罪四。王庶制置六路，端不受命，八公原之戰，飛書止諸帥會兵，而逍遥淳化，罪五。以金人過河，散渭南義兵，罪六。席貢以師會王庶，端又阻之，罪七。延安之急不救，王庶來奔，反奪其符印而謀殺之，罪八。使部將并王瓊軍，罪九。兼帥鄜州而不救，罪十。其間祇有清泥嶺之一捷，而又出自吴玠之功，然則誤關、隴之事至於四裂而不支者，端爲禍首，而當時莫之能問也。

迨魏公以中樞開府，倚其宿將，而朝中頗以前事爲疑，於是以百口保之，遂有都統制之命，其所以湔洗之者，至矣。然而李彦仙困陜州則不救，吴玠戰彭原則不救，皆以幕府之檄促之，端之遷延而不至，聽其或死或敗者，如昨也。臣節至此，可謂無復人心者，使以司馬穰苴之法論之，專殺固誅，失律亦誅；慢令固誅，負恩亦誅，端之所堪平反者，果安在也？

吾又聞築壇拜端之日，魏公咨詢方略，端言見兵八十萬，須斬其半，方得其半之用。見周氏涉筆。信斯言也，則雖杜郵之戮，不足以蔽其辜也。然世之所以訟端冤者，則以富平之師，端言之而中也。當魏公將出師，端謂驟合諸路大舉，不若以偏師迭出擾之，是固兵法，但魏公此役，別有苦心，不得以成敗論之。是時，行在失守，乘輿飄泊，鎮江之勝，雖足使兀朮膽落，而淮上之軍留連未去，魏公懼其復有渡江之舉，遂大出師，由同、華、鄜、延以擣其虚，而兀朮果由六合西行以援陝西。劉子羽、王彦之諫也，魏公以爲東南事急，不得不出於此。斯言也，執干戈以衛社稷之心，如將見之。川、陝雖挫，而東南遂高枕而無事矣。中興聖政記以爲魏公非不知五路兵將之情未通，非不知三年養力之期未滿，而心憂屬車之清塵。然則諸將之言，特論事勢者之常，豈知夫元老大臣蒿目犯手而爲之者，固別自有爲哉。

至史家言魏公嘗詐張端旗以懼敵，是尤誣妄之甚者。婁室以孤軍恣行三輔，未嘗一挫於端，則其旗固不足以張吾軍而寒敵人之心。使果懼之，富平之役，端本以轉運在軍，婁室不畏也。自是而後，三戰於和尚原，一戰於箭筈關，一戰於仙人關，皆吴玠也。再戰於金州，皆王彦也。一戰於饒風關，則吴、王之合軍也。二將皆萬人敵也，誰肯冒端名者哉？是特野史附會之談，而續通鑑者無識，竟采入之。晉鄙之客造謗信陵，固不足致詰也。

且夫李光弼之涖朔方也，誅張用濟；余玠之涖蜀也，誅王夔。古來丈人之嚴軍律，未有不懲悍帥而可以期成事者，吾謂魏公下車即當暴端之罪，尸之三軍，以示不用命之罰。顧乃計不出此，而猶欲收其桑榆之效，吾知其無能爲也。及其誅也，以幕府治一部將，不能著其應有之讞，而於區區文字之間，誣其指斥，又坐以謀反之名，責以部下張中孚、趙彬之叛，是則端所不受也。求其罪而不當，反令死者得以有辭，是則魏公之失，而王庶、吴玠亦與有過焉。聖政記曰：『端死，頗爲時所惜。然議者謂端不死，一日得志，違其宿憾，摇足而秦、蜀非朝廷之有，雖殺之可也。』是有以誅端之心矣。

嗟乎！魏公之精忠足以貫日，而短於才，故累舉而累蹶。其蒙謗於陝中也，以曲端；其蒙謗於淮上也，以劉光世。不知不殺曲端，陝中之軍令不肅；不罷劉光世，淮上之軍氣不揚。雖有才十倍於魏公者，無以成功。陝中之敗以輕敵，淮上之敗以失人，是才之短也。有明之人，疏於考古，襲宋史之唾餘，而極詆魏公，甚至比曲端於岳飛，則真愚而妄者也。

劉錡論

劉太尉晚年禦完顏亮無功，世多議之，或謂其有雅量無英略，或謂其狃於順昌之勝，或謂其用從子，是皆出於虞允文之徒所造謗，其實非也。正隆入寇，聲勢雖盛，然其才非兀术比也。淮東出師，以全軍委託，非順昌五千人比也。太尉能破兀术於順昌，而不能保淮東，此固世所不信也。然當時之致敗，則非一端：和議已久，軍士弛不堪用，一也。諸宿將皆死，餘無可共功名者。順昌所備祇一城，太尉一人足辦之，而至是則非一人之力所能，二也。中朝先無戰意，急而謀之，三也。而太尉又病，故不克有功。

且此中本末尚不止此也。完顔亮之初發，偏問諸將莫敢當太尉者，乃曰：『我自當之。』及太尉出淮東，而亮反以大軍自淮西，太尉之所遇者其支軍也。當時淮西之迎敵者爲王權，望風輒遁，亮遂至采石欲渡江。太尉方在淮東，相持未下，而江上事急，中樞日以符促太尉還軍保江，於是不得不還，由盱眙而江都，而瓜步，以中樞之符日至，太尉固未嘗敗也。假令王權稍能守淮西二十日，太尉可以不歸，而亮亦斃矣。太尉既還，淮東自失，不得委過於太尉也。吾聞太尉初渡江而北也，已病，日食脱粟，中使以醫至，歎曰：『我本無病，止緣國家邊事，必不肯先發制人，以至敗壞，憂憤至此。』中使因述自今必不中制之旨，太尉即瞿然而起，具奏，建大將旗鼓往盱眙，謂諸將曰：『諸公墳墓在北者，宜具拜掃之禮，此行當爲諸公建節。』既至，與金人夾岸，無日不戰。中使至者，見虜勢盛，皆震悚，太尉曰：『惟以死報國耳。』其壯如此。及還瓜步，尚遣人自京口取家屬至，謀以死守。而中樞促愈甚，太尉亦病愈甚，用兩人扶掖坐肩輿中，神氣尪悴，其子無馬，使人負之，然尚慰諭居民，以大軍在，江北決可無虞，不須驚皇。嗚呼！可謂『鞠躬盡瘁，死而後已』者也。讀史至此，猶欲從而議之，則無復人心者也。

乃若允文楊林之勝，張皇已甚。吾以中興遺史考之，是日亮以五百人試十七舟於江，允文以十舟擊破之，則捷奏中所云『殺賊無算』者，妄也。亮於次日棄采石而趨瓜步，亦豈以允文之勝？蓋亮素畏太尉之軍，及聞其以病退，而瓜步已下，故遂思合勢以進，非因敗而走也。時李顯忠尚未至，楊林小捷不爲無功。然亮軍極盛，豈肯因五百人之挫而遽走。假使亮次日不去，金師竟渡，未卜允文如何應之？乃會逢其適，遂從而夸大之，且謂太尉聞之，自稱媿死，不已過乎？且使亮不死，復從瓜步臨江，未卜允文如何應之？而耳食者，以虛聲言史事，妄加褒貶，其可信耶？夫允文致身宰相以是捷也，及其既相，亦嘗有經略關、陝之説，卒無尺寸之功，豈非狃於楊林之役耶？然則奈何以之譏太尉哉。古今之稱奇捷者，赤壁也，淝水也，楊林則絶非其倫，而因欲以之蓋太尉，則真無識者矣。〔一〕

論謝上蔡應城事〔校〕黄本列卷三十八。

胡文定公爲湖北提舉時上蔡知應城縣，文定因自楊文靖公求書見之。既至湖北，遣人先致書。已而入境，上蔡不迎，吏民皆驚，以爲〔校〕黄本無此二字。知縣何慢監司。文定徑修後進之禮入謁。愚謂文定之所以自處者，是也。若上蔡則執師道而過焉者也。

夫監司者，天子所以涖有司，使上蔡不爲知縣，則雖閉户可也，布衣之於顯者，分不相干，而以道自

〔一〕〔嚴注〕讀此文，似虞雍公極詆劉順叔而爲之辯者，亦異矣。

重，固不必因監司而屈也。既爲知縣，則監司之屬吏，非監司之得而屬我，乃天子屬我於監司也。監司之問道於知縣爲私交，知縣之致禮於監司爲庸敬，故監司可忘其尊，而知縣不得自倨其學。朱子乃謂上蔡既已得書，自亦難於出迎，是何言歟？以知縣迎監司，非必遽有貶於知縣之學，乃爲天子尊監司也。

楊文元公當嘉定間知温州，有契家子以奉使至郡譏察，文元以天使禮，出郊迎，使者以父執故，間道走州入客位。文元聞之不敢入，往來傳送數次，客固辭，主人固請，卒以賓主相見。當時以爲各當其禮。斯其視夫上蔡之事，雖非一例，至於即此悟彼，則固有可以旁通者。或曰：上蔡蓋有感於師道之不立，而抗古誼而爲之也。然吾觀文定自交上蔡以後，雖得其所學爲多，究未嘗在弟子之列也。然則上蔡之以師道自居，而岸然不修屬吏之儀，揆之於禮，似尚有未安者。朱子言上蔡天資高，凡如此者，殆亦賢智之過歟？雖然，今世亦安得有如文定其人者，而懼蹈上蔡之過乎？是則吾之多言也夫。

明毅宗南遷論

崇禎甲申之難，遺臣故老争歎息於南遷之議不行，而李明睿遂僞爲請南遷疏以自夸炫，予不以爲然也。作明毅宗南遷論。

不必問天子之可以遷幸與否，但當問遷幸之有濟與否。天子爲四方之主，無所往而非吾土，此以平日之遷幸言也。若干戈及京師，委而去之，九廟之鐘虡，列祖之法物，聽其存亡，可乎？故操死守之説以待勤王者，亦是也。然而事有萬不得已，則與其偕亡，不若暫爲遷幸以謀興復，四方亦諒我之衷，而不遽謂非也。

獨明毅宗之事，則又不然。毅宗之時，文〔校〕黄本作「大」。臣如范、倪，戚臣如劉、鞏，皆無尺寸之柄，祇可一死以自明。而掌禁衛兵如李國楨，宦寺如曹化淳，其能扈衛翠華，捍牧圉而無恐乎？倘用馮撫軍元颺之策，由海道行，則撫軍轉盼且爲部下盡奪其兵，挺身南走矣。撫軍忠篤有餘，而應變非才也，況出没波濤之中乎？倘由陸道行，則山東大將乃劉澤清也，其跋扈非一日矣。嗚呼！是時而謀遷幸，不特無郭子儀之徒，亦并無李懷光其人者；不特無楊復光之徒，亦并無高力士其人者；倘冒昧而一出，不爲五將山中之苻堅，則即福王之前車也。以毅宗之剛爲何如，而肯陷其身於不測，非徒無濟，反以增辱乎？

毅宗所以能不辱者，惟其於事勢籌之至審，故決於一死而恐後也。曰：然則宋靖康之事若何？曰：宋之與明不同。靖康之被圍，李忠定、种忠憲未能竟其用也，而敵已退。倘如李、种之謀，敵固不敢再至，即不用其謀，以再召敵，而李不遠黜，种不死，尚可復用之以支吾，惟委之何㮚之徒，所以亡也。向使靖康之時，遠而避之，或長安，或襄、鄧，謀國者之不臧，豈能令金人之不至。建炎之遠竄，方且至於海上，而不足以退敵，何也？然則忠定操固守之説者，其見卓矣。自有論固守之非者，而或且於景泰之事，是徐有貞，而非于謙，不已謬乎？蓋毅宗雖欲遷，而不可者也。

【李評】此論未是。莊烈南遷，則馬、阮必不用，左良玉必不跋扈，吴三桂亦不敢反顔相仇，大事未可知也。

鮚埼亭集外編卷三十八

論三

漢經師論

或有問於予者曰：漢之經師多矣，説者謂其徒明章句，而無得於聖賢之大道，故自董仲舒、劉向外，儒者無稱焉。程子稍有取於毛萇，然則三人而已。曰：是何言歟？漢人值儒林之草昧，未極其精粹則有之。然自文、景而後，或以宿德重望爲一時重，或以經世務見用，或以大節，或以清名，多出其中，子蓋未之知也。夫漢興，張蒼首定律歷，荀子之徒也。治左氏。賈生通禮樂，明王道。從張蒼受左氏。文翁興學校。本傳言其通春秋，不見儒林。丁寬輔梁孝王將兵距吴。治易。申培面折武帝，以爲治不在多言。魯詩。轅固斥公孫丞相以曲學阿世。齊詩。韓嬰議事分明，雖董子不能難。韓詩。

胡母生則董子著書稱其德。公羊氏。兒寬醇雅有餘。尚書。王陽著名昌邑藩邸，通五經兼騶氏傳。其子駿爲御史大夫有名，易。其孫崇，能潔身避莽，非世其學者乎？龔遂之剛毅，不見儒林，但載本傳曰『明經』。大夏侯之敢言，尚書。魏相實平霍氏之亂，治易。不見儒林，但載本傳。蓋寬饒之剛正，韓嬰易。嚴彭祖不肯屈身以取宰相，公羊氏。歐陽地餘不肯受賻〔校〕黄本作『賜』。物以傷廉，尚書。召信臣之豈弟，不見儒林，但載本傳曰『明經』。于定國之寬仁，本傳但云春秋。蕭望之之堂堂爲社稷臣，齊詩、魯論。薛廣德之犯顏阻駕，魯詩。鄭寬中之雋才，尚書。疏廣之知止知足，公羊氏。韋賢之守正持重，魯詩。其子元成之讓爵，朱雲廷折張禹，易。亦見本傳，不見儒林。平當不羨侯封，尚書。王嘉則蕭望之其亞也。本傳但云『明經』，不見儒林。丁傅、王氏之亂，何武，易。不見儒林，但載本傳。師丹、齊詩。彭宣，易、論語。龔勝，尚書。鮑宣尚書。皆中流之砥柱，龔舍潔身早去，魯詩。梅福風節尤高。穀梁氏。邴丹著清名，養志自修，易。而馮野王兄弟，各占一經，始則見忌王鳳，終死新莽，馮野王詩，馮逡〔校〕黄本作『俊』。易，馮立春秋，馮參書，俱見本傳。蓋經師之與國相終始如此，可不謂之盛乎？授受既多，亦誠不能無主父偃、匡衡、張禹、五鹿充宗、孔光、馬宫之徒。然諸公爲漢生色，則已足矣。如路温舒、王式、黄霸、張敞、孫寶〔校〕黄本作『寔』。則稍次焉，吾弗備述也。

唐孔陸兩經師優劣論

杭君堇浦問於予曰：『有唐一代，絶少經師，求其博通諸經，不爲專門之學者，祇惟孔、陸二家。然正義、釋文並傳於今，而華川王氏議學宮之祀，祇及孔，豈以釋文不過小學，而正義能見其大歟？』

予曰：『仲達亦安敢望德明。仲達之在東都，爲隋皇泰主太常博士時，有道士桓法嗣獻孔子閉房記，以爲王世充受命之符。世充即命仲達與其長史韋節、楊續撰禪代儀。仲達此事可以比美新之大夫矣。〔李評〕此論太過。仲達不過委蛇避禍而已，與子雲之意在獻媚者不可同科。然其曰「劇秦美新」，則微意自在，僅言新之美於暴秦耳。若出後世，必作劇漢美新矣。其時德明亦爲國子助教，世充遣其子玄恕師之，德明不應，服巴豆卧稱病。玄恕就其家行束修禮，跪拜牀下，德明對之遺利，竟不與語。斯其人視仲達爲何如，果誰得爲聖人之徒歟？仲達仕唐，頗著風節，有諫太子承乾之功，則以在太宗之世，故欲錚錚自見也。是所謂治世亂世，與時屈伸者也。且世充暴人也，徐文遠爲其師猶拜伏見之，德明以一國子先生拒之，可謂大勇矣。

至正義之書，依違舊注，不能有所發明，漢、晉經師異同之説，芟棄十九，令後世無所參考。愚嘗謂正義出而經學之隘〔校〕黄本作『墜』。自此始。且當時討論之人甚多，仲達不過爲書局之長官，故以其名屬之。其後爲馬嘉運輩所駁正者，又不知幾何，非出其一人之手。德明釋文力存古儒箋，故未可忽也。予故謂如德明者，可以從祀。』〔一〕

堇浦曰：『然。請書之。』作孔陸優劣論。

三家易學同源論

今世之説經者曰：易之晦也，圖緯於京、孟，黄、老於王、韓，皆無當於易。其説似也。豈知圖緯之學，本以老、莊爲體；老、莊之學，即以圖緯爲用。自諸家言易以來，但知其門户之分，而不知其門户之合。今夫漢、唐之言五行者，未有不依託黄帝者也。黄帝，道家所援以爲祖者也，則是圖緯之所自出，即黄、老也。

蓋世之所謂清浄虚無者，原非盡忘世者也。其本心固欲以方寸運量天下無窮之變，而又不能有聖

〔一〕《李評》論亦太過。正義誠有墨守之嫌，然疏家體例如此。使無正義，唐自貞觀以後，惟尚詩賦，重以五代之亂，宋人之蔑古，將漢、晉以來經師之説，無一存矣。後人欲議其過，則先知其功，其芟棄過也，其採集則功也。至其於一家之説，闡發無餘，安得譏其依違，無所發明乎？

人洗心退藏、知來藏往之量，故高妙其説，以爲齊死生、輕去就者，矯也。而實則時欲出而一試。其試之也，則必以陰陽消長之説，而又恐世之疑其支離而難通也，則又必返之玄奥之窟，以見其言之未可輕議，而使人神其術而不疑。是以計然之書，實爲壬遁之祖，范蠡輩用之，而陰符之説入於道家，此其證也。

雖然，其流傳於後世，則有不同：嚴君平、魏伯陽、葛稚川之徒，以黄、老治圖緯者也；管公明之徒，以圖緯治黄、老者也。以黄、老治圖緯者，其人多屬遯世之徒，其學但以之默觀時變，而不肯輕於自見，故常安。以圖緯治黄、老者，其人多屬用世之徒，急求售其説，故常得其道以亡身，是則其流别也。而要其無當於易則同。是以黄、老家『玄牝』、『谷神』之旨，流爲神仙，而圖緯『候氣』、『直日』之術，亦流爲神仙。蓋神仙有道，亦有法。道，其體也；法，其用也。『玄牝』、『谷神』之旨，其道也；『候氣』、『直日』之術，其法也。得其道未有可遺其法者，求其一而失其一，則神仙不可得成。

京、孟之説易專於法，王、韓之説易專於道，兼而有之，則康節也。康節作皇極經世，稱老子以爲得易之體，蓋皇極所以推步元會者，本緯學也，故追而溯之。然其實五千言所有，特可以言皇極推步之體，而不可以言易之體。王、韓之易行，而儒者轉思京焦；康節之易行，而儒者轉思王、韓：所謂耳食者也。豈知三家之門户同出於一宗，不過改易其旂幟而出之耳，果有異乎哉？吾觀康節之生平，蓋純乎黄、老者也，而著書則圖緯居多，是殆善集二家之長者耶？所以其立言也尤精，而世之信之也尤篤。

周程學統論

明道先生傳在哲宗實録中，乃范學士沖作。伊川先生傳在徽宗實録中，乃洪學士邁作。並云從學周子。兩朝史局所據，恐亦不衹吕芝閣東見録一書。但言二程子未嘗師周子者，則汪玉山已有之。玉山之師爲張子韶、喻子才，淵源不遠，而乃以南安問道，不過如張子之於范文正公。是當時固成疑案矣。雖然，觀明道之自言曰『自再見茂叔，吟風弄月以歸，有「吾與點也」之意』，則非於周子竟無所得者。明道行狀雖謂其泛濫於諸家，出入於佛老者幾十年，反求諸六經而後得之，而要其慨然求道之志，得於茂叔之所聞者，亦不能没其自也。侯仲良見周子，三日而還，伊川驚曰：『非從茂叔來耶？』則未嘗不心折之矣。然則謂二程子雖少師周子，而長而能得不傳之祕者，不盡由於周子可也；謂周子竟非其師，則過也。若遺書中直稱周子之字，則吾疑以爲門人之詞。蓋因其師平日有獨得遺經之言，故遂欲略周子而過之也。

朱子之學，自溯其得力於延平，至於籍溪、屏山、白水，則皆以爲嘗從之遊，而未得其要者，然未嘗不執弟子之禮。周子即非師，固大中公之友也，而直稱其字，若非門人之詞，則直二程子之失也。周子所得，其在聖門，幾幾顔子之風。二程子之所以未盡其藴者，蓋其問學在慶曆六年，周子即以是歲遷秩而去，追隨不甚久也。潘興嗣志墓，其不及二程子之從游者，亦以此。張宣公謂太極圖出於二程子之手受授，此固考之不詳，而或因窮禪客之語，致疑議於周子，則又不知紀録之不盡足憑也。若夫周子之言，其足以羽翼六經，而大有功於後學者，莫粹於通書四十篇，而無極之真，原於道家者流，必非周子之作，斯則不易之論，正未可以表章於朱子而墨守之也。

律吕空積忽微論

漢志曰：『黄鐘爲宫，則太簇、姑洗、林鐘、南吕皆以正聲應，無有忽微。不復與他律爲役者，同心一統之義也。非黄鐘而他律雖當其月自宫者，則其應和之律，有空積忽微，不得其正。此黄鐘至尊，無與並也。』此其解，見於西山律吕新書。西山謂黄鐘爲宫，所用七聲皆正律，無空積忽微。自林鐘而下，則有半律；自蕤賓而下，則有變律；皆有空積忽微。西山蓋以半律、變律，皆屬正律之餘，遂欲以之當空積忽微。然以空積忽微四字之詁求之，則西山之解，疑其不然。

空積者，空圍所容之積實也，所謂管長一寸，圍容九分者也。忽微，則其所容不能盈寸盈分者，奇零而難求，故曰忽微。然則正律之中，不必皆無忽微也。故惟黄鐘爲宫，則黄鐘長九寸，積七百二十九分；太簇長八寸，積六百四十八分；姑洗長七寸一分，積五百七十六分；林鐘長六寸，積四百八十六分；南吕長五寸三分，積四百三十二分。其空積皆無忽微，所以見黄鐘之尊也。自南吕而應鐘，其長四寸六分有奇，則其積三百七十八分有奇，而忽微生矣。

或曰此特以五聲之旋宫言之耳，若依國語加二變爲七，則黄鐘之宫及於應鐘、蕤賓，雖黄鐘爲宫，其空積亦未嘗無忽微也。曰變宫變徵之目，雖見國語，而古人旋宫之法，未嘗用之。故班志言旋宫止五聲，禮運孔疏言旋宫亦止五聲，是可見古之樂，不以二變入旋宫也。八十四調之説，至杜佑始詳。自佑以前，如京房造執始、去滅之名，公孫崇上役黄鐘之正律，其説雖皆未協，然其止於六十調則同也。以是知旋宫之無二變也。

西山未審於此，故并空積忽微之詁而失之。

水旱變置社稷論

北夢瑣言載楚王馬希聲嗣位，連年亢旱，祈禱不應，乃封閉南嶽司天王廟及境内神祠，竟亦不雨。其兄希振入諫之，飲酒至中夜而退，聞堂前喧噪，復入，見希聲倒立階下，衣裳不披，其首已碎。令親信輿上，以帛蒙首，翼日發喪。先是大將周達自南嶽回，見江上雲霧中，有擁執希聲而去者，祕不敢言。是夕有物如黑蟇，突入室中，即時而卒。〔蔣注〕此事恐不足信。當日希聲止封閉之，非毁之也。末世愚民無知，信巫覡而恣淫祀者多矣，神豈憾其牲牢之罕至，而加禍耶？況正史不之載，彼稗官特張其誣妄之説，恐不足懲世之爲希聲者，而適足誣南嶽。

子全子曰：吾於是而知旱乾水溢變置社稷之説，雖其制爲最古，然非聖賢不能行。蓋國家之於歲事，原恃乎我之所以格天者，而未嘗以人聽於神。陰陽不和，五行失序，於是有恒雨、恒暘之咎，原不應於社稷之神是求也。且亦焉知社稷之神，不將有所大懲艾於國君而震動之，使有以知命之不常，天之難諶，而吾乃茫然於其深意之所在，反以其跋扈之氣，責報於天，而文過於己。是固事之所必無者，乃若聖賢則有之。聖賢之於鬼神，其力足以相參，其德足以相感，而要其自反者，原已極至而無餘。故湯之改社易稷，其在我者無憾也。夫天人，一氣之屬也，在我既非尸位，則在神不免失職，雖黜陟之而不爲過矣。李陽冰爲縉雲令，以不雨告於城隍之神曰：『五日不雨，將焚其廟。』及期而合境告足。此必陽冰縉雲之政，有不媿於神明者也，非果神之可脅也。後之人未能有見於此，於是有疑於變置之已甚，而遂以爲取壇壝而更張之。夫威靈之澌滅，不聞易其地而能爲良也。且古人亦安得有此故事也哉？

至若漢人以禹配社，宋人以契配稷，此則不過一代之興，稍更舊制，而非水旱變置之説也。蓋先王設爲配食之禮，原非僅主報本之意，正以天神地示，飛揚飄蕩，昭格爲難，故必籍與吾同類之人鬼，素有功於此事者，通其志氣。是故，大之則爲五方之有五帝，而其下莫不皆然，是社稷不能爲國君護其民人，原有可以廢置之道。然在人少有不盡，而欲爲此，是猶魯公之欲焚巫、尪也。奉牲以告，奉酒醴以告，奉粢盛以告，非有明德之馨，主乎其先，亦豈敢曰神必福乎哉？彼後世禍福之説，儒者所不道，但慢神而蔑禮，則天之奪其魄也亦宜。因爲論以補孟氏之所未盡焉。

李陽冰既得雨，與耆老吏人自西谷遷城隍之廟於山巔，以答神庥。是更壇壝而新之，乃以答其水旱之效靈也。果爾，則水旱不效，亦何更新之有。而陳后山謂實有遷社稷而止盜者，恐出附會。〔校〕黄本無此注。

宅經葬經先後論

漢、魏以來，有宅經，有葬經，皆出於堪輿形法家之言。元儒義烏朱氏謂宅經古之所有，葬經古之所無。長山胡氏最善其説，而聞者莫不駭之。予告之曰：是也。宅經之用，大之爲都邑城郭，小之爲宫室，歷見於經傳，所謂立室以宫矩，立宫以城矩，土圭以求地中，土宜以相民宅。是故相其流泉，觀其夕陽，公劉之卜都也；揆之以日，作於楚室，衛文之卜宫也；南望斗，北戴樞，晏子之論卜都也；益屋於東則凶，家語之論卜室也。而所謂葬經之説無有焉。周禮墓大夫之職，家人之職，班班具在，昭穆葬而已，族葬而已，不聞其以形法言也。葬師之徒求其説之見於古者而不得，於是指流泉夕陽，揆日測景之説以爲據，不知是宅經之祖，非葬經之祖也。援非祀之鬼而享之，其亦惑矣。

聞者曰：君子不言禍福，倘其非耶，曷不并宅經之説而廢之？其是耶，則葬經亦曷可非耶？予告之曰：是必明乎死生之説，而後可以定其是否也。夫都邑者，一國之極也，必其風雨和會，而陰陽悦豫，然後一國之民命無失所焉，是以邾子之遷繹。雖不利於己而不恤。宫室者，一家之聚也，亦必其五行順序，而後夭厲不作。蓋皆生氣之所乘，是以地理〔校〕黄本作『利』。得應之以爲功。是在中和位育之功，亦其一節。特漢、魏以後之宅師，或支離其術，而不盡合古耳。若墟墓則不然，人之死也，魂升天，魄降地，其所遺者枯骨耳。謂孝子之於枯骨，不忍棄而捐之五患之區，而必求高敞融和之壤以安之，則可。謂有吉地焉，足以追魂攝魄，使之爲利於子孫，則惑矣。彼葬師謂亦有生氣之可乘，真無稽也。

然而葬經之説，謂富貴貧賤繼絶俱操之地，其説較宅經爲更侈。夫古者井田之制行，民無甚貧，亦無甚富，而商賈則在所賤。宗法立則宗子繼，支子否，四民之子各襲其業，即有軼羣之才，亦偶然耳。聖王之所以定民志者秩然，後世葬師，富貴貧賤繼絶之説俱無所用，則夫其説之不見於古，固其宜也。假使鬼果能蔭，聖王之制禮，其所以慎終追遠者無所不至，何獨忍於負其父母護庇之靈，而不爲之求吉地以聚之乎？然而爲重，爲主，爲廟，爲寢，以棲其神。其祭也，於陰於陽以求之，而絶不問之於墓，則亦疏矣。而漢、魏以來之葬師，其能事乃突過於古先聖王，則亦怪矣。

闢鬼蔭者，莫若涑水、横浦、東山、梨洲四家，至其不可與宅經同年而語也，則四家所未及云。

門生論

今世舉主、座主之禮尊矣，吾不知其所謂師者，人師耶？經師耶？而門生若是其多，且以不得爲其門生是懼。曰：是固然也。彼營營之徒，使其稱門生於人師、經師之手，則反非其願。故不必問其道德經濟如何，文學如何，但令其爲舉主，爲座主，則人固帖然而推之，己亦儼然而居之。古之事師也，如君如親，不爲不厚，然特左右服勤心喪而已。今世之事師，主於報恩，其子弟至數世，猶責望其汲引，勒索其財帛，苟不稱所求，謂之負德。嗚呼！吾不解世風之壞至此，直謂之喪其心可也。

夫舉主、座主之儼然而居之也，謂吾既借汝以富貴利達之資，安得不事我以師。而人之帖然而推之也，謂彼固予我以富貴利達之路，安得不以師事之。有是哉！在三之誼，若是其可賤也。朋友之交，有感其恩者，有稱之爲知己者，有師事者，凡三等。自唐以前，但有舉主而已。座主之名，始於唐，至明而座主之禮，嚴於舉主，則以科第重也。較其義，則舉主似稍優於座主，然皆不可謂之師。蓋座主之取士，不過聽其言而已，尚未觀其行也。容或即其言而知其行，如王厚齋之於文宋瑞，然豈能人人而別之。吾姑不深論其所取之果有當與否，而要其所取者，不過其人之言，則謂之文章之投契，感其恩則可矣，且不得稱之曰知己也，而何有於師？舉主之取士，不止於聽言矣，但其所取者，固其人之可取而取之也，非我之私之也。吾姑不深論其所取之果有當與否，而要其所取者，原不出於我之所私，則謂之知己足矣，而何有於師？今將謂舉主之道德經濟必過於下僚，座主之文學必過於後輩耶？是亦未必然也。吾故曰：門生之在古，門牆高弟之謂也；門生之在今，門户私人之謂也。吾姑不深責其以天子之科名，天子之爵位，妄市恩於人，以爲門户計，但試問其羞惡之心，果有存焉者否？彼其清夜自思，亦未必無自媿者，亦未必無不甘於心者，而行之如故，蓋又別有循環之説焉。舉主、座主之儼然而居之也，謂吾向者固嘗折節於此中，而後得有今日也。譬之農夫力穡，始遇豐年，不可以爲泰也。門生之帖然而推之也，謂吾折節於一時，而異日之設身處地，亦猶此也。譬之農家望歲，敢忘東作，不可以爲過也。嗚呼！安得不相率而爲小人耶？

唐人以詞賦取士，苟得於功名，至於投貴主，投中官，則士氣已盡，固無論其餘。然如昌黎之座主爲宣公，而昌黎不甚推之。宣公且然，況其下焉者，以是知豪傑之不狥於流俗也。宋人講名節，故多不肯屈於座主。明道、伊川、横渠之於歐公，或以禮闈，或以御試讀卷，衹稱永叔。象山之於東萊，衹稱執事。其餘不可枚舉。明張文恭公陽和爲羅文懿公同學，文懿取文恭於省闈，文恭不署門生，文懿憾之，文恭不顧。高文襄公取文懿於廷對，文懿亦不署門生也。〔李注〕霍文敏韜亦不認座主，後主會試，亦不認門生。其以立事□鄉於地方，寢不稱治。明代惟此公一人。宋南渡後，於舉主多稱門生者，故舒文靖公行狀以其力持古誼爲難。近張清恪公舉於遂寧，亦不行此禮。〔李注〕遂寧，張文端鵬翮也。後清恪任江蘇巡撫，爲總督噶禮誣劾，遂寧奉命按之，不爲平反，蓋修宿憾耳。

要之，君子立身行己，各有本末，不妄求人之附我以自尊，亦不肯妄附人以自貶。不求人之尊而非失之遜，不附人而非失之亢。是論也，前儒黄梨洲、顧亭林嘗及之矣。予略舉其説以告人，而羣然駭之。未通籍，則曰子爲是言，將使天下之爲舉主，爲座主者，相戒莫肯羅而致之矣，是自絶其進取之階也。既通籍，則曰子將來且爲座主，爲舉主，其毋爲此言以自困。予皆笑而不答。

破惑論

〔校〕舊刻原注：『蔣增。』黄本無此篇。

吾鄉城東錢氏，世有賢者，頗多佞佛。清谿以宗門講學，寧國逃禪更甚，忠介雖稍減而未浄，蟄菴則渾身陷入矣。忠介夫人董氏在太倉，日禮法華，蠟光成青蓮，有如來瓔珞寶相結跏其上，見者驚異。余曰：此癡絶而成此幻景也。夫人當久病，心氣所注，嘗有鬼神臨之，皆此類耳，非果有志壹動氣之徵也。同時海岸儀部禮洛伽，見大士現身天際，霓幢露葆，訝爲蜃市。既而悟曰：『此大士也。』余曰：此乃真蜃市也。海岸初一念不錯，而轉念附會之，妄矣。大都斯人神明之感足以造一切光景：見堯於羹，見舜於墻，見文王於琴，見周公於夢，非果堯、舜、文、周尚有可見，思之既切，遂有此耳。然則如來、大士之見，亦猶此矣。

鮚埼亭集外編卷三十九

議

亞聖廟配享議上

亞聖廟兩廡配享之位，乃宋政和五年所定。今鄒縣廟中栗主因之。但當時太常諸臣，未嘗一一考覈，奉行疏忽，遂多棼錯。亞聖弟子，其確然見於正經者甚少，如咸邱蒙、陳臻之徒，正義以爲有所問於孟子者，即知爲弟子也，是固已在影響之間，若其中有大不可信者：

按陸德明序録謂高子受詩於子夏，稽之毛傳絲衣小序與孟子小弁章所述，則其人原以詩學有聲者。夫子夏爲魏文侯師，高子及遊其門，是孟子之前輩也，所以有『高叟』之稱。邠卿不知何據，以爲弟子，正義遂謂其嘗學爲詩而不通，是塞其心之一端，以證邠卿『鄉道未堅』之語。夫山徑茅塞，或出於鏃厲之辭，未可以定其爲及門，而古人稱謂最嚴，豈有以長老之名加之弟子者乎？

邠卿以告子爲弟子。愚觀論性諸章，岸然獨立門户，必非登堂著録者。至浩生不害則祇曰『齊人』而已。正義因其同名曰不害也，始疑浩生即告子之字，然尚未敢堅其説。古無以字冠於名之上，連舉而稱之者，故正義亦自覺其難通，而依違言之，乃祀典竟爲合并以成其謬。夫即以浩生之於孟子，亦不過偶爾答問，乃今直以告子當之。而豈知兩人皆不可以言弟子乎？又一舛也。

盆成括之見於晏子，以爲孔子門人。是固郢書之説，邠卿則曰『嘗欲學於孟子』。夫欲學則未學也，曹交之請假館，亦欲學者流也，正義遂以爲弟子，亦無稽之言耳。

其爲前儒所已及者，如以季孫、子叔並預贈祀，此出於注疏之謬，自朱子改正以來，相傳前代曾經罷享，特以沿襲未革。義烏吴萊更補一人，蓋滕更也。若以孔廟之例言之，則政和封爵，在今日已不當用，宜改從先賢之稱，而去高子以下五人，補入滕更。夫嶧山俎豆，世載有司，其討論亦不容緩者，因具書所見，以質之當世知禮之君子。〔蔣注〕從祀但應以世次耳。先生此論恐亦未能免俗。

亞聖廟配享議中

亞聖廟十八弟子配祀之下，附以漢揚雄、唐韓愈，斯蓋出於孟氏子孫所私祀，其始尚别奉他室，後遂列之廡下。明初去揚雄。愚謂漢儒少有知孟子者，而雄首爲之注，則節取其功而祭之，宜亦古禮所有，而或其書出於後世之所因託，則又非愚之所能定也。宋史藝文志有四家孟子注，揚雄、韓愈、李翱，其一熙時子。注疏，趙、孫兩家〔嚴注〕邵武士人所作之疏，託名孫宣公者，謝山豈未知耶？皆有表章遺文之功，雖其言未盡醇，要其人自卓然不背於道，其當祀於廡下，無可疑者。

若自東都以來，程曾有章句，見後漢書儒林傳；高誘有正孟章句，見玉海；鄭玄有注七卷，〔嚴注〕康成未嘗注孟，近人辯之詳矣。劉熙有注七卷，綦母邃有注九卷，見隋書經籍志；陸善經有注七卷，見唐書藝文志；李翱有注見崇文總目；劉軻有翼孟，見白氏長慶集。其作音釋者二家，則丁公著、張鎰，〔校〕黄本「張」下有「公」字。斯皆於絶學有功，即其書已不傳，未知其醇駁如何，而要當使附之廟食者也。

〔嚴注〕篇中獨不及孫宣公之音義，何耶？

林慎思知尊孟子，其所見固出王充、馮休輩一等，況其以殉節著，蓋不媿儒林者。然其謂公孫丑、萬章之徒，不足以傳孟子之言，而必自從而續之，孟子之文豈可續哉？是又河汾之僭已。

皮日休、强至、賈同皆嘗箋釋孟子，而其詳不可得聞。种放有表孟子上下十二篇。總之伊、洛以前，能尊孟子者，皆知言仁義而距異端者也。日休死於吴越，唐史之誣不足信，其從祀可無嫌，況自韓愈而後，尊孟子者，日休之言最力。宋則范祖禹、孔武仲、吴安詩、豐稷、吕希哲，所謂「五臣」者也。若王安石、許允成、蘇轍、王令、楊時、尹焞、張九成、張栻、陳耆卿之傳注，皆合登附於廟，而余允文、陸筠則尤有功者也。其伊川、橫渠、晦翁三公，不當在廡下，宜援孔廟典禮，於樂正子之次附以昌黎，而三公次之，是亦不易之論也。

亞聖廟配享議下

今亞聖廟配享先儒，有孔道輔。詢之孟氏，以爲亦明初事，其後又有錢唐。按道輔知兗州，始訪亞聖之墓，立祠其旁，故祀之以報其功，是則非古所有也。配享之禮，當取其傳經明道者列之，而其他不預焉。孔子廟中，不聞其祀梅福也。如以道輔之功，則所祀者亦未備。熙、豐間，荆公素愛孟子，列於科舉，元祐變法將去之，范純仁曰：『孟子之書，如春秋之在六經，不可去也。』遂止。是其一言之力亦大矣。晁説之拾疑孟之緒餘，請去孟子於講筵，而胡舜陟争之，亦衛經之最著也。推崇孟子之議始於常秩，曾孝寬則請加公爵，程振則請增廟祀，陸長愈則請正位次，席旦則請補石經，王言恭以鄭厚之詆孟而請毁其書，吴萊以亞聖莫盛於孟子，斥史遷之妄而别爲之傳，并及其弟子。倘以道輔準之，皆當有列於廟者也。然如舜陟則有附秦檜之嫌，秩亦清議所不予，從祀之，其可乎？明劉三吾作孟子節文，而孫芝上疏力争，詆三吾爲佞臣，以視錢唐，又前有光而後有輝也。然欲登之兩廡，究於禮未合，無已，則自道輔而下至孫芝奉之别室，庶於禮爲稍安。至粟主書道輔爲司空，按本傳則官中丞，以争程琳事出知鄆州，道卒，仁宗特贈侍郎，司空不知誰所加，此近日祝史之謬，所亟當改正也。

前漢經師從祀議

開元二十二賢從祀之舉，昔人議之者多矣，是後更進迭出，愚皆不盡以爲當也。夫謂當秦人絶學之後，不可無以報諸儒修經之功，雖其人生平或無可考，而要當引而進之，此其説良是也。然此爲草昧初開言之，蓋在高、惠之間，皆以故博士授弟子者。當斯之時，遺經之不絶如綫，椎輪以爲大輅之始，其從祀宜也。自是而降，經師稍稍接踵以出，如宗法所云『别子』。夫有爲之前者，詎可無爲之後者，特當之，〔校〕黄本無此字。於其名家之中，擇其言行之不詭於道者，而從祀焉。〔校〕黄本作『也』。此爲授受淵源言之，文、景、武之間者，是也。以後則經術大昌，誠不但以師傳門户爲足有功於聖門，必有躬行經術，以承學統，而後許之，宣、元以後是也。

吾於三輩人物之中，合而計之，得十有餘人焉：易則田何，書則伏勝，詩則浮邱伯、毛亨，春秋左氏則張蒼，禮則高堂生，此六人者爲一輩。其時書則古文未出，詩則齊、韓未名家，春秋則公、穀未名家，禮則周禮、禮記未出也。〔嚴評〕所言殊多未確。田、何之大宗爲丁寬，其别出爲費直；書則孔安國出，而補伏勝之闕；浮邱伯之大宗爲申培；毛亨之大宗爲毛萇；而轅固以齊，韓嬰以韓；張蒼之大宗爲賈誼，而胡母子都、董仲舒以公羊，江公以穀梁；高堂生之大宗爲后蒼，而河間獻王以周禮。蓋經於是乎備矣。丁寬以儒生而有將才，誠非墨守章句者。賈生明禮樂，言王道，當文帝時以一儒獨起，尤爲有功。申、轅正論不撓；毛萇深得聖賢之意；河間獻王言必合道，大雅不羣；胡母子都則董子所尊；韓嬰雖董子不能難；孔安國則克傳其家學；惟費直、江公、后蒼無言行可紀耳。此十三人者，爲一輩。蓋漢二百年經學所以盛者，諸公之力也。若集諸經之大成，而其人精忠有大節，爲一代儒林之玉振者，則惟劉向，斯皆其必當從祀者。開元禮臣，不知精審，〔校〕黄本二字作審當。而妄以戴聖、何休奪席，不亦謬乎？

愚嘗謂西漢儒林，盛於東漢，即其人亦多卓犖可傳。東京自賈逵、鄭康成、盧植而外，無足取者。夫前茅之功，過於後勁，而況後之本不如前也。世有〔校〕黄本作『後之』。君子，倘〔校〕黄本作『當』。以予言爲不謬矣。

唐經師從祀議

唐之經學，可謂衰矣。初年尚有河汾教育之餘風，能以經術立言，自後詩賦日盛，而經學之衰日復一日，稍有講明其際者，不能以中流之一壺挽末俗。然使無此數人，則經學將遂爲啞鐘，是亦不可不稍存其學派也。今世從祀孔穎達，其實穎達生平大節有玷聖門，故愚嘗欲黜之，而進陸德明，以其大節也。

其三百年中，有爲兼通五經之學者，陸氏而後曰褚無量，曰馬懷素，曰王元感，曰元行沖。專門名家之學：三禮則魏文貞公徵，其後有成伯璵；易則李鼎祚、蔡廣成；春秋則啖助、趙匡；詩則施士丐。斯數人者，猶能守先聖之緒言以傳之後，雖其言未必醇，而不爲無功於經。言乎其人，則文貞不可尚矣，褚氏、馬氏、王氏、元氏皆名臣，而施氏見稱於韓子，雖所得或淺，要皆賢者。成氏、李氏、蔡氏、啖氏、趙氏其書尚存，多爲後學所采，則亦不可泯其勞矣。韓子同時李習之尤當從祀。其復性闢佛之言，大爲韓子之助，宋人深求而詆之，未爲平允。

晦翁、同父之爭，其抑揚秪在漢、唐之學問功名。然漢、唐誠不足以望古人，而天之未喪斯文，際時之厄，亦不得不於駁雜之中，求稍可寄者而寄之。故同父之説固過恕，晦翁之説亦過苛，此愚所以有唐經師之議也。説者謂唐之經師，存亡繼絶之功不足以望漢人，其明道又不足以望宋人，故從祀不及。愚因記所見，以俟論定。

尊經閣祀典議

〔校〕黄本「尊」字上有「寧波府儒學」五字。

自經師二十二人之從祀進退不一，而儒者各持其論。有爲責備之辭者，以爲非有得於聖人之道，則不得爲聖人之徒，今宫牆數仞之中，而僅以章句之流預其間，非所以尊道統也。有爲忠厚之辭者，以爲當世衰道微之日，遺經不絶如綫，而有能兢兢呵護以待後之學者，雖其人不無可議，而祀不容廢也。是二説者，皆是也而未盡。蓋傳經之功固大，而自商瞿子木以來，夫豈二十二人所能盡也。今貞觀之所舉則固已偏而不咸，若使盡列之先賢之下，則又夫人而知其不可也，是原不能不核其人之生平定之矣。乃即以二十二人核之，而其生平已多不能有當於聖人，所以有退祀之於其鄉者，有竟黜其祀者。雖然，彼其抱殘守缺之勞，似未合竟屏之里社之間，況其并或恝然去之也。

愚嘗折衷於兩家之平，以爲今天下皆有先聖廟，廟旁皆有尊經閣，登斯閣者，以敬學尊師之意，修追遠報本之文，則諸君子俎豆之地，於斯爲合。蓋以尊經而遂及傳經之祀，則凡當年之得載於箋疏，得見於儒林者，無不可也。不特春秋之鄒、夾，詩之齊、魯、韓以暨北宫、司馬、仲梁諸子，固所當預，即以其人或未醇，甚至若張禹、何晏、劉炫、邢昺者，皆可存也。何也？節取其功而録之，固不可與坐聖人之廡下者同年而語，則稍恕焉而非濫。夫如是，將經師之允升者無所遺憾，而兩家之聚訟可息。若其學行粹然，如董仲舒、鄭玄之徒，應從祀者，則固兩列之而無嫌也。

雖然，古之祭祀莫不有配，是舉也，當各以其鄉先正之有功於經學者配之。即以吾鄉而言，唐以前未有師，宋宣和以後，陳文介公經學始著，而於是王茂剛以易，曹粹中以詩，高抑崇、高元之以春秋，鄭剛中以周禮。迨至慈湖、廣平兩先生，而四明之經學始盛。深寧、東發兩先生，而四明之經學始大備。其餘專門之學，如南塘、積齋遺書，至今流傳，皆吾鄉百世不祧者也。彼秦、漢以來經師遠矣，尋墜緒之茫茫，作弟子之矜式，取而配之，斯先王之禮意，而非予一人之私言也。

予持此論已久，會吾鄉學宮新落，持節觀察西涼孫公，今好禮者也，因語及之，謂是固天下可通行之禮，而不妨竊舉於一方。孫公欣然許焉，而予爲議以上之。

章文懿公從祀議〔嚴注〕懋。

金華之學，昌於呂成公、忠公兄弟。二呂之躬行，角立張、朱，而又兼以中原文獻之傳，則爲史學。東萊嘗應詞科，則爲文章之學。艮齋、止齋、説齋〔嚴注〕艮齋，薛士龍；止齋，陳傅良；説齋，唐仲良。同心切磋，又參以經制之學。及門弟子固多賢者，然漸趨於三者之學，而躬行少減。四先生起而中振之，躬行者醇矣。白雲所造稍淺，及門之士，如潛溪、華川、仲子，〔嚴注〕胡翰。又變而爲文章之學，而躬行益疏。

天順、成化之間，楓山先生出而中振之。

先生學以躬行爲主，涵養深至，居常龐朴和厚，不知其胸中之海涵地負，臨大節而不可奪也。昔儒謂先生之功業，雖不如司馬温公之宏，而其人則極似之。蓋先生惟其龐朴，所以海涵地負，臨大節而不可奪，而非文章家致飾於外者之所能也。先生嘗言：『斯人形天地之氣，性天地之理，須與天地之體同其廣大，天地之用同其周流，方謂之人。』〔校〕黄本作『大』。又言：『心大則萬物皆通，心小則萬理皆晰。』至哉言乎！

先生與白沙講學，白沙謂今人陷溺於名利汙濁之中，先令看『浴沂風雩』章，以洗其心。先生曰：『每日浴沂風雩，祇恐流入老、莊去也。』白沙之説，未始非救時之教，而先生之箴之者，則逆知後來之流弊。予謂白沙似康節，而先生則涑水、横渠一路人，先生之地步，較之白沙爲平正而無疵。先生致政而歸，所入稻田，不足供其食之半，出入徒步。故其及門唐尚書龍、潘侍郎希曾、姪尚書章拯皆徒步。拯傳先生之家學，其歸，家有嬴俸，先生即爲不樂，而拯亦自有慙色。公子敝衣垢履，道爲巡檢所笞，先生不以爲忤。嗚呼！此三代以上人也。浙中學統，自方文正公後，當接以先生，而後可及陽明。

祀先蠶議

雍正十有三年春，河東總督侍郎王公以先蠶之祀上請，事下祠部。祠部郎多以其禮質之臨川先生。先生曰：『子盍言之。』作祀先蠶議。

鄭康成謂天駟乃房星，而蠶爲龍精。每逢大火之月，必浴其種，故蠶與馬同氣。諸家之以天駟爲先蠶者本此。愚以爲天駟者列宿也，是但可以言上天司蠶之神，而不可以言先蠶。蓋先蠶當與先農、先炊一例，皆主始爲其事之人而言。今以天駟當之，是以天神而充人鬼也。古之祭祀必有配，社爲五土之神，而勾龍配；稷爲五穀之神，而棄配；皆以天神臨之，人鬼實陪位焉。說見予水旱變置社稷論。先農、先蠶乃中祀，則不復溯天神，而但於人鬼致其報本之意，是禮之差也。

漢官儀云：『漢之先蠶有二：一曰苑窳婦人，一曰寓氏公主。』此乃秦、漢以來荆、越諸巫之説，薦紳儒者所不道。北齊始祀軒轅，蓋出自淮南王蠶經。北周別祀軒轅之妃西陵，即帝王世紀所云纍祖者。愚以爲三家之中，纍祖近之。古人祀天駟者，多用燔柴之禮。考周禮蠶事必於北郊，則必無以陰祀而用燎壇者，是可以知古先蠶之非天駟也。唐月令用天駟，而開元禮復去之。宋熙寧中仍用天駟，而元豐詳定，復去之。然其時多以天駟但當爲馬祖，而不得爲先蠶，是又不然。天駟既主蠶事，則威靈之陟降，正不必以馬祖限之也。玄武司冬，而能兼龜蛇之靈，則天駟在房，而能兼蠶馬之氣，不得謂康成之説爲非也，特欲以之當先蠶之祀則誤耳。

今據河東督臣請，欲通行之於直省，則其在京師者，可援唐、宋以前所司致祭之禮，在直省者，令封疆之臣主之。其時用季春，其日用巳，其幣用黑，用瘞埋。其方則古人或有用東者，以桑柘所生之時也；或有用西者，以與籍田對其方也。然宜依周人用北。其壇坎廣輪高厚之制，一以先農壇爲準，載入祀典行之，可也。

蠶事盛於江南，渡淮而北，山桑始多。然愚讀唐史，則雖滇南天末，當時亦嘗有紡紝之利，而後人始盡廢之。是休女紅而習游惰，廢天地自然之利而不舉，實可惜也。斯禮興，庶五畝之牆下皆無隙地，而農桑之盛，於此均矣。謹議。

請修舉兩制故事議

唐、宋兩制之官最備，而又設知制誥之任以統之。明則兩制之官依舊，而知制誥無專官，大率以次輔一人董其事，有詔敕則次輔擇詞臣撰之，典更重矣。然詞臣所撰不及責詞，則較之前代爲率。國朝俱準明例，獨次輔於〔校〕黄本有『知』字。制誥不復預，直委之所司。凡文武臣僚，但視其品，不問其官，循例填寫而已。尤可笑者，前後母受封贈，兩敕而共一詞貽之，後世館閣之羞也。綸綍之重，混淆苟簡若此，甚非所以示王言之體，其不敬莫大乎此。

因考唐吏部給告身，必先令其本人輸朱膠綾軸錢，喪亂以後，貧者多，但受敕牒，不取告身。明宗天成元年，吏部侍郎劉岳上言：『告身有襃貶訓戒之詞，豈可使其人初不之覩。』於是始俱賜之。五季板蕩，尚有然者，況承平極盛之世乎？況天子用人，亦豈能必其盡當，故唐、宋有封還詞頭去位者，有以責詞反用褒語，中含皮裏陽秋而去位者，此於詞命之中開言路焉。或天子是之，未嘗不成轉圜之美；即以此去位，亦未嘗不存此清議於後世也。明世則未有此矣。〔校〕黄本無此句。

愚以爲宜亟復唐、宋及明之舊，或以閣學，或以院長司之，必考其家世，切其人，而予以勸懲之語，庶乎王言所降，共凜天咫，而不貽葫蘆依樣之羞，且仍加寬大之風。如有不諧衆論，許其封還。即降責者，如前此果有功可録，許其敘入。斯則在天子於省臺之外，增益見聞；在詞臣真可以文章報國，而不徒爲無益之奉行，而於史册復見古人一種代言之文。此其不可不亟行者也。

右科取士規制議

右科之制始於唐，其制科中，則有所謂軍謀深遠，武藝絶倫者，而又别有貢舉一科。宋之制科，則武事且居其三，而天聖中亦仍添設貢舉。按宋會要：『凡應是科者，實有軍謀武藝，許詣兵部投牒，先投策論三卷，每卷三道，召人保委主判官，先詳其所業，視人材，驗行止，先試步射，一石弓力，馬射七斗弓力，再問策一道，合格，即引見召試。』聖政記曰：『以策論定去留，以弓馬定高下。』會要：『皇祐中，又分其等爲三：學識深遠，對策優絶，上也。策對優長，騎射兼有，次也。擊刺抛射，翹傑魁俊，次也。』

然予考司馬温公熙寧三年知舉，謂：『奉敕考試，法當先試弓馬，若合格始試策略。夫弓馬所以選士卒之法，非所以求將帥。不幸而不能挽强馳突，則雖有策略將帥之才，不得預試，恐非朝廷建學之意。乞如舊制。』而上卒如中書所請，則熙寧之變法，殆出於荆公耶？其時許不能答策者以兵書墨義，荆公以爲不可而罷。夫墨義之罷是也，其先弓馬而後策論，則非也。再考長編，則熙寧八年終從温公之説。夫以策論定去留，而以弓馬定上下，則其上者，必策論與弓馬兼，此其中可以得有用之才。然且富文忠公憂豪傑之不屑，蓋以重文輕武之弊，久而難返也。況重弓馬於策論也，則即材官健步，取之有餘，而謂志士肯就乎？且即合策論弓馬以取士，猶慮其詐。蘇文公謂以弓馬得者，固不過市井挽强引重之粗材，而以策論中者，亦皆記録章句，區區無用之學，故士有所不屑。而欲因貢士之歲，使兩制各舉所聞，有司試其可者，天子親策之，權略之外，便於弓馬，不過取一二人，待以不次之位，試以守邊。其説亦極求材之苦心，而欲爲國家得實效者矣。

然愚謂策論之制，原不應以故事命題。今誠使試士者矜慎於發策，其所問則綜羅經史，自周禮之軍政，春秋左傳列國用兵之事，司馬法内政之遺文，以及漢、唐以後之軍制、軍官、軍器，一切邊防、海防、屯田、衛卒、樓船、將士、京師禁兵、藩國武備，再則雜舉歷代兵謀、兵機，不拘忌諱，率以一策中雜舉數十條而詳問之，務期以穿穴其異同得失之故，而不許以敷陳之語應故事，則恐非近日右科之士所能應矣。弓馬固期於强力，而亦立爲規則，略有取於古人志正體直之遺意。使知夫强力固在所重，而士人之强力，不同於卒伍之麤厲，則恐亦非近日右科之士所能應矣。如此而不得人者，未之聞也。

唐郭忠武王出右科，〔校〕「唐郭忠武王」以下，黄本以下低一字作注。宋馬擴亦出右科，皆爲千古名臣。而明之萬表、戚繼光、俞大猷、陳第則且以右科而講學，而窮經，而卒之諸人皆爲名將。其所著書，足以爲有明兵家之著蔡，則今之重弓馬而輕策論，〔校〕黄本下有「者」字。不亦失歟？

請復服内生子律議

唐、宋以來俱嚴服内生子之禁，明太祖著孝慈録詆爲不近人情，遂削其律。太祖因寵一妃，令其子爲三年喪，竟舉古禮牽連廢棄，可謂陷人不孝者矣。人子居喪之制，所謂衰麻者，特其文耳，惟有實以維之，而後文有所寄。後世天性澆薄，諒闇之禮，如飲酒食肉，皆形迹所易掩，即不可問。至於舉子一事，則以令甲之威爲之防範，蓋禮之所窮，刑以輔之。此正一綫之遺，人道所以不絶，今并去之，則其離禽獸者幾希。且以禮而言，則一切飲酒食肉，猶或可以少寬，而獨嚴於御内者，桐城方閣學嘗謂家庭杯著之間，對粱肉而凄然念其所生，斯在常人亦或有之。若御内而不忘哀，未之有也。是以雜記『堊室之内，非時見乎母也，不入門』。然則三年之中，苟非有哭奠之事，不得與婦相見明矣。其但言堊室者，蓋舉遠以概近。而閣學以聖人不忍以不肖待人，當夫枕塊寢苫，豈有漫無人心一至此者。迨至小祥之後，日月漸邁，而不得不皇皇然慮之矣。斯其言尤足以警當世，而使之泣下者也。當時左右重臣，如劉文成公、宋文憲公俱一代碩儒，乃不能引古誼以力争，反爲之依阿排纂，用相傅會。故吾鄉萬處士斯同以爲長君之惡，夜氣俱亡，蓋亦有激而言，非過論矣。

在昔宋文帝以居廬中生逆劭，諱而不宣，即位三年，而後舉之。説者以爲異日商臣之酷，本於沴氣所鍾。雖其言未必果然，然孝子之後，必有孝子，則反是以思，固無足怪。愚又讀明晉江黄相國國史唯疑言：明世廟時，太子於康妃服中生子。世廟問諸輔曰：『禮臣得無有言？』或據孝慈録言其無害，則是以天子之尊，猶知其不可而嫌之，豈若今世以爲習有之事，恬然無忌，是直去律之害，中於人者深也。

近見邸鈔載晉撫石公糾屬將縱欲忘親一案，已奉嚴旨訊治。夫以四百年來，内外彈事之所未見，而一旦舉而行之，是可以見天子孝治之隆，能出天下於耳聾目瞶之餘，而封疆大吏之所以範其下者，不可謂非朝陽之鳳也。然愚尚恐窮鄉僻社之民，未能周知，不若復取舊律詔之天下。按舊律：『在服内生子者，並合免所居之一官。其無官者，徒一年。若未發自首，亦原。』夫必自首而後原之，則稍知自好者，將有所恥而不敢犯，是真厚風俗之先務也。明太祖以爲如舊律，恐人民生理之罷，是殆與喪亂之世禁寡婦之不嫁者同。曾謂開國之君，竟出此哉！

請考正承重服制議

喪服小記：『祖父卒，而后爲祖母後者，三年。』鄭康成曰：『祖父在，則其服如父在爲母也。』古人於父母之服，概稱三年之喪，而父在祇爲母杖期，非敢獨薄於母，蓋以吾父之所以喪吾母者，不過於期。使子之服不除，恐傷厥考之心，故服從父，而心喪仍以三年。惟父亦達子之志，必三年而後娶。然則子之不敢申其喪者，即父之不忍遂其娶。周公禮意之精，原可垂之百世而不惑也。歷朝改制以來，禮從其厚，已成不易之條。而適孫承重，猶然喪服小記所云，其於畫一之旨未合。說者以爲孝慈録之作，原别有爲，非真有見於禮之當然。故當時議禮諸臣，亦不復推廣而講明之，其信然歟？則是後人之所當釐定也。

至若康熙二十七年，吏部議得陝西藍田縣知縣鄧士英祖母馬氏病故，以其祖父在，不許丁艱，則竊更有疑者。夫居三年之喪之與去官，是兩事也，即爲父之嫡，則即令厭於祖在不爲三年之喪，而不可以不去官。彼思爲後者，祖父在而爲祖母，其與父在而爲母，同也。古人父在爲母亦期年，其亦可以不去官乎？彼漢、晉人於旁親期功之赴，猶然駿奔，甚至友生，且行其禮。而本朝亦許臣下於本生父母、繼母、隨嫁母，俱得給假治喪，柰何以所後之祖母而反不然哉？

然愚嘗考朱子有曰：『祖在，父亡，祖母死，亦承重。』詳玩朱子之言，則似亦因當日之不承重，而特舉而言之也。然則因不爲三年之喪，而遂誤認以爲不承重，而廢去官之禮者，其失蓋自宋已然，不始於近世也。楊次公誌評事劉暉墓，稱其喪祖母時，雖有諸叔，援古誼以嫡孫解官承重，以爲篤厚。而李敬子以祖母之喪，援劉暉事爲請，許之，范蜀公以爲賢。然當時反有咎之者，以爲祇當從衆，則朱子之前，雖祖父亡而爲祖母持服者，蓋亦寡矣。臣子奪情不得持服，是必有不得已之故。今假口於祖在不爲三年之喪，而竟晏然居官，是自奪其情也。夫以古人著禮之意而言，不惟其文惟其實，即令爲三年之喪，而實不至，亦何當於禮。然以國家一定之制而言，則似不容有參錯者。愚故以爲直當改定舊禮，不問祖父在否，皆行三年之喪。是在前儒俞汝言已嘗論之，非愚一人之私言也。

〔李評〕此論未得禮意，詞語亦有須酌處，惟言當去官，則無可疑。

重修蛟蜃二池議

蛟池與蜃池本二，或以蛟池即蜃池，其説見至正志。予考蛟池址在佽飛祠中，蜃池址在報德觀中，則合之者其説無稽。寶慶志云：『城中既有雙湖，又鑿此池，瀦水備旱，而自元時已爲民居所湮，迄今未有問之者。』

嗚呼！古人建置之精，參乎造化。蓋鄞惟西南之長春、望京二門受它山、大雷山之水而已。而江流不與河通，故其東面之阻江者，鄞江門有氣喉焉，靈橋門有食喉焉，東渡門有水喉焉。水喉、氣喉皆外通江潮，内洩湖水；食喉不納潮而專放水，則江河之一茹一吐，其脈不隔，而城中之流泉，宣導和暢。然而獨遺於北，以其方位之爲窮陰也。故江潮既不引之入城，即湖水之至此者亦甚微，乃又不能不資於水利。於是爲此二池以瀦之，是古人之深心也。説者不知，妄謂昔有蛟蜃來此爲患，因以池鎮之，則妄矣。

二池之址本甚巨，今并祠觀亦湫隘，而池無論矣。苟必實心以謀鄞城〔校〕黄本下有『中』字。之水利，則東渡三喉，誠爲要務，而二池又豈可緩哉。

重浚鄞三喉水道議

四明洞天東七十峰之水，趨於它山，其支流會於桃源。引流入城，瀦爲西南雙湖。雙湖之外，支流甚多，皆湖之所釃也。防旱洩潦，旁通市河，内有水喉、食喉、氣喉三閘，以洩於江，禁民居屋以塞。王元恭修至正志，力戒後人浚導必時，隄防必謹，啓閉必如式，一邦之大利也。

予考水喉閘在東渡門牆下，宋之都稅務前也。以板爲閘，潮長則與板平，市河之水充溢，則啓閘以洩之江。食喉閘在靈橋門牆下，宋之市舶務前也，止用洩水，卻不通潮。氣喉閘正獅子橋東，古鄞江門牆下。吾鄉城中之水，皆自山溪，而其洩則並入於江。蓋當王長官未作堰以前，江流本直抵湖上，既有堰，則旱必蓄，澇必洩，必使仍與江通，而後節宣得其宜。故城南之水有行春、積瀆、烏金三碶以通江，而宋人又增風堋一碶。城西之水則有保豐、石塘二碶以通江。城中不能容碶，而爲喉以達之，其所關係，誠不淺也。況雙湖之深無底，其水既從西南二門而入，不能更從西南二門而出，久在湖中，則水性怫而不暢，故出滯宣幽，皆於喉是賴。然三喉特穴城爲道，積久易淤，而居人見湖流甚深，以爲雖無是喉，湖水亦自不竭，無所事於江流之吐納。故自宋時已累廢，賴賢有司以修治之。四百年以來，鄞之河渠，概草率不講，而三喉竟泯焉，僅存水喉，尚有遺跡，薦紳學士亦不知其爲水利之舊也。悲夫！

蛟門李君陟茲熟於形法家言，嘗與予遊城中，曰：『是城之水道，何不馴其性之甚也。』予叩之，則曰：『五臺寺東宜有水道入江，而竟無之。平橋之下宜有水道入江，而亦無之。』予嘆曰：『平橋者，食喉也；五臺寺東者，氣喉也。舊有之，而今廢耳。』陟茲乃曉然。

嗟乎！西湖之水本碧，南湖之水本赤，今以三喉不通，碧者爲積苔所穢，赤者遂爲黃流，則夫居民之壅閼而不遂其生也，宜矣。然其址雖廢，而城下故道尚存，可一舉而復也。爰爲議以待之。

重浚古小溪港議

魏吉州曰：『許家橋東，其地名童家港，其北有古溝，勢與港接，今爲沙塞，而汙瀝尚在，耆老以爲古之小溪是也。直逼建嶴，舊嘗開浚以引它山之水，或謂可以再浚。』吉州名峴，由廬陵來僑居，著它山水利備覽，最爲詳善。吾由吉州之言推之，乃知周大悲碶之置，蓋爲它山之水故也。吾鄉之田，城南資它山之水，城西資大雷之水，故它山之水南下者多，西下者少。其上流惟小溪由錫山下西行，與大雷之水會。當廣德湖之存也，大雷山之水有所蓄，建嶴之接溪流與否，不甚足輕重，然猶且爲周大悲碶以引之，以防湖後之水之不給。今湖既廢爲田，大雷山之水横穿四出，或由仲夏，或由戚浦，或由鏡川，或由櫟社，南向而會它山之水以入江。而廢湖之徒，乃謂它山之水足救湖田之旱，固屬謬説，然使建嶴不與小溪絶，則它山之水尚有十一之西下者，而盛修周大悲碶以瀦之，雖未必徧及城西諸鄉，要不爲無補也。乃湖固塞，而溪亦淤，則絶望矣。

吾因是嘆古人之於水利有備無患，而後世之人之憒憒也。大雷山之水本不敵它山之水之盛，而又爲四道所洩，則是溪之西行，所關非淺。吾嘗謂欲蓄大雷山之水，必於仲夏、戚浦、鏡川、櫟社爲四堰，以阻其南。而欲引它山之水，必復古小溪使通建嶴，以導其西，則庶乎補救之良策也。

改高橋張俊廟議

高橋之捷，爲南渡十三戰功之首，又爲四大捷之首，而鮑掠遽去，使其君有館頭之行，其民被屠，尚可言功乎？故自明以來，皆言張俊之廟當毀，固也。但其時之有功吾鄉而應祀者，則正不少。予謂當改張俊之廟以祀之。謹議如左：

張俊之自越州至也，宿衛盡登舟，俊欲扈行，就上乞舟。上賜手書，勉以捍寇成功，當予王爵。蓋俊之意本在走，而上欲其留。俊猶狐疑。有隱士劉相如，不知何所人也，故大俠，以忠義力勸之，且爲畫策。俊始揭榜通衢，下令迎敵，於是有高橋之捷。深寧先生以爲相如之功不在三老董公之下。其後俊之不終而去，夫豈相如之意，殆必力争之而不能得，故遂匿影不復見。當祀劉隱君第一。

初，衛士畏航海欲作亂，宰相吕頤浩幾爲所害。使其事裂，則吾鄉先受其禍，其扈從定亂者，皆辛統制兄弟也。當祀辛統制企宗、永宗第二。

金人分軍犯奉化，李佾、董之邵、任戩皆奉化之義俠也，集鄉兵一千餘人於泉口，三戰，金人不能入而退。於是奉化獨完。軍費萬餘緡，皆佾任之，事定口不言功。至蔡文懿公幼學始得其事於佾孫元白，上言於朝，贈三人官並修武郎。宜祀李、董、任三公第三。

癸卯之戰，楊沂中、趙密、田師中、李質皆有功，已而皆隨俊走。是日力鬬而死者，裨將黨用、邱横也。當祀黨、邱二將軍第四。

張俊既走，金人直下定海，將犯昌國御舟，相隔僅一宿耳。提領海船張公裕擊破之於碕頭，金人始返。使無公裕當其鋒，益重國恥，而事且有不可知，是尤功之大者。當祀張提領第五。

時慈溪令林叔豹不受命，方集鄉兵擊賊，金人懼，以降人蔣安義爲知州而去。叔豹引軍入州，杖殺安義，盡戮金人之居開元寺者。安義本剡人，羈貫明州，成進士，降金，盡籍明之大户以獻，遂致屠城。叔豹之殺之，最爲吐氣，當祀林令君第六。

車駕還明，張刺史汝舟應奉簡儉，粗完而已。及行，以汝舟爲中書門下省檢發公事官。先是台守晁汝爲儲特豐備大擾民，上特遷汝舟一官，褒其簡儉，以媿汝爲。嗚呼！劉洪道更何如哉？當祀張刺史第七。〔繆注〕張汝舟，毘陵人，即世所傳易安居士改嫁之人也，其人亦自佼佼。

右數公者，其可謂有功矣，而不祀，乃祀張俊，非所謂蒼黄舛繆者歟。他如李顯忠、鄭世忠、潘迪、杜愷、張鱗，相傳皆以扈從死者。其有廟也，雖非張俊比，然數公反不得祀，非吾鄉之闕歟？請質之鄉論，以爲何如。

鮚埼亭集外編卷四十

考

毛詩初列學官考〔校〕黄本作『學宫』。

予友仁和杭君堇浦嘗問予曰：『毛詩，據前漢儒林傳，則平帝時嘗置博士，而後漢無有。其後究以何年定列學官？』予未有以對也。

歲在丙辰，堇浦以所著石經考異示予，且索予向來文字嘗語及諸經刊石本末者，以助疏證。予以十餘科答之，其中辨七經、六經、五經之目，謂中郎寫經未及詩而止。〔嚴評〕此何以知之。而隋書、五代史志有『一字石經』魯詩、毛詩二種，當係黄初時邯鄲淳所補。堇浦深以爲然。予因謂曰：是即毛詩列學官之年也。

何以知之？漢肅宗於十四博士之外，又詔高才生，受古文尚書、毛詩、穀梁、左傳，雖不立學官，然皆擢高第爲講郎，給事近署，所以罔羅遺佚，博存衆家，則是時習毛詩者尚少也。其後謝曼卿、衛宏、鄭衆、賈逵、馬融相繼而出，康成箋之，而毛學盛行矣。毛詩雖盛，而終漢之世，未列於學，則固不得預於刊石之列也。今邯鄲所補石經之目有毛詩，則是時已列於學矣。即如中郎所寫春秋祇公羊，以左、穀二家未立也。公羊無正經，故邯鄲又取左傳中經文，寫以補之，唐志所稱左傳經者也。然專取經而不及傳，則以是時左氏尚未立也。觀於左傳，則毛詩之立，又無疑矣。且漢時，雖齊、魯、韓三詩並行，史稱惟魯最爲近之。故邯鄲詩石，一爲魯詩，一爲毛詩，而附齊、韓之說於魯詩下，則正以毛詩之新立也。

堇浦曰：『是則然已。然陳壽魏紀黃初五年，穀梁置博士大書之，豈有毛詩列於學官，而不書者？隋志所書，焉知非裴頠所立？』曰：『陳壽之書甚簡，固不能保無脱落。若裴頠所書，亭林以爲雖有是舉，而實則未就。且齊詩亡於魏，魯詩亡於西晉，則裴頠所立，必無二家。今魯、毛二碑並立，魯詩之下又附齊説，不謂之魏立不可也。石碑立於魏，則其列學官，亦在魏矣。況裴頠石經並無傳，則亦莫知其爲何體也。』堇浦曰：『然則曷書之？』作毛詩初列學官考。

周禮正歲正月考

周官有正月，有正歲。鄭康成以正月爲周之子月，正歲爲夏之寅月，諸儒多宗其説。然周官六篇，如冬日至、夏日至之類，無一非夏正，而獨履端一月忽用天統，恐不至如是之參錯。若既以子爲正月，勢必以午爲七月，而曰冬日至、夏日至，天下有冬正月，夏七月者乎？致使魏鶴山、程叔時輩，引以證其『改歲不改月』之説，而新安汪氏輩，雖力爲鄭氏功臣，卒不可得而申。

以某觀之，周禮正月斷指夏正而言，然正不足以爲三代改歲不改月之據也。周禮雖或係周公草剏之書，然其存於今者，不能無後人所淩雜，故其説容有相乖者。試觀淩人『正歲十有二月，令斬冰』，若正歲是寅月，則天下無敘寅月於丑月之上者，是以葉培恕、王平仲不得已而曰『正歲十有二月者，猶云夏正之十有二月』。是總曲和鄭氏正月爲周正之説也。然則漢儒因改歲改月之説，而堅指周禮爲周正者，不知周禮之用夏正，與改歲改月之制，可並存而不相妨也。

宋儒因周禮之用夏正，而遂附會爲改年始而不改時月之説者，不知周禮之書，不足與吾夫子之書争是非也。且諸經之雜言三正者，何止周禮。豳風七月之詩，專言夏正者也。然而第五章之十月改歲，忽與首章以二之日爲卒歲者雜出，而不自知。此不得謂周以子、寅兩正並行也。月令十二篇，專言夏正者，然而孟冬之祈來年於天宗，非周正乎？季秋之頒來歲朔日，則又秦建亥之權輿也。此注疏説，近人或疑是時秦尚未并天下，安得預用亥正，故有先期預頒之説，然亦不確。此不得謂秦以亥、子、寅三正並行也。蓋一出於風詩謠誦之文，一出於諸儒雜成之手，故有不得與時王之制盡合。如此者，又何煩後世陋儒之周章聚訟爲也。

古車乘考

古者兵車之制，於經無考。其見司馬法者，有云：『井十爲通，通爲匹馬，三十家，士一人，徒二人。通十爲成，成百井，三百家，革車一乘，士十人，徒二十人。十成爲終，終千井，三千家，革車十乘，士百人，徒二百人。十終爲同，同萬井，三萬家，革車百乘，士千人，徒二千人。率十家出一人之役，百家出十人之役。』是以馬季長曰：『千乘之國，其地千成。』因引司馬法『公侯地方三百一十六里有奇』爲證。鄭康成則引周禮『公五百里，侯四百里』爲證。

然當時又别有一司馬法，有云：『四井爲邑，四邑爲丘，四丘爲甸，四甸爲縣。甸凡六十四井，出長轂一乘，戎馬四匹，牛十二頭，甲士三人，步卒七十二人。』此杜元凱引以注左傳，解之者曰：『成之十里，即是甸之八里。以甸八里外，有治溝洫之夫，各受一井，得二里不出車賦，仍是十里。』更有謂『成出一乘，是畿内法。甸出一乘，是邦國法』。總之，依違遷就，思作兩家調人，但皆大不合。

大抵封建之制，總當以孟子爲定，即周禮亦不足信。況司馬法以開方之法計之，百里者，萬井也。成出一乘，則百乘耳。甸出一乘，則一百五十六乘，是不得不於百里外加湊補也。況夫一井八家，則一通八十家，一成八百家，一終八千家，一同八萬家，此易曉耳。何以減爲三十、三百、三千、三萬乎？論語包氏作十井一乘，何邵公曰：『軍賦十井不過一乘，公侯千乘，伯四百九十乘，子男二百五十乘。』方性夫、鄭漁仲並宗之，即朱子亦以其説爲較勝。然邦畿千里，開方百萬井，十井而得一乘，當盈十萬，何以秖萬乘也。況國地不盡井，井地不盡賦，宫室、城郭、山林、陂澤、園囿、溝涂三分去一，其祇任役不征税者三分又一，安所得盈算也。

唐仲友乃爲别解：公地四同有半，爲方二百一十一里。一同爲三郊，一同爲三遂，可通得兵車七百五十乘，餘二同半，出二百五十乘，合爲千乘。而侯上同之。伯地二同，爲方百四十一里，其一同爲方七十里者二，一爲二郊，一爲二遂，可通得兵車五百乘，餘一同出百乘，合六百乘。男地一同，爲方五十里者四，一爲一郊，一爲一遂，可通得兵車二百五十乘，餘方五十里者二，出百乘，合三百乘。而子下同之。仲友精於三禮之學，當時與陳君舉齊名，獨於此條，不特支離謬戾，無所根據，抑且期期格格，(合)〔令〕從黄本改。人不可解釋。據其所謂七百五十乘者推之，似一郊出一百二十五乘，郊凡一萬二千五百家，則百家一乘。但何以餘二同半，又不爾也。

以愚考之，古者寓兵於農，一農即一兵也，故其調役之常例，必家起一人以爲兵，非如後世團練鄉兵之例，數家中抽一人也。若其出軍之法，居鄉者先出，不足則遂繼之，又不足則公邑都鄙繼之，見周禮疏。而餘子之出，雖有其令，實無其事。故其車徒，大國不過千乘，而猶僅用其半，以成三軍。此以一乘七十五人爲説。其三軍者，三鄉之所出也，司徒之比閭族黨，即司馬之伍；兩卒旅合比閭族黨，而成一鄉，鄉萬二千五百家，即成一軍，軍萬二千五百人。一軍蓋一百六十六乘有奇，則三軍者，乃千乘之半耳。由三鄉而三遂，其户口猶鄉也，則又五百乘也。所謂千乘者也，其公邑都鄙不在千乘中者，蓋留之以居守焉。不有行者，誰扞牧圉？不有居者，誰守社稷？非勞鄉遂，佚都鄙也。即千乘中，亦秖以三鄉所出爲正軍，必萬一不足，則掃遂之兵以出。不讀書費誓乎：『魯人三郊三遂，峙乃楨幹，峙乃芻茭。』夫魯人何以專舉郊遂也，則千乘之賦也。然則千乘者，乃大國車徒之制耳。若其國之所出，則固不僅是也。以七十五家具一乘，其説本漢書，而宋儒陳用之詳焉。但陳氏禮書所言尚有多未盡者，故參用鄙見爲之圖之。

近世毛西河據左傳昭五年論晉車賦『十家九縣，長轂九百』，又曰『餘四十縣，遺守四千』，因謂每一縣得百乘，是十縣即千乘也。一縣方十六里中，秖二百五十六井，是二井半即出一乘，百里之國，不過十之三，已足盡之。夫二井半僅二十家，以二十家而責之七十五人之征，則大桀小桀也。予友李嶧陽謂

一車三十人，千乘用人三萬，故詩曰『公車千乘，公徒三萬』，説亦有據，俟再訂。〔一〕

歷代封爵考

兩漢而後，封爵名目，多潦草無義理，其志傳又不詳，故通典、通志、通考亦以其簡略而忽之。偶與同學説史及此，因有問難，略爲考證。作歷代封爵考。

『關内侯』之爵始於秦，荀綽百官表注曰：『時六國未平，將帥皆家關中，故以爲號。』師古曰：『言有侯號，而居京畿，無國邑也。』乃王沈魏書曰：『關内侯爵十九級，名號侯爵十八級，關中侯爵十七級，關外侯爵十六級。』據通典乃東漢建安二十年，魏武所制。三國魏志『孫資封關中侯』，通鑑『晉楊駿封二千石以上皆關中侯』，十六國春秋『趙冉閔封其將士關外侯』，晉令亦有『關内』、『關中』、『關外』三等，

〔一〕稿本注作：『予友李嶧陽見此文謂予曰：「家起一人，無可復議。但提封萬井，以三分去一計之，不過六萬家，如此文則三郊三遂，已可得七萬五千户，雖有根據，先儒論古人規制，有相枘鑿不相入者，强半如此，非後人所能口舌争。予竊欲以舊説一車三十人爲是，千乘不過三萬人，以六萬之半足矣。三軍當三萬七千五百爲隊，言三萬舉成數耳。魯頌曰『公車千乘』，而即繼之曰『公徒三萬』，非明證乎？其外二萬餘家，留爲居守，則井牧之與車乘庶幾相合。」其言甚爲有徵。附録之以俟考。』

是直與『關内』命名始意，略無關會，所謂積久而忘其所自來者也。『關内侯』雖無國，然自有邑，考之漢書可見。師古之説，亦未盡符。

名號侯者，但取其所賜爵之名爲主，如以『鐫羌侯』賜邊將，『不義侯』賜降奴，是在建安之前原有之。

東漢鄉亭之封，專爲侯爵。乃魏志黄初三年制：封王之庶子爲鄉公，嗣王〔校〕『王』下當有『之』字。庶子爲鄉侯，公之庶子爲亭伯。故當時高貴、常道二君皆以鄉公入正大統。陳思王有謝封二子鄉公表。於是五等皆有鄉、亭之封。隋志有開國鄉男。北魏之賀拔岳、元孚、可朱渾天和、北周赫連達、梁臺皆封鄉男。

鄉、亭之以都名者，胡三省曰：『凡郡縣皆有都亭。秦法十里一亭。郡縣治所，則有都亭。』是即章懷所云：『都亭者，城内亭也。』然則以十亭一鄉推之，亦當仿此。顧亭林曰『都鄉，近今之坊箱；都亭，近今之關箱』是已。後漢書梁冀徙封比景都鄉侯。〔校〕黄本『比』作『北』，無『都』字。章懷注：尹勳封宜陽都鄉侯，虞放封宛〔校〕黄本作宛。句吕都亭侯。十六國春秋魏賈敷封廣川都亭侯皆以地著，而其餘或不書者，亭林所謂史家之失載也。統而言之，則總以鄉亭侯稱。漢趙忠傳封都鄉侯，而單超傳止作鄉侯。吴志是儀傳封都亭侯，而胡綜傳止作亭侯。華陽國志王連封都亭侯，而蜀志作平陽亭侯。魏志田疇傳封亭侯，而裴松之作都亭侯，是也。

列侯之有鄉、亭，亦不始於東漢。司馬彪續漢書西漢列侯，封邑大者食縣，小者食鄉、亭，蓋是時已有三等之差，特未以之爲號耳。今考漢書，公孫弘封高成之平津鄉，匡衡封徐僮之樂安鄉，張次公封皮氏之岸頭亭，李壽封河南之邗亭，光武祖春陵節侯封泠道縣之春陵鄉，中山靖王子封涿縣之陸城亭，而王莽封南陽新野之都鄉。地里志常山有都鄉侯國，皆其明證。然則楚漢春秋高祖封許負爲鳴雌亭侯，裴松之謂是時未有鄉、亭之封，亭字疑是衍文者，似亦未盡然也。

彭城五諸侯考〔校〕舊刻原注：『蔣增』。黄本無此篇。

應劭曰：『雍、翟、塞、殷、韓也。』如淳曰：『塞、翟、河南、魏、殷也。』韋昭曰：『塞、翟、韓、殷、魏也。』師古曰：『常山、河南、韓、魏、殷也。』四説者皆未合。師古但知漢是時已并關中，不得以邯、欣、翳列諸侯之目，而不知是年河南、河内亦皆置郡，陽、卬均不得列諸侯之目也。若張耳脱身歸漢，而謂亦有兵，則更强爲之辭矣。

然則五諸侯者誰也？曰：考之馬、班二史，前此十九諸侯，是時已去其半：漢并雍、塞、翟、河南、殷而爲一，齊并膠東、濟北而爲一，趙亦并常山而爲一，燕亦并遼東而爲一，漢又降韓降魏而以爲屬國，楚僅有九江、臨江從之耳，衡山則楚之所貶矣。漢、楚、齊方交兵，則是五諸侯者，當屬燕、趙、韓、魏、衡山。蓋燕、趙不奉楚令，而兼懼楚，既平齊而討之也，故助漢。衡山以被貶怨楚，故助漢。而韓、魏則本爲漢之屬國矣。吴芮以忠著，則必重修梅鋗從軍之好，其當在彭城之役，無可疑者。即陳餘之助漢，固明見於本傳，獨臧荼事，無可考耳。案此説與經史問答不合。

祁連山考

亡友宜興葉徵士桐君熟於史，獨其辨祁連山非天山，則予以爲尚有未盡者。嘗欲與之暢其説，未及，而桐君已卒，檢其遺文，不禁泫然，因别撰一通，以資疏證。

桐君曰：『顔師古謂祁連山即天山。考新唐志：伊州北二十里有天山，一名白山。戎人呼祁羅漫山。自伊州納職縣行十餘日至西州，又西南行百二十里至所屬天山縣。其祁連山别在甘州北百九十里。夫祁羅漫山自伊州北境迤邐至西州，〔校〕黄本無上五字。綿亘千里。而甘州北之祁連山，今在肅州高臺之南。兩山相距，蓋十五百里，則指祁連山即天山者誤矣。舊唐志以祁羅漫山即祁連山，亦沿師古之誤也。』

予考唐魏王泰括地志曰：『祁連山在甘州張掖縣西北二百里。天山一名白山，今名祁羅漫山，在伊吾縣北百二十里。』是原截然爲二山。應劭曰：『祁連山，匈奴中山名。』晉灼曰：『天山在西域。』此其爲二山，固無可疑。但『祁連』之爲『天』，猶『不律』之謂『筆』，師古之言亦未可非。及詳考之，則伊、甘二州果並有祁連山，其別名並曰天山，特伊之山，又名祁羅漫山，又名白山，而甘州則無之，其名既混，故後人易誤，而誤之甚者，莫如西河舊事。史記索隱、正義，皆引此書。舊事有曰：『祁連山在張掖、酒泉二界上，東西二百餘里，北百里，有松柏五木，美水草，冬温夏涼，宜牧養，一名天山，一名白山。』而又曰：『白山冬夏有雪，匈奴謂之天山。』夫其所謂『冬温夏涼』者，甘之祁連也；其所云『冬夏有雪』者，伊之祁連也。甘之祁連並不名白山，而舊事亦以白山加之，則混矣。故索隱已疑祁連天山非白山，然不知伊之祁連，則固白山也。

按漢有事於甘之祁連山，自霍去病始。漢書元朔六年，去病以數萬騎出隴西北地二千餘里，過居延，攻祁連山。史記年表作元狩二年。韋昭曰：『居延即張掖。』而漢張掖郡有觻得渠。先是匈奴有觻得單于，去病平之。故武帝曰：『驃騎將軍攻祁連山，揚威乎觻得。』而匈奴自喪祁連、焉支二山，嘗有『奪我祁連山，使我六畜不蕃息；失我焉支山，使我士女無顏色』之謠。亦見西河舊事。斯正甘州之祁連山，西河舊事所謂美水草，宜畜牧者也。焉支亦在甘境，自去病奪二山，而混邪以降，河西四郡以開。故去病卒，而以祁連山肖其冢者，象其功也。晉書地理志張玄靚嘗置祁連郡，符秦有祁連都尉是也。

其有事於伊之祁連山，自李廣利始。史記李將軍列傳：『天漢二年，貳師擊右賢王於祁連山。』匈奴列傳作太初五年。正義以伊州之天山當之，蓋是時漢已得張掖，則河西固爲内地，而李陵以支軍出居延北千餘里，分匈奴兵，正宜在伊吾之境。故漢書云：天山之西疏榆谷爲蒲類國，山之東乾當谷爲卑陸國，於太谷爲西且彌國，究虛谷爲東且彌國，丹渠谷爲刼國，此五國並處匈奴北境，南接車師，斯正伊州之祁連山。西河舊事所謂白山冬夏多雪者也。漢宣帝時，五道北伐，有祁連、蒲類兩將軍，正指此地。明帝遣竇固至天山取伊吾，章懷注曰：「天山即祁連山，一名雪山。」則不獨師古以爲祁連矣。

唐之呼祁羅漫山，蓋即祁連山之轉，而天山之名不易也。然則祁連山、天山之名，甘州、伊州二山所同，但當以白山别之。桐君欲截然以甘州北者爲祁連山，而在伊州北者爲天山，其説似未盡也。甘州之祁連今爲内地，伊州之祁連今爲哈密。嗚呼！桐君逝矣，安得起之地下而質之。

燕雲失地考

宋宣和時，與女真夾攻遼，因求晉賂契丹故土，初謂可盡山前後地，而不思平、營、灤三州非晉賂，乃劉仁恭獻契丹以求援者。既而王黼悔，欲并得之，遣趙良嗣往請再三，女真終以非晉賂不與。是宋史所紀也。

考劉仁恭帥盧龍，未嘗與契丹通。惟資治通鑑載守光末年衰困，曾遣韓延徽乞師，然亦無割地事。梁乾化三年四月，晉劉光濬拔燕平州，執刺史張在吉；五月攻營州，刺史楊靖降，則平、營未割之明證也。其失平、營，肇於周德威作帥時。通鑑謂：『幽州北七百里有渝關，舊置八防禦軍，募土人守之，以禦契丹。德威恃勇不修邊備，遂失渝關之險，契丹每芻牧於營、平之間。』而遼史太祖天贊二年春正月丙申，大元帥堯骨克平州，獲刺史趙思温、裨將張崇。二月如平州；甲子，以平州爲盧龍軍，置節度使，則平、營遂入契丹矣。

至灤州則古無之。劉守光據燕，暴虐，民多亡入契丹，阿保機乃築此城。本金國行程。既陷平、營，遂改平州爲遼興府，而以營、灤二州隸之，號平州路。至石晉初，德光又得十六州地，乃建燕山爲燕京，轄山前六郡地，號燕京路。乃海上議割地時，意以燕山路盡統關内之地，實不知燕山、平州之同在關内而異路也。故馴致有張瑴之事，而斡離不卒由平州入寇。本金國節要。然平、營在天贊後，又嘗入唐，則諸家皆失考。考歐史：『明宗天成元年十月庚子，幽州奏契丹盧龍節度使盧文進來奔。』初，文進爲契丹守平州，帝即位，遣間使説之，以易代之後，無復嫌怨。文進所部皆華人，思歸，乃殺契丹守平州者，帥其衆十餘萬，車帳八千乘來奔。迨三年正月，契丹復陷平州，始不復歸中國耳。

但當時石晉所賂地，實不止十六州。通鑑：『齊王開運元年三月辛卯，馬全節攻契丹泰州，拔之。』以五代會要考之，泰州，後唐之奉化軍，今清苑縣，則泰州亦所賂地也。是年六月，以府州刺史折從遠爲府州防禦使。初，高祖割北邊之地以賂契丹，由是府州亦北屬，從遠拒之，故有是命，則府州亦所賂地也。『二年，振武節度使折從遠擊契丹，圍勝州，遂攻朔州。』胡三省注：『勝州不係天福初所割數内，蓋契丹乘勝并取之。』是勝州亦所賂内也。載考金國節要，則易州、景州亦在賂内。是史所云十六州者，亦或未盡。至史所載十六州中，則蔚州舊爲契丹有。明宗長興三年十一月，蔚州刺史張彦超本沙陀人，嘗爲帝養子，與石敬瑭有隙，聞敬瑭爲總管，舉城附於契丹，契丹以爲大同節度使。當時不過統舉言之，不則史誤書也。

若周世宗克復關南，則瀛、莫、易、景已内附，又奪瓦橋關爲雄州，割容城、歸義二縣隸之。胡三省注在涿州。奪孟津關爲霸州，割文安、大城二縣隸之。孟津關，宋以爲幽州之會昌縣。胡三省以爲莫州之文安縣，然觀下云割文安、大城隸之，則宋説是。而乾寧軍之寧州，契丹所自置者，亦已内附。是山前之地，多所收復。乃宣和時尚云山前、山後一十七州，則以幽、即燕京。薊、景、檀、順、涿、易爲山前地，以新、嬀、儒、武、雲、應、寰、朔、蔚爲山後地也。尚少一州，當考。

揚子雲生卒考

文選李善注於甘泉賦引桓氏君山新論，謂揚子雲以成帝永始時，待詔賦甘泉，始就，夢腸出，收而納之，次日卒。近日蜀儒者據此以爲子雲未嘗歷事諸朝，『美新』『投閣』，乃出自謗傷之口。相傳子雲甫殁，即有讐人私改其法言者。以此合之，足以湔雪千載沈屈，使其果核，亦正舊史之一大案矣。

予謂漢書紀載，誠不能無誤，若以子雲本集考之，有可疑者。子雲解嘲之作，其自序言：『當丁明、傅晏、董賢用事，諸附離之者，或起家至二千石而已。方草擬太玄，有以自守，客有嘲其玄之尚白者，故爲文解之。』夫太玄爲子雲擬經之書，實與法言並稱眉目，倘如新論所云，則早死於十年之前，哀、平消長，何由得見？況甘泉待詔以還，朝廷有事，子雲輒預扈從，諸如羽獵、長楊、河東諸作，皇皇大文，皆有歲月可稽。且子雲雖滯下僚，然於國事頗得與聞，累朝奏對，歷歷具在。若欲定子雲之死於永始，則著述亦寥寥矣。或曰是則然已，前輩汪堯峰固嘗辨之矣。但由成帝建始元年至王莽天鳳五年，春秋五十有餘，而其得見成帝，已踰四十，則與本傳所謂七十一者，顯然不符。不知子雲未嘗以建始至京也，其客大司馬王音門下，乃在永始元二之間，故不久即有承明之召，不然安有二十載京華，姓氏通於天子，直至汾陰肆祀，方得一薦之理。是所謂四十者，蓋從永始言之，其去天鳳，正與漢書年數大略相合。堯峰既知甘泉妖夢之誣，而欲移子雲之死於平帝末，是強爲之辭者也。

或又以谷永亦字子雲，欲以美新之文嫁之，不知谷死於王根之世，不及見禪代。或又以劉棻當之，然總莫之徵也。

且李善所引新論，實前後不相應，其於文賦注中亦引此條，則但曰病，而不曰卒，蓋一書之中，業已矛盾，原未必新論之本文也。常熟錢尚書謂新論在明季尚有完書，惜無從得一見之。

陶淵明世系考

梁昭明太子作陶淵明傳，及晉、宋二書，皆以淵明爲桓公曾孫，其實不然。淵明集有贈長沙公族祖詩序云：『長沙公於予爲族祖，同出大司馬，昭穆既遠，已爲路人。』考晉書：桓公薨，以第三子瞻之子宏嗣；宏卒，子綽之嗣；綽之卒，子延壽嗣，宋受禪，降，封吴昌縣侯。禮云：『五世親盡則爲途人。』淵明爲桓公曾孫，則於綽之爲再從昆弟，於延壽爲族叔，固不當有族祖之稱，亦不當云昭穆既盡爲路人也。然則據諸家，謂是詩爲延壽作，則淵明當爲桓公七世孫，故詩云『同源分流，人易世疏』，蓋祖免殺姓則親屬亦竭，六朝近古，猶有宗法之遺，於此見之。

且桓公十七子，九人皆見舊史，得列附傳，而謂其餘不顯。淵明之祖，則武昌太守茂也，淵明之詩稱之曰：『直方二臺，惠和千里。』使茂亦在十七人之内，則不得曰九人而外不顯也。陶氏家譜亦自知其不合，遂改以岱爲祖，求當於曾孫之數，則岱官至散騎侍郎，又與淵明詩戾。後世譜系之誣，其無稽皆若此。

吴斗南作陶詩年譜，欲求合於諸史，謂别本作予於長沙公爲族祖，果爾，則淵明所贈，當屬延壽之子。其時長沙之爵已降，似不當復稱長沙公，而詩題『族祖』二字，將又何以言之。蜀人張縯作陶詩辨證，又謂詩序當以『長沙公於予爲族』斷句，而以『祖』字連下讀之，則不特不能成語，而亦忘詩題有族祖之稱，尤爲鹵莽之甚者。世多疑桓公孫淡，清風高節，絶世離羣，淵明乃其親屬，何以命子詩中，不一及之。不知淵明述祖，祇敘一本之親，故詩中但敘桓公，而死事如瞻，立功如輿，概不旁及，乃立言之例也。

或曰：孟嘉之妻爲桓公女，其女則淵明母，以親表輩行言之，淵明似當爲桓公曾孫。予曰：屬盡則同姓亦疏，於親表乎何有？或曰：古人自曾祖而上，皆得稱曾祖；自曾孫而下，皆得稱曾孫；曾者，重也，雖不拘四世，言之亦可。予曰：是在春秋以前固有之，然晉、宋以來，恐不然也。

河東柳氏遷吴考

柳柳州爲吴人，見於本集與本傳，而蘇之志人物者，鮮及焉。按本傳云：『柳宗元，其先蓋河東人，後徙於吴。』此明文也。柳州作先侍御府君神道表云：『天寶末遇亂，奉德清君，夫人，德清君，侍御父察躬也；夫人，侍御母也。舊人皆誤連讀之。故本傳亦止云奉母避亂。考柳州逮事王父，是時豈得奉母遺父。載家書隱王屋山間，間行求食。亂有間，舉族如吴，居德清君之喪，服除，常吏部命爲太博。先君固曰：「有尊老孤弱在吴，願爲宣城令。」三辭而後獲。』是侍御已定居於吴。柳州生於大曆九年，當在侍御爲朔方推官、晉州參軍之時，其家於吳久矣。

且不特家於吳，并婚於吳。柳州爲楊詹事憑之壻，其作楊郎中凝墓志云：『君與季弟凌同日生，不周月而孤，伯兄憑翦髮爲童，家居於吳。』是楊氏之稱弘農，猶柳氏之稱河東，皆推原其族望，而實則皆吳人也。其作亡妻弘農楊氏墓誌云：『夫人三歲依於外族，間在他國，凡十有三年，而二姓克合。』蓋柳與楊同居吳下，而柳州之婦鞠於外家，故有『間在他國』之語。

然竊嘗疑柳州再世居吳，而其集中未嘗有一語及於洞庭、林屋之勝。韓吏部之誌，劉賓客之祭文，亦不及焉。及夷考之，乃知柳州雖居吳，而在吳之日甚淺。大抵唐人之世宦者，多居京師，蓋當時不特有里第，兼有家廟，枝附葉連，久而重去。柳氏自河東之虞鄉遷京兆之萬年，已累世矣，其少陵原之大墓，則高祖蘭州府君而下皆在焉。侍御雖挈家南轅，而柳州作太夫人歸祔志云：『宗元生四歲，居京西田廬中。先君在吳，家無書，太夫人教古賦十四首。』是柳州少日固多居長安。侍御之總三司，自夔州再入朝，則又隨侍在長安。已而登進士，歷官至尚書郎，則又在長安。且柳州享年四十七歲，其自序曰『長京師三十三年』，合之南竄十四年之數，已自相符。則中間不過偶一至吳，其遊朝陽巖西亭詩云『羈貫去江介，世仕尚函、殽』，是明言居吳未久，而以世仕不能忘情於秦。南竄而後，詩文酬答，總惓惓於鄠、杜之間，使其得再入朝，殆有挈其羣從西歸之意焉。然自柳州南竄，其子弟無復有居萬年者，其答許京兆孟容書言『先墓所在城南，更無子弟，善和里宅，已三易主』，則其後柳州雖歸葬萬年，而子弟已即安於吳矣。不然，則柳氏在吳秖可以言寓公，本傳不得竟斷之曰『徙吳』也。唐人最重舊籍，故雖數世之後，必行歸葬之禮，不得以此而疑柳氏之非吳産也。宋人作柳州年譜，於其居吳顛末不詳，而蘇人亦莫之考，吾故表而出之。

通鑑分修諸子考

胡梅磵曰：『温公修通鑑，漢則劉攽，三國迄於南北朝則劉恕，唐則范祖禹。』此言不知其何所據，然歷五百年以來，無不信以爲然者。予讀温公與醇夫帖子，始知梅磵之言不然。帖曰：『從唐高祖初起兵修長編，至哀帝禪位止。其起兵以前，禪位以後事，於今來所看書中見者，亦請令書吏別用草紙録出，每一事中間空一行許，以備翦粘。隋以前與貢父，梁以後與道原，令各修入長編中，蓋緣二君更不看此書。若足下止修武德以後，天祐以前，則此等事跡，盡成遺棄也。』觀於是言，則貢父所修蓋自漢至隋，而道原任五代，明矣。蓋貢父兄弟，嘗著漢釋，而道原有十國紀年，故温公即其平日所長而用之，而梅磵未之考也。

貢父所修一百八十四卷，醇夫所修八十一卷，道原所修二十七卷，〔李注〕據此則大都二百九十二卷，何以宋史藝文志資治通鑑三百五十四卷，今本又有二百九十四卷，與神宗序勒成二百四十九卷，多寡不同，殆音注本與温公原本不同。而當時論者，推道原之功爲多，何也？蓋温公平日服膺道原，其通部義例，多從道原商榷，故分修雖止五代，而實係全局副手。觀道原子羲仲所紀可見也，羲仲曰：『當時訪問疑事，每卷皆數十條，不能盡紀，紀其質正舊史之謬者。』然則道原之功誠多矣。至於三子所修，愚最以唐鑑爲冗，後人以伊川許之，遂有『范唐鑑』之目，而以其書孤行，其實裁量未爲簡浄也。

阿育王寺十二題考

盱江李先生泰伯有阿育王寺十二題詩，乃筠州楊屯田和寺僧常坦，而邀盱江同作者。吾鄉阿育王山志莫之收也，其亦固陋矣。

夫十二題中，至今存者，山水則曰金沙池，曰佛跡峰，曰靈鰻井；伽藍則曰育王塔，曰八角殿；斯其歷劫無恙者也。其曰七佛石，當即指烏石嶴而言，道宣感通傳所稱梵僧七人過此，得石函舍利，六僧騰空而去，其一化爲烏石者也。其曰石屏風，恐即指前山玉几而言。其曰供奉泉，據盱江詩，則時有浮屠璘鑿此泉以奉母者。阿育王山中所乏者泉，今泉乃以妙喜得名，横浦以大儒爲之銘，故益著，而供奉之跡遂無稱者。予謂妙喜之大節，良足爲山重，顧妙喜不附和議爲忠，而璘爲孝，生平不喜作浮屠家言，以其去人倫耳，若其有忠孝之節，則固不可以浮屠而泯之也。其曰晉年松，今寺前有巨松能放光，爲浙東松之最奇者，然非是詩，則不知其遠自晉年也。其曰重臺蓮，今雖有蓮而不甚盛，豈灌溉乏人力，遂漸成凡種耶？其曰明月臺，則嬾堂舒氏亦嘗有詩。其竟無可考者，袈裟石耳。

顧讀盱江詩中並不一及舍利之神，則知是時已無復舊物，而南渡以後震而奇之者，其出於耳食，更不待辭費矣。爰牽連記之，以爲吾鄉志乘之一助。

續甬上賜府考

賜府之制昉於宋，蓋大臣之有勛勞者，則以嘉名寵其甲第。其後亦有位望未至，而特恩賜之者。吾鄉自宋南渡，賜府極多。有黄翔龍者，東發先生族兄弟也，著甬上賜府考一卷，今不可得見矣。尚有流傳一二者，如史文惠王之『壽樂』，以位望也；文惠之孫子仁，以避其宗衮，官不達，而亦賜『鴻禧』之名，則以賢也。深寧先生之『汲古傳忠』，則以世其家學也，是在圖經中不應遺之，而惜乎其無徵也。

明則三品内秩，皆得稱府；外臣則總制、巡撫、大帥之外不預焉，而不復加以名目，通計十五朝三百十五年之中，吾鄉稱府者五十四人，總之四十二家，又總之爲三十三姓。

以大學士稱者二：曰余氏，以文敏公有丁也；曰沈氏，以文恭公一貫也。

以尚書稱者十有七：曰程氏，以刑部徐也；曰金氏，以忠襄公忠也；曰陳氏，以工部恭也；曰楊氏，以文懿公守陳、吏部守阯、康簡公守隨也；曰屠氏，以襄惠公滽、簡肅公僑也；曰張氏，以文定公邦奇、兵部時徹也；曰陸氏，以康僖公瑜也；曰聞氏，以莊簡公淵也；曰汪氏，以禮部鏜也；曰趙氏，以端簡公參魯也；曰王氏，以莊簡公佐也；曰周氏，以文穆公應賓也；曰李氏，以禮部康先也。

以侍郎稱者九：曰黄氏，以禮部宗明也；曰陳氏，以刑部瑜也；別爲一陳。曰豐氏，以禮部熙也；曰范氏，以兵部欽也；曰全氏，以先工部、禮部二公也；曰董氏，以兵部光宏也；曰黄氏，以工部景章也；別爲一黄。曰林氏，以吏部棟隆也；曰李氏，以忠毅公櫄也；別爲一李。而楊氏則文懿之子茂元官刑部，屠氏則簡肅從子大山官兵部，李氏則禮部康先之曾大父堂已官工部，不預焉。

以都御史稱者一：曰金氏，以右都御史澤也。

以副都御史稱者八：曰周氏，以相也；別爲一周。曰朱氏，以瑄也；曰陳氏，以漕撫濂也；別爲一陳。曰王氏，以應鵬也；別爲一王。曰柴氏，以經也；曰戴氏，以鱀也；曰丁氏，以繼嗣也；曰高氏，以鄖撫斗樞也；而陸氏則康僖之羣從鈳，官保撫、副都御史；汪氏，則有應天巡撫玉不預焉。

以大理寺卿稱者二：曰蔡氏，以錫也；曰徐氏，以時進也；而陸氏尚有大理世科不預焉。

以太常稱者二：曰吴氏，以惠也；曰徐氏，以應奎也。別爲一徐。以（先）〔光〕禄稱者二：曰管氏，以大勛也；曰吴氏，以禮嘉也。別爲一吴。

大帥則曰萬氏，以漕督表、天津總戎邦孚也；曰施氏，以都督翰也；曰趙氏，以宣大總兵光祖也。

別爲一趙。近者新秦子弟，妄自署置，有未嘗賜府而冒稱之者，二十年來漸不可問，是王、謝家門之恥也，予故於暇日偶記之。

董徵君墓考

〔校〕原注：『蔣增。』黄本無此篇。

吾鄉董孝子墓，即祔於其母淑德夫人墓旁，舒嬾堂詩所謂『孤冢枕城邊』者是也。近世慈谿之董氏，指其縣中羊酪河所稱董孝子墓，以爲徵君故塋，鄞之董氏亦從而祭之。不知此乃明洪、永間别一董孝子，係奉化建炎義士董之邵之後，數傳而爲閣學仁聲，又數傳而爲孝子諱恭禮，自奉化遷鄞，成洪武辛未進士，以母老歸養不仕，母卒，值革除，又托廬墓以終，士人亦以『孝子』呼之。明末之給事中志寧，其裔也。不學之徒妄祀非族，故爲正之。

鮚埼亭集外編卷四十一

簡帖一

奉方望溪前輩書〔校〕黄本作奉方靈皋前輩論喪禮朝廟殯廟帖。

甬東後學全祖望再拜頓首，靈皋先生前輩足下：束髮以來，仰慕盛名，南北道遠，不得一御元禮。兹來京師，峨嵋天半，幸一望見，從此塵山霧海，有所指歸，幸先生其弗棄。

按檀弓曰：『殷朝而殯於祖，周朝而遂葬。』注疏家引以爲『殷殯祖廟，周殯路寢』之據，因有『殷尚質，故於廟；周尚文，故於寢』之説，言之確鑿。但考之左氏，僖八年與襄四年，皆有『不殯於廟』之語，而皆以爲降禮，則苟非貶黜，似未有不殯於廟者。杜元凱、孔仲達曰：『所謂不殯廟者，非果殯在廟也。臨葬時，必以殯宫朝廟。今貶黜者，禮宜從殺，不復行朝廟禮耳。』夫以周禮論，則朝之與殯，截然兩大節目，而乃以不殯廟爲不朝廟，似未可信。考鄭康成志答趙商一條，亦嘗及此，然疑竇終不解。載考之大戴禮諸侯遷廟篇曰：『成廟將遷之新廟，君玄服，從者皆玄服，至於廟，祝曰：「孝嗣侯某，敢以嘉幣告於皇考某侯，成廟將徙，敢告君。」有司以次出廟門，至於新廟。』夫所謂『至於廟』、『出廟門』者，所殯之廟也。所謂『新廟』者，所祔之廟也。更與左氏相爲證合。於是近世有謂三代殯宮，皆在祖廟，蓋廟中之堂，乃先祖出享帝時栖神之所，死者之柩，難以直據其所，故不得已而降在庭階之間。若夫路寢，則直殯中堂，何嫌何疑，而階上陳尸，階下行禮，生時負牖，死乃降之傴仄之區，顯背禮文，其爲儀禮之訛無疑。

然愚仍有所未信者，殷禮無徵，姑且置之弗論，若周禮，則方大斂時，絞紟衾冒雖已畢具，然尸尚在牀也。迨舉尸而下於棺，舉棺而載諸輴，菆則周之，屋則塗之，是曰殯禮。今曰殯當在廟，則廟在寢東，非咫尺所可到，此纍然之尸，何物舉之而至廟耶？而且所殯之廟，其始祖之廟耶？其皇考之廟耶？其所祔之廟耶？夫倚廬堊室以衛殯宮，殯而在廟，則居喪之制，所有七月、五月之期，皆將在廟中耶？何以絕無明證也。

已乃思曰：嘻！左氏所謂廟，即儀禮所謂寢也。以人道則曰寢，親言之也；以神道則曰廟，尊言之也。考尚書顧命篇：『諸侯出廟門俟。』傳曰：『廟門者，路寢門殯之所處，故曰廟也。』蔡傳同。喪大記：『甸人所徹廟之西北扉。』疏曰：『謂正寢爲廟，神之也。』喪服小記：『無事不辟廟門。』注曰：『廟，殯宮也。問喪祭之宗廟，以鬼享之。』疏曰：『謂虞祭於殯宮，神之所在，故稱宗廟。』士虞禮：『側享於廟門外之右，東面。』注曰：『鬼神所在則曰廟，尊言之。』雜記：『至於廟門。』注曰：『廟所殯宮。』然則廟即寢也，儀禮、左傳之言，異而同也。是以明堂九室，其中亦曰太廟。夫明堂天子所居，何以忽與都宮一例並稱？及見陳用之曰：『以其秋冬大饗在焉故也。』古者，鬼神所在皆謂之廟，然則又何異於殯宮。總之，夏后氏之阼階，殷之兩楹，周之西階，皆於正寢，即殷人所謂『朝而殯於祖』者，亦謂於下棺後，便以柩朝廟，而殯於廟中。周則直至葬時，始有朝廟一節，是其禮之所以不同，非謂殷之殯廟，如下殤之舁尸而就殮也。若左傳晉文公薨，而次日即殯曲沃；檀弓孔子殯母於五父之衢，則皆末世變禮。晉以兵革之事，務急葬以臨戎，亦自知其非禮，故諱其名而曰殯。若孔子則以不知父墓，出萬不得已之舉。是其所謂殯者，直如後世權厝之禮，在三月以後者。但以未能純乎葬禮而謂之殯，是則別是一例。先生以爲何如？

奉望溪先生論喪禮或問劄子

〔校〕黄本作奉禮部侍郎方公論喪禮或問帖子。

閣下喪禮或問，議論之精醇，文筆之雅健，直駕西漢石渠諸公之上，此經學中所僅有也。獨有一節，尚不能無請者。禮記曰：『士之子爲大夫，則其父弗能主也，使其子主之。無子，則爲之置後。』此自方性夫以來，固嘗疑其謬，閣下直以爲野人之語，則愚恐其猶别有説也。

天子、諸侯之所重者統，則嗣其統者始主其喪；大夫之所重者宗，則嗣其宗者始主其喪。且夫大夫之死，其君自聞赴以至大斂，凡三臨之。庀喪具者，既有家衆，而君又遣大宗人、小宗人、卜人以相其事，故謂大夫之子主喪者，即以大夫之服服之。雖其説未必可信，而要其所行則爲大夫之家之禮。夫大夫之長子，寧能保其他日之不爲士，而要不能不以大夫之家之禮行之。蓋國必大夫，而後有宗，有宗，則其子之賢者固有嗣爲大夫之勢，即不賢者亦尚可邀世禄，以長其宗。此宗法之所以重，而主其宗者與俱重焉。當其時，臨之者君，相之者國之大臣，趨走之者家衆。使主喪者，不以大夫之禮將事，則褻其君，而自夷於微者之列，以替其宗。而其行之也，則已隱然示以傳家之重，而望之以象賢，故其父弗能主也。論者競以齊疏之服，自天子達則衰裳，不當有貴賤之殊。愚以爲衰裳之分，其升數固未必然，而要其大夫之家之喪，則自有大夫之禮，不必以升數一節泥之也。

請以近世之禮言之：宗法則已廢矣，然位至開府以上者，其死也，天子或爲之賜祭葬，贈官贈謚，則其以謝表上者，必其子也，無子則其爲後之子也，其父雖在不預也。惟其父亦位開府者，則得自爲陳謝，非常例也。蓋後世之宗法雖亡，而有廕襲之例，〔校〕黄本作『禮』。是猶古者世官、世禄之遺，故其父雖能以〔校〕黄本無『能以』二字、有『襲』字。子貴，而禮不自達於君，其又何疑於古大夫之禮。然則大夫喪禮所以别於士者，其大綱正在此。是故士不得祔於大夫，而大夫得祔於士，不以己之貴陵其親也，先王所以申人子之情也。大夫之適子，以大夫之禮主喪，而其父不得預，不以己之私褻其君也，先王所以重宗子之寄也。此其禮原並行而不悖。諸家乃謂如此則舜果可以臣瞍。夫使舜不幸先瞍而死，則其喪固當商均主之，無預於瞍，而非臣父之謂也。

檮昧之見，願閣下更有以教之。

與鄭筠谷宮贊論嗣君承重服制帖

〔校〕黄本「宮贊」作「贊善」。

昨見所駁日知録諸條目，皆中寧人先生之失。至於所引朱子議寧宗承重一節，則愚竊以爲無可非者，而執事過有疑於鄭志之説。執事謂「父在而服斬，是死其父也」。夫天子諸侯之孝，原與士大夫不同。故有適子者無適孫，而或不幸而適子有不能承襲者，如廢疾不任事。則國統所在，不得不傳之子。統之所在，服即在焉。使以父在而服斬爲死其父，則先當以父在而承統爲篡其父。

寧宗之受禪也，固以光宗不能執三年之喪故也。當日假「退閒」之御筆以行之，奉憲聖之明旨以定之，告於九廟，令於四方者，則首以三年之喪屬之寧宗。雖其後光宗康復，自行重服於宮中，此亦當然之禮，然不過一人之私，而非可以當爲後之責也。而謂寧宗得籍口於此而除服，則此後大祥之祭，光宗既不能出而主其事，而寧宗之服又除，居然以吉禮行之。是以已承之重而欲棄之，以已傳之重而欲還之，其可謂之禮歟？

蓋以父不能執三年之喪，而子代之，是正爲子者不喪七鬯之義也。使以死其父爲嫌，則反絶其祖矣。夫絶其祖，則真死其父矣。況是説亦非鄭志刱言之也，中庸「期之喪，達乎大夫」，則天子諸侯絶期矣。彼天子諸侯明明有父在，而傳統者，則父在而服斬可知也。使如胡紘之言，則中庸亦誤也。故鄭志答趙商，但舉「天子諸侯之服皆斬」一語答之，而其義已了然。朱子當時亦失記中庸之文，遂直以爲康成之所斷耳。

嘗謂慶元大臣於此事，行之未爲盡善，蓋當受禪時，原應援禮文「廢疾承重」一條，載入詔中。然吾讀水心擬詔，有曰「病無嘗藥之人，崩乏居喪之主」，則已明及之。而趙忠定公以言之過直，芟而不用，至使後此之盈廷聚訟，則所謂自取紛争者也。執事之意固主於厚，然寧人先生所據禮也，故敢爲執事陳之。

答施瞻山問天文二十四時帖子

周天之度三百六十有奇，釐爲十二辰，與大地十二野配，六合儀中用十二宫者本此。其又以一宫分二向者，再細判之，應二十四氣也。特是支祇十二，求所以足二十四向者不可得，乃取干以配之。十干之中，又舍戊己不用，而取坤、艮、巽、乾補成其位。干有十而用八，卦有八而用四，斡旋補綴，學者疑之。不知此淮南子法也。

古者呼二十四氣爲二十四時。鴻烈解天文訓所謂日行十五日爲一節，以生二十四時是也。其序以斗指子則冬至，每加十五日，指癸則小寒，指丑則大寒，指報德之維則越陰在地，故曰距冬至四十六日立春。指寅則雨水，指甲則驚蟄，指卯則春分，指乙則清明，指辰則穀雨，指常羊之維則春分盡，故曰有四十六日立夏。指巳則小滿，指丙則芒種，指午則陽氣極，故曰有四十六日夏至。指丁則小暑，指未則大暑，指背陽之維則夏分盡，故曰距夏至四十六日立秋。指申則處暑，指庚則白露，指酉則秋分，指辛則寒露，指戌則霜降，指蹏通之維則秋分盡，故曰有四十六日立冬。指亥則小雪，指壬則大雪，復指子則陰氣極，故曰有四十六日冬至。孝經緯引周天七衡六間之文同此。

是則淮南之法，先定四正以爲分至，謂之二繩；次定四維以爲啓閉。然後以壬癸夾子，丙丁夾午，甲乙夾卯，庚辛夾酉，爲四正輔；若丑寅、辰巳、未申、戌亥，恰當四維前後之位，謂之四鉤。其布置本自井井，所以虚戊己者，戊己居中，不得麗於旁也。後世因報德、常羊之文奇零不整，見其方爲坤、艮、巽、乾之卦，遂以代之。不知者妄詆其於干不備，於卦不全，豈知四卦即四維，夫固遠有端緒者乎？日知録曰：漢徐岳術數紀遺：『三不能比兩，乃云捐悶與四維。』注：『三不能比兩，孔子所造，布十干於其方，戊己在西南。四維，東萊子所造，布十二時於四維。捐悶，周公所造，先本位，以十二時相從。』據此，則又算法所用者。

答施瞻山問鐘聲不比乎左高帖子

瞻山都講座右：仲夏中接下問數條，俗務周章，蹉跎未應，旋以內子大病，廢紙筆者匝月，架上牙籤，案頭筠管，無不塵封。昨晚秋風驟至，有片紙從硯匣間飛出，起拾視之，則都講來諭也，秉燭草便紙奉答，皇恐死罪。

按國策，『鐘聲不比乎左高』，高誘、鮑彪無注，即資治通鑑中亦載其語，而胡身之不置片詞。近見坊間綱鑑俗本，有妄作注語者，皆不足據。考尚書大傳曰：『天子左五鐘，右五鐘，謂六律爲陽，六吕爲陰。凡律吕十二，各具一鐘。天子宫懸黄鐘在南，蕤賓在北，其餘分列東西。天子將出，則撞黄鐘，右五鐘皆應；入則撞蕤賓，左五鐘皆應。』注謂：『黄鐘在陽，西五鐘在陰；蕤賓在陰，東五鐘在陽。』王深寧曰：以周官合之，王宫懸四面，諸侯軒懸三面。然則諸侯特南面不懸鐘，而左右之鐘，其制無別。春秋傳云『歌鐘二肆』，則十二鐘皆全也。凡樂先奏鐘以均諸樂，右五鐘謂林鐘至應鐘，左五鐘謂大吕至中吕，右陰其聲欲高，左陽其聲欲下，高則柔而不懾，下則剛而不亢。其居左而欲下者，猶宫爲君，而其音濁也。其居右而欲高者，猶商爲臣，而其音清也。左鐘當下而高，是以不和。其説見通鑑答問。

至所述丁氏啓蒙注謂天地之數各五，合而衍之，通得九位：一與二爲三，二與三爲五，三與四爲七，四與五爲九，五與六爲十一，六與七爲十三，七與八爲十五，八與九爲十七，九與十爲十九。九位各有奇，而五位各有偶，置其五位之偶，是爲五十大衍之體數也。存其九位之奇，是爲四十有九，大衍之用數也。似以未達爲問，此不過以天五地五之數乘之，其實言奇言偶，舉體舉用，俱屬支離附會，不能於實用有所發明。所謂九位各有奇者，謂第一位至第九位無成兩者，各有奇也。所謂五位各有偶者，謂第五位至第九位得十者五，各有偶也。專舉其五位之偶，則得五十。專舉其九位之奇，則得四十有九。正與大衍之數五十，其用四十有九偶合。故丁氏言之，然要不必深信者。

久不晤賢昆季，近日著譔多否？徐伯魯詞體明辨，容異日檢奉。頓首頓首。

答李嶧陽問開方法帖子

嶧陽先生足下：接札，以井田開方法爲問。因及禮記『方百里者，爲方十里者百；方千里者，爲方百里者百』諸語，此即所謂開方法也。而自鄭康成以後，鮮有洞然言之者，以故宋儒多誤解。其載在衛氏禮記集説、陳氏禮書，都不了了，遂致孟子班爵禄一章，人人以爲易曉，而一叩之便茫然。嗚呼！學殖荒落，以童而習之之四書，尚多盲瞽，而方且晏然不自知，悲夫！

弟今年在東錢湖中聽一老生講孟子，因以『天子之卿受地視侯』一節爲問。曰：『此言畿内班禄之制也。』予曰：『然。然則天子六卿各受一百里，已去王圻〔校〕黄本作『畿』。大半，其外尚有大夫、元士、中士、下士不下數百，裂天子之疆不足以供諸臣〔校〕黄本作『侯』。奈何？』旁有一生莞然起曰：『此固别有一例。圻内之地原不足以供諸臣，但内諸侯雖名曰受地，而實不過分給以禄。視侯者受侯之禄，視伯子男者受伯子男之禄。千里而外，侯國有禄。餘山澤有賦税，閒田有粟米，合數者以當諸臣之禄，則足矣。』予曰：『然則是受禄，非受地也，何以注曰「王圻之内，亦制都鄙受地」耶？夫是説，本俗下講章，而免園學究，奉爲的詁。然爲此説者，并禮記未看一過。』其人曰：『何謂也？』予曰：『禮記王制云：「天子之縣内，方百里之國九，七十里之國二十有一，五十里之國六十有三：凡九十有三國。名山大澤不以朌，其餘以禄士，以爲閒田。」夫畿内千里，何所容此衆建，不知此開方法也。大抵方千里者，得百萬里；方百里者，得一萬里；方七十里者，得四千九百里；方五十里者，得二千五百里。此在近世，西河毛氏言之最悉，請詳述之。其説曰：『方一里者，縱横一里也。縱横一里祇一里者，以縱之一里，即横之一里，無二里也。若方十里，即百里矣。以方一里而縱十之，祇十里耳。至横亦十之，則已十其十，而爲百里，然猶十倍法也。若方百里，則前所云方十里者已百里矣，今又十其百而縱行之，非千里乎？且又十其千而横行之，非萬里乎？此非百倍法乎？』毛氏之説止此。若方千里，則當以千倍法乘之，蓋前所云方百里者，已得萬里，今又十其萬而縱行之，則十萬里，且又十其十萬而横行之，則百萬里。此最易曉者。然則方七十里，以七十倍法乘之，得四千九百里；方五十里，以五十倍法乘之，得二千五百里；皆一例也。夫誠解開方之法，則圻内地方千里，除王制所云九十三國外，祇封得三十五萬四百里，尚餘六十四萬九千六百里，以爲禄士閒田，寧患受地有不足乎？宋儒競言開方法，然謂方百里者得千里，方千里者得萬里，則固未能合矣。蓋不知方十里已得百里，積方十里者百，而得百里，則已萬里；方百里已得萬里，積方百里者百，而得千里，則已百萬里。宋儒祇以死數乘之，宜其誤也。

足下讀書冥搜細會，不肯毫髮放過，經史諸學，如撥雲霧而見青天，他日爲斯文羽翼，洵吾道之幸也。頓首敬復，不備。〔二〕

〔二〕【校】黄本有董小鈍跋：先生此書可謂明白詳盡矣。然舉數重疊，猶恐愚者昧焉。予在京師于欽天監得一法，甚易曉，曰開方因法。如方十里即十個十里，方百里即百個百里，方千里即是千個千里，亦即先生所謂十倍、百倍、千倍法也，而更簡明。又知千個千里是積實法，統中央言，若四面，則每一面仍祇千里也。又知須用點根法，縱一角推廣數之。若遽就每一面數之，必不能皆千里也。予亦另有圖記。

答陳杏參問律呂星野配合帖子

某頓首：承示月令疑義，以律呂星野配合之故，似不可解。此無不可解也。總之，十二律以黄鐘、大呂、太簇、夾鐘、姑洗、中呂、蕤賓、林鐘、夷則、南呂、無射、應鐘爲序，自子順行而終於亥。十二辰以星紀、玄枵、娵訾、降婁、大梁、實沈、鶉尾、鶉火、鶉鳥、壽星、大火、析木爲序，自丑逆行而終於寅。順行者，天行之次舍也；逆行者，日月所會之躔垣也。

蓋天行左旋，日月雖麗天以行，而一疾一縮，似若有左旋右轉之分者。所以斗杓建子，則日月會於星紀；建丑，則會於玄枵；建寅，則會於娵訾；建卯，則會於降婁；建辰，則會於大梁；建巳，則會於實沈；建午，則會於鶉尾；建未，則會於鶉火；建申，則會於鶉鳥；建酉，則會於壽星；建戌，則會於大火；建亥，則會於析木。周禮太師職曰：『太師掌六律六同，以合陰陽之聲。陽聲，黄鐘、太簇、姑洗、蕤賓、夷則、無射；陰聲，大呂、應鐘、南呂、函鐘、小呂、夾鐘。』注曰：『陽聲據左旋也，陰聲據右轉也。』但此非僅斗建、日辰配合之序，乃周禮樂制中一大節目。周禮祀天神則奏黄鐘而歌大呂，即所謂子與丑合也。祀地示則奏大簇而歌應鐘，即所謂寅與亥合也。祀四望則奏姑洗而歌南呂，即所謂辰與酉合也。祀山川則奏蕤賓而歌林鐘，即所謂午與未合也。享先妣則奏夷則而歌小呂，即所謂巳與申合也。享先祖則奏無射而歌夾鐘，即所謂卯與戌合也。是以揚子雲太玄經謂『斗振天而進，日違天而退。先王作樂，其必有以合之』，正指此說。

又嘗以三代正朔之說考之，則又三統中一大節目。憶初執經時，嘗與同學論三統之旨，謂周正符於天道，夏正便於農功，惟殷之地統，甚屬無謂。及讀楊龜山與胡康侯書曰：『周據天統，以時言也；夏據人統，以事言也；殷據地統，以辰言也。』乃恍然曰：有是哉！三統之義，無不備也。夫殷易坤乾，原宗大吕，而分野亦肇於星紀，其義正無不相合者。今五行家有衝合之説，大抵皆從律歷中來，蓋陰歷始大吕終應鐘，而相生之次，乃以未、酉、亥居丑、卯、巳之位者，用其衝也。若合，則即左旋右轉之説也。鄭康成月令注謂『天子躬耕，當用亥辰』。皇甫侃曰：『正月建寅，日月會辰在亥，故耕用亥也。』南齊史何禋之孟春擇元辰祀先農議亦引鄭注『十二辰爲六合』之説，請用亥日，則其來久矣。倘以納辰言之，則其循子寅辰午申戌之序者，即陽聲之左旋；其循丑亥酉未巳卯之序者，即陰聲之右轉；六十甲子，皆以此遞傳之者也。惟坤所納辰，用變例耳。〔校〕黄本無『倘』字至此六十二字。若六壬以亥登明爲正月將，戌元魁爲二月將，所謂過宫合神者，亦即律吕星野配合之例。

今試以俗間曆本習用者明之，則曆中所謂建寅、建卯者，即斗建也；所謂太陽到某宫者，即日辰也。敬復函丈，率勒不暨。

奉慈溪馮明遠先生論燕號封國書〔校〕原注『蔣增』。黄本無此篇。

舊聞先生著春秋地名考，以衣食奔走，未及就函丈得一快讀，近傳此書不戒於火，爲之悵惋屢日。少時就父師受春秋學，亦頗留心地理，乃以杜、何、范、韋合之班、馬、桑、酈之籍，古今變遷，彼此同異，迄難臆決。姑據兩節言之：

燕之封國，其都在薊。故漢書曰：『薊故燕國，召公所封。』小司馬曰：『北燕即今幽州薊縣是也。』范逸齋詩補傳謂：『薊之改名爲燕，猶唐之改名爲晉，荆之改名爲楚。』但小戴禮樂記則謂『武王封黄帝之後於薊』。史記周本紀及水經注又謂『封帝堯之後於薊』，是薊與燕屬兩國。張守節云：『召公始封在北平無終縣，以燕山爲名；薊則因薊丘爲名，後燕并薊，乃徙居之。』胡邦衡則云：『武王所封之薊，不久滅絶，成王因以召公紹封。』顧亭林主其説。愚考無終，即山戎也。左傳襄四年：『無終子使孟樂如晉。』漢書右北平有無終縣，係古無終子國，燕之始封，不得在此。胡氏所謂帝堯之後隨即滅絶者，亦無明據，特想當然之詞，爲調人計者。陸德明謂黄帝姬姓，君奭其後，是薊與燕是一國。朱竹垞主其説，遂謂禮記所指，即召公。史記之稱帝堯後者，因堯亦黄帝裔之故。愚考穀梁傳曰：『燕，周之分子。』帝王世紀直以召公爲文王子，雖未可信，而要與周同族無疑。况史記明云『后稷别姓姬』，則是后稷之姬不得混於黄帝之姬也。總之，薊自薊，燕自燕。小司馬以燕爲薊縣固誤，張守節以燕爲無終縣，亦不確。然則召公始封，究在何地乎？

又文王有弟虢仲，封於西虢，在今河北弘農。公羊子所謂郭，左氏之上陽、下陽是也。虢叔封於東虢，在今河南滎陽，左氏所稱虎牢，又稱爲制，鄭桓公寄帑而卒并之者也。西虢亡於周惠王二十二年，東虢則平王元年已爲新鄭。乃史記莊王二十二年爲秦武公十一年，秦本紀書『是年滅小虢』，班固亦以西虢稱之。注家以爲在寶雞東，名桃虢村。按小虢之名不見於三傳，然與西虢絶不相蒙，何以二虢之外，復有一虢，豈亦如邾之外别有小邾，而非其支系歟？抑即虢仲之庶子封於寶雞而爲附庸者歟？

凡此皆經與史參錯而不能相通，先生書中必嘗討論，敬以質之講座。

與鄭筠谷宫贊論猗嗟詩序書

執事所論春秋桓六年子同生一節，愚向不敢以此説爲然，謂聖人書此，以别吕、嬴、黄、芊之疑，固本於穀梁子之説，但桓公謂同爲齊侯之子，特一時之憤詞耳。文姜歸齊時，莊公之生十三年矣，其非齊侯之子，誰不知之，而謂有待於國史之暴白，其亦過矣。況左氏於是節，原自有明文也。然諸家所以喜從穀梁之説者，則以猗嗟之詩小序，首爲附會。

夫作史者魯人，既懼人以莊公非其君之子，而書之史以辨之，作詩者齊人，又懼人以莊公果其君之子，而亟以詩正其甥之名。是何齊、魯之人皆漫然不考其事實，欲蓋其醜，而反以誣之。不知是詩之作，蓋在莊公親迎之時。莊公能以金僕姑射南宫長萬而禽之，而萬亦曰『甚矣！魯侯之美也』，則莊公之材武原其實跡，在齊人口中不過夸其女壻之詞。如今世俗之壻至婦家，親黨里巷争夸其才貌以爲榮，而意中未嘗不諷其忘父之死，結婚讎人之國，豈真能禦亂者乎？是詩人之言所謂『絞而婉』者也。

且六經中所云甥，多指壻言，其以姊妹之子爲甥，僅見於左傳莊公六年，鄧祈侯稱楚子爲甥，其餘不概見。故愚嘗謂小序原多不可信者，此詩可類推也。春秋統紀謂是詩當作於莊四年，公及齊人狩於禚之時，且曰『末語蓋以微文諷之』，孰謂莊公非齊侯之甥者，則第見詩中有『四矢射侯』之文，而不知甥之當爲壻也。詩序之誤既明，則穀梁傳失所證矣。執事其更賜所以教之。

答吴中林通守論康誥三篇書

〔校〕黄本『書』作『帖子』。

康誥三篇，確然爲武王封康叔之書，此本不易之論。西顥謂管、蔡以殷畔，幸而復平。當時何事更有大於此者，而更無一語及之，其爲武王之誥明矣。祇此數語，已足折書序及左、史兩家之角。顧疑殷地既屬武庚，恐不得復封衛，則不然。鄭康成詩譜謂『自殷都以北謂之邶，南謂之鄘，東謂之衛。』或曰鄘在殷都之西，王肅云。是三國者，原環殷都而裂之，殷都固無恙也。殷都無恙，則武庚之位置裕如，不必致疑於康叔之難以並栖也。武庚既降爲列侯，豈得尚擁其畿内之故封，則自殷都以外裂以分封者，理也。

當時三監祇在殷都監武庚，其於邶、鄘、衛本無預也，後人不知，於是漢志謂邶爲武庚所監之國，鄘爲管叔，衛爲蔡叔，則既遺一霍叔矣，且管、蔡各有所封，管非鄘，蔡非衛也，不應以所監爲所封也。抑豈有三監同監殷，而忽與所監之人分地，而同列爲監者？斯在孔疏詰之已悉。帝王世紀知其謬，乃稍遷就其説，謂衛爲管叔，鄘爲蔡叔，而以邶屬之霍，則豈有三監以王命同監殷，乃反監鄰近之三國，而不居殷者。將謂三國皆殷所屬，則既别成爲國，而猶屬殷，非附庸耶？附庸奚足監焉。陳止齋謂自荆以南蔡叔監之，管叔河南，蔡叔河北，此其説更無據。果爾，將不特監殷矣。然即如其所言，則於康叔之國，要風馬牛不相及也。然則邶、鄘、衛之於遺殷，毫無所礙。康叔之封，其在武王時，亦無礙也。

倘謂篇中有『明大命於妹邦』之文，妹邦，乃紂都，是必得殷餘民以後之證，則三國本殷畿，固得統以妹邦稱之矣。倘謂篇中多言慎刑，而康叔爲司寇在成王時，是必爲司寇以後之證，則即據史記，其爲司寇，總在作誥之後。此皆近人之强詞，不足難者。書序本不出於孔子，而是案則左、史兩家皆同，故後人多從之。然史記三王世家康叔爵命之時，未及成人，後捍禄父之難，則固自背其説矣。敢因足下

所示，而申其説。〔二〕

答董映泉問吴草廬易纂言外翼書〔校〕黄本『書』作『帖子』，列卷四十二。

草廬於諸經中，自負其易纂言之精，而外翼則罕及之。所以揭曼碩奉詔撰神道碑，不列是書，而元

〔一〕〖蔣注〗先生之言辨矣，然竊意『三監』，乃分監殷之故地，非監一武庚之意。然如先生言管、蔡、霍，既各有封國，而又同作監於殷都，則所封之國，止虚號耶？抑使人代理耶？故止齋謂管在河南，以河有管理，或即管叔之國。霍在河北，春秋□□霍爲晉獻公所滅，地屬冀州。蔡即後之蔡國。殷之王畿：北距黎陽，南抵汝，武庚止洛邑，霍最近，更命霍叔以扼其北，蔡叔以扼其南，皆就殷畿故墟，三面並峙，以伺察其動静，所謂監也。邶、鄘不可考，或亦周之宗藩，與康叔並環武庚之地而封之，其不謂之監者，武王所重在三叔，以年則長，以地則要害。而尤仗者管叔，故孟子亦獨曰：『使管叔監殷，管叔以殷叛。』蓋殷之植基甚久，遺民不能忘情，三監之設，所以戢其不靖之氣，有變亦足以控制而不得逞。漢賈誼□□與淮南封地，以備七國，亦即此意。厥後管叔反爲戎首，蔡叔從之。邶、鄘之亡，當在此時。惟康叔能捍禄父之難，不啻梁孝王之拒吴、楚。武庚有所牽制，不敢渡河。事定之後，因以邶、鄘益衛，既以賞功，亦俾之環衛東都也。三叔之中，疑霍叔未嘗從逆，特以失察武庚之變致降，後世仍得紹封。觀左傳富辰止之曰：『予之二叔不咸。』亦專指管、蔡，是以其國延至春秋而不聞如蔡仲之更命。此皆想當然之詞，然於詩、書，亦略得所證。先生可作，或以此言爲然也。

史本傳俱失載焉。

考草廬年譜『至治二年壬戌，如建康，定王氏義塾規制，十月還家，易纂言成。天曆元年戊辰，春秋纂言成。二年己巳，江西省請考校鄉試，辭疾不赴，易纂言外翼成。』草廬於易，自云累脱稿始就，而猶有未盡，於是有外翼之作。又考草廬行狀，外翼十二篇：曰卦統，曰卦對，曰卦變，曰卦主，曰變卦，曰互卦，曰象例，曰占例，曰辭例，曰變例，曰易原，曰易派，則是書之卷第也。自崑山葉文莊公菉竹堂目録有此書，其後流傳頗少。姚江黄梨洲徵君著學易象數論中，引草廬先天互體圓圖，在纂言中無之，當即係十二篇之一。徵君於書無所不窺，不知及見是書而引之耶？抑展轉出於諸家之所援據耶？

草廬之易，愚所不喜，其大略見予所作纂言跋語。至於先天互體之例，用圓圖刱作隔八縮四諸法，以六十四卦互成十六卦，以十六卦互成四卦而止，爲漢、魏諸儒所未有，然實支離不可信。總之，宋人誤信先後天方圓諸圖，以爲出自羲、文之手，而不知其爲陳、邵之學故也。而行狀謂草廬於易，自得之妙，有非學者所能遽知。而通其類例以求之者，皆於外翼具之。此固出於弟子推其先師之語，然惜其完書不得見於今，以一一爲之辨正也。

惟是書久不傳，故晉江黄俞郃徵君撰明藝文志稿，注曰『不知撰人』。秀水朱竹垞檢討經義考亦不詳篇目。兩公書目之學，幾幾宋之晁公武、陳振孫，尚有疏略，而足下竟疑此書非草廬所作，則益誤矣。其實此書或尚有在天壤間者，固未可知。今因下問所及，詳述其概，以補前人之闕焉。草廬行狀，虞學士道園作；年譜，危學士雲林作。

答陳時夏先生問杜氏長曆帖子

左傳哀公十六年四月己丑，爲孔子卒日。杜元凱推長曆謂『四月十八日乙丑，無己丑』。己丑，五月十二日。日月必有誤。後儒因曰『己當作乙』。

來教謂史記、孔叢子與左氏既不謀而合，豈有皆誤之理，況長曆又安足據？此先生自得之説也。而先儒已有及之者：吴程謂據大衍曆，己丑乃夏正二月十一日；杜氏謂無己丑，長曆誤也，正可以爲來教左袒之助。而愚猶以爲不然。哀公十四年五月庚申朔，此左氏所書者，下距是年四月，中間當置一閏，共得二十五月，由庚申朔推之，四月當戊申朔，十八日爲乙丑，不可混也。元凱長曆不足憑，春秋不可據乎？以大衍曆排長曆者，其説莫備於宋程公説，於春秋二百四十年，置閏較長曆皆後一年，以故杜謂是五月十二，程謂是四月十一。

然而大衍亦未盡足據也。若宋景濂孔子生卒考謂是年四月壬申朔，惟十八日爲乙巳，無己丑，則非惟全不解曆法，直是委巷中人夢語。若四月爲壬申朔，則十八日正己丑，乙丑乃五月二十四日，尚有何誤。此真所謂『東告東方朔西告西方朔』者，又何足爲元凱、一行争長短也。景濂辨孔子生卒，生從公、穀，卒從左氏，自以爲不易之論，且力宗胡、蔡不改月之指。黄梨洲、毛西河駁之不遺餘力，獨於此條未有及者。故某於答來教中附辨之。

與謝石林御史論古本大學帖子

〔校〕黄本『古本大學』作『永樂大全』，列卷四十二。

古本大學之奏出，無不駭者，此其説未可以口舌争也。然奏中亦有一言之失，關係不小。執事謂明人崇朱子之學，不無因同鄉、同姓之故。此在蕭山毛氏固曾言之，然其實最無據。朱子之學，大表章於理宗之世，其時真西山、魏華甫乃大宗也。南北尚未混〔校〕黄本作『畫』。一，而趙江漢亦以其説行於中原，則可謂不介〔校〕黄本作『戒』。而孚矣。故南宗自真、魏之後，有金華四子而益盛；北宗則有許仲平。迨元人混一中原，仲平入爲祭酒，而普天無異學。有如草廬之稍參會於陸氏，即不能稍行其説，則不自明始也。豈惟不自明始，抑亦明太祖之初政，嘗欲變之而不能。

太祖之頒經，許諸生皆得用注疏，至其於宋人之書：周易則兼用程、朱二家，尚書則兼用蔡、鄒、夏三家，春秋則兼用胡、張二家，未嘗墨守一説也。乃轉盼間，成祖修大全，而盡出於專門，則何故耶？當時之儒臣皆憚諸説之繁，而不欲改元人之舊，故雖館閣之人如林，而實則委之毘陵徵士陳伯載，以一人任諸經之事。伯載，名濟，布衣。伯載於是爲簡易之法：易、書以董氏，詩以劉氏，春秋以汪氏，禮以陳氏，四書以倪氏，稍爲删潤，而書成矣。當時歲縻廩禄，月費俸錢，而其實竊鈔舊本以成之，罔上行私，莫或糾舉，其遑問漢、唐以來之源流乎？故易之程氏僅得存，而尚書之鄒氏、夏氏，春秋之張氏，亦無有過而問者矣。宣德中，餘姚朱應吉司教章丘，疏言大全之去取不當，下其議於禮部，許令天下學校兼采諸説，一斷以理，而不過託之空言。弘治中，吾鄉楊尚書守阯在闈中，得一用程傳者，已不勝其喜。然則明人之專己守陋，而出於一師之學，此臣下自爲之，而於在上之人無預也。

蓋元太學之尊朱，其意將以整齊學術，使不墮於支離汗漫之習。而明大全之尊朱，則以其無事於學術，而適以便其狹隘僻陋之私，此所謂相背而馳者也。倘以是爲明祖之意，則不聞其扳援建安一支，以歸玉牒也，此其最曉然者矣。

總之，朝廷之修官書，足以爲害，不足以爲益。魏崔浩注羣經，勒石國中，而先儒之説幾廢，幸其被毁而止。唐修正義，而百家之師傳折而歸一。宋之三經亦幸其行之不久，蓋天下之足以廢棄一切者，莫有若官書也。執事之書，將以紹絶學者也，一言之失，愚不敢默而已，敬以貢誠於函丈。

答朱憲齋辨西河毛氏大學證文書

〔校〕黄本作答朱憲齋帖，列卷四十二。

漢書藝文志有中庸説二篇，隋書經籍志有宋戴顒中庸傳二卷，又梁武帝有中庸講疏一卷，又中庸義五卷，宋史仁宗曾以御書大學賜新進士王堯臣等，近儒多據此數條，以爲舊有專本之證。

但僕以爲不足辨者，古人著書，原多以一二篇單行：尚書或祇用禹貢、洪範，儀禮或祇用喪服，大戴禮或祇用夏時，即禮記之四十九篇，或以曲禮，或以檀弓，或以樂記，固未嘗不以專本也。即以有宋言之，大學中庸廣義一卷，早見司馬温公所著范文正公嘗勸横渠讀中庸，是能知兩書爲聖賢微言者，原不止兩程子，顧其表章不遺餘力，而使與論、孟並行，則必歸兩程子不容有異詞。至若諸經，當兩漢時，原未嘗有大經、中經、小經之目。新唐書選舉志始稱以禮記、春秋、左氏傳爲大經，詩、周禮、儀禮爲中經，易、尚書、春秋公羊氏傳、穀梁氏傳爲小經，論語、孝經、爾雅不立學官，附於小經而已。時孟子尚在諸子部中也，宋始以孟子稱經，詔孫奭譔疏。〔嚴評〕宋何嘗以孟子稱經，又何嘗詔宣公作疏乎？而元祐時改以詩、禮記、周禮、春秋左氏傳爲大經，易、尚書、春秋公羊氏傳、穀梁氏傳、儀禮爲中經，論語、孝經、爾雅、孟子爲小經，其後又增加大戴禮爲十四經，皆班班可考者。〔嚴評〕十四經之名僅見于史繩祖學齋佔畢耳，豈可如此附會。

近世西河毛氏所著大學證文，謂漢、唐時業有以大學、中庸并論、孟爲小經者，則僕不知其出何書。西河喜罵前輩，其四書改錯中駁集注，自造故實，不遺餘力，乃己忽尤而效之，是真窺天下學者無有能讀唐、宋二史者耶？恐入其室而操其戈，徒令有目者之瞷然於旁也。

與徐徵君惠山論春秋指掌圖帖子

〔校〕黄本列卷四十二。

前日於菫浦座上得見足下，因讀所著山河兩戒考，本諸經之星野，參以列史之方輿，芋區瓜疇，了然在目，爲之動容。近日讀書人東塗西抹伎倆，窮老盡氣，不過稍駕帖括而上之，至於詞章之學而止。及見足下所著，以爲不知人世間尚有此等書卷也。

其中有一事失於考索者。世所傳東坡春秋指掌圖，其爲贋本，不必復問。但古人原有以爲東坡作者，足下以爲胡身之之譌，恐未然也。朱子語録已言其僞，是先於身之矣。足下因其中載大觀年間都邑，又有『或問於蒙』之語，遂定以爲侯文穆，則誤之甚者。古人之稱『蒙』，猶『愚』也，豈必自道其名之謂哉。

愚考宋史藝文志有李瑾春秋指掌圖十卷，又張傑春秋指掌圖二卷，此皆唐人之書，而李氏則分門鈔取釋例、正義并及劉炫、陸淳之書，張氏亦以類纂，在今日恐皆不存。陳直齋書目則有地理指掌圖一卷，蜀人税安禮撰，元符中欲上之朝，未及而卒，書肆所刊，多不著其姓氏。按安禮乃山谷弟子，然今所指爲東坡書者，固不止地里，而税氏所作，亦非春秋之封域，況元符又在大觀之前。至於崇文書目、中興館閣書目總未嘗及是書，而合之文穆本傳，及東都事略諸種，並不言其有所述作，是可以決然知非侯氏之書也。

夫古今文獻之失所證者，闕之可也，必求其人以實之，則有不免於後世之抨彈者。居常〔校〕黄本作『嘗』。與堇浦言，注書如師古可以爲百世圭臬，即如臣瓚姓氏，其説不一，惟以爲傅姓近之，蓋傅嘗受詔校中祕書穆天子傳，而今注中所引多出汲冢中語，然師古尚疑之，而不敢質也，斯可謂慎之至者矣。以足下用功之勤，與夫書之卓然可傳也，偶然遺誤之處，將啓讀者之疑，故敢爲足下言之，以當負暄之愚，足下其是正之。

答鄭筠谷宫贊論朱氏經義考帖子〔校〕黄本列卷四十二。

前述長洲何氏之言，謂王文憲詩可言並非箋詩之書，而經義考誤采入之。愚考是書本文憲之詩話，故方虚谷曰『予所采詩話十家，始於苕溪，終於魯齋』，然則非經解明矣。然此乃宋藝文志之謡，而竹垞未及是正者。

竹垞是書，凡先儒殘篇賸本，皆援而列之以求備。至如張霸尚書百兩篇，乃漢時古今文聚訟一大案；〔嚴評〕此言殊不可解。石梁王氏禮記批本，見於陳氏集説引用書目，而皆失載焉。并陳用之之樂書俱遺之。又如易稽覽圖中，有中孚記，乃緯也，而列之經。楊慈湖詩傳具在，乃以爲未成之本；曹放齋之孫泰宇著易解，乃混列爲放齋所作，其餘一書而複出者，不可枚舉，所謂考索既繁，反不能無疏漏者也。

而其失之大者，尚不在此。其一則謬託於經，而實不可以言經者，皆未加别白也：請以易言之，自孟喜、焦延壽、京房而下，所有妖占、錯卦、占事、守林、飛候、混沌、委化諸書，其甚者有所謂明堂、隨曲、射匿、大筮、衍易、鼠序、卜黄、八具之流，降而至於管輅、郭璞、葛洪輩所著，荒唐訞妄，占驗之囈語，射覆之廋詞，皆出其中。是在漢、隋史志及七略、七録或入之著龜家，或入之五行家，原自劃然，間亦有分晰未清，如古五子十八篇之流，儒者尚嫌其編次之未當，若唐志則尤嚴焉。其餘尚書則有五行、星曆、日月變諸書，詩則有歷神泉、元談諸書，禮則有明堂、陰陽諸書。凡若此者，皆應置之附録，參於毖緯中候之間，而不可與傳經之著，同登於一卷。乃竹垞反爲合之，誤矣。

彼其有見於參同契之不當録，惜其未觸類而通之也。

一則圖學之去取未審也：諸經莫不有圖，古人所以左圖而右書。然有以圖明經者，有偶以經爲圖者，司馬昭之豳風，宋璟之無逸，雖有意於治道，而無關於經學。降而至於顧愷之、陸探微、劉褒、衛協、馬和之、趙孟頫之徒，蓋工師遊戲之筆耳。是故唐志於楊嗣復諸人之毛詩草木蟲魚圖，夏侯、伏朗諸人之三禮圖，王大力之琴聲律圖，張傑之春秋國圖，則收之經；於李嗣真之禮圖，上官儀諸人之投壺圖，則收之雜藝術家。竹垞概而取焉，則是馳騖丹青者，皆得垂聲國胄矣，得毋失之褻乎？

一則粗涉於經，而原非解經者，不必收也：顔鼎受之國風演連珠，王禕之禹貢周官急就章，課蒙童者，所以便記習也。張九成之論語詩，宇文虚中、洪皓之春秋百詠，方回之易吟，偶然之翰墨也。易六十四卦歌、易大象歌，則卜筮之歌訣也。凡類此者，其於經術無甚發揮，雖弗録可也。

若夫自有明以來，大全降而爲講章蒙存淺達之書，變秀才而爲學究，實運會一大升降，愚竊以爲尤當别爲一帙，而不可濫廁於先儒之間者也。

舊嘗聞何氏於是書彈駁成編，多所匡正，惜今日不可得見，而據所見以陳之執事。雖然，竹垞之用功固勤矣，猶有此失，可以見著書之難，區區之言，非敢以掎摭前輩爲事也。

與施東萊論六經奥論中解溝洫帖

〔校〕黄本無『中解溝洫』四字。

承諭六經奥論，其所辨溝洫一條甚精。是在唐應德已極稱之，但僕以爲不足信也。『十夫有溝，百夫有洫，千夫有澮，萬夫有川』，是周官遂人語。康成解曰：『此鄉遂法，以千夫、萬夫爲制，蓋以鄉遂則用貢法，惟計夫爲溝洫也。』『井間有溝，成間有洫，同間有澮』，是考工匠人語。康成解曰：『此畿内之采地制，井田異於鄉遂及公邑。』蓋以采地則用助法，畫井爲區也。考之於經，原無明文可據。況就兩節之文言之，則鄉遂之田，溝澮如是之多，采地之田，溝洫如是之少，似不應以地之遠近，遽爾差池，故朱子深疑之。今奧論思爲調人，以爲遂人舉其一端，匠人舉其大概。『成間有洫』，謂一成有九洫，以求合於『千夫有澮』之語；『同間有澮』，謂一同有九澮，以求合於『萬夫有川』之語。夫一成固九百夫，謂有九洫是也，其與千夫有澮誠可通也，至若推而上之，則一終萬夫已當九澮，一同不止是也，是仍有不盡符者。奧論非漁仲作，竹垞始言之，僕别有跋，不復重述。

答萬九沙先生辨尚書象恭滔天帖子〔校〕黄本作奉萬九沙督學柬。

明水昨以書札見商，謂據竹書，帝堯嘗使共工治水，所以有『滔天』之語。竹書晚晉所出，不爲儒生所信。況如所云，不特於本文『静言庸違』語意全不相蒙，并與『象恭』不屬。按孔安國傳：『滔，漫也。』孔穎達曰：『漫者，加陵之辭。』史記本紀亦作『漫天』。古文『滔』通於『慆』，『漫』通於『慢』，故諸葛忠武曰：『滔慢則不能研精。』合之孔傳所云『傲狠』，孔疏所云『侮上陵下』，是『滔天』者，慢天也。班孟堅幽通賦『巨滔天以泯夏』，唐六臣采班昭注『滔，漫也』，可知舊解如此，蓋貌莊而心險，實與僞言僞行，交濟其惡。大禹以巧言令色當之，正合是旨。又史記罪狀共工，言其淫僻，亦與『慢天』相證。嘗見瑯琊漫鈔，實有此説，而未竟其委，愚故考之諸家之説，以疏明焉。

與李元音論左江樵易義帖

〔校〕黄本作與李桐書。

同里左江樵舍人以古文名，其佳處逼羅鄂州，然未有知其經學之醇者。江樵平生不著書，頗與林艾軒相似，曾見其易藝一册，乃其嗣子出以示予者，其中名理繹絡，能貫穿前儒之書，真可寶也。

如於『小畜六四』，則曰：『本義在卦詞，既以三陽爲剛正之君子，一陰爲邪慝之小人，在爻詞反以三陽爲强暴之小人，一陰爲柔嘉之君子，雖易不可爲典要，固不可泥。然智者觀其彖詞，將何如哉？不知小畜之四實小人之畜君子者，因其順而得正，故能不堅於畜，而與諸陽合志，是爲有孚。蓋邪不勝正，故常有傷害恐懼之事。剥以羣陰排一陽，尚不免剥廬之凶，今以一陰止衆陽，又安能遏其復道之勢。倘使終迷不悟，是自貽伊戚耳。幸其有孚，則雖君子之恃以無恐，而實小人之善自爲謀，血去惕出，又何疑焉。在上兩陽雖居巽位，而本與乾體合德。志不在於畜者，四能改圖，則與之合志矣。夫惟不堅於畜，故謂之小畜也。』按此在程傳有之，而未如江樵之暢。

其於『屯二』，則曰：『六二之所以不字者，以初之妄求耳。妄求者一日不去，二亦一日不字，積之既久，則窺覦者度不能屈，亦必舍之而去。十年不字，其初九之變乎？初變則内體爲坤，而成比矣，其何以取於十也？坤之數終於十，故數窮理極而終得合者，於此象之。夫當顯比之主，比之自内，得與剛中之德共襄三驅之治，而昔之邅如，於焉而通；昔之班如，於焉而遂。寧復有屯其膏者，是實象也。』按此在沈氏易小傳亦及此，然自江樵以前，未有能述之者。〔一〕

愚生平不喜帖括，雖以前明大家文字，多束高閣。是日手江樵卷不置。客因問曰：是槀當必有異。然其中自得之言猶多。嗟乎！安得此經術之文立爲標榜，一洗時風衆勢之疲，使之復知宋人經義家法，則白茅黄葦之漸除，將變學究爲秀才，拭目可待。今以柬之足下，足下爲我節鈔其中精語，僕將附之説經之録，弗使前哲苦心孤詣，汩没於朽蠹中也。

〔一〕《蔣注》鏞幼聞先君子稱左丈學極博，詩古文極工，惜不得一見其著作，即先生所述易義，今亦不可問矣。然就二篇觀之，『小畜六四』之説詞，洵可采入經解中，惟釋『屯二』，似尚爲先儒所囿。竊謂二之屯如亶如，特就所值之時世，言乘馬有欲行之象，小象所謂『六二之難』，難非禍難之難，猶曰有難厄云爾。君擇臣，臣亦擇君，本屬常道。然雜亂晦冥，真王一，猶一在盤桓之會，豈易輕易之合。故初求二而二難之，十年不遇，言其久而始孚，反常則有王者興，其間必有名世，固理數之常，昔不常而今字，因謂之反，非妄求之，初既去，必就屯膏者，而後爲應之之正也。左丈係先君前輩，先君子常就正焉。鏞豈敢妄作異同，附志其平日之見，以俟窮經者論定之。

與葛巽亭論易剥卦貫魚帖

〔校〕黄本作與葛巽亭書。

諸家取巽象爲魚者，原本之虞仲翔。蓋巽之一陰，義取善入，故以魚之潛伏者象之。姤有兩包魚象；四之無所包也，以與巽一陰遠；二之有所包也，以與巽一陰近；以至井鮒、孚豚，並取是意。惟剥之貫魚，並無巽體。杏參指五變則外體成巽爲言，是在沈守約易小傳、吴草廬易纂言有之。但五之貫魚，所貫者四陰耳，其以五變巽言者，是祇就五言之，而所以象四陰者，尚未分曉，則似尚未盡者。惟洪景盧隨筆謂剥五陰而一陽，方一陰自下生，變乾爲姤，下三爻乃巽體也。二陰生而爲遯，則自二至四互巽；三陰生而爲否，則自三至五互巽；四陰生而爲觀，則上三爻又巽體。惟至五變成剥，而巽始爲艮，羣魚皆爲所止，故曰『貫魚』，如魚駢頭而貫，以象下四爻都從巽來也。其取象之曲而中，爲前人所未有。但予謂前説亦未可廢者，蓋剥之五陰，以五爲魁，倘使逞其剥廬之凶，則説輻反目何所不至。然而陽無終窮之運，五變爲巽，則小人之柔順者，故反不與四陰爲伍，而洗心革面，帥其類以受制於陽，此君子之所以得輿也。易爲君子謀，不益信乎？

向嘗與嶧陽言之，嶧陽曰：『取象則信然已，然而剥自觀來，本由巽而變艮，今曰艮復爲巽，又由剥而變觀，殆所謂莊周爲蝴蝶，蝴蝶爲莊周者，得無過於幻耶？』僕曰：不然。不聞諸晦翁乎？苟以伏羲畫卦而論，則六十四卦一時俱定，何所謂變。若自已成後言之，則反復縱橫，隨意辨之，總無不可。夫觀之進爲剥也，是以十二辟卦次序言，而聖人之所不得已也。剥之反爲觀也，是以每爻之變言，而警小人以知所變也。苟非然者，五爲衆陰之長，一陽孤危，司馬公所謂如黄葉在秋風中，拉朽摧枯，玄黄之禍，孰能禦之？又安肯貫魚以宫人寵乎？守約有言，艮而爲巽，順以止也。剥而反觀，觀而化也。夫易也者，原惟變所適者也。

至西河因此卦無巽體，牽强解事，有『兑澤有魚，艮山無魚』之説，則大屬附會。兑澤有魚，中孚所以取象；艮山無魚，剥五何所貫焉。況兑爲澤而有魚象，則坎爲水，亦當有魚象耶？是未嘗博考諸家者。西河解經多屬穿鑿，而仲氏易爲尤甚，不備。

答杭堇浦辨毛西河述石經原委帖

〔校〕黄本列四十七。

辱以西河序述石經原委見問，謂其不知何據。西河此節，無一語不錯，生平排擊朱子最稱擅長，今即以此書觀之，則時代錯，人錯，地錯，典故錯，凡平日所以詆人者，無不躬自蹈之，欺世人之不學耶？抑亦滅裂而未及致詳耶？

其曰：『東漢盧植上書請刊定經文，會其時博士以甲乙科争第高下，用私文暗易古字，因詔諸儒據經，蔡邕正定其文爲三體：曰篆，曰隸，曰八分。』按盧植本傳，則蔡邕等已校石經，而植上疏求預其間，非因植之請而始校也。若邕所書祇八分，而范史誤云三體，故隋志仍稱一字石經；但即從前之誤以爲三體者，亦皆以古文、篆、隸當之，蓋即正始所書之本，而未有如西河所云篆、隸、八分者。

其曰：『經文一從獻王、后蒼、高堂生、馬融所傳及康成古本。』按熹平寫石經，三禮但用禮記，〔嚴注〕漢石經有儀禮無禮記，隸釋有儀禮殘字。高堂生、后蒼之儀禮不得預，至康成之書尚未有立學官者，安得稱古本乎？

其曰『魏正始中，邯鄲淳、鍾會等又以蝌蚪古文新傳於世，請去蔡邕所書之八分，而易以古文』。則又異矣。邯鄲淳不能及正始之世，洪盤洲考之已備，而胡身之述之。西河并通鑑注亦不諦觀。至於古文、蝌蚪，西漢已出人間，豈至正始始傳，而欲去蔡邕所書八分者，是誰之請？豈非妄言之尤歟。

又曰：『唐貞觀間，敕祕書顏師古等考定石經本，將以李陽冰古篆勒之明堂而不果。天寶間刻九經，又以李林甫所定，多未遵行。』按陽冰欲以古篆寫經，見唐文粹，然陽冰正天寶間人，而師古等欲用其篆，則一奇也。貞觀亦未聞有考定石經之敕。而林甫所定，止月令有改易，開成石經尚遵行之，豈西河俱未之見歟？

乃又曰『開成石經，宋元祐間移西安，名陝碑』。夫唐都西安，石經不在西安，而在何所？且韓建棄之，劉鄩始用尹玉羽之請移置城中，具有明文。而西河皆不知。蓋元祐中，吕汲公始以是碑置之學宫，西河遂以爲是時方至陝矣。

乃又曰：「後唐、後蜀亦皆有石經，則從未聞後唐之有石經者，殆以長興板本當之耳。蓋自熹平、正始而後有裴頠之石經，有崔浩之石經；孟蜀而後有楊南仲之石經，有高宗御書之石經，西河皆未之聞。而其所聞者，則又任情妄道如此。依類以推，其所言之難信，大略蓋可覩矣。

西河知豐氏石經魯詩、大學之僞是已，而又信其言，謂邯鄲淳、賈逵、鍾會、虞松在正始中寫石經見魏志，不特邯鄲淳並無正始中寫經之事，即賈逵以下三人，本傳具在，何嘗有此。是仍不免爲豐氏所欺，考據之疏，頗可笑也。

答史雪汀論孔門門人弟子帖子

『受業者爲弟子，受業於弟子者爲門生』，是歐陽公跋孔宙碑中語。但東漢之所謂門生，與經傳稱門人者不同。竹垞誤據之，因指論、孟所云都受業於弟子者：『顏淵死，門人厚葬之』，是顏子弟子；『子出，門人問』，是曾子弟子；『子路使門人爲臣』，又『門人不敬子路』，是子路弟子；『子夏之門人問交於子張』，是子夏弟子；『門人治任將歸』，是子貢弟子。因以史記仲尼弟子列傳、家語弟子解，參之各經傳，作弟子考一卷；以七十子之徒，作門人考一卷，謬之甚已。

愚請以見於諸書者折之。檀弓：『孔子既得合葬於防，先反，雨甚，門人後。』是時孔子甫十七歲，秦商、顔路諸公俱在髫年，即以爲有弟子，横渠已以爲不可信，安得有受業於弟子者？又孔子説驂於舊館，子貢曰：『於門人之喪，未有所説驂。』是時顔淵、伯牛、宰我、季路，相繼凋喪，故有此語。若樂正子春、公明高、段干木之輩，先夫子而死者，其誰？又孔子之喪，門人疑所服。觀子貢之言，明謂孔子以猶子之喪處門人，門人以猶父之喪報孔子。顔淵、季路寧非受業於孔子者？又史記孟子列傳謂：『孟子受業子思門人。』後世以孔叢子中明有思、孟問答駁之。如竹垞言，是孟子之師受業於子思之弟子，非但不及受業子思，并不及受業子思弟子。又家語：『孔子曰：「自吾得回，門人日親。」』竹垞謂回本弟子之子，分同門人，今以賢列於弟子。此門人所以日親，是因升一弟子之子，而弟子之徒遂以日親，恐非聖言之旨。

况夫門生之目，實始東京。如後漢書賈景伯傳：『顯宗拜逵所選弟子及門生，爲千乘王國郎。』鄭康成傳：『門生相與譔所答諸弟子問，作鄭志。』其餘列傳亦多以弟子、門生兩出，〔校〕黄本作書。是誠如歐陽子所言。但其時之呼門人者，仍是弟子。如鄭康成傳：『康成師事馬融，學畢辭歸，融喟然，與門人有「吾道東矣」之歎。』世説新語：『服虔將注春秋，聞崔烈集門生〔校〕黄本作『生徒』。講傳，遂匿姓名，爲烈門人，賃作食』，是也。

至於東漢而降，門生不盡以授受言，如宋書徐湛之傳：『門生千餘，皆三吴富人子，姿質端妍，衣服鮮麗，每出入行游，塗巷盈滿，泥雨日悉以後車載之。』是門生之供燕昵者。後漢書郅壽傳：『大將軍竇憲以外戚之寵，威傾天下，常使門生齎書詣壽，有所請託。』是門生之供使令者。宋書顧琛傳：『尚書寺門有制，八座以下，門生隨入各有差，不得雜以人士。』是門生之供騶從者。南齊書劉懷珍傳：『懷珍北門舊姓，門附殷積，啓上門生千人充宿衛，孝武大驚』，是門生之供爪牙者。詳日知録。是以或與僮僕並稱，顏氏家訓。或與家奴對舉，通鑑注。固與門人大有不同者。

予觀竹垞所指論、孟，都是影響，惟子夏一條爲是。但正唯門人即弟子，故得以門人屬子夏言之，不然，則子夏之弟子，祇應稱孔子之門人，不得稱子夏之門人也。若子夏之門人，當受業子夏之弟子，不得謂子夏之弟子也。焉得起竹垞而質之。

家語弟子解，有懸亶，前世疑其與『鄡單』譌，如薛邦、鄭國之比，遂爲祀典所遺。竹垞因廣韻注中稱門人，因降之七十子之弟子。他如公休哀、公祈哀並見廣韻注者，竹垞皆因門人而列之再傳。則小司馬注史記有曰『孟子門人萬章』，是豈亦再傳之列耶？以竹垞之精密，顧尚有失考如此種者，甚矣，言不可不慎也。〔二〕

〔二〕《李注》經史問答卷六云：『竹汀誤引究公之語，質之檀弓、家語、史記、漢書，更無一合，即以論語言之，已多傅會。』與此語可互證。又冷廬雜識卷八云：『論語「童子見，門人惑」，此當爲孔子之弟子，不得謂是孔子弟子之弟子也。「子游曰：子夏之門人小子」，此當爲子夏之弟子，不得謂子夏弟子之弟子也。孟子「門人問曰：夫子何以知其將見殺」，此當是孟子之弟子，不得謂孟子弟子之弟子也。』以此證之，竹垞之説，豈其然乎？

鮚埼亭集外編卷四十二〔一〕

簡帖二

答沈東甫徵君論唐書帖子

南雷先生晚年文字，亦多疏略，如唐書玄宗、憲宗之死，皆非定論，不可不加考索。

〔一〕《李評》第四十二、四十三兩卷，皆論史帖子。謝山最精史學，於南宋、殘明尤爲貫串，閥閲之世次，學問之源流，往往於湮没幽翳中，搜尋宗緒，極力表章，真不媿『肉譜』之目。其論楊陸榮三藩紀事本末，及吴農祥嘯臺集，邵念魯復堂集，頗極詆譏。與紹守杜君札力辨汪遂東之非死節，而極稱余尚書，自是鄉里公論。杜守名甲，嘗刻傳芳録，有明越中忠臣，皆繪象系贊，而有遂東無武貞，蓋未以謝山之言爲信也。

新唐書於憲宗郭后曰：『宣宗母鄭，故后侍兒，有曩怨。宣宗奉養稍薄，后不得志，一日暴崩。』此其罪在宣宗也。東觀奏記則曰：『宣宗追恨穆宗商臣之酷，誅鋤逆黨，無漏網者。太后慙懼，一日登樓便欲自殞，左右持之以聞，其夕暴崩。時禮院檢討官王皞抗疏，請合葬配享。上怒。辛相白敏中召皞詰之，皞曰：「憲宗厭代之夕，事出曖昧。太后母天下歷五朝，豈得以曖昧之事，遽廢正嫡之體。」皞坐貶官。』然則宣宗以郭后預聞元和之弒，固矣。而據此遂謂其事爲實，則恐不然。

宣宗實録：『是年五月戊寅，以太后寢疾，權不聽政。辛相帥百僚問起居。己卯，復問起居，下遺令，是日太后崩。初上以憲宗遇弒，頗疑后在黨中，至是暴得疾崩，蓋上志也。甲申，白敏中帥百僚請聽政，不許。丙戌，三上表，乃依。六月，貶王皞句容令。』夫據云太后寢疾，權不聽政，辛臣等問起居，且有遺令，則固非暴崩矣。其成喪也，猶循一切故事，三上表始臨朝，俄而遽黜其葬祔之禮。實録成於宋敏求所補，蓋其云問起居，罷朝，乃本内起居注所書，循向來故事，而又采東觀奏記之語，故有自相戾者，宜温公之深疑其事也。但使宣宗實有見於元和之變，懿安萬無可逃，則其罪通天，已自與憲宗絶，雖聲其罪於天下，以釋王皞之疑可也。今既不然，是猶在疑似之間也。是以温公意郭后實以疾終，而宣宗積平日猜嫌，又因鄭后之故，遂逞忿以殺其身後之禮。外人推見宣宗猜嫌之隱，遂有異論，斯於當日事情最爲揣摩得當。觀於大中之時，既停穆宗忌日，又以次誅東宫官屬，罷公卿拜謁，甚至移守陵宫人於別地，所以實其罪案者，惟恐不至。而咸通以子繼父，王皞復敢瀆言之，嗣君弗以爲非，卒得配享焉，何也？得非天理人心，固有不能自已於中者乎？

當王皡之初言也，周墀歎其孤直，然則公議固以懿安之事爲屈矣。善乎胡身之之言曰：『文宗憤元和逆黨，欲盡誅之，終於不克，以成甘露之禍，使其父爲商臣，則子未有不爲潘崇諱者。』斯言并可以釋郭后之誣。而愚又以爲郭后既有鄭后之憾，必有兩宫左右，乘此作污衊之言。前此長慶童昏，父死不恤，宣宗志在討賊，以爲是真與乎弑者，豈知其實未嘗有也。

舊唐書全然不考，反謂宣宗事后，恩禮視前代愈隆，固已貿貿。而新史亦復不詳其事，以釋千古之疑。南雷遂謂憲宗實死郭后之手。弑逆大惡，豈可妄以加人者，未知足下以爲是否？玄宗之死，愚嘗嘗於友人問目中及之矣。并附上以請益。

論唐書宗室世系表一則柬沈東甫

〔校〕黄本『唐書』上有『新』字。列卷四十四。

新唐書宗室世系表自中葉以後，已無所考，即前此者，舛漏已多。然唐室去今遠，遺文無可覈舉，所謂鑄鐵成錯，莫能誰何者矣。予作讀史通表，嘗取萬處士斯同所改唐史諸王世表略爲審定，如道孝王元慶之下，唐表首書嗣王誘，次嗣王宗正卿微，誘孫。次嗣王宗正卿錬，次嗣王京兆尹實。按舊唐書，錬於開元二十五年封嗣道王，廣德中官宗正卿，在肅宗朝。通鑑貞元十九年以嗣道王實爲京兆尹，則德宗〔校〕黄本作『順帝』。朝，以時代言，似亦尚可相接。然草堂贈李義詩，困學紀聞以義爲微之子，而杜詩博議辨之，謂微以景雲中卒，去大曆五十餘年，使義即微所生，則齒當長矣。而詩中目以少年，自居老夫，則義乃鍊之子，實之弟。夫以義接鍊可也，但義已及見草堂，而實乃直接昌黎，則義非實弟，而實亦恐非鍊子也。博議但得其一，而未及唐表之有可疑耳。書之以寄東甫，使附注諸本表之下。

答沈東甫問李茂貞地界柬〔校〕黄本列卷四十四。

胡梅磵釋通鑑，其於地理可謂精核，而馮叟南耕不盡許，近熟視之，乃知其果有誤者，則甚矣箋注之難也。

昨接來諭，以李茂貞曾兼伊、涼之地，而弟所著岐國方鎮表中失之，此殆本之梅磵注中耶？通鑑乾寧二年，河東勤王兵既去，李茂貞驕横如故，河西州縣多爲所據，以其將胡敬璋爲河西節度使。梅磵云：『河西謂涼、瓜、沙、肅諸州。』按涼、瓜、沙、肅之爲河西舊矣，然茂貞之封域不得至此。茂貞前後所并吞，共有十鎮之地。初鎮鳳翔，已而兼有秦隴。景福元年所稱『秦帥李茂莊』者也，即天雄軍；已而克興、鳳二州，即感義軍；又取洋州，即武定軍；又取興元，即山南東道：皆在景福元年。其時諸楊尚有龍劍一軍，領龍、劍、利、閬四州，亦歸茂貞，興元，楊守亮；武定，楊守忠；龍劍，楊守貞；感義，滿存。是茂貞乾寧以前所兼六鎮也。乾寧四年又取邠州，即静難軍；光化二年又取涇州，即彰義軍；邠州自王行瑜平後，歸於朝廷，以蘇文建領使節。是年，文建鎮利州，而茂貞以子繼徽代之。按利州亦茂貞地，則文建已歸岐矣。涇州，張氏世據，茂貞逐張球而有之。通鑑載不詳，但見考異中。又取鄜州，即保大軍；又取延州，即寧塞軍：二鎮皆屬夏州李氏，乾寧三年尚有節使思敬、思諫，其後皆歸茂貞。史失其年，大略在光化時。是茂貞乾寧以後所兼四鎮也。中間又嘗據有同州，而不久失之。若涼、瓜、沙、肅，則中爲靈、夏所斷。靈州屬韓氏，夏州屬李氏，皆不在岐人管内，而河西别賜軍號曰『歸義』，其時乃曹義金守之，義金卒，子元忠襲，并非靈、夏所得有也。梅磵之言誤矣。

曰：『然則通鑑所指河西者安在？』曰：是即指鄜、延而言，蓋亦渡河而西也。敬瑋本爲延州節度，而茂貞弟茂勳鎮鄜州，皆岐國所指之河西，非瓜、沙也。但當乾寧二年，茂貞尚未有鄜、延，温公要其終而言之耳。

梅磵所注大段縝密，要其綜羅既多，不能無失。聞馮叟用功是注甚力，其所討論必有以補前人者，而惜其不傳矣。

答王十一兄敬朗論五代史天德軍建節始末帖子〔校〕黄本列卷四十四。

昨接來札，以五代史劉守光傳有天德軍節度使宋瑶，列於河東六鎮之末。天德軍建節始末以及宋瑶始末，俱無所見爲疑。

按天德軍在唐之豐州，唐書地理志：豐州中受降城西二百里大同川有天德軍，天寶十三年置。本名天安軍，乾元後徙屯永濟栅，故隋大同城也，改名天德。元和九年，宰相李吉甫奏復舊城。安北大都護府，本治中受降城，開元十二年徙治天德，領縣二：曰陰山，曰通濟。方鎮表：『天德軍原隸朔方，大曆十四年，析置河中、振武、邠寧三節度使，而朔方專領靈、鹽、夏、豐四州，西受降城、定遠天德二軍。貞元十二年，朔方罷領天德及西受降城，以振武之東、中二受降城隸天德軍，置天德軍都團練防禦使，領豐、惠二州、三受降城。』胡身之曰：『天德東南至中受降城二百里，西渡河至豐州百六十里，西至西受降城百八十里，北至磧口三百里，西北至横塞軍二百里。』回鶻列傳：『武宗即位，嗢没斯率三部及特勒大酋詣振武降。詔以天德軍爲歸義軍，即拜歸義軍使。明年，罷歸義軍。』即方鎮表所云『天德賜號節度』者也。此天德在武宗以前，開府置鎮之可考者也。

初，唐人置六胡州於靈、鹽之南，以降突厥：曰魯州，曰麗州，曰含州，曰塞州，曰伊州，曰契州，以接應天德，而援夏州，開元并爲宥州。續通典曰：『宥州本漢三封縣地。』蓋靈、鹽、夏皆有籍於天德如此。

晉人起於忻、代之間，世有事於天德。沙陀列傳元和八年以回鶻過磧南，詔朱邪執宜屯天德。及國昌爲鄜、延節度使，以回鶻寇天德，徙節振武。然則天德罷節而後，殆即以其軍屬振武，此唐表之所闕，而可以旁推而得之者也。國昌拒命，天德入於吐渾。沙陀列傳：『國昌與黨項戰未決，大同川吐渾赫連鐸襲振武，盡得其貲械。僖宗以鐸領大同節度使。』然則赫連蓋已先居天德，既破國昌，遂得雲州，而以大同建節，天德亦當由振武徙隸大同。此亦唐表之所闕，而可以旁推而得之者。五代史唐本紀：『大順二年，克用攻雲州，圍之百餘日，赫連鐸走吐渾。』天德之復歸於晉，蓋在是時。其復建節，雖舊史失之，然亦在大順以後可知。然則晉人未有天德，吐谷渾時足爲雁門害。蓋忻、代之有籍於天德如此。

若天德之陷於契丹，則在莊宗時。遼史太祖本紀：『神册五年略地，天德節度使宋瑤降，更其軍曰應天。宋瑤復叛，拔其城，禽瑤，俘其家屬，徙其民於陰山南。』蓋在莊宗并梁之前三年，故其後勸進表有大同、振武二使，而無天德。自宋以後，豐州没於夏人，故其地望遂不著，至明則即所謂河套者也。瑤之從李克用軍中，未得齒於薛志勤、康君立之餘，而以大將領邊，則必有可紀之功，而史失之；其孫偓於宋史有傳，故知爲河南洛陽人。瑤雖陷北，然其子廷浩尚莊宗女義寧公主，歷石、原、房三州刺史，晉初爲汜水關使，張從賓之叛，力戰死之，故偓以父死事補殿直。偓又尚漢高祖女永寧公主，偓之女，即宋藝祖孝章皇后。蓋五代時之世家，貂蟬累葉，未有如宋氏者。

宋史又言瑶在唐以天德節度使兼中書令。唐末以三省長官加藩服者，祇有梁、晉、岐、蜀、吴、趙諸王，其麾下將帥之建節者，止於尚書或僕射而止。宋史所云，或瑶之贈官，而誤以爲兼者，聊爲牽連記之以奉復云。

答史雪汀問宋瀛國公遺事帖子〔校〕黄本列卷四十五。

來諭以宋瀛國公事，諸書所載，多相牴牾，兼之不見正史爲疑。此在元史順帝本紀及虞集傳已啟其端，但未詳紀。通鑑續編因元史綱目，又因通鑑，是以其事多未悉者。常熟錢尚書薈萃諸書，考其顛末，已無滲漏。

符臺外集：『宋幼主北遷時，降封爲瀛國公。一夕世祖夢金龍舒爪纏殿柱。明日，瀛國來朝，立所夢柱下。世祖感其事，欲除之，謀諸臣下。瀛國知之，大懼，遂乞從釋，號合尊大師，往西天受佛法，獲免。』按宋恭帝以元世祖至元十三年丙子亡國，時方六歲。以至元十九年二月徙上都，其日即殺文丞相，蓋因奸民薛保住告變，謂有興復宋室之謀也。以二十五年十月學佛法於吐番，時年祇十八耳。余應詩曰，『皇宋第十六飛龍，元朝降封瀛國公。元君詔公尚公主，時蒙賜宴明光宫。酒酣舒指爬金柱，化爲龍爪驚天容。元君含笑語羣臣，鳳雛寧與凡禽同？侍臣獻謀將見除，公主夜泣沾酥胸。瀛公晨馳見帝師，大雄門下參禪宗。幸脱虎口走方外，易名合尊沙漠中』是也。湖山類稿：瀛國公爲僧，號木波講師。

庚申外史：『瀛國爲僧白塔寺，已而奉詔居甘州山寺。有趙王者，因嬉遊至其寺，憐國公年老且孤，留一回回女子與之。延祐七年，女子懷娠，四月十六日夜生一男子，明宗適自北方來，早行，見其寺上有龍文五采氣，即物色得之，乃瀛國所居室也。因問：「子之所居，得毋有重寶乎？」曰：「無有。」固問之，則曰：「今早五更後，舍下生一子。」明宗大喜，因求爲子，并其母以歸。』元史順帝本紀：『母罕禄魯氏，名邁來，迪郡王阿爾斯蘭之裔孫。初，太祖取西北諸國，阿爾斯蘭帥其衆來降，乃封爲郡王，俾領其部族。及明宗北狩，過其地，納罕禄魯氏。延祐七年四月丙寅，生帝於北方。』此與外史言雖參錯，然實相合。余應詩云『是時明宗在沙漠，締交合尊情頗濃。何喬新注：延祐丙辰，仁宗命明宗出鎮雲南，明宗不受命，逃之漠北，其與瀛國公締交，蓋在斯時。合尊之妻夜生子，明宗隔帳聞笙鏞。乞歸行宮養爲嗣，皇考崩時年甫童』是也。

元史順帝本紀：『當泰定帝之崩，太師燕鐵木兒與諸王大臣迎立文宗。文宗既即位，以明宗嫡長，復遣使迎立之。明宗即位於和寧之北，而立文宗爲皇太子。及明宗崩，文宗復正大位。至順元年四月辛丑，明宗后八不沙被讒遇害，遂徙帝於高麗，使居大青島中，不與人接。閲一載，復詔天下，言明宗在沙漠之時，素謂非其己子，移於廣西之静江。』虞集傳：『文宗將立其子阿剌忒納答剌爲皇太子，乃以妥懽帖睦爾太子乳母夫言明宗在日素謂太子非其子，黜之江南駉。召翰林學士承旨阿憐貼木兒、奎章閣大學士忽都魯篤彌實書其事於脱卜赤顔，又召集使播詔書誥中外。』余應詩云『文宗降詔居南海』是也。

庚申外史：『文宗疾大漸，召皇后及燕帖木兒曰：「昔者晃忽叉之事，爲朕平生大錯，悔之無及。燕帖古思雖朕子，然今日大位乃明宗之位，顧召妥懽帖木兒立之，庶可見明宗於地下。」言訖而崩。晃忽叉者，乃明宗皇帝從北方來飲毒而崩之地。燕帖木兒内懼，躊躇累日。自念晃忽叉事，已實造謀，恐妥懽帖木兒至而治其罪，姑祕遺詔不發。因謂文宗后曰：「阿婆且權守上位。妥懽帖木兒居南徼荒瘴之地，未知有無，我與宗戚諸王徐議之可也。」是時燕帖木兒以太平王爲右相，宗戚諸王無敢言者。逗遛至至順四年三月，上位虚攝已久，内外頗以爲言，始迎明宗幼子懿璘只班登位，不發詔，不改年號，踰月而崩，廟號寧宗。燕帖木兒復欲立燕帖古思，文宗后固辭曰：「天位至重，吾兒年少，妥懽帖木兒在静江，可取爲帝。且先帝臨崩，言猶在耳。」燕帖木兒知不能已，遂遣使去廣，取妥懽帖木兒太子來京，行至良鄉，以郊祀鹵簿禮迎之，欲以此取悦太子之意。既而燕帖木兒驅馬並行道上，舉鞭指示太子，以國家多難遣使奉迎之由，太子訖無一言以答之。燕帖木兒心疑懼，留連至六月，方使登位。』通鑑綱目：『燕帖木兒疑太子意不可測，故至京久不得立，適太史亦言其立則天下亂，用是議未能決，遷延數月。至是燕帖木兒死，皇太后乃與大臣定議立之，且約後當傳於燕帖古思，若武宗、仁宗故事。』余應詩云『五年仍歸居九重』是也。

庚申外史：「太后每言帝不用心治天下，而乃專作嬉戲。至元五年(乙)〔己〕卯，臺官奏曰：「太皇太后非陛下母，乃陛下嬸母也，前嘗推陛下母墮燒羊鑪中以死。父母之讐不共戴天。」乃貶太后東安州安置，太子燕帖古思番陽路安置。尋皆遇害。尚書因希旨，謂文宗在日，謂陛下素非明宗子。帝大怒，撤去文宗廟主，并逮當時草詔者。」瞿宗吉詩話：「時虞集已謝病在家，以皮繩拴腰，馬尾縫眼，夾兩馬間，逮捕至大都，疾之者爲作十七字詩曰：「自謂非其子，如今作天子，傳語老蠻子，請死。」至則以文宗親改詔稿呈上，帝覽之曰：「此朕家事，外人豈知？」脱脱亦爲之言，得釋。然兩目由是喪明。」水東日記：「後至元二年，追尊帝生母邁來迪爲真裕雲徽后。」余應詩云：「壬癸枯乾丙丁發，西江月下生涯終，何喬新注：壬癸水，丙丁火，元水德王，宋火德王。故老相傳順帝北遁，殂於應昌，倉卒取西江寺梁以供梓宮之用。梁間隱隱有字，亟視之，乃西江月一調，有『龍蛇跨馬亂如麻，(可汗)卻在西江寺下』之句。或曰太保劉秉忠所作。至今兒孫去沙磧。吁嗟趙氏何其隆？惟昔祖宗受周禪，仁義綽有三王風。雖因浪子失中國，世爲君長傳無窮」是也。

其間印合之奇，又有不可解者：

宋太祖以庚申即位，聞陳希夷「只怕五更頭」之言，命宮中於四更末即轉六更，方鼓嚴鳴鐘。太祖之意，恐有不軌之徒竊發於五更之時，故終宋之世，宮中無五更，而不知「更」之爲「庚」也。歷真宗天禧四年一庚，神宗元豐三年二庚，高宗紹興元年〔嚴校〕作「十年」。三庚，寧宗慶元六年四庚，至理宗景定元年爲五庚，而元世祖以是年即位，希夷所謂『怕聽五更頭』也。越十七年，遂以亡國。乃從世祖至元元年歷仁宗延祐七年，又得庚申，則六庚也，而庚申君適以是生，並見閒中今古録及甘露園短書。非所謂莫之爲而爲者乎？

又陶弘景胡笳曲有『負扆飛天曆，終是甲辰君』之句。元文宗生年甲辰，紀年天曆，當時以爲受命之符。乃元讖亦有曰『大元之後有庚申』，彭瑋以爲甲辰君者，元之所以亡也；庚申君者，宋之所以復也。

符臺集又載，永樂中常侍太宗，觀歷代帝王遺像，至宋太祖以下，太宗笑曰：『雖都是胡羊鼻，其氣象清癯，若太醫然。』至元列帝曰：『都吃綿羊肉者。』及順帝曰：『惟此何爲類太醫也？』忠徹俯首不能對，退問同里黄潤玉得之，因歎不得以此對爲恨。是其賦形之異又有冥合，非異事乎？

楊維楨曰：宋太祖之德至矣，肇造帝業，不傳諸子而傳諸弟。太宗負約，金人之禍，舉族北遷，而太祖之末孫復紹大統，有江南者百餘年，爲元所滅，而瀛國公陰篡元緒，世爲漠北主，天之報太祖，一何厚也。庚申君以洪武元年北遁，而其次年即得太行隱士權衡所著外史，是其事在元人皆知之，而明寧王奉太祖詔纂序博論，直云：『瀛國外婦之子，綿延宋末六更之讖』，正與國史所書相爲證助。

錢謙益謂元史潦草卒業，原屬未成之書。然則庚申軼事，直元史一定案，不得以吕嬴、牛馬之疑，等諸曖昧也。

與杭堇浦論金史第一帖子〔校〕黄本一至五帖皆列卷四十三。

交聘表中，其於使事，但書其人而已。若以三朝北盟會編諸書，略取其節目之有關係者補入之，則旁行之譜，較不寂莫。當日班荆燕賓之館，簿録不少，今脱落十九，良可惜也。兹偶翻石湖詩集，又得一可疑者，石湖輓太上皇帝詩有曰：『寇降千猰狳，胡拜兩單于。』元注：『遺詔之下，淮北父老涕泣曰：「太上皇，真主也，實受北人兩朝之拜。」謂亶、亮二酋皆嘗在聘使中。』是在交聘表中不載，或尚有説，乃宋史本紀亦無之。愚初以石湖身事兩朝，又嘗奉使命而北，其言應有據依，豈知其皆荒唐之語也。考北使至南，大率降人，如施宜生、王全之輩，雖卿輔重臣，亦未有以使遠出者，至以宗室行，則尤不概見。況熙宗本太祖冢孫，早居儲副之地，固斷無奉使之理。而宋史自高宗即位，累使如金，未嘗報聘。紹興三年冬，粘没喝始遣李永壽、王翊來，欲畫江以益劉豫，次年即有南牧之師，又一年而世宗殂，熙宗繼統，則亶未嘗在聘使中之證也。海陵在熙宗之世，已爲三省尊寵長官，迨其簒位之後，讀柳屯田望江潮詩〔嚴校〕作『望海潮詞』。遂慕臨安繁盛，始密遣畫工隨使臣來，俾寫西湖山水爲屏，置之座右，圖己像於其上，題有『立馬吴山』之句，則亮未嘗在聘使中之證也。蓋嘗考之金史，惟海陵之弟兖，嘗於熙宗末年以左宣徽使至宋。其事不見於交聘表，而見於其傳。是故大定以前，金之宗室曾至宋者，一人而已。

夫以漫然無影響之事，而輿人傳之，詩老筆之，可謂誣矣。嗟乎！稽首稱藩，以儌朽木燈檠之櫬，開闢以來，未聞若是之辱，而臣子於身後，乃加以烏有之榮，是又誓心天地之士所爲扼腕長吁，而君子以是知宋之終於不競也。

昔遺山之輯詩也，亦以庀史。足下方蒐軼事備參核，如石湖詩亦考異之所不遺也。謹書此柬之座右。

與杭堇浦論金史第二帖子

宇文虛中在宋、金二史俱有傳，然金史但言其恃才傲物，詈國人爲獷鹵，於是諸貴要積不能平，誣其謀反，有司鞫治無狀，乃羅織其家圖書以爲反具。虛中引高士談爲證，有司并殺士談。是虛中原未嘗反也。然則臨安何以爲之贈恤？宋史則言：既爲國師，因得知東南之士皆憤恨陷北，密以信義結之，金人不覺。秦檜聞而惡之，遣其家屬往北。已而虛中被誣，百口同日焚死。是特微言虛中之不忘故國，而究不詳其所以死。及讀周益公平園集言虛中忠謀義概，謂當享平國君之封，而天不相之，乃從庾珉、王雋於地下。又言蘇屬國看羊海上，假雁足帛書得歸，虛中真有此書，而不得遂。頗疑其於二史無徵，乃博考建炎雜記、三朝北盟會編、金國南遷録及北窗炙輠諸書，則虛中欲以皇統六年，熙宗郊祀之日，結死士挾淵聖以歸。時金人方德秦檜，誓書中有『不輕易宰相』之語，而檜亦發虚中事以報之。虚中知事洩，即以所部先發，不克，遂死，即中州集所云『謀以兵仗南奔』者也。李大諒征蒙記言：虚中連結内外官守七十餘員，爲萬户司寇惟可所告。然則虚中雖失身異域，而報國之誠，炳炳如丹，其不惜屈身以圖成事，志固可悲，而功亦垂就，當與姜伯約同科，史臣盡掩不書，可謂冤矣。

愚讀虚中初見留時，所作長句三首，情詞悲壯悽惻，蓋三致意於西河之館，北海之羊，而極之以裂眥穿胸，要之以一死。其後金人遣之南歸，虚中以奉命祈請而來，二帝不還，虚中不可獨返，遂翻然有聖德神功碑之作。虚中之才，固自謂其足以辦完顔君臣於股掌也。及金人爲請家屬，則虚中密令王倫奏請弗發，而秦檜使私人程邁促發之。虚中子師援力乞留不得，是其父子之情，亦可原矣。前此吕頤浩之請督師，亦以虚中密奏也。迨陰謀不發於和龍，而蠟丸反告於江左，虞淵之日終沈不返，一門并命，雖復賜廟易名，命官賜姓，欲以遥慰孤魂，其亦何益之有。

雖然，吾嘗三復虚中之事，亦非盡奸臣之過也。史言韋太后之歸也，淵聖卧車前，泣曰：『歸語九哥，我得太乙宫使足矣，他不敢望也。』太后許之。既至臨安，始知朝議，遂不敢復述淵聖車前之語。蓋自苗、劉之亂，軍士妄以淵聖爲言，高宗始恐淵聖之歸，或有摇動人心之患。故王敬所以爲秦氏但以淵聖脅高宗而和議定，非過論也。虚中死又越六年，始遣巫伋請之，海陵亦云：『不知歸時，作何頓放？』伋遂唯唯而退，不復再請。是淵聖之終於北，高宗志也，彼『一德格天』者，其亦逆探吾君之隱，而有所恃而爲之，又藉此以固北方之寵，使無復梗和議以爲吾患者。然則虛中區區之忱，雖謂之不知幾焉，可也。

史又言金人既廢劉豫，將立淵聖於南京，會以和成而止。而鄂武穆王嘗奏稱金人將遣淵聖小皇子來統河南之地。〔繆注〕武穆之死，在此一語爲光堯所忌耳。當時中原之民，延頸以望故國，金人豈不知之，而肯挈其地以然既死之灰者，蓋故爲是言以脅臨安，使之急於和耳。

古之君子，不置身不測之地，以覬非望之功，以虛中之苦衷，而生爲洪皓、朱弁所鄙，死與王倫同傳，一擲不中，瓦裂而無以自白，可爲流涕。士談乃武烈之裔，亦虛中同謀也。

宋、金二史荒陋已甚，如虛中之被恤在紹興末，出於太學生程宏圖之疏，史亦無之。足下能爲一洗其沈屈，則舊史之功臣矣。虛中子師援仕宋，官顯謨閣待制，而朱子謂其入金，嘗帥河南，故虛中欲倚以成事，此於他書無可證，伏希并留意考之。

與杭堇浦論金史第四帖子 第三帖子已入内集。

于侍郎齊乘，其中多不可信者，所言濟南府雚山有劉豫墓，中生蝎子，足下欲引入豫傳作注，是妄語也。僕前〔校〕黄本作『初』。過雚山時，亦嘗訪神䲶之故址，以求白龍之遺髯，或稍補曹王别集之舊聞，使得與梟鳴龍嘯諸事，相爲疏證，而茫然莫得。意謂陵谷變遷，故不可問。及取劉氏事跡與楊堯弼所作豫傳，皆無此語。乃以史諦考之，始覺其誣。

方宋之以豫守濟南也，是時山東羣盜蠭起，豫欲易江南一郡，政府持之不與，忿忿而去。其冬，遂殺守將關勝，降於撻懶，蓋建炎之二年也。金人移豫知東平，盡統河南、陝西之地，而留其子麟守濟南。踰二年，金始册豫爲帝，定都大名，尋以東平爲東京，徙之，而升濟南爲興平軍，麟以節使兼判府，則天會之八年。豫既建元阜昌，都汴，麟亦入相，罷節，豫以其弟復知府事。踰年失國，徙臨潢，麟復出鎮興平，改上京路轉運使。是則劉氏父子兄弟居齊之始末也。然則麟嘗再涖濟南，首尾歷有年所，而豫之在官，數月而已，安得有墓在雚山也。其徙臨潢以後，即欲歸骨阜城，恐亦不可得，況遠至歷下乎？且豫以不愛濟南故降金，寧復有賞於雚山之秋色，而視爲桐鄉也。倘謂是麟之墓而訛爲豫，則麟之卒官亦在上京。總之，於雚山非菟裘也，蠢茲蛙聲，豈能附蠆尾以延其毒乎？〔二〕〔校〕黄本有『侍郎遊歷下時，金史未出』九字。殆亦因野人田父所傳而筆諸簡者。齊州山明水秀之區，蓮湖十里，曾爲松壽所污，寧堪

〔二〕〔李注〕竹汀宋史考異叛臣上云：今蘇門山有豫題詩石刻，自稱『濟南劉豫』。其詩曰：『我居東秦濟水南』。蓋豫雖生阜城，實居濟南也。又按藏弆集卷十三，王象春與弟書云：『峼湖莽然田穰，無復烟波，蓋逆賊劉豫填之也。每一到此，輒起鞭湖之恨。』據季木、竹汀二説，似逆賊劉豫廢徙臨潢死，而其子麟歸骨峼湖，以家在濟，故非以豫曾守是而視爲桐鄉也。施國祁史論五答之四云：『鵲山墓碣，固當訛傳。而御莊、石馬自在，必謂上京兩世，不能歸骨阜城，亦非篤論。』蓋阜昌諸孫，有千户暉，權府事恩，總管濟等，見于遺山集、學古録。

使䧢山之靈，并受此殺𢵧之屈也。聊書之以供〔校〕黄本作『資』。一笑。

與杭堇浦論金史第五帖子

昨讀所注河渠志，引齊乘，以大清河爲古濟水，小清河爲劉豫所導，此在近人皆沿其説。然嘗聞之閻徵君百詩，則非也。以水經注、元和郡國志、太平寰宇記考之，濟水最南，漯水在中，河水最北。今者小清河所經，自歷城以東，如章邱、鄒平、長山、新城、高苑、博興、樂安諸縣，皆古濟水所行也。大清河所經，惟自歷城以上，至東阿爲古濟水道，而自歷城東北行，如濟陽、齊東、青城諸縣，則皆古漯水所行也。蒲臺以北，則古河水所行也。蓋唐、宋時，大河行漯川，其後大清兼行河、漯，而小清則斷爲濟水故道。齊乘之言，蓋考之不審也。

今一統志以大清河之上流爲古濟水是已。而謂小清河即古濼水，此似不安於齊乘之失，而小變之，然亦非也。自漢至唐，衹稱濟水，杜氏通典始有清河之名，南渡後始分大、小清河，而濼水之名與濟水並見於左傳。今小清河之道，屬濟水故道，非濼水也。蔣本無『今小清河』以下三句，注云『以下闕』。〔校〕黄本無此注。

移明史館帖子一 〔校〕黄本一至六皆列卷四十三。

横雲山人撰明藝文志稿，專收有明一代之書，其簡浄似爲可喜。然古人於藝文一門，必綜彙歷代所有，不以重複繁冗爲嫌者，蓋古今四部之存亡所由見焉。班氏於春秋諸傳，以騶氏之無師，夾氏之無書，尚登諸册，慜古學之失傳也。師曠六篇，顯然爲後人因託，不敢輕去，闕所疑也。是以王子邕家語之非舊本，師古必注之漢志之下。而歐公謂水經作於郭璞，正不嫌與隋志異同。漢志所有，至隋而佚其半；隋志所有，至唐而佚其半；其卷數或校前志而少，則書之闕可知；或校前志而多，即未必僞，要其書之攙改失真可知。

漢以七略爲本，隋以七志、七録，唐以開元書目，宋以崇文、中興兩書目，天下圖籍至繁，豈無逸出於山林草澤之間，而必以内府所藏核之，防作僞也。世道降而人心壞，雖在翰墨，俱思舞詐，以聳一時。漢之百兩尚書，宋之三墳，在前代已不少，而明尤甚。前輩議明文淵閣書目不詳撰人姓氏，不詳卷帙，其爲荒略，固無可辭。然正、嘉之間，有僞作正始石經者，託言中祕所得，而不知其爲書目之所無，其妄立見，則雖荒略，亦自可寶矣。即如崔氏十六國春秋，晁公武所未見，馬氏通考已去其目，而有明中葉綴集成書，出於秀水項氏，斯亦不可不詳者也。常熟錢尚書〔校〕黄本『錢』下有『牧齋』二字言，内府尚有吴謝承後漢書，其友曾裔雲及見之，後爲德清方少師取去。斯言吾未之敢信，而閻徵君言曾見之於太原，爲明永樂間刻本，信或有之，必僞書也。蕭山毛檢討所引經典釋文，皆稱舊本，又不知其爲誰氏之藏也。姚江黃徵君有宋薛居正五代史，不戒於火，近人有詭言其書尚在者，及詳詰之，則窮矣。年運而往，贋本乘之，徵文不足，徵獻不足，後輩之無識者，必相驚以爲是羽陵、酉陽中物也。下走於此有憂患焉，而不自知其爲杞人之固。故竊謂前史之例有未合者，此也。

況藝文自宋以後俱無恙也。劉宋符瑞等篇，遠溯於周、漢，楊隋食貨諸作旁及於梁、陳；古人宏雅不羣之材，大都以述舊聞、補逸事爲尚，今姑弗及於唐、宋以前，而即以完顔、蒙古兩朝，其登天禄入石渠者，不知幾何，棄而不録，得毋爲諸史家所笑也。

然考明史藝文原志，出自黃徵君俞邰。雖變舊史之例，而於遼、金、元諸卷帙，猶仿宋、隋二志之例，附書於後。南宋書籍之未登於史者，亦備列焉。横雲〔山人〕從黃本補。又從而去之，而益簡矣。今文淵閣前後所修書目具在，所當疏通證明，匡謬補遺之處，此固秉史筆者之事。秣陵焦氏之書，原爲國史起見，然其序謂以大内之書歸之四部，而實則與三館之目，全不相符，又其舛戾極多，不可用也。其文淵閣之所無，而見於各家書目者，附録於後，此在前史諸志固有成例，如漢、唐二志，凡爲内府所本有，而不可以登於正史，或本無而增入者，一一注明於下，以志慎也。倘如横雲山人所作，則此等義例，一切滅裂殆盡矣。

班氏而後，言藝文者莫善於隋，歐公唐志亦佳，紊亂而無章者，無若宋也。軼唐、宋而侔漢、隋，是在史局諸公爲之。

移明史館帖子二

藝文不當專收本代之書，幸不以愚言爲妄。然即以本代之書言之，亦大費考證也。新唐書藝文志凡前代所已有，不復措一辭者，以漢、隋兩家在耳。其於三唐圖籍，必略及其大意，而官書更備，凡撰述、覆審、删正之人皆詳載焉。是故於永徽禮則著許敬宗、李義府擅去『國恤』之謬，以歎大臣不學無術，爲典禮無徵之自；於開元禮則載張説不敢輕改禮記之議，以嘉其存古之功；於則天實録具書爲劉知幾、吴兢所重修，而知直筆之所由存；於六典據實言李林甫所上，而知會要以爲張九齡者蓋惡小人之名而去之；是皆有係於一代之事，而不徒以該洽爲博。至於别集之下，雖以明經及第、幕府微僚，旁及通人德士，皆爲詳其邑里，紀其行事，使後世讀是書者，得有所據，以補列傳之所不備。而丹陽十八詩人，連名載於包融之末，擬之附傳。其中載邱爲之居喪，可以見當時牧守惠養老臣之禮；滕珦之乞休，可以見當時職官給券還鄉之禮；典則遺文，藉此不墜，斯豈僅書目而已者。

有明一代藝文極繁，然太祖實録已爲楊士奇芟改失實，至纂修書傳會選諸臣姓名，因其中有殉讓帝難者，盡削去之，則文籍之不足憑如此。馮涿州再相，奮筆改熹廟實録，而劉若愚酌中志或去其黑頭爰立伎倆一卷，以爲之諱，則篇第之不足憑如此。是皆本志所當嚴覈者也。

先儒之著不備見，竊鈔舊書以爲大全；通鑒未有成編，遽〔校〕黄本作『遷』。就所見以續綱目；略舉其意，以見一時儒臣之概可也。蒙存淺達，實爲講章濫觴，非經解也；小山、天台諸集，兼及經藝，又非復文鑒所録之舊體也；是又風會之變，不可不加别白者也。或疑如此或過於繁，不知但準唐志之例，固非若馬氏通考之盈篇接幅也。或又疑草野孤行之本，未可登於正史，然觀唐志，則熊執易之化統，西川帥武元衡欲寫進而不果者亦在焉。以是知覈之而無僞者，皆不妨於著録也。

特是采摭既多，宜防疏漏，如漢志莊忽奇、嚴助之駁文。然則旁搜博采，而又弗令遺誤，以資後人之譏彈，則庶幾乎其可矣。

移明史館帖子三

史之有表，歷代不必相沿，要隨其時之所有而作，如東漢之宦者侯表，唐之方鎮年表，遼之外戚世表，此皆歷代所無，而本史必不可少者也。祇屬國表則世多以爲契丹起幽、雲之地，統領諸藩，故特詳其撰述，似爲歷代所無庸，而不知古今皆應有之。蓋屬國之爲中國重甚矣，其興廢傳襲瑣屑之跡，雖有列傳可考，而眉目非表不著。又其中有交推而旁見者，尤必於表觀之。請以往事爲準：漢武謀通西域以斷匈奴右臂，而於是乎有夜郎、昆明之師，其後三十六國既附，漠北遂以衰弱。然至新莽之世，匈奴中振，西域復阻，班定遠之得成功者，再值兩單于之亂，不能與漢争西顧也。豈知西域定，而東胡熾，烏丸、鮮卑遂至虎視袁、曹之間，舉足左右，中原倚爲輕重。是故匈奴内徙，鮮卑北據，兩者皆爲六朝之累。唐之軍威所以能及百濟、渤海而遥者，以突厥既滅也。開元之末，吐番、回紇盛於西北，蒙詔盛於西南，安、朱之亂，頗仗西北兩番同仇之力，然自是遂爲國患，鳳翔、涇原之師防秋，無一歲寧。南詔雖時拒命，不甚爲中土憂，乃大中以還，河湟反爲職方所有，而卒之搆兵以釀龐、黄之禍，亡唐室者，反在蒙詔。夫立乎百世之下，執遺文墜簡以觀往事，蛛絲馬綫，正於原委棼錯之中，求其要領。然苟得一表以標舉之，則展卷歷歷在目矣。

有明一代，初則王保保未靖，頻勞出塞之師。其後榆木川之喪，土木之狩，陽和之困，九重旰食不一而足。而朝鮮之易姓，交趾之頻失，倭人之内犯，是皆東南大案，所當特書者也。滇、粤亡而投緬甸，閩、甌失而竄東寧，以視夫延禧之餘，歷大石之殘疆，約略相同。而日本乞師，安南假道，其與求援高麗，通使回鶻之舉，又無不酷肖者，斯皆當依遼表之例，爲之附録。

其他荒遠諸國，則自三保太監下西洋以後，多有至者，不過書其貢獻之期，而亦原不必詳也。且夫有明疆場，其既得而復棄者，朶顔之三衛也。有自棄以貽患者，受降城之遺址也。有暫開而復廢者，東江之四島也。廟算邊防，俱得括之於表，夫豈徒夸王會之浮文哉。遼、金三史世人多置之自鄶以下無譏之列，豈知其中體例，固自有可采者，乃任耳而棄目，豈不惜夫。

移明史館帖子四

遼史於屬國之外，又有部族一表。諸國所以識其大者，諸部所以識其小者，大小雖有不同，然但取其有關於一代之故，則某所謂隨其時之所有而作之者也。西南黎、仡、伶、傜、僮、僚之種，大昆小叟，隨地險爲都聚，蓋亦四裔之未成國者。然而南中諸郡拒命，則諸葛不敢北征；山越爲梗，孫吴爲之旰食；洗夫人累世立保障之功，而彭士然亦仗節於十國，不可以其小而忽之也。考之前史多附入四裔傳中，蓋以其類相從。有明循蒙古之制，置宣慰、安撫、招討、長官四司，其始皆隸驗封，以布政使領之；其後半領武選，以都指揮使主之，蓋取文武相維之意。三百年來史册所書，洞主、酋長之事，頗與諸國相等，始於麓川之役，而漸且相踵而起，甚至於勤樞輔，戕撫鎮，瞰省會，震動半壁，八百、老撾朝貢竟絶，播州、水西謹而克之，以是知三宣六慰撫馭之難也。迨至國命寄於蝸角，魯陽之戈更能幾時？黔國世鎮之亡也，以定洲之亂也；緬甸援師之絶也，以孟定之攜也。有明末造，宗祀之殲，未嘗不于土司有累焉。其中勤王殉節，如秦良玉、龍在田輩，亦多有之，皆前史所希聞也。

秀水朱竹垞檢討以其事之關於明者繁，乃請别作土司傳，不復附之外國之末，謂其雖非純屬，然已就羈縻，乃引而近之也。土官蠻觸之争，大抵起於世襲，或有司失所以治之，遂成禍端。而前史謂蜀中土司有事多主勦，黔中土司有事多主撫，封疆之議多右蜀，廟堂之議多右黔，是又關其域内軍力之强弱，一時財賦之豐歉而出之者，推之西南諸省，可概見矣。愚故欲仿遼史部族之例，别爲立表，取前人所著西南土司簿録諸種，以爲稿本；亦有始末簡略，但須具之於表，不必傳者，兼足爲全史去蕪文之一節。觀唐書於羈縻諸州，以其頻經喪亂，雖不能詳，亦附之地志，則顛末完具者，其立表寧過焉。

移明史館帖子五

宋史分道學於儒林，臨川〔湯〕從嚴補。禮部若士非之。國朝修明史，黄徵君梨洲移書史局，復申其説，而朱檢討竹垞因合并之，可謂不易之論。

惟是隱逸一傳，歷代未有能言其失者。少讀世説所載向長、禽慶之語，愛其高潔，以爲是冥飛之孤鳳也。及考其軼事，則皆不仕新室而逃者，然後知其所謂『富不如貧，貴不如賤』，蓋皆有所託以長往，而非遺世者流也。范史不知其旨，遂與逢萌俱歸逸民，於是後之作史者，凡遇陶潛、周續之、宗炳之徒，皆依其例，不知其判然兩途也。向使諸君子遭逢盛世，固不甘以土室繩牀終老，而滄海揚塵，新王改步，獨以麻衣苴履，章皇草澤之間，則西臺之血，何必不與萇弘同碧；晞髮、白石之吟，何必不與采薇同哀？使必以一死一生，遂岐其人而二之，是論世者之無見也。

且士之報國，原自各有分限，未嘗概以一死期之。東澗湯氏謂淵明不事異代之節，與子房五世相韓之義同，既不爲狙擊震動之舉，又時無漢祖者可託以行其志，故每寄情於首山、易水之間，可以深悲其遇，斯真善言淵明之心者。倘謂非殺身不可以言忠，則是伯夷、商容亦尚有慙德也。蓋不知其人，當聽其言。抗節不仕之徒，雖其憂讒畏譏，嗛嗛不敢自盡，而鬱結淒楚之思，有不能自已者。至若一丘一壑，寄託於蠱之上九，其神本怡，則其辭自曠也，是不過山澤之臞，而豈可同年而語哉？

唐書入甄濟、司空圖於卓行，蓋以宋景文之有學，尚泥舊例如此。夫譙玄、李業之歸於獨行，亦范史之謬，後世不必以爲準也。卓行之傳非不佳，而二公非元德秀、陽城之伍，儗人固各有其倫矣。

惟宋史忠義傳序有云：『世變淪胥，晦迹冥遁，能以貞厲保厥初心，抑又其次，以類附從。』斯真發前人未發之蒙，然而列傳十卷，仍祇及死綏仗節諸君，未嘗載謝翺、鄭思肖隻字，如靖康時之褚承亮誓不仕金，而祇列之隱逸，則又何也？夫惟歐公以死節、死事立傳，則不能及生者。若概以忠義之例言之，則凡不仕二姓者，皆其人也。前輩萬季野處士，嘗輯宋季忠義録，附入遺民四卷，論者韙之。

因念興朝應運，亳社爲墟，而一二吞聲喪職之徒，紀甲子，哭庚申，表獨行，吟老婦，如汪渢、徐枋輩，不可謂陽春之松柏，無預於歲寒也。幸生不諱之時，闡潛表微，於今爲盛，而使苦心亮節，不得表見於班管，甚者如劉遺民、孫郃竟爲史臣之所遺，是後死者之媿也。博討於忠義、卓行、隱逸之科，而歸之於至是，願進不佞而教之，幸甚幸甚。

移明史館帖子六

忠義列傳宜列抗節不仕者於後，愚固已言之矣。兹偶與客語靈壽傅氏明書，謂其中尚有一例可采者。從斷代爲史以來，無以因國死事之臣入易姓之史者，有之，自晉書之嵇康始。深寧以爲中散義不仕晉，甘以身殉，今使晉書有其傳，是中散之恥也。斯言，足以扶宇宙之元氣。作宋史者有見於此，乃援歐公五代史中唐六臣傳之例，而反用之，作周三臣傳一卷於末，以明瞠眼諸公之節。是蓋歐、揭之徒，巧於位置，故其傳立，而不能以深寧之論加之。

元史於殉難臣僚，業已專傳裒然，可無原父『第二等文字』之誚。而其仗節於順帝遜位之後，尚有多人，史稿成於洪武之初，多失不録。如擴廓不當與張、李同傳，陳友定不當與張、陳同傳，是猶其顯焉者。至伯顏子中之拒命，則太祖所欲致之而不能者也。戴良之被囚，則太祖所欲奪之而不能者也。蔡子英之遜荒，則太祖所欲留之而不敢强者也。王冕以兵死，永福山道士以刎死，葉蘭以不受薦死，原吉製壙銘以待盡，鐵厓書李黼榜進士以志懷，李一初序青陽集恨不得效一障之用，而丁鶴年宣光綸旅之望至死不衰，淮張亡後，張憲變姓名傭於僧寺，要之皆非明臣也。太祖當干戈草昧之際，即能以扶持名義爲念，觀其于擴廓守節，歎賞不置，以爲『天下奇男子』。大哉王言，所以培一代忠臣義士之澤。而不轉盼而有壬午之家難，諸臣之駢首者甘心於十族之逮，瓜蔓之鈔，以至甲申失守，殘山剩水，奉四藩而不替，皆此一語啟之。然則附元遺臣傳於明史，亦太祖之所許也。

傅氏之書譾劣，不爲著述家所稱，其補元臣亦未備，要其所見則佳耳。

移廣東志局論佟督不當立傳帖

〔校〕黄本列卷四十三。

於一統志局中見廣東通志草本，其國朝大吏首列佟督養甲，以爲死事，不知所據者何書？〔丁國鈞注〕廣東舊志有佟督傳，新志無之，蓋阮文達去之也。養甲乃降明而死，雖其出於迫脅非本心，然大節已塗地，列之死事，得無有媿？

當大兵之下嶺也，養甲以重臣視師，而使降將李成棟先驅，摧鋒拓地，皆出成棟，養甲拱手受成而已。及奏功，而養甲爲制府，成棟仍以總兵加都督，戎服入見，始用公禮，成棟怏怏。故所取印信不下五十，而獨匿總制印不以與養甲。其時廣東尚未靖，殘明舊臣四起，陳閣部子壯、張尚書家玉、陳給事邦彦，以及霍師連、韓如璜之徒，更進迭退，成棟猶爲養甲盡力，而所望殊遷終不得，乃密與布政使袁彭年謀反。會贛州以被圍告急，養甲令成棟援之，撥餉八萬，彭年故言額匱，遷延不發。成棟招花山羣盜大至，廣州郭門晝閉，成棟紿養甲曰：『贛州旦暮亡，而吾土寇深如此，五嶺其可保耶？彼聲言復故國耳，曷若權宜許之，徐治軍爲勦寇計。』養甲故庸人，兵柄皆掌於成棟，雖心知不可，然無如之何。而羣盜受指，縱火焚野，呼聲震天地，養甲不得已出示安民，但書甲子。榜既下，成棟宣言曰：『制府降矣。』即用所藏總制印，奉永曆朔，上表南寧。養甲倉皇遜位，南寧加成棟大將軍惠國公，養甲兵部尚書襄平伯，以百官遷肇慶。養甲亦遂受職，此其降之顛末也。

先是，陳閣部子壯之死，養甲寸磔之，投其骨於四郊。論者謂子壯先朝大臣，起兵亦各爲其主，養甲殺之足矣，乃以極刑未足，至無完骸，則過於忍。至是子壯贈太師番禺侯，謚文忠，即遣養甲爲諭祭使。養甲媿欲死，遺臣又時時辱之，乃密遣人北行通表欲自歸，爲邏者所得，遺祭興陵，即桂端王墓也。成棟之子元胤以兵禽之江中，磔之，此其不自安於降而死之顛末也。〔二〕

夫以封疆大臣，智不足以燭奸，才不足以應變，節又不足以臨危，靦顏而受襄平之封，以至首鼠不終而死，則何益矣。以愚平日所聞如此，謹質之局中諸公，如其不妄，伏望芟薙。

〔二〕【嚴注】謝山生平最（喜）談明末國初軼事。余謂最有關係者辨鄭成功死于魯王之前，及養甲之事也。

鮚埼亭集外編卷四十三

簡帖三

與陳時夏外翰論通鑑前後君年號帖

〔校〕黄本列卷四十四。『外翰』作『先生』。『嚴評』外翰乃委巷杜撰之稱，而可用乎？

僕少時見司馬温公與范内翰論通鑑帖，凡年號皆以後來者爲定：如唐高祖武德元年，則正月便不稱隋（煬）〔恭〕帝義寧（三）〔二〕年；唐玄宗先天元年正月，便不稱睿宗景雲三年；梁太祖開平元年正月，便不稱唐哀宗天祐四年。僕以爲史家紀載，當取簡捷，固是不易，但皆以後來爲定，則竊以爲未盡然者。大抵前王後王之會，祇應據實書之，不當以特筆進退其間。倘必以後統前，則次第之間，或以君而蓋於其臣，父而蓋於其子，祖而蓋於其孫，兄而蓋於其弟，是非惇典庸禮之旨也。又況所標於上者，已是新主之年，所列於下者，尚屬前世之事，於名於實，均似有所不合。及見朱子綱目凡例有曰：『如漢建安二十五年十月，魏始稱帝，改元黄初，而通鑑是年之首即爲魏黄初；又章武二年五月，後主即位，改元建興，而通鑑目録舉要是年之首，即稱建興；凡若此類，非惟失於事實，而於君臣父子之教，所害尤大。』始知前人已有先我言者。

但綱目雖多所改正，而於中歲改元，無關事義者，仍依通鑑之舊。鄙見以爲一書當有定例，今或以前爲主，或以後爲主，似乎紊亂。故於古今通史年表概以前統後，而分注其後來之年號於下，固與温公大左，然不敢以大儒之書，苟附和也。春秋定公以六月即位，而正月即已紀元，則以昭公在去年已逝，預紀無所戾，非後世之比也。先生以爲可否？〔校〕黄本無末句，有『明光宗以萬曆四十八年八月即位，踰月殂落，從給事中李若珪之言，萬曆年號斷自本年七月爲止，是後稱泰昌元年，明年熹宗改元，最爲得之』。

新舊五代史本末寄趙谷林

〔校〕黄本列卷四十四，作新舊五代史本末記。

梁、唐、晉、漢、周之書，薛居正所纂者，當時謂之新編五代史，見於宋太祖本紀。歐陽兖公書出，則謂薛本爲五代史，而歐公爲新五代史，見於洪景盧、馬端臨所稱。近讀永樂大典，則凡其引用五代史者，皆歐公本，而引薛本者，曰新修五代史，蓋沿最初之名也。

薛本在國初，黎洲先生尚有之，仁和吴志伊檢討著十國春秋，曾借之而未得。南雷一水一火之後，遺籍不存百一，予從其後人求之，不可得矣。近有捃摭册府元龜、資治通鑑中語成一編，託言南雷故物，是麻沙坊市書賈之習氣也。因吾友趙五谷林來問，書其本末以貽之。

答史雪汀問十六國春秋書

〔校〕黄本列卷四十四，『書』作『帖子』。

來問崔鴻十六國春秋一書，此舍間所無者，前年曾從徐思沐家借看一過，係明萬曆間刊本，然並非崔氏舊璧，請得以原委言之。當十六國時，僞史最多，其著者有若和苞漢趙記、田融石趙記並鄴都記、杜輔前燕記、董統後燕書、申秀燕史、高閭燕志、封懿燕書、范亨燕書、崔逞燕紀、王景暉南燕録、張詮前燕録、常璩蜀李書、索綏涼春秋、劉慶涼記、張諮涼記、索暉涼書、劉昞涼書、裴景仁前秦記、姚和都後秦記、段龜龍西涼記、高謙之北涼書、宗欽西秦記、韓顯宗北燕記，崔氏盡取而裁定之，勒爲百卷，外别有年表一卷，序例一卷，在後魏永安中頒行，而諸史並絀。

北史鴻本傳曰：『鴻經綜既廣，多有違謬。如太祖元興二年，姚興改號弘始，而鴻以爲在元年；

〔校〕黄本無此句。

太宗永興二年，慕容超擒於廣固，而鴻又以爲在元年；太常二年，姚泓敗於長安，而鴻亦以爲在元年。如此之類，多係不考。』北魏書同。

司馬温公通鑑薈萃諸書，其記南北朝事，除晉、宋諸正史外，以崔氏十六國春秋、蕭氏三十國春秋爲多，但晁説之述温公語，謂當日所見，疑非原本。而鄱陽馬氏通考經籍考中，不列是書，則在宋時已鮮傳者。乃有明中葉以來，居然有雕本百卷行世，一二好學者，以其久没不見，視爲拱璧。若以愚觀之，則直近人撮拾成書，駕託崔氏，並非宋時所有也。宋龔穎運歷圖載，前涼張寔改元永安，張茂改元永元，張重華改元永樂，張祚改元和平，張天錫改元太清，張大豫改元鳳皇，謂出鴻書。晁公武曰：『晉史張軌世襲涼州，但稱愍帝建興正朔。其間惟張祚篡竊，改建興四十二年爲和平元年。祚誅後，復奉穆帝升平之朔。不知穎何所據？或云出崔氏書，崔書久不傳於世，莫能考也。』愚以今本對之，並無此事。温公通鑑考異引鴻年表，則當是時年表必尚未失，而今本並無有。又本傳稱鴻書皆有贊、序、評論，在通鑑亦多引之，今本但取通鑑所引，附注傳尾，尚得謂非贋本耶？

孔穎甫謂從古史法，兩人一事，必曰『語在某人傳』。晉書王隱諫祖約奕棋一節，兩傳俱出，爲文煩複，是乃史法紊亂之濫觴。若在崔氏今本，有同一事而三四見者，況其列傳大都寥寥數行，不載生卒，不敘職官，東塗西抹，痕跡宛然，是不辨而自見者，古今無此史例也。然且傖父不學，所有坊間漢魏叢書，再取今本芟之，百不存一，則即係崔氏舊本，經此刊除，已不足觀，況其爲僞書乎？

從古有好著僞書人物，如葛稚川西京雜記、柳子厚龍城録，都屬後人假託，然究之遇有目者，必不可掩，可謂徒費心力。宰勒不既。

答臨川先生問湯氏宋史帖子〔校〕黄本列卷四十四，作奉答穆堂侍郎問湯氏宋史帖子。

明季重修宋史者三家：臨川湯禮部若士，祥符王侍郎損仲，崑山顧樞部寧人也。臨川宋史，手自丹黄塗乙，尚未脱稿，長興潘侍郎昭度撫贛得之，延諸名人足成其書，東鄉艾千子、晉江曾弗人、新建徐巨源皆預焉，網羅宋代野史至十餘簏，功既不就，其後攜歸吳興，則是書不特閣下西江之文獻也，亦於吾鄉有臭味焉。是時，祥符所修亦歸昭度，然兩家皆多排纂之功，而臨川爲佳。其書自本紀、志、表皆有更定，而列傳體例之最善者，如合道學於儒林，梨洲先生論明史不當分立道學傳，本此。歸嘉定誤國諸臣於姦佞，列濮、秀、榮三嗣王獨爲一卷以别羣宗，宋史不爲榮王立傳。皆屬百世不易之論。至五閏禪代遺臣之碌碌者多芟，建炎以後名臣多補，庶幾宋史之善本焉。甲申以後，石門吕及甫壻於潘氏，是書遂歸及甫。姚江黄梨洲徵君以講學往來浙西，及甫請徵君爲之卒業，徵君欣然許之。及甫因取其中所改曆志請正，並約盡出其十餘簏之野史。成言未果，及甫下世，其從子無黨攜入京師，將即據其草本開雕。無黨又逝，新城王尚書阮亭僅得鈔其目録。故嘗謂是書若經黄徵君之手，則可以竟成一代之史，即得無黨刊其草本，則流傳亦易，而無如天皆有以敗之。花山馬氏者，無黨姻家，故是書旋歸花山。未幾時，花山之書散佚四出，海寧沈氏得之。歲在卯辰之間，某在杭，聞沈氏以是書求售於仁和趙上舍谷林，亟往閱其大概，力勸收之而不果。壬子之冬，晤沈氏諸郎於京師，叩以是書存亡，則言已歸太倉金氏矣。然是書累易其主，所存僅本紀、列傳，而其十餘簏之野史則不知流落何所，可爲長歎息者也。是書在吳下，多誤以爲祥符之本，以昔所聞，則自石門而花山者，確然係臨川底稿，黄徵君之言可按也。某少讀宋史，歎其自建炎南遷，荒謬滿紙，欲得臨川書以爲藍本，或更爲拾遺補闕於其間，荏苒風塵，此志未遂，今倘得遺人向太倉求鈔副本，則尤斯文之幸也。

寧人改修宋史，聞其草，〔校〕黄本作『鈔』。本已有九十餘册，乃其晚年之作，身後歸徐尚書健菴，今亦不可問矣。著書難，傳之尤難，言之曷〔校〕黄本作『不』。禁惘然。

答趙徵君谷林問南宋雷樞密遺事帖子〔校〕黄本列卷四十五。

宋史不爲雷樞密孝友立傳，宰輔表亦失其罷官之時，其立朝事跡無可考，但據諸列傳中，載其在嘉定初歷詆開禧用兵諸臣，雖水心先生亦所不免。水心於用兵，力辭草詔，而孝友尚抨彈及之，則頗疑其阿附史相以排正人也。及觀木筆雜鈔言陳自强本太學服膺齋〔校〕黄本作『止齋』。生，既當國，孝友方爲學官，乃立魁輔碑以頌之。自强敗，孝友欲磨去之，以泯其迹，而諸生不從。一日，諸生赴試，孝友急遣人搥落焉。嘉定更化，孝友乃反攻他人，以表其不黨於韓。然則孝友之蒼黄反覆亦甚矣。

然愚讀朱子文集，言黨錮之禍，則謂孝友能辭官而去，因舉以誚他人之戀位者。是孝友固清流也，黨錮之籍本未嘗及孝友，而潔身不緇，大有類皇甫規之自免，然其後又何所見而出乎？孝友之由韓而史不足怪，其由趙而韓爲可惜也。嗚呼！古今人物之一失足而不可挽，以至於無所不爲者，類如斯也，

〔校〕黄本無此四字。豈獨孝友也哉。

考之江西瑞州府志，孝友由南劍教授，遷國子學録，累官至祭酒，故得立碑、磨碑一出其手。而自强罷相，孝友旋自中丞遷給事，拜參政矣。蓋其附韓在祭酒時，附史在中丞時，官愈顯則中愈熱也。其最初辭官是學録任中，爾時富貴之望尚未濃耳。

通志謂孝友在光宗時已官祭酒，則又非也。孝友罷樞使，以大觀文知福州，亦無所見，其贈官太師，其謚文簡。常考南渡之師儒，莫有聲於芮祭酒，莫醜於雷祭酒，宋史俱不能詳其事以爲後世勸懲，不知其所排纂者，爲何事也。

答臨川先生論慶元黨籍鄭湜帖〔校〕黄本列卷四十五。

昨歲荷賜問，以慶元黨籍之第七人鄭湜，宋史無傳，令愚考其顛末。行篋中無多書，衹得覓福建通

志，合之舊史，旁參以朱子語録，得其大概。

志云：『湜字溥之，一字補之。閩縣人也。乾道中成進士，光宗時官祕書郎，所陳皆讜論。慶元初，以起居郎權直學士院。趙忠定公罷相，湜草制，有「持危定傾，任忠竭節」語，韓侂胄以其爲褒詞，大怒，出知本州，後爲刑部侍郎，隸名黨籍，卒謚文肅。』按李枅嘗問朱子曰：『溥之草趙丞相罷相詞固佳，以某觀之，若當時不作，便乞出，尤爲奇特。』朱子以爲不必如此，但後來既遷之後便出，亦自善。溥之卻不肯出，所以可疑。若不作而遽出，亦無此例。枅曰：『如富鄭公繳遂國夫人之封，以前亦曾有此。』朱子笑而不答。然則溥之草制之後，當遷一官，其後始被外轉耳。

溥之又有與朱子論戢盜法，亦載語録。宋史寧宗本紀：『紹熙五年七月，遣鄭湜至金告禪位。』金史交聘表：『明昌五年閏十月，宋翰林學士鄭湜來。』考之宋制，翰林學士承旨之下爲翰林學士，學士之下爲直學士院。承旨不常置，以學士久次者爲之。他官入院未除學士，謂之直院。溥之本直院，使金時，暫假學士銜以行耳。若陸文安公之卒，溥之祭文，以江淮總領署銜，然則以祕書出爲總領，以總領入爲直院也。忠定罷相，在慶元元年二月，次年即有僞學之禁。溥之既斥知外郡，何以得遽入爲侍郎？既召用，何以又遭禁錮？愚意或即草制時所遷之官，而後人誤記之者。

溥之於黨籍列在高等，其生平歷官之詳必尚有見於他書，宋史自荒陋耳。尚容陸續考索，奉正函丈不備。

答陳時夏先生論鄂忠武王從祀帖〔校〕黄本列卷四十五。

賜讀鄂忠武王從祀説，考據精博，無以復過，兼之位置井井，次第間無一參差，想見先生惓惓忠烈遺事，雖千百年前人，無不留意。假得位秩宗太常間，必能爲聖朝釐正祀典，夙夜寅清，以奉天子表章禮樂之旨。

憶愚少時亦曾以各史所書鄂王事，奇零未盡，欲取新、舊宋史兩編，及南宋諸稗乘，合之金陀粹編，考索一過，奄忽一紀，逡巡未踐。今於先生説中，得見崖略，可謂幸甚。其中尚有剩見，欲與先生討論者：

資治通鑑續編『命大理卿周三畏、中丞何鑄先勘飛事，尋命万俟卨等治之』，則三畏亦不附和咸陽者，雖諸稗史所稱掛冠入丹霞山不返，以及翦頭仙人諸紀，或未可信，但要屬薛仁輔、李若璞一流，不得因辨誣録中所遺，而竟去之。惟何鑄舊屬賊檜鷹犬，縱有後功，不補前過，若三畏則非其倫，似當於薛仁輔下次設『大理卿周三畏之位』。

道園集有題鄂武穆王墨蹟，出武寧湯盤藏其先世文林君軍中文書，武穆紹興元年所署。盤言武穆之死，文林上書論列，遂并受害。文丞相嘗題其家之堂曰『忠節』，遺墨故在。據此，則文林亦王幕屬，文山、邵菴以忠孝文學大儒，當皆不妄，似當於鵬孫革下次設『幕屬湯文林之位』。

金陀粹編又有南劍布衣范澄之上皇帝書，其書亦慨摯，但不紀其與劉允升事，先後何若。且上書後處分，亦無可考。此屬編中疏漏，但以布衣仗義伏闕，自足千古。抑或即西湖志餘所稱百二十人，衆名總不可問，要須大書以表之，似當於劉允升下次設『南劍布衣范澄之之位』。

至於大宗正士㒟，以帝冑之尊，藩封之重，肯以百口相保，幽死於閩，與公不朽，亦復何辭。但恐天潢宗子，不當居兩廡之列，得毋鄂王神爽或亦有不安者，愚意謂當於別殿中，另奉大宗正安齊王趙士㒟，並太傅樞密使蘄王韓世忠兩主。蘄王當鄂王寃死時，獨攖檜怒，面斥廷爭，原應首居俎豆，但爲王前輩，勳高望重，垂世者不僅在此，況亦萬無配食之理，莫如與宗正並祀之別殿中，未解先生以爲何如？

若銀瓶小姐附享祠祀已非一日，但此是一大疑案。來集之〔校〕黄本『集』作『焦』。樵書曰：『孝宗時，訪求岳氏子孫，襁褓以上皆官之。女少者，候嫁則官其夫。武穆有女安娘，女夫高祚，補承信郎；岳雲女大娘，岳雷女三娘，〔李注〕據岳珂忠武行實：『臣雷子四人，經、緯、綱、紀，女三。』非名『三娘』，此本樵書誤。候出嫁日，各補其夫進武校尉；並載金陀粹編。』則銀瓶殉孝，寧不經御旨追贈？且岳珂爲武穆孫，而編中曾不一及之。夫歷代以來既有舉之，誰敢廢焉，然其疑有不可不存也。〔嚴注〕銀瓶小姐誠未可信，然周密癸辛雜識已有之。今於寢宮既欲以東廂列五子，而孫珂附之；西廂列五婦，而銀瓶附之；則安娘之明見譜系，顯膺恩命者，其不得不附，又可知也。

他如門左欲設圍卒張寳之位，則此見傳奇妄語，恐不足信。況是編全據史傳，即稗官亦未敢輕録，何問傳奇？某頓首奉復，不既。

奉淛東孫觀察論南宋六陵遺事帖子 〔校〕黄本列卷四十五。

昨謁幕府，蒙以南宋六陵遺事下問，卒卒未竟其語。『冬青』之舉，爲世人所豔稱，然祇唐玉潛、林白石耳。同時預其事者，雖不能一一著姓氏，如王修竹、鄭宗仁，鑿鑿可考。謝皋父則陰移冥轉其間。草窗紀陵使羅詵事，雖與諸公不相謀，要亦先後奔走是役者也。獨厓山志所云余則亮，尚當闕之以俟考。

明初既返穆陵遺骼，建雙義祠於鄉大夫祠之左，以祀唐、林，已而移之陵右，凡有事於六陵，即并及之。夫其祠之，是也，而惜其於同義諸公有未盡者。某嘗走攢宫山下，摩挲宋學士碑文，所有享殿周垣，雖已摧殘殆盡，尚有約略可尋之跡，而徧問樵夫牧豎，獨失祠址所在，爲之茫然。當時江南舊臣官上都者不少，曾不能出一言以保橋山弓劍，至使楊髡縱其滔天之惡，玉匣珠襦，狼籍殆盡。諸君子以朝不坐燕不與之身，爲故君護龍髓，恒星晝隕，七度山南，踰垣折足，幾陷虎口，百世而下，即分麥飯一盂，以酬明德，其亦誰忍替之。

乃更有大不平者：楊髠西番謬種，原屬豺虎不食之餘，而同惡泰寧寺僧，則攢宫首禍所啓也。兹者西泠道上，雖至五尺之童，争毁楊髠遺蹟，鑿飛來峯之塔，折六一泉之像，甚者貽禍地藏，波累天女，而泰寧殿宇近在陵寢之側，巋然獨存，佛燈魚鼓，不隨麟、辟邪、石馬並泯，茂陵秋風，猶餘磨劍之輩，豈特冬青靈鳥，將共杜鵑泣血，山鬼有知，亦應髮指。夫祠祭載在有司，今唐、林祠宇，鞠爲茂草，則興廢舉墜，是明使君之所以修典禮也。逆僧故址，犂其地而瀦之，抑亦厲風教之一端也。合當日扶義之羣，使共食於一堂，正明使君之所以表幽潛也。

滄桑岸谷，又歷數百祀而遥，四山風雨之地，一望蒼茫。然而向蘭亭以嗚咽，索真帖於誰家？諸君子之魂魄猶在此間，其奈何過而莫之問也。敢以告之執事，幸勿以其迂而棄之。

再奉觀察孫公帖

〔校〕黄本列卷四十五。

某前此致帖幕府，欲毁攢宫山之泰寧寺，聞者笑之，以爲是殆丁零盜蘇武牛羊，使曹公按其事也。不知其所以當毁者，不僅以其當日預於楊髠之惡而已，蓋所謂泰寧寺者，何地乎？乃即永茂陵之故址也。方寧宗之崩也，吏部侍郎楊華奏曰：『泰寧寺山岡偉特，五峯在前，直以上皇青山之雄，上皇，村名。

翼以紫金白鹿之秀，以此知先帝弓劍之藏，當在於此。』詔遷其寺，而以其基定卜，仁烈皇后楊氏祔，是泰寧寺所以改爲永茂陵也。至元二十二年，楊髡言：『會稽有泰寧寺，宋以之建攢宫；錢唐有龍華寺，宋以之建郊壇：皆係勝地，宜復爲寺，以爲皇上東宫祈壽。』時攢宫已改爲寺，并敕毁郊壇，是永茂陵所以復爲泰寧寺也。

嗟乎！吾聞攢宫之建，趙清獻公、陸楚公二家先塋，皆包入焉。朝廷許其歲時墓祭，通道如故，天子錫類之仁且然，而寺僧之悖一至於此。然愚竊怪明洪武間之遣官審視也，浙江行省繪圖以進，僅孝、理二陵，尚有殿垣，其餘祇存封樹，於是置守衛之户，嚴芻蕘之禁。而寧宗兆域，早已犂平，安得尚有封樹之可言？禁山之中，居然有侵龍穴以爲道場者，是有司特以漫言奉行，未嘗確爲清覈也。正統、弘治兩朝，亦嘗再行檢勘，欲復民間所占。豈知是寺本屬諸陵之一，非隙地所可比，而反縱而不治，其爲樵牧，孰有過於此者。

方今雖再屬易代之餘，然故國之陵寢，皆爲令甲所加意。明使君誠以此諭有司，使其清而出之，則有功於金粟之堆，豈淺鮮乎？嗚呼！一抔未築，雙匣親傳，當時義士之力，不能勝逆僧，而今何有矣。愚意以爲當盡毁寺室，大題曰『宋永茂陵故址』，而爲周垣以藩之。至若冬青古樹，開花無日，近已梵宇雜糅，湮没莫可蹤跡，若以整緝攢宫餘力，并及天章，是乃白衣之靈所深望於後世之志士者，敢復爲執事瀆言之。

答史雪汀問六陵遺事書 〔校〕原注「蔣增」。黄本無此篇。

會稽縣攢宫山舊名寶山，紹興元年，哲宗昭慈皇后崩，遺詔「殮以常服，不得用金玉寶具，權宜就近吉地殯殯，候軍事寧息，歸葬園陵。所製梓宫，取周吾身，勿拘舊制，以爲他日遷奉之便」。朝議欲加陵寢名號，曾紆奏曰：「帝后陵寢，今存伊、洛，不日歸中原，即祔合矣。宜以『攢宫』爲名。」從之。「攢宫」之名自此始。

是年，徽宗顯肅皇后鄭氏崩於漠北。五年，徽宗亦崩。七年，何蘚還，始聞訃音，先上陵名曰永固。九年，高宗懿節皇后邢氏崩於漠北，十二年，金人以三梓宫來還，其時選人楊偉貽書執政，乞奏聞。命大臣取神櫬之最下者斲而視之，既而禮官請用安陵故事，梓宫入境，即承之以槨，仍納衮冕翬衣於槨中，不改殮，詔可。是年，合攢徽宗、鄭后於昭慈太后攢宫西北，改陵名曰永祐；攢邢后於昭慈之西。二十九年，高宗母顯仁皇后韋氏崩，攢永祐陵西。三十一年，淵聖皇帝訃聞，遥上陵名曰永獻。乾道中，朝廷遣使求陵寢地，而不言及欽宗梓宫，金人自葬之鞏縣，欽宗后朱氏從北狩，不知崩所及歲月。高宗陵名永思，慈烈皇后吴氏祔。孝宗攢永思陵西，成肅皇后謝氏祔，名永阜。光宗陵名永崇。寧宗陵名永茂，仁烈皇后楊氏祔。其孝宗成穆皇后郭氏、成恭皇后夏氏、光宗慈懿皇后李氏、寧宗恭淑皇后韓氏，以攢宮在山陵之前，神靈既安，並不遷祔。理宗陵名永穆，度宗陵名永紹。此六陵大略也。

元世祖至元十四年，續綱目在十五年。謝皋羽詩：『知君種年星在尾。』是十四年戊寅也。羅雲卿、〔嚴注〕羅雲溪名雲卿。張孟兼並主之。若十五年乃己卯，元史又別以爲甲申。他如唐玉潛詩謂『犬之年，羊之月』，係甲戌六月。林霽山詩謂『羊之年，馬之月』，則癸未五月。孔希魯〔嚴校〕希普，（下同）述霽山詩，又以爲『丙之年，子之月』，則丙子十一月。唐、林皆身爲其事者，而相參錯。希魯所述一詩，又有異同。周公謹癸辛雜志別曰乙酉。陳善依綱目，貝瓊依元史，宋濂書穆陵遺骼依癸辛志。元史亦濂所總裁，而所書又先一年，今從謝詩。番僧楊璉真珈〔嚴校〕伽。爲江南總統，與丞相桑哥表裏爲姦。會稽有天長寺，故宋魏憲靖王墳院也，有閩僧聞號西山者，媚髡，遂獻其寺，因發魏王冢得金玉甚多，以此啓發陵之意。剡僧澤號雲夢者贊之。而前此永茂陵本泰寧寺故基，楊髡先令寺僧宗愷、宗允詐稱楊侍郎、汪安撫侵占寺地，呈告於官。旋嗾妖僧嗣古、妙高上言南宋諸陵當毀，桑哥從中可之。十五年，大興人夫並番僧及諸兇隸發掘。時有中使羅詵者，守陵不去，與之竭力争執，爲僧澤痛箠之，且脅之以刃，詵大哭而去。先發寧宗、理宗、度宗、楊后四陵，嗣啓高宗、孝宗、光宗暨孟、韋、吴、謝諸后攢宮，所取寶玩無算。徽宗陵得玉走馬，烏玉筆箱，銅掠撥，繡管；高宗陵得真珠戲馬鞍；光宗陵得交加白齒梳，香骨案；理宗陵得伏虎枕，穿雲琴，金貓晴爲徽，龍肝石爲軫，又緑玉磬一枚，係楊太真物；度宗陵得五色籐絲盤，映魚黄瓊扇柄；其餘金珠萬計，爲屍氣所蝕如銅鐵然，或有棄之不收者。理宗藏中尤多，開棺之際，有白氣亘天，蓋寶氣也。惟徽宗棺中無尸，僅朽木一段而已。

蓋和議成時，金人祇以空櫬給宋，而道君梓宮在五國城者自若。雲谷臥餘録、全遼志皆云：五國城頭有徽宗墓。癸辛雜志作徽、欽二陵，徽宗止一朽木，欽宗止一燈檠。野獲編謂欽宗遺柩未還，安得燈檠？黄耒史以爲高宗后邢氏之訛，事或然也。理宗之尸如生，其下皆藉以錦，錦之下，承以竹絲細簟，或攫取之，擲地鏗然有聲，則金絲所成也；有告以含珠乃夜明者，遂倒懸其尸林間，瀝取水銀，若此者三日，遂失其首；蓋西番之俗，以爲帝王髑髏可以厭勝致富，因盜去。是夜，西山有哭聲，凡諸番所發園陵與大臣墓，通一百有一所，他攘盜詐掠諸贓共十一萬六千三百錠，占田三萬三千畝，他物稱是。

其時有故宋將作監主監〔嚴校〕作『簿』。王英孫者，字才翁，别號修竹，會稽人也，富而好客。諸遺民，如吏部架閣平陽林德暘、國子學正平陽鄭樸翁、布衣山陰唐珏，並集其家，相與合謀。乃具酒醴，市羊豕，邀里中少年享之，酒酣告之以事，皆曰『諾』。一少年曰：『事發奈何？』珏曰：『今四野多暴骨，可竄而易也。』乃造爲石函六，刻紀年一字爲號，自思陵以下，隨號收之。德暘作丐者裝，背竹籮，手竹夾，遇物即投籮中。先鑄小銀牌百十，在腰間，遇番僧之隸，即賄之，遂得高、孝兩陵骨。樸翁等或謬爲采藥者，負草囊入陵上，見有棄草莽間者，輒拾焉；或乘夜潛入山，取野間骨相易，既恐事覺，至有踰垣折足者，遂盡得諸陵骨。時或傳理宗顱骨爲北兵投湖水中，購漁人網之，竟不能得。匡山志以此爲俞則亮事。踰七日，諸僧下令裒陵骨雜諸牛馬骼，築鎮南塔於臨安舊内，以爲厭勝，杭人悲戚不能仰視。

時羅誅方懼害，亡匿民間，聞諸陵盡發，乃具衣冠求遺蜕無所得，得孝宗頂骨小片，及諸后骨之未收者，大〔火〕化之。諸遺民則潛瘞所拾於蘭亭山南天章寺前，每一陵爲一穴，上植冬青樹六本以識。尋至元二十八年，諸僧事覺，詔遣脱脱、塔喇海、忽辛三人追究僧官江南總統楊璉真珈盜用官物。宣諭江淮民恃總統力不輸田租者，依例征輸。臺省諸臣請治楊璉真珈擅發陵寢之罪，明正典刑。有旨貸死，僅給還人口田地之爲僧踞者。

明太祖洪武二年，上與學士危素論史，素因具道發陵顛末，暨楊璉真珈截理宗顱骨爲飲器，後事敗入官，以賜西番僧之爲帝師者。上悽然曰：『南宋諸君無大失德，與元又非世讐，既乘其弱取之，何乃縱奸人肆酷如此！』即日御札丞相宣國公李善長，遣工部主事谷秉彝移北平大都督府及守臣吴勉，訪飲器所在。西僧汝訥、監藏深惠奉詔獻至，詔付應天府官夏守忠，是年瘞諸南門高座寺之西北。次年，浙江行省以宋諸陵圖進，命禮部尚書崔亮復瘞諸舊穴。九年，詔浙江守臣，令諸陵五百步之内，禁人樵采，置守陵户二人，每三年一傳制，遣道士齎香帛致祭，登極則遣官祭告。理宗頂骨有碑亭，亭側有義士祠。

方諸僧發掘時，澤以足蹴理宗首，以示無懼，隨得足疾，不數年潰爛死。聞既得志，復倚楊髠勢，豪奪人田産，爲鄉夫二十人伺道間，屠臠立盡。愷亦以他事受杖。凡得金玉之家，非死即病，鮮幸免者。而唐珏無子，於己卯上元夜夢黄袍人引一兒與之，後生子珙，卒爲名儒。

嗚呼！北宋諸陵，始爲金人所啓，而其後劉豫遂置河南淘沙官，遍取山陵中物。詳見劉豫事跡。南渡後足以監矣，猶且窮奢極巧，以貽身後之禍，可謂不智。雖然，豫本草竊之徒，即前代如漢之赤眉，唐之温韜，并係盜賊，元世祖以混一天下之主，其臣如廉希憲、伯顔等布列滿朝，而使妖僧得以恣所欲爲，天地爲之震動，日月爲之晦蝕，固宜其國祚之不永也。〔一〕

謹備述其事，以復座右，外有考異數條，附呈不既。

〔一〕【蔣注】此先生薈萃諸野史而詳述者。然以爲唐玉潛、林霽山、鄭樸翁、王修竹合謀而成此舉，則恐不然。皋羽之哭西臺，不過空山野祭，猶畏邏舟之過，況此時毒燄方張，而少年羣飲，遺民集議，獨不懼其洩乎？但諸野史所記參差不合：修竹則遍告六函，霽山則止云雙匣，或謂攜葬永嘉，或謂瘞於天章寺側，以至犬年羊年，紛紛異同。大抵諸公各不相謀，有負草囊者，有持竹夾者，取其零星殘散於草莽間，而修竹所領之少年，則乘夜取他骨而竄易之，皋羽詩所謂『七度山南與鬼戰』是也。葬永嘉者，非霽山，即樸翁，以二公皆平陽人。葬天章者，非玉潛，即修竹，以二公固會稽人。其後紀録家知霽山者，即以此專屬霽山；知玉潛者，即以專屬玉潛、知樸翁者，即以專屬樸翁、修竹。其人其事，皆係不虛，而聞見異辭，正其各不相謀之證。必欲合併而聯絡之，則於當日情節，反有不符者矣。嗚呼！一蘭亭也，昭陵繭紙，已出人間，竺國經函，又依僧傳，永和勝會，乃與兩朝陵寢之禍，相爲終始，覽陳迹者，真當感慨係之。

與史雪汀論行朝録書

〔校〕黄本作再答史雪汀論明季紀述帖子。自此至柬萬丈皆列卷四十四。〔嚴注〕題跋中既有行朝録跋，則此可不存。

明末紀述，自甲申以後螢光爝火，其時著述者，捉影捕風，爲失益多。兼之各家秉筆，不無所左右袒，雖正人君子，或亦有不免者，後學讀之，如棼絲之不可理。夏彝仲幸存録出，黄梨洲著汰存録以訂之。以彝仲身仕歷朝，耳聞目見，寧有謬妄，而不免餘論，史事之難，一至於此。乃梨洲所著行朝録，則亦頗有遺錯，請得援汰存例，略加考索：

方以智從亡梧江，曾晉大學士銜，乃丁亥年事。是年，從梧江遷武岡，以智扈從不及，入天雷苗，〔嚴校〕作『菴』。然未嘗爲僧，爲僧乃庚寅冬兩粤再破時。今録云『丁亥三月，方以智棄妻子入山爲僧』，誤也。

是年，劉承胤以武岡北附，桂藩踉蹌疾馳，遇雨，宫眷衣食俱乏絶，古坭口總兵侯性遠來迎駕，供給敉辦一切，三宫服御及宫人衣被〔校〕黄本作『服』。皆備。三宫德之，遂口授商邱伯。是後侯性遂無所見，未聞有進封事。今録云『商邱伯侯性入衛，晉祥符侯』，誤也。

明行朝曆，與國朝新曆，晦朔閏餘，大有不同。國朝於辛卯二月置閏，而明曆於庚寅閏十一月。大學士瞿式耜以十一月初六日被執，以閏十一月十七日正命，今録云『被執，明日遇害』；戊子四月丙寅朔，其閏月乙未朔，今録云『四月乙未朔』，誤也。

湖州諸生潘駿觀以己丑春入覲行朝，詔授兵部主事。庚寅冬，以陳邦傅之難，死於扈駕。録云『戊子，潘駿觀爲兵部主事』，誤也。

何吾騶以己丑三月始至，詔令入閣，未久即去。去後，黄士俊始至，與嚴起恒共事。庚寅，蹕遷梧州，始以老乞休而去。録云『己丑正月二十八日，起舊輔黄士俊、何吾騶入直』，誤也。

焦璉駐平樂，在兩粵武臣中最爲恭順，與陳邦傅不睦，卒爲邦傅所誘，取其首降孔有德。今録中所及璉語，似全與跋扈者等，而於死節則不書。嚴起恒力阻孫可望秦封，其後可望〔校〕黄本無『秦』字至此六字。挾駕南寧，有張護衛者上起恒船，問王封畢竟是秦，是他？起恒曰：『將軍遠來迎駕，其功甚巨，若問此事，是挾封也。』張奮拳亂毆之，起恒赴水死，一夕，虎負其屍出水。今録中無一語。

凡如此等，尚屬崖略，不能盡舉。行朝録共十餘種，其最疏略者滇黔紀年，當以所知録、也是録諸書對之。餘不既。

答陸聚緱編修論三藩紀事帖子〔校〕黄本列卷四十四。

三藩紀事本末盡屬不經之語，其中人地之譌，時日之舛，不能更僕數也。適見執事所輯江西通志，間或引之，故昨曾微及其説，而辱賜下問，以其詳未盡，謹批〔校〕黄本作『披』。一册，奉到函丈。

其中謬之大者，莫如監國魯王死於鄭氏一案。〔嚴評〕延平不失勝國遺臣，死於魯王之前，而被賊殺魯王之名。謝山侃侃辨之，其有功于延平大矣。鄭氏之不奉魯王也，以隆武頒詔之隙也，故當時自丁亥至辛卯，海上原有二朔。成功在金門援天復、天祐例，仍稱隆武三年，而奉淮王爲監國，其所頒曰東武四先歷。錢忠介公在長垣則頒魯二年曆。己丑粤中使至，成功奉朔，淮王去監國號，舟山仍奉魯。辛卯以後，魯王盡失其地。壬辰次中左所，尋次金門，癸巳亦去監國號，通表滇中。於是海上之歷始合。已而舟山舊臣日〔校〕黄本無此字。益消落，魯王竟依鄭氏爲寄公，丁酉次南澳。己亥，陳光禄士京卒，遣人祭之。蓋成功雖不奉王，而其致餼，仍以宗藩之禮，未嘗相陵。辛丑，成功入臺灣，壬寅緬甸赴至，成功亦卒，海上遺臣復奉王監國。然成功子經亦不奉王，徒然而已。甲辰，王薨。〔嚴注〕據監國紀年，成功以壬寅五月卒，魯王以是年九月十七日崩。非甲辰也。是不特成功無背逆事，即其子亦無之，特相傳其致餼少衰於父，而紀事謂魯王在南澳，成功沈之海中，不亦謬歟？

蓋嘗聞蒼水督師，自己亥喪師，孤軍懸海外，成功既遠引，莫與同仇，自度不能有濟，祇以魯王尚在，未敢遽散軍，故是年王薨，即入山。此先大父兄弟所藏蒼水手札，至今猶存，墓志中未及表章此一節，然則蒼水固與王存亡者也。冰槎集中祭王文，明有『十九年旄節』之語，則謂其凶終者，果何據也？梨洲先生誚鄭氏，謂『吾君之子在其家，而不能奉之以申大義於天下』，是王薨，而其子猶依鄭氏也。成功父子固爲周室之頑民，然其不負故國之誠，則有可原者，無故而加以戕虐〔校〕黄本作『害』。宗藩之惡，則郢書所以害舊史者，其冤不少。故別具顛末以告之執事，其餘大略見册中矣。

與趙谷林辨嘯臺集中紀蒼水事跡書

〔校〕黄本列卷四十四，作答趙徵君谷林論嘯臺集帖。

吴農祥嘯臺集，其文散漫冗長，固不足言，而所紀明季事尤失實：如謂劉閣部中藻與李尚書向中揮戈海上；瞿臨桂死黔中；陳大樽之殉節，隆武贈官；大樽死於丁亥，隆武亡於丙戌。章格菴爲閣部；章官少宰。信口妄言，欺世人之不知，愚不能屈指數也。請但以張侍郎一傳言之。

其曰：『監國賜公進士出身，授兵曹。』按公釋褐官檢討，掌制誥事，兼行人使閩，非部郎也。其曰：『改兵科，監張名振軍，出松江，颶風覆舟。六日錢唐失守，扈監國出舟山，依名振。名振死，公領其衆。舟山破，扈監國至厦門。』按公由檢討擢僉都，非兵科。錢唐破，監國至舟山，黄斌卿拒不納。監國入閩，至長垣，而公始監名振軍出松江。斌卿敗，監國始入舟山。舟山破，名振尚未死。農祥所言，無一不錯。

其曰：『是時，隆武亡，鄭成功聞監國至而喜，來受約束，迎公厦門。』按監國再由舟山入閩，成功起兵已六年，謂隆武至是始亡，異矣。成功以隆武與監國不相能，始終不奉監國，謂受約束，異矣。公與成功雖往還而未嘗合軍，謂迎入厦門，異矣。

其曰：『己亥之役，琉球，日本師皆會。』按周鶴芝嘗使日本乞師，不得，阮美又嘗乞師，俱在舟山未破之先，成功未嘗乞師也。其時成功全軍而出，公以所部别爲一營，無外番之師也。

其曰：『河北圻南響應，輦下議遷都以避』，則野人之言矣。公師欲下九江以取楚，聲息何能達近輔，襲曹魏畏關公之語，不知本朝威德之盛也。

其曰：『公之散軍脱歸，九死一生，惜無記録之者。』然則農祥并公北征録亦未見，而妄爲公傳，無惑乎其妄言也。至謂公屯田林門島中被執，則不知公被執時已散兵。謂公子死白下，則不知其在京口。

總之，無一語足據者，郢書燕説，混淆信史，吾不知其何意也。農祥自負博物，近則方文輈、杭大宗皆力推之，不知其言無足采〔校〕黄本作『據』。也。

與紹守杜君札

〔校〕黄本列卷四十四。作論余尚書王侍郎帖。

執事〈彰〉〔軫〕念明故殉難諸家後人，每歲予以賚恤，且使著爲故事甚厚，所惜討論有未精者。丙戌『畫江』之役，雖建〔校〕黄本作『監』。國於越，而越人首事者，義興從亡，格菴行遯，其死者祇余尚書一人耳。故昔人謂尚書不死，則越且大喪氣。而甲申之倪、施、周三君子，乙酉之劉、祁二君子，亦尚賴尚書爲之後勁，不知執事何以獨於尚書之後，不一及之，而反及於王侍郎遂東，是一大錯也。遂東本官監司，丙戌始以詹事貳禮部，大兵渡江，遂東已病，避兵秦望山丙舍中。始寧倪無功謂其本有意於筐篚之迎，以病不克，是雖不敢以此玷之，而要之未嘗死則審矣。蓋遂東之死在丙戌之杪秋，其去尚書投水時且十旬，蕭山徐涵之言其生辰適在亡國之後，其家尚爲開筵稱慶，君子誚之，是則衆論所在，不可掩也。

明亡，野史最多，其中真僞雜出，多不足據，然未有言遂東之殉國者，惟婁江人楊陸榮所著三藩本末內言遂東以絕粒而死。陸榮狂〔校〕黄本無上三字。且也，其書誕謬不足信，世亦未有信其書者。而姚江邵念魯忽信之，據以立傳，是必王氏子孫以此鄖書欺執事，而執事偶未之察也。

甲申之變，句容孔閣學貞運亦適死於其際，梁谿鄒漪亦附會以爲盡節，而今孔氏後人，不敢仞〔校〕

黄本作『認』。也，則以舊史之所關者重也。

乃若尚書大節，固不必言，即以其居鄉而論，亦甚有功於溝洫，如重築三江閘，廣麻谿壩，左右劉忠正公築茅山閘，越人皆能言之。孫叔芍陂遺愛猶存，亦非遂東之放浪湖山者比也。愚略具始末陳之執事，願更詢越之介衆，而審正之也。

柬萬丈孺廬問徐巨源事實書

〔校〕黄本列卷四十四，作柬萬丈孺廬。

昨趨侍高齋，欲以新建巨源徵士之死爲問，而座有他客不及言。巨源之死，世多言其通家一先達〔嚴注〕謂龔鼎孳。素爲巨源所薄，夜遣人刺殺之，其實非劫幣賊也。敬亭沈高士耕巖之孫樗崖，述其先世之言，亦以爲然。然愚竊有疑者，使巨源死於同里之怨家，不應牧齋誄中竟不爲微及之。

況以所聞於夫己氏之爲人，雖有媿於不事二姓之言，而尚非顯然滅裂行檢〔校〕黄本作『險』。者。是時江西雲擾，前有楊、萬之師，後有金、王之難，巨源以前代貴公子，嶄嶄持風節，足側焦原，手搏彫虎，其瀕死者數矣。其僅而免於死者，非巨源計之所及也。使夫己氏欲殺巨源，即稍一舉手間，當已無可漏之網，顧乃計不出此，遲之又久，直至承平以後，翹車束帛賁於其門，而方爲剚刃之舉，何其拙也。

故竊意以夫己氏之於巨源，其相惡不必言，及其死也，哀巨源者遂以弓影之疑加之。桑海之際，志士之危如朝露，如世所傳，固多有之，而以巨源之蹤跡言之，則似有未盡然者。當是時，長洲徐隱君昭法亦遭此劫，幾殞其生，巨源之死，乃夫己氏之不幸也。執事於桑梓文獻之傳，其見聞必有獨覈者，未審以爲然否？

鮚埼亭集外編卷四十四

簡帖四

奉臨川先生帖子一

〔校〕黄本列卷四十二，作奉答臨川先生論學箋。

讀閣下朱、陸諸編，考古最核，持辨最長。在不知者，或疑其過於申陸，而知者以爲未嘗有損於尊朱也。

愚考會同朱、陸之説，今世皆以爲發源於東山趙氏，然不自東山始也。袁清容云：『陸子與朱子生同時，仕同朝，其辨争者朋友麗澤之益，書牘具在。不百餘年，異黨之説，深文巧闢，淳祐中番陽湯中民合朱、陸之説，至其猶子端明文清公漢益闡同之，足以補兩家之未備。』是會同朱、陸之最先者，一也。清容又云：『廣信龔君霆松發憤爲朱、陸異同，舉要於四書，集陸子及其學者所講授，俾來者有考。』是元人之會同朱、陸者，然亦在東山之前。二湯爲淳祐間巨子，使其書存，必有可觀。龔氏之書，不知何等，今皆無矣。

雖然，四百年來争此案者，更勝迭負，愚以爲皆非知道者也。清容嘗云：『朱子門人當寶慶、紹定間，不敢以師之所傳爲别録，以黄公勉齋在也。勉齋既殁，夸多務廣，語録、語類争出，而二家之矛盾始大行。』清容生平不甚知學，顧斯言不特可以定朱子門人之案，并可以定陸子門人之案。朱子之門人孰如勉齋，顧門户異同，從不出勉齋之口。抑且當勉齋之存，使人不敢競門户，則必欲排陸以申朱者，非真有得於朱可知。推此以觀，陸子之門人亦然。舒公廣平之在陸氏，猶朱子之有勉齋也，聞人有詆朱子者，廣平輒戒以不可輕議，則必欲排朱以申陸者，非真有得於陸可知。

夫聖學莫重於躬行，而立言究不免於有偏。朱、陸之學，皆躬行之學也。其立言之偏，後人采其醇而略其疵，斯真能會同朱、陸者也。若徒拘文牽義，嘵嘵然逞其輪攻墨守之長，是代爲朱、陸充詞命之使，即令一屈一伸，於躬行乎何預？雖然，原諸人之意，欲爲朱、陸紹真傳也，不知使勉齋、廣平而在，將厭惡之不暇，必不引而進之共學之列，則亦徒自苦矣。

明儒申東山之緒者，共推篁墩，而又有督學金溪王蕡弘齋著陸子心學録，在嘉靖初年，閣下之鄉老也。又有侍郎李堂堇山，四明人也。陸子粹言則出自臨海王敬所之手，是亦所當著録者也。

奉臨川先生帖子二

〔校〕黄本列卷四十二，作答臨川先生第一帖子。

蒙示陸子學譜，其中搜羅潛逸，較姚江黄徵君學案數倍過之，後世追原道脈者，可以無憾。陸子之教大行於浙河以東，顧一時稱祭酒者，必首四明四先生。慈湖之祭徐文忠公誼也，自言其見陸子，實因文忠之力。水心作文忠墓志，言公以悟爲宗，懸解朗徹，近取日用之内，爲學者開示修證所緣，至於形廢心死，神視氣聽，如静中震霆，冥外朗日，無不洗然，自以爲有得也。此文忠有合於陸學之實録，而宋史略而不書，今得閣下表而出之，善已。

然文忠之爲陸學固也，其竟爲陸氏弟子，則書傳未有明文。東發黄氏日鈔謂文忠見陸子天地之性人爲貴論，因令慈湖師陸子，與慈湖祭文合。然則文忠未嘗師陸子矣，而年譜有『文忠侍學』之語，恐未可據。古人師弟之間，相從不苟，故有展轉私淑，而不害其爲弟子者：如胡文定公之於大、小程子，乃私淑之楊、謝諸公之學，又李文惠公之於朱子是也。有及相隨從討論而不得置之弟子者：如譙定之於程門，又陳止齋入太學所得於東萊、南軒爲多，然兩先生皆莫能以止齋爲及門是也。

閣下於徐文忠公而下，牽連書蔡文懿公幼學、吕太府祖儉、項龍圖安世、戴文端公溪，皆爲陸子弟子，則愚不能無疑焉。浙學於南宋爲極盛，然自東萊卒後，則大愚守其兄之學，爲一家；葉、蔡宗止齋，以紹薛、鄭之學，爲一家；遂與同甫之學鼎立，皆左袒非朱，右袒非陸，而自爲門庭者。故大愚與朱子書且有『江西學術，全無根柢』之言，而朱子非之。蔡行之曾見陸子，有問答，見年譜。然行之爲鄭監嶽壻，少即從監嶽之兄敷文講學，而止齋乃敷文高弟，故行之復從止齋。今觀行之所著書，大率在古人經制治術講求，終其身固未嘗名他師也。肖望亦爲其鄉里之學，項平甫來往於朱、陸之間，然未嘗偏有所師，要未有確然從陸子者。倘以陸子集中嘗有切磋鐻厲之語，遂謂楊、袁之徒侶焉，則譜系紊而宗傳混，適所以爲陸學之累也。愚竊悚然懼之。

至若羅文恭公點、劉少保伯正、李參政性傳、楊漕使楫，俱以集中偶有過從，而遽爲著録，并列文恭之子爲再傳之徒，愚皆未敢以爲然。蓋此乃作考亭淵源録者之失，凡係朱子同時講學之人，行輩稍次，輒稱爲弟子，其意欲以夸其門牆之盛，而不知此諸儒所不受，亦朱子所不敢居也。

前日於講席中數及南軒弟子至趙方，閣下以爲趙方未必可指爲受業，某今日之言，亦即閣下之意也。伏惟閣下之書，將以衍絶學而徵微言，其所係非小，願得獻其芹曝之愚，而不以爲妄否乎？

豐宅之，名有俊，鄞人，清敏公稷之裔，有贖孤女事，見趙葵行營雜録。鄭溥之即鄭湜，閩人，慶元黨籍之魁。諸葛誠之，名千能，會稽人。陳蕃叟即陳武，乃止齋從弟，亦黨籍中人也。其顛末有别紙詳之，而俱非陸子之徒。餘者未能盡知，容續考得，再奉函丈不備。

奉臨川先生帖子三〔校〕黄本作奉臨川先生第二帖子。

昨竊讀陸子學譜，其於劉通判淳叟遺事，尚似有未備者。撫州府志言淳叟以隆興通判卒官，而或傳其晚年嘗爲僧。觀陸子與止齋書，言其『冒暑歸自臨江，病痢踰旬不起，可哀。此郎年來避遠師友，倒行逆施，極可悼念。春夏之間，某近抵城闉，見其卧病，方將俟其有瘳，大振拔之，不謂遂成長往』。然則府志卒官之説，似諱其事而爲之辭者。不然何以有歸病城闉之語也。朱子亦謂：『淳叟不意變常至此。某向往奏事，時來相見，極口説陸子静之學大謬，某因詰之云：「若子静學術自當付之公論，公何得如此説他。」此亦見他質薄。然其初間深信之，畢竟自家不知人。』然則淳叟先已叛陸子之學，後乃歸佛乘耳。考淳叟年十七，即爲陸子弟子，始師庸齋，繼師復齋，其於槐堂講席之誼最深，故朱子責之以薄也。

朱子又言：『向年過江西與子壽對語，淳叟獨去後面角頭坐，都不管，學道家打坐。某斥之曰：「便是某與陸丈言不足聽，亦有數年之長，何故作怪？」』愚嘗謂陸子之教學者諄諄以親師取友爲事，且令人從事於九容，而弟子輩多反之。雖以高足若傅子淵俱有未免，斯所以累〔校〕黄本作『屢』。與朱子相左，要不可謂非弟子之失傳也。

陸子嘗論門下之士，以爲淳叟知過最早。今觀草廬所作井齋藁集序稱淳叟天資超特，人物偉然，而深悲其早達，不得久於親師〔校〕黄本作『師友』。有微詞焉，則其叛教亦早也。淳叟之判隆興，事蹟不著。而朱子論治三吏事云：『淳叟太掀揭，故生事。』是即陸子所云『淳叟事殊駭聽，以爲後生客氣』者也。淳叟與陳教授正己爲莫逆交。正己初學於陸子，已而學於同甫，已而又學於東萊，最後亦與淳叟同學佛。然朱子謂當淳叟用功時，過於正己，故及其狼狽也，甚於正己。則以淳叟直爲僧，而正己不過學其學也。

淳叟初爲誠齋所薦，得預於六十人之列，稱其立朝敢言，風節固非苟然，孰意其末造之遷喬入谷，一至於此。是又與石應之、曹立之諸君之以意見不同，而更學於他人者，不可同年而語。竊謂本傳似不應略此一節也。

奉臨川先生帖子四〔校〕黄本作奉臨川先生第三帖子。

讀陸子學譜至趙與簒、袁韶傳，心有疑焉。

『四先生』之講學吾甬，勾東無不從之游者，故其中不無非種之苗。慈湖弟子則有史丞相彌遠及與簒，絜齋弟子則有袁參政韶，即史嵩之亦嘗與和仲講學。

閣下學譜於史氏二相不録，而趙、袁則裒然大書。但與簒少年，慈湖所以許可者甚備。觀其因求師之故，自苕、霅遷居從學，是慕道誠勇矣。自其尹臨安以後，則大改素行，而本傳紀之不詳。蓋宋史自嘉定以後，凡蠹國諸臣之傳，皆缺略不備。顧與簒本末在全史中猶可參考而見。

當史嵩之起復，舉朝攻之。是年正月，侍御史劉漢弼卒；四月，右丞相杜範卒；六月，右史徐元杰卒。物論沸騰，直學士院程公許請究其事，不報。與簒奏乞置獄天府，帝從之。公許繳奏，言與簒乃嵩之死黨，乞改送大理寺，命臺臣董之。乃詔殿中侍御史鄭寀改治，而寀亦史黨，事竟不白。

嵩之終喪，正言李昴英、殿中侍御史章琰、監察御史黄師雍復連疏攻之，而昴英痛劾與簒，至於牽裾極言。師雍又以葉閶乃與簒腹心，與徐霖繼言之。於是昴英、琰去國，鄭寀引周坦、葉大有、陳垓入臺，盡擠師雍等。是嵩之實爲黨魁，而與簒又附嵩之之魁，不特吴正肅公論沈炎爲與簒爪牙腹心，甘爲搏擊已也。

本傳言其所至急於財利，幾於聚斂之臣，閣下疑其事無所徵。按淳祐六年正月置國用所，以與簒爲提領官。九年九月，詔與簒提領户部財用，置新倉，積貯百二十萬石，淳祐倉許辟官四人。十一月，詔與簒提領國用，以資政殿學士領浙西安撫使。已而歷守紹興、平江、建康三府，皆兼發運屯田等使。開慶元年二月，以觀文殿學士知揚州，兼知鎮江，又帶總領財賦之任。與簒之以計臣自見，又何所疑。

其後嵩之死灰已熸，賈似道日張，與簒復黨沈炎以斥吴潛，遂釀似道滔天之禍。斯雖欲爲之辭而不能者也。其一時所相與協德者，鄭寀、周坦、陳垓、沈炎之倫，莫非宵人，則與簒之生平可知矣。

吾鄉自元延祐、至正，以至明成化舊志，并滎陽、南山文獻諸録，皆不爲與簒作傳，至嘉靖志始有之，時則其裔孫有爲達官者故也。與簒元籍青田，永樂處州府志有與簒傳，亦言其善理財以佐國用，而又言其尹京，善發擿，有趙廣漢之風。愚謂宋季之臨安，亦豈可以廣漢之治治之者，不過借此以恣其聚斂之威而已。

至袁韶，本傳不詳其過，而卷末總論以爲時相私人，其見於諸家奏疏者，皆指以爲彌遠之黨，似皆不當爲之諱者也。且大儒之門下，不必竟無不肖，前之則有朱子之傅伯壽，又前之則有楊文靖公之陸棠，又前之則有程子之邢恕。與其進，不與其退，斯亦聖賢之所無如何也。閣下以其爲慈湖之徒而爲之辭，可以無庸矣。

宋史於陸子之學，推尊未嘗不至，『四先生』後，如融堂、蒙齋輩，皆追溯其淵源而稱美之，豈獨於與簒、韶而周内焉。況與簒、韶乃吾四明先正，寧敢故爲深刻之論，然公議不可泯也。與簒之謚，見於本紀，故傳略之，亦非宋史之闕文也。

奉臨川先生帖子五

〔校〕黄本列卷四十二，作奉答臨川先生論吕忠公官明州帖。

荷來諭，以愚前所考大愚吕氏官明州歲月，誤會宋史之文，因謂本傳止稱：『監倉將上，會祖謙卒，部法半年不上者爲違年，祖儉必欲終期喪，特詔改一年爲限，終更赴銓，改調夔州。』是大愚始終未赴明也。即朱徽公與滕德粹書，特以其有監倉之命，故并及之。

愚重加考索，竊以爲不然。深寧王氏作四明七觀，載大愚爲司倉，去倉中淫祠，是顯然有宦蹟可稽。及考大愚柬王季和詩云：『晁景迂大觀庚寅冬，爲四明船場。後七十有餘年，某適以倉氏之職至此間，而王兄季和亦來作景迂官，相與訪問舊蹟，尚猶可考。偶成數語柬季和，并呈叔晦。』其詩有曰：『鄞江舊有船司空，小江晚望江之東，揭來海頭四閱月，塵埃滿袖生毿毶。』是大愚初至明之作，其時慈湖方參佐浙西帥幕，廣平教授徽州，絜齋以德粹同年進士尉江陰，獨叔晦以國正家居，故往還者不及三君。其游候濤山記曰：『壬寅之冬，逐禄海東，距海六十里。友人潘端叔主定海簿，相約偕遊未果。今年夏四月，端叔因謝子暢自臨安至，會於太白、鄮山之間。刻日康炳道兄弟會於王季和家，炳道名文虎，弟蔚道，名文豹，皆東萊弟子。李叔潤方居敬，史丞相之幼子開叔，楊希度偕行，舒元英亦與其徒諸葛生來。』東萊卒於辛丑。大愚以壬寅冬之官，正合期喪服滿之期。元英則廣平弟也，其題慈溪龍虎軒詩云：『年來世路轉蹉跎，正大中庸論愈多，出本無心歸亦好，何須胸次自干戈。』似屬大愚將去明之作。然則本傳所謂『終更赴銓』者，乃監倉考滿，別有新命，而非謂期喪之闋，蒙上文而言之也。

況大愚之赴銓也，本傳言平園方爲丞相，招之不往。辛輔表平園自西樞入中書，在淳熙丁未春二月，而朱子答大愚書有曰：『對班在何時，今日既難説話，而疏遠尤難，且只收斂人主心念，是第一義。』題注『在丁未冬十一月』，是大愚之赴任以壬寅，其去官以丁未，首尾六年。若德粹成進士即東萊卒之歲，釋褐尉鄞者五年始遷鄂州教授，則及見大愚矣。斯事於先賢本屬末節，不足深考，但在吾鄉文獻頗有關係，故復爲縷陳之。

答臨川先生問淳熙四君子世系帖子

〔校〕原注『蔣增』。黄本無此篇。

楊、袁、舒、沈四公之學，皆出於陸子，而楊、沈則兼得之庭訓爲多。文元公父廷顯以道學爲後進師，舒文靖公嘗受業焉，自序其學，謂南軒開端，象山洗濯，老楊先生琢磨。文靖嘗與朱子講貫，又諮詢中原文獻於東萊，而自序弗及，獨以老楊先生與張、陸並稱，即其人可知。融堂作行狀曰：『公狀臞臞然，而果毅有識量，義所不可，萬夫莫回。繩己甚嚴，訓子弟有紀律，書訓累牘，字字可佩。然與物甚平恕，一言之善，樵牧吾師，省過甚切，毫髮不自宥，或至泣下。』陸文安公揭其墓，謂：『年在耄耋，而學日進，當今所識，四明楊公一人而已。』端憲公父銖，官至簽書鎮東軍判官，嘗從焦先生問學，蓋私淑於程門者。史忠定薦之於朝，稱其鄉行可推，士大夫信服，與人交，面規其失，退無後言，有直諒風。文靖公父黻，紹興庚辰進士，官通直郎。見開慶四明志，今志失載。陸文安公常曰：『舒公温恭足以儆傲惰之習，粹和足以消鄙吝之心。』不詳其學所自。若正獻公之父文，則特博雅之士，所著有甕牖閒評一書。此『四先生』世系之可考者。至端憲弟名炳，字季文，年未四十，棄去場屋，師事陸子，務窮性理。趙忠定公以遺逸薦之不就，固窮終身，是亦學譜中所當附傳者也。

與鄭南谿論明儒學案事目 十一條〔校〕黄本列卷四十九。

明儒學案間有需商榷者，愚意欲附注之元傳之尾，不擅動本文也。其有須補入者，各以其學派綴之。謹先具數則如左：

慈湖四傳弟子

楊文元公之學，明初傳之者尚盛，其在吾鄉，桂文裕公彦良、烏先生春風、向獻縣朴其著也。是爲慈湖四傳之世嫡，宜補入遜志學案之前。以後如劉御史安、顔太僕鯨輩，系統不絶。今舍桂、烏諸公，而録劉、顔，莫爲之前矣。

河汾學案

文清受理學於高密魏范，蓋魏姓而范名，故字希文，諸書皆同。先生以爲魏純字希文，别有一范姓者，恐誤也。『純』字與『范』字，其形相近而訛，此雖偶失考據，亦不可不改正也。

鏡川學案

楊文懿公講學，不專主朱，亦不專主陸，深造躬行，以求自得。其所著五經四書私鈔，皆不苟同前儒，其大略見愚所作鏡川書院記中。鄞之儒者，前則南山，後則甬川，文懿之行，與之鼎足，而著書更富，宜爲立一學案。

陽明子之道昌而五星聚室子劉子之道明而五星聚張

閻徵君百詩曰：『嘉靖初年，五星聚室，司天占曰「主兵謀」，而先生歸爲陽明之祥。天啓時，四星聚張，先生以爲五星，而歸之蕺山之祥。似當將此等語删去，弗予後人口實，則愛先生者也。』愚按百詩之言是也。其後先生之子百家作行略，又謂『五星聚箕，而先生之學案成』，愚亦嘗語黄氏，當删去之。

陽明五星聚室之瑞，出於董布衣石甫。

渭厓學案

王尚書阮亭疑渭厓不當入學案，愚以其集觀之，亦頗有講學語，至其立朝則無論耳。然渭厓頗詆陽明，而學案取焉，則仇侍郎滄柱謂先生私其鄉人者，真謬語也。

史運使桂芳集

史惺堂集愚嘗見之。其人乃狷者，而解經多自用，頗似季長沙一流，而又遜之。學案未嘗及焉，蓋未見其集也，可略撮其大旨補入。

陽明永嘉弟子

王鶴潭以永嘉、五峰諸公並傳姚江之緒，不知何以不録。按先生固言陽明弟子多失落不備者，五峰諸公朴學淳行，不類龍溪之横決，然所造似亦未深，附之浙中學案之後可矣。

近溪學案

胡宗正是諸生，學舉業於近溪，近溪與之談易，以爲大有所得，反從而師之。其人後亦無所見。胡清虚是門子，以有惡疾被逐，遂學道，近溪與之爲友。謂宗正即清虚，誤也。

陽明山左弟子

聊城王尚書汝訓，謚恭介，穆文簡弟子也。年十三，即上書於其師，以聖人之學自期。其立朝甚剛正，嘗撫軍吾浙，愚曾見其集，可附入穆傳也。

忠端學案

忠端之名德，更何間然，至其能舉繞朝贈策一事，甚無足奇，學案及之，無乃反失之淺耶？

吴霞舟學案

鄧潛谷分理學、心學爲二，因明儒薛、王二派也。説者已病其支。然理學、心學，在明儒本有此説。霞舟語録分道學、理學，似以道學爲躬行，理學爲宋史儒林傳中人，則益謬矣。此語何可采也。

答諸生問南雷學術帖子

〔校〕黄本列卷四十二。

南雷自是魁儒，其受業念臺時，尚未見深造，國難後所得日進，念臺之學得以發明者，皆其功也。兼通九流百家，則又軼出念臺之藩，而窺漳海之室。然皆能不詭於純儒，所謂雜而不越者是也。故以其學言之，有明三百年無此人，非夸誕也。

惟是先生之不免餘議者，則有二：其一，則黨人之習氣未盡，蓋少年即入社會，門户之見深入，而不可猝去，便非無我之學。其一，則文人之習氣未盡，不免以正誼、明道之餘技，猶留連於枝葉，亦其病也。斯二者，先生殆亦不自知，時時流露。然其實爲德性心術之累不少，苟起先生而問之，亦必不以吾言爲謬。過此以往，世之謗先生者，皆屬妄語，否則出於仇口也。

當湖謂夏峯與先生自是君子，惜其教，學者不甚清楚。此蓋有朱、陸之見存，故云。然當湖之弟子，其卓然可傳者安在？並未見有萬公擇、董吴仲其人者，以是知輕議前輩之難也。〔嚴評〕荀、孟門人卓然可傳者安在？未可以此爲當湖病也。

若謂先生以故國遺老，不應尚與時人交接，以是爲風節之玷，則又不然。先生集中，蓋累及此：一見之余若水志，有曰：『斯人生天地之間，不能一無干涉。身非道開，難吞白石；體類王微，嘗資藥裹。以是歎活埋土室之難也。』一見之鄭平子序，有曰：『王炎午生祭文丞相，其風裁峻矣。然讀其與姚牧菴書，殷殷求其酬答，蓋士之報國，各有分限，正亦未可刻求也。』是可以知先生之所以自處，固有大不得已者。〔嚴注〕此言似是而實非。梨洲於魯王官已至左副都御史，不爲卑矣。即以母在不死，唯有活埋躬耕一法，不此之務，而乃委蛇時貴，以爲此固出於不得已，吾不知之矣。明詩綜入晦木而置梨洲，其去取固甚審矣。蓋先生老而有母，豈得盡廢甘旨之奉。但使大節無虧，固不能竟避世以爲潔。及觀其送萬季野北行詩，戒以勿上河汾太平之策，則先生之不可奪者，又確如矣。是固論世者所當周詳考覈，而無容以一偏之詞定之者也。

先生始末，見於予所作墓碑已盡矣，惟是所以備他山之石者，則本不應見之碑文，故因明問而詳及之。

〔嚴評〕梨洲晚年潦倒，至使海寧有公憤文字相詆。其集中如魯栗降賊而回籍，魏學濂降賊不得志而自縊，皆竭力諛墓，是亦不可以已乎？又與弟晦木不相中，晦木赤貧，視若路人，此皆難逃公論者。

答諸生問榕村學術帖子〔校〕黄本列卷四十三。

榕村在聖祖、世宗實録中，應有傳，外間未之得見。〔校〕黄本作『榕村在實録中應有傳，而五朝實録惟聖祖、世宗者，外間未之得見』。然實録亦不甚詳於學術也。榕村之學術，即其相業可以想見，倘謂其能推崇朱子，足接墜緒，則檮昧無知之言也已。

榕村於明儒中稍立門户者，皆加力詆，其於同里尤誚石齋，具見其語録中。其從弟廣卿嘗爲述其言曰：『石齋之人則經也，其書則緯也。』予笑而答曰：『君家相公之書，其貌則經者，其人則純乎緯者也。』〔嚴評〕出口儇薄，已失謹厚之風，以之入文字中，彌失體矣。廣卿失色而去。

榕村又言：『石齋雖遭大用，豈足靖天下之亂。』予謂石齋風節有餘，幹略誠然不足，但榕村承眷之久，〔校〕黄本作『得君之久』。所以補天下之治者幾何？以是誚石齋，得無有目而不見其睫者乎？

榕村大節，爲當時所共指，萬無可逃者。其初年則賣友，中年則奪情，暮年則居然以外婦之子來歸，足稱三案。大儒固如是乎？賣友一案，閩人述之，過於狼籍，雖或未必然，而要其曖昧之心跡，至不能自白於清議，則亦約略有慚德矣。奪情一案，有爲之辨者，謂前此崑山徐尚書深妬榕村之進用，譏於聖祖，言雖不遽信，然深被廉察，由院長左遷甑使。故榕村懼甚，不敢更乞歸。但崑山雖忮，愚謂聖祖之時，不應有此，恐出榕村文過之口。外婦之子，其一以遊蕩隕命京師，其一來歸承祧。何學士義門，其弟子也，亦歎曰：『學道人乃有是！』其餘則未易殫述。

吾鄉陳大理心齋，嘗令漳浦，以爲所苦莫如相門子弟，應接不暇。故予嘗謂石齋之學，即萬不如榕村之醇，而似此數者，則閩中三尺童子，有以信石齋之不爲，斯則榕村有所不及也。

雖然，此猶以其躬行言之，即以其經術論，惟律呂、曆算、音韻頗稱有得，其餘亦不足道也。而以籌算言圖書，則支離之甚者，言互體更謬，不合古法。榕村自夸其明文前選之精，曰：『一鄉一國，士子有能熟於此者，可以永免兵火之灾。』嗚呼！相公紙尾之學，所以成中和位育之功者，盡在於此，然則固兔園制舉之本領耳。晚而取歐羅巴國之技術，自夸絕學，以爲是月窟天根之祕也。石齋恐不免嘻〔校〕黄本作『咥』。其笑矣。近日耳食之徒，震於其門牆之盛，争依附其學統，殊爲可悲。愚故不禁其嘵嘵焉。

奉萬九沙先生問任士林松鄉集書〔校〕黄本自此至與盧玉溪皆列卷四十八。

九沙先生閣下：大駕兩問枌榆，而鄙人羈栖荒嶺，願見之誠，何日一慰。夏中兩世臺至，聞近履以違和静攝，懸念之至，以不得常致問訊爲媿。某今年從寒食後，日讀衛湜禮記集説一卷，近已得七十卷，乃知草廬禮記纂言純以是書爲藍本，但去其繁蕪者，因追記先生謂『草廬所引注疏，疑多取衛氏刪本』之語，爲不誣。

近日從陳外翰所得見西湖七家詩，爲沈欒城、吴尺鳧輩著，前有先生序例一篇，其詩亦不甚成家，而所引用書目甚繁且夥，間有宋、元文集爲某所未見者，每思一渡漸江，從諸君子訪諸書，得爲一瓻地步，俗務掣違，逡巡未果。然某所急欲問者，莫如任士林松鄉集。

任士林者，鄞人，當宋季元初時，其人與謝皋父、唐玉潛友善，博學工文詞。當是時，鄞江稱著述手者，首學士袁公桷，而士林實與齊名，乃不知何故，四明新舊傳志並軼其名，惟董山李司空四明文獻志中，附載袁學士傳尾。然其鄉落、官爵、字號俱不可考。愚少時讀謝皋父晞髮集有士林所作皋父傳一篇，宋景濂極稱之。是後甚爲留心書鈔、類纂，求其片字不可得，及讀雜事詩中，儼然有所引松鄉集在焉，其載贈玉潛詩『世上冬青高誼少，山中日録好詩多』，此佳句也。天下好書未必盡傳，即傳矣，或未必盡知之者，其究亦同歸塵草，求如袁中郎之於徐文長、林茂之之得白雲先生詩，何可多得。

竊以爲著述家通塞，亦有幸不幸焉。方今甬東凋喪，文獻闕如，落落晨星，所稱魯靈光者，捨先生其誰問？則諸鄉先生地下之魂，均於先生是望，弗以予小子之淫癖爲不足重而棄之也。古稱搜羅之難，雖博學名儒，不無漏網。以杲堂、後村兩君子任甬，剡耆舊之選，宜無遺憾。然唐文粹所載有孫拾遺哭方玄英詩，而剡遺之；宋文鑑有豐清敏咏荷詩，而甬遺之；矧其後世之不甚章著者耶？

伏祈先生移札七子，問此書落誰手，以慰愚十餘年若渴之想。外有樓大防攻媿集，高似孫疏寮集、戴表元剡源集、袁清容集皆屬甬川文獻之書，統望搜訪不一。〔二〕

奉萬西郭問魏白衣息賢堂集書

〔嚴校〕與上篇兩『奉』字當改『荅』字。

聞近得魏白衣息賢堂集，不勝狂躍。滄桑搶攘，文獻凋落，至有并姓氏不得傳者，何況著述。先生惓惓忠孝，出茶鐺藥竈間物，親加拂拭，萇弘碧血不至盪爲泠風野馬，即此足扶宇宙一重元氣。兼聞白衣有從孫子良，能以表揚先世爲念，但以遺事湮没，莫可考索稱恨，是亦金陀居士流亞，塵世中所不多得。記前此陶四律天言，渠里中有白衣集，即再拜託以訪購，蹉跎許久，未得消息，何幸先生已慊我求。所下問白衣死事顛末，在拙著滄田録中，原有略節一通，但苦不甚詳悉，要其大略則可考耳。

〔一〕〔蔣注〕此先生少時之作，其後松鄉集先生已鈔得，身後歸于他氏。甲辰，鏞從慈谿二老閣亦借松鄉集讀之，係黎洲所點勘者，乃知爲奉化人，先生誤以爲鄞産。詩文中，具載國變後避兵山中，其人以遺民終。詩文蒼老渾雅，亦宋季一作手。李堇山文獻志與袁清容齊稱，竊謂松鄉風節，非清容所可擬，而詩文似爲遜之。姑志其崖略如此。

按白衣原名璧，字曰楚白，世籍慈水，以贅壻僑歸安，遂充歸安學弟子，後改名耕，别字白衣，又改名更稱雪竇山人。白衣少負異才，性軼蕩，傲然自得，不就尺幅。山陰祁忠敏公器之，爲徧注名諸社中。其詩遠摹晉、魏，下暨景純游仙、支遁讚佛，游行晉、宋之間，近律純祖杜陵，已復改宗太白。嘗言詩以達情，樂必盡樂，哀必盡哀，一切樗蒲六博，朋友燕酣，城郭之所歷覽，金石之所辨索，有觸於懷，不期矜飾，務達而止。此見於竹垞詩話所述者。

居吴興别鮮山中，爲晉高士沈楨避地所居，有渡曰息賢，因以自題其寓。既丁國難，麻鞵草屨，落魄江湖，徧走諸義旅中。當是時，江南已隸版圖，所有游魂餘燼，出没山寨海槎之間，而白衣爲之聲息。複壁飛書，空坑仗策，荼毒備至，顧白衣氣益厲。方張司馬敗北時，延平出海，大江路斷，司馬躑躅，計無所之，白衣遮道上書，猶陳金陵形勢，請招集散亡，入焦湖爲再舉計，語在司馬北征紀略與屈翁山成仁録。司馬既遁，當道頗聞白衣前策，游騎四出，刊章名捕。白衣亡命潛行，望門投止。家大父懷所知詩，有『廿年熱血埋（鴛）〔智〕井，萬里桑田寄柳車』之句，即白衣也。癸卯，以海上降卒至，語連白衣，白衣遁至山陰，入梅里〔嚴校〕作『墅』。祁氏園。時忠敏子班孫，謀募死士爲衛，間道浮海，卒爲蹤跡所得，縛到軍門，抗詞不屈，死於會〔校〕黄本作『衛』。城菜市。〔嚴注〕據竹垞貞毅先生墓表是壬寅，非癸卯。余按其事，發覺乃在壬寅之除夕，屬之癸卯亦非誤。同時與班孫匿白衣者，山陰李達、楊遷並戍邊外。事定，山陰張杉葬之西湖。白衣之死，先張司馬一年，竹垞、西河兩集可考，先生以爲甲辰因司馬事同殉，則未盡合。

其生平詩有前後集，僕所見者不過數十首，未知先生所得乃全豹否？是時與白衣最善者始寧錢霍，當世所稱魏、錢者也。其集僕曾見之，古詩亦摹太白，顧近體頗不佳。〔嚴注〕錢詩附見竹垞集者有兩首。爲人風概彷彿白衣，其後以事相繼死。前此陶四言，其里中本已刊就，乃諱其名，而以他姓填之，合魏、錢爲一集。邇舟有過，託祭魯公；月表特書，借名季漢，是亦情理之常，不足致怪。特是黎邱幻影，或遭魚目之混，此則我兩人之所同慮者。當俟覓至，取先生書讐對爲一定本，以付子良先生。其存僕此札，以當白衣小傳也可。

奉九沙先生論刻南雷全集書

〔校〕黄本作奉萬九沙太史議梓梨洲全集帖。

九沙先生函丈：別後血疾稍紓，奈七月中忽感毒氣，胸中有如磈礧之不可下者又大病，八月間冒寒又大病，至重九後，略就平復。晤從君西郭，備致懸懸，感荷不既。聞越中富人有肯梓梨洲遺書者，適丁先生南雷文約告成之會，可謂天幸。

但愚以爲梨洲之集，陶汰不可不精；梨洲經史諸書，網羅不可不備。向讀梨洲文定第四、五集，其間玉石並出，真贋雜糅，曾與史雪汀言，黄先生晚年文字其所以如此者，一則漸近崦嵫，精力不如壯時；一則多應親朋門舊之請，以諛墓掩真色；苟非嚴爲陶汰，必有擇焉不精之歎。但古人文集，原賴有力高弟爲之讐定，而後當世得無間詞，如李侍郎之於韓吏部，方侍讀之於宋學士。亦有多歷年所，始得一私淑艾以傳，如虞山之於震川者。方今壇坫凋零，問黄竹浦高足，捨先生其誰歸？文約之書，我知其不媿於古也。

至若梨洲一生精力，原不在區區文詞間，以某固陋所見聞：其在經學，則有若易學象數論、授書隨筆、春秋日食曆、四書私説諸種；其在史學，則有若待訪録、行朝録、思舊録、汰存録、從政録，以至西曆假如、測望諸種。其所未聞見者，尚應多有。此皆石渠、天禄所當列牙籤、登玉軸之物，而翻以流通未廣，海内學者，或不及知有是書。

夫茫茫大造，蒼狗白雲，轉盼間無所不至，故以列代藝文志考之，漢書所載至唐而去其什九，唐史所載至宋而又去其十九，李長吉錦囊之祕，或至投之溷中；陸君實填海之編，衹可問之劫火。所仗斯文未喪，得有心世道者出而搜拾之，庶前輩一生肝血，不與塵草同歸澌没耳。倘先生不以妄言而斥之，請與南溪、西郭共謀此舉，某雖陋劣，當滌研秉燭以從焉。

予鄉先生如楊鏡川、豐人翁都有經學。豐氏五經世學，〔嚴評〕豐坊亦可以云經學耶？先王父云曾見之，今舍間衹有魯詩世學一書，而其餘雖博訪，已不可復得。〔馮注〕登抱經樓獲豐人翁魯詩世學手稿，蓋結埼亭物也。今樓書散失，不審此稿歸誰某矣。若鏡川五經私鈔，則片紙無存者。純按楊氏、豐氏所著，先生後皆訪得，此書蓋作於雍正初年，先生弱冠時。此某所以太息旁皇於海内有心之士，而不能不大聲以呼也。

今秋從書賈得吴草廬春秋纂言，是書海内不可多購，以玉峯徐氏之力求之無有，而某得之，不敢自祕，請以公諸同好。程泰之禹貢圖論、劉三吾書傳會選俱奉上。江雲渭樹，何時爲尊酒之遊，臨緘茫然。

與盧玉溪請借鈔續表忠記書

〔校〕黄本列卷四十八。

玉溪先生函丈：不晤四閱月矣，邗江遼濶，遥望懸懸。每從李元音家信中，詢道履消息，知近日興居佳暢，天祐靈光，爲鄞江護碩果，幸甚。

某前者再四敦請，欲爲弗菴先生續表忠記三集鈔一副墨，蒙先生亦以見許，而終未拜賜。某知先生所以遲疑者，一則名山祕乘，或多嫌諱；一則都尉史編，非其人不可妄傳，所當遲遲以俟桓譚、侯芭者流：斯二者，皆是也。

雖然，某竊有一説於此。嘗聞諸毛西河曰：『天地間奇物，久抑鬱而不彰，必爲物怪。』故勿謂好書可必傳也，當其始或未必流布，迨遲之久，光芒掩於牙籤緗軸之中而莫之展，則其怒氣或能召風雷，致水火，遂爲大造收還，以爲化工之用。彼鄭所南井底鐵函，浸以三百年之枯泥而不朽；明遜國記之傳，得之蕭寺承塵者，此天幸耳。不然者，則以陸君實之海上日記、鄧光薦之填海録、吴立夫之桑海録而或不傳。不特此也，以謝承、華嶠諸公之漢書，以何彦鸞、孫盛諸公之晉志，裴子野、魏澹諸公之南北史，而或不傳。夫其不傳，乃是書之不幸也，其以日星河岳之書，而聽其浮沈湮没，至與草木俱腐，則後死者之咎也。以某之不才，自分何足傳前輩之書，其爲先生所嗤固宜，然終願先生之勿深閟也。

若夫嫌諱之慮，則采薇叩馬諸公，何害應天順人之舉，即或少有當避忌處，不妨及今稍爲商酌。如近世魏徵君冰叔、黄徵君棃洲諸集，其間多空行闕字，可援比例，不必過爲拘忌。

明野史凡千餘家，其間文字多蕪穢不足録，若峥嶸獨出，能以史、漢手筆，備正史之藍本者：紀事則梅村綏寇紀略，列傳則續表忠記而已。梅村之書，被鄒南漪〔嚴校〕作『鄒漪』。改竄芟削，非復舊觀。〔繆注〕近所傳綏寇紀略，出諸手稿，似非鄒所改削者。表忠記則全豹未窺，均爲遺憾。若以鄙言可采，不加棄斥，所望歸帆得假受業。先生亦老矣，一旦風波意外，遺書孰問？令我曹抱杞、宋之悲，斯則所大懼者也。是以不避唐突，頓首上請。

鮚埼亭集外編卷四十五

簡帖五

水經湛水篇帖子柬東潛

〔校〕黄本列卷四十六。

水經第六卷，自汾水以至晉水，皆異源而同入於汾以達河者也。顧獨强附湛水於其末，其爲錯簡無疑矣。乃即本篇中，道元亦深疑之，勉爲疏釋，而後悟曰：『原經所注，斯乃洎川之所由，非湛水之間關也。是經之誤證耳。』自是以後，雖善讀水經，如國初胡、黄、顧、閻諸老，至是篇亦復未有折衷。但所謂洎川者，道元既實有所指矣，而求之是書，洎川安在？即旁考經傳，皆無是川，則道元果安所指？

予反覆思之，洎川者，溴川也，『溴』訛而爲『洎』，『洎』又省而爲『洎』，而聲又近是，則道元所謂『字讀俱變』者也。何以知其爲溴川也？道元於濟水篇中及溴矣，曰：『溴水出原城西北原山，又東南，逕溝水注之，水出軹縣西南山下，北流東轉入軹縣故城中，又屈而北流出軹郭，又東北流注於湨。』是即此經所云『湛水出河内軹縣西北山』者也，蓋必湛水所出之處，原與湨水相近，故混也。濟水篇曰：『湨水又東南逕波縣故城北。』是即此經所云『湛水又東過波縣之北』者也。又曰：『湨水東南逕安國城東，又南逕毋辟邑西。』是即此經所云『又東過毋辟邑南』者也。道元故從而正之曰：『斯乃湨川之所由，非湛水之間闕也。』又曰：『湨水又南注於河。』是即此經所云『又東南，當平陰縣之東北，南入於河』者也。豈意遞誤遞變，遂成『汨』字，而莫有悟而正之者乎？

然則何以强附之汾水之末也？曰：湨水一篇，作經者蓋以類次之濟水之後，在第九卷清水之前。夫清水卷中，皆河内之水，則湨水亦其氣類也。而傳寫者忽移之濟水之前，遂厠於第六卷晉水之後，而不知其蹤跡具在濟水注中也。不然，道元明言其爲汨川所由，而讀盡水經四十卷，杳然無所謂汨川者，亦可怪矣。道元能指其誤，而不知後之人之更誤也。得余言，應見賞於千古耳。

水經潞水篇帖子柬東潛

〔校〕黄本列卷四十六。

職方：『冀州之川曰漳，其浸曰汾、潞。』漢書地理志：『上黨郡長子縣，鹿谷山，濁漳水所出，東至鄴，入清漳。上黨郡沾縣，大黽谷，清漳水所出，東北至阜城，入大河，過郡五，行千六百八十里，冀州川。』其於汾水，則亦大書爲冀州浸矣，而潞水獨不著其地，不知其何以脱遺也。康成之説職方，則曰：『潞出歸德。』賈公彥曰：『歸德，郡名，考之漢無歸德郡之目。』師古亦曰：『潞出歸德。』按地理志：北地郡歸德縣有洛水，是雍州浸，非潞水也。康成、師古亦未嘗明言潞之爲洛，然捨洛水，則歸德無水矣，將毋誤認洛爲潞，豈非輿地中一笑枋乎？

夫使潞水果出秦之北地，則必歷鄜、坊，度同、華，如泲之伏流，過河而後入晉，其源遠而且阻，秦、晉間無此水道也，所以漢人曾無一道及之者。然則所謂潞水者，究安所指？善長引闞駰十三州志之言，以爲濁漳水即潞水，其説甚合，故李衛公亦取之，蓋潞之以水氏國也，可無疑也。近舍赤狄，而遠求諸北地義渠所出，道梗絶不相接之水，〔校〕黄本作『地』。可謂瞶瞶。而潞子之都，適在濁漳水之發軔，善長以爲更。無大川可以當之者，是也。

然善長之言甚略，予意自壺關水一帶，皆屬潞水之上流，其下流則直接蒼溪水一帶而止。其在春秋，則自黎、邢二國故封，以至甲氏、留吁之屬，接乎銅鞮之沁水，皆屬潞水之所浸也。然則衡、漳二水，清者爲川，濁者爲浸，禹貢之不及潞水也，其在衡、漳中，已包舉之矣。

康成説職方，大段疏略，善長此條，足采入周禮注中。同時劉昭注續志，亦言濁漳之爲潞，引上黨記以證之，乃知是説由來已久。然昭又旁及於曹魏泃河鑿渠之役，則大謬矣。蓋此乃淶、易間晚出之支流，非古潞水，杜佑不審而采之，所當糾正者也。

水經列葭水帖子柬東潛

〔校〕黄本列卷四十六。

列葭水，一名長蘆水，一名長蘆（浧）〔涇〕水，實即絳水之別目，而其在衡、漳支流中最大。今本水經濁漳、清漳二篇缺失最甚，則列葭津瀆，所宜旁考諸書以補綴之。漢志：『廣平國南和縣，列葭水東入虒。』隋志亦有虒水，然不詳。按許氏説文：『虒水出趙國、襄國，東入湡。許氏曰禺聲，而顔師古以爲藕聲，顧祖禹曰顒聲，宜從許氏。湡水亦出趙國、襄國之西，東北山入浸。』是即今本漢志謁爲渠水者也。渠、湡同聲而謁耳。浸水出魏郡武安東北，入呼沱。漢志同。漢志則襄國別有蓼水、馮水，東至朝平入湡。又有中邱之渚水，東至張入湡。是皆列葭水道，可以牽〔校〕黄本作『旁』。連疏通證明，而不當聽其脱落散漫無稽者矣。

乃太平寰宇記所引酈注則皆有之，以是知足本之所具者多也。其曰『南和縣有虒水，今本謁『虒』作『使』。一名鴛鴦水，即魏都賦中所云鴛鴦交谷者也』，曰『湡水出襄國』，曰『蓼水入湡』，曰『中邱有蓬鵲之山，則渚水也』，曰『漳水亦兼有浸水之目』，蓋皆與諸書互相貫穿，雖完文不得見，而猶幸其蛛絲馬綫之可尋也。虒水至鄭州之高角城，裹城角而過，故又稱裹角水。而湡水即今内邱之百泉水，酈氏以爲一名澧水，蓼水一名達活水，皆今注所脱落也。長蘆之目，百世未湮，則考古者不應㧑置也明矣。

水經渚水帖子柬東潛

〔校〕黄本「渚」作「潴」。列卷四十六。

漢志：「常山郡中邱縣，蓬山長谷，渚水所出，東至張，入湡。」説文亦云：「渚水出常山中邱蓬山長谷，入湡。」今本酈注，湡水僅得一見，而渚水則竟無之。至漢志：「常山郡元氏縣，沮水首受中邱西山窮泉谷水，東至堂陽入河。」則益茫然不知所考。蓋濁漳、清漳二水之屬，其不可問者多矣。説者因謂陵谷變遷，莫可蹤跡，而不知其水尚在也。

中邱，今順德之内邱也。太平寰宇記引舊本酈注，中邱有蓬、鵲之山，今其地之山固巍然，是漢志所謂「蓬山長谷」者也。舊本酈注，又載其龍騰、鶴渡諸山水，今内邱圖經亦載之，則舊本固自有西山諸水之原委，蓋蓬、鵲諸山綿延數百里，隨地異名，直接太行，通謂之西山。而水亦分道以出，長谷、窮泉谷皆其一也。

故内邱至今有渚水，一名礪水。而張縣之地，今并入任縣，有曰渚陽，則渚水之陽也。晉書：「段疾、陸眷爲王浚攻石勒，屯於渚陽。」至今稱爲渚鄉，是蓋其自張入湡之道。然則渚水固無恙耶？乃胡梅磵注通鑑，亦不能詳渚陽之爲渚水，而泛以洲渚之水解之，則其時所見之酈注，已多闕漏，殆與今本不甚相懸也。

若元氏之沮水，則自漢以來，杳無可證。近人作元氏志者，亦不能考索及此。及讀郭氏山海經注，方知沮水乃泜水之訛。何以知之？郭氏曰：『今泜水出中邱西山窮泉谷。』則知漢志誤以泜爲沮，原非別有沮水也。千年誤字，爲之一豁。其説別見予漢書地志稽疑中。

水經斯洨水帖子柬東潛

〔校〕黄本列卷四十六。

斯洨水之與洨水，不可溷也。漢志：『太原郡上艾縣，綿曼水，東至蒲吾，入虖沱。常山郡蒲吾縣，太白渠水，首受綿曼水，東南至下曲陽，入斯洨。真定國綿曼縣，斯洨水，首受太白渠水，東至鄡入河。』此斯洨水之源流也。山經『泜水出房子縣敦輿山之陰』，而漢志『常山郡石邑縣，井陘山，洨水所出，東南至癭陶，入泜』，山經『泜水東流注於彭水』，此洨水之源流也。

今世水經非足本，濁漳、清漳二篇脱失尤甚，斯洨水之附於篇中，尚幸詳悉。而洨水則無之，猶幸太平寰宇記所引舊本酈注足以存其一綫。

愚考斯洨水與洨水並行於常山、鉅鹿之間，首尾亦時相貫輸，而卒之各自爲水。酈善長曰：『綿曼水逕樂陽，右合井陘山水，世謂之鹿泉水，逕陳餘壘而又東注綿曼水。』夫陳餘壘即泜水也，故顧氏方輿紀要引舊本酈注云：『泜水即井陘山水。』是斯洨上流之與泜通者。

善長又曰：『斯洨水分於和城，曰百尺溝，其水入於泜湖。』是斯洨下流之與泜通者。然皆其津渚之分支。及泜水東至癭陶，而洨水與石濟水之出自贊皇者同入之，而石濟水之分支則彭水也。泜水又合洨水東注之，其時斯洨已東至鄡入漳矣。蓋其與洨水終不可溷者如此。

若太平寰宇記之誤以『洨』爲『汶』，傳寫之謬也。古今注云：『永平十年，作常山呼沱河，用太白渠水以通漕，亦謂之蒲吾渠。』蓋用斯洨水者也。其至善長之時，稱爲『故瀆』，則已廢而不用。而長編『咸平五年，河北漕臣景望開鎮州南河入洨水至趙州，以利漕』，則用洨水者也。

水經雍水帖子柬東潛

〔校〕黄本列卷四十六。

灉、沮，兖州水也。爾雅：『水自河出爲灉。』則稍可通融其地，不必專指兖州之灉而言。夫兖州之灉，亦至今無能言其地者，然要其序於雷澤之下，則可意而得也。故孔傳以爲二水同入於澤。鄭注以爲二水相觸，而入於澤，孔疏亦同於傳。康成又欲破職方盧、維之維以爲灉，用當兖州之一浸，而杜岐公終守漢志之説不肯從。

魏王泰括地志以二水在雷澤西北平地中。元和郡縣志則曰『在雷澤縣西北十四里』，雖其説未必實，要之不敢捨雷澤而他求，則皆同矣。

惟許氏說文曰：『河灉水，在宋。』又曰：『汳水，出陳留浚儀陰溝，至蒙爲灉水，東入汝。』於是有附之者，以爲梁之睢，即沮也。灉之下流爲沮，實一水也。斯其説非不工，然浚儀有渠，所謂『商魯之溝，出自黄池盟主之役』，以是當禹貢之灉，恐禹貢不受也。豈意熟於水道如善長，忽取以當左馮翊之雍水乎？則五尺之童謬不至此。故曰以爾雅之灉解雍水，可通也；以尚書之灉解雍水，必不可通也。善長之序雷澤詳矣，而竟以互受通稱之説，移灉而西，是非人所及料也。足下其將何説，以爲善長起兹廢疾焉。

水經滻水篇帖子柬東潛

〔校〕黄本列卷四十六。

漢志詳於水道，師古又善爲之釋文，如圜水之本爲圁水，慎水之本爲滇水，皆大有功者。乃京兆南陵縣之下，沂水出藍田谷，北至霸陵入霸水，霸水亦出藍田谷入渭。師古曰：『沂，先歷翻。』則沂字而涅聲。歷考諸書，未聞霸上有沂水也，因質之爲地理之學者，亦莫能證其目。

或曰『沂』者，『涅』之通也，涅水亦出藍田，西逕嶢關，而復會於霸。今世多以省文作泥，其音之轉爲涅。是説也，迂迴曲折以求之，予未之敢信。且漢志『泥水出北地郡郁郅縣北蠻中』，則其來遠矣。而於六書又絶無據。

乃近以解水經之故，取其漄水篇讀之，則再引地志之文，直曰漄水，而非沂水，乃知六朝舊本固漄水也。夫玄霸素漄，古以二水齊稱，而漢家列之命祀，所謂長水者也。是在地志例必並書，而涅水之以青涅軍得名於史，其出稍晚矣。況善長生於師古之前，專門治水經之學，其引漢志最審，寧復有可疑哉？

或曰：然則師古寧漫然無徵乎？曰：善長所見之本，諒非師古所能爭矣。且師古雖爲班固功臣，而亦時有失檢之語。即以水道一節言之：大渡之有洓水，明見於許叔重之説文，乃漢志累經傳鈔之後，破洓爲溨，而師古亦遂從而實之，前輩嘗糾之矣。然則漄之爲沂，亦其例也。

水經夏肥水帖子柬東潛

〔校〕黄本列卷四十六。

夏肥水在淮北，導源於沛郡之城父，南至下蔡入淮。肥水在淮南，導源於九江之成德，北至壽春入淮。其入淮有南北之分，而夾岸適對，故淮人至今以東、西二肥河目之，原非謂夏肥水能伏流潛達與肥合也。若合肥又在壽春之東二百餘里，乃九江之肥所經由，其於沛郡之夏肥水，風馬牛不相及也。應劭乃曰：『夏水出城父東南，至此與淮合，故曰合肥。』闞駰亦曰：『夏水至此合爲肥。』則沛郡之水既能伏流潛達，又能引而長之，以至於芍陂之間，真異事也。於是善長疑之，以爲夏肥水無通肥水之理，曲爲之説，謂：『肥水之同源而出者，尚有施水，已各分流注於巢湖，若夏水暴漲則復合，故以名其水。』然則沛郡之夏肥水，得自爲川，而九江亦不礙於夏肥水之目，斯固騎郵之支詞。

雖然，是説也，善長亦自有見於夏肥之出自沛郡者，更無踰淮而東之理，而别爲之説也。而其下又曰『施水出自城父，至於九江』，則可怪已極。夫肥與施，同源者也，肥出九江，而施獨發於踰淮之沛郡，則自背其説矣。夏肥出沛郡不能踰淮，而施何以獨能之，則又自背其説矣。然則沛郡有夏肥水者，二矣。是其欲調停應、闞之謬，而墮於大悖者也。而胡梅磵附和之，何也？

夫淮水篇中，善長於沛郡之夏肥，别有詮次，源流了然，正自不錯。其曰：『淮水於壽陽西北，肥水注之；淮水又北，夏肥水注之。』水上承沙水，即杜預所謂『夷田在濮水』者，沙水、濮水、夏肥水互舉通稱。然則夏肥水者，莨蕩渠之支流也。濁河、清濟皆有津逮，不止一淮而已也。苟知夏肥之出自莨蕩，諒無有以九江之水溷而列之者，顧不知善長何以前後舛戾若此。足下於是書，力爲護法沙門者也，必將以爲誤文，或後人補綴之失，有足代之解嘲者，其幸有以語我也。

水經嶓冢山帖子柬東潛

水經之末，歷數禹貢山川澤地所在，其第四十五條曰：『嶓冢山在弘農盧氏縣南。』道元注曰：『穀水出其北林。』是自亂其例之言。禹貢之山，未有所謂嶓冢也；禹貢之水，未有所謂瀔也。朱中尉解之曰：『是蓋引山經之文也。』吾亦固知其爲山經之文，然豈可以充禹貢之乏乎？且山經何獨引此一條也？既而思之曰：『是非舊本之文也。』太史公作禹本紀，然不敢稍以之攙入禹貢一語，而謂作水經者，乃補綴一至此乎？夫經文當云：『熊耳山在弘農盧氏縣南。』注文當云：『洛水出其西。』如是，則合乎禹貢矣。

或曰：據漢志，則洛水出上洛，其出熊耳者伊水也。曰：禹貢係熊耳於洛，必非苟然，殆猶導河之於積石也。況地説以熊耳之山爲地門，其望尊矣，固不必以漢志疑禹貢也。且是卷於禹貢所導之水，河、濟、淮、江、漢、黑、弱、渭，已志其八，不應獨遺熊耳之洛明矣。是必舊本脱去『熊耳洛』數字，好事之人，偶讀山經，自以爲博，因奮筆，以有此誤也。然而元祐重行開雕，以至於今，竟未有言及之者，則校讎之疏甚矣哉。

答沔浦房師一統志稿書〔校〕黄本列卷四十六。

再讀來諭，欲定常德府之武山是後人以辰州之山誤屬之者，其説似有未盡。在常德府者，本武陵山，乃首縣所以得名者，既河洑山，又一名太和山，而支山則爲高吾山，一名西山，又有鹿山，是其連岡接隴，氣象不小。特世多從其省文，稱爲武山。而黄閔武陵記遂混攙以『辰州磐瓠』之語，方輿勝覽因之，此其失原不自石倉始也。

酈道元、樂史、王存，雖未嘗謂武陵山即平山，然酈氏云『平山西南皆臨沅水』。今縣中之山，自桃源縣之緑蘿山以下，西南兩面皆臨水者，捨武山更無以當之。而常德府舊志：『河洑山一名平山，一名武山。』所以東海尚書、湘潭侍郎並以爲然，是固非不考桑經之注，竟妄爲騎郵者。樂史謂：『武陵山頂有閣黎寺、道德觀，其下有德勝泉，亦頗與平山寒松上蔭、清泉下注之景，約略相符。』新通志漫然不考，遂兩列之，固未爲當，而因黄氏一言之失，遂舉常德一府之望山，湮没其名，恐不可也。

山川之在地望，山經而水緯，因其有武陵山，所以有武陵溪，今去其山，則溪之所自出者湮矣。故竊以爲但當博引諸家之文，而定取舊志之説，不必有所疑也。

答陶穉中編修論江省志稿書

〔校〕黄本列卷四十六。無『稿書』二字，作『分江水故道帖子』。

昨奉命覆審江省志稿，至貴池，反覆於南江、分江水故道，茫然者久之。是二水，自隋、唐史而下，皆無一言及焉。近人之語焉而詳者，莫如胡處士朏明，然其言亦過於自信，因指漢書之誤而欲删去水經本文，則亦未見其必然。

漢書於丹陽郡石城縣下云：『分江水首受江，東至餘姚縣入海。』是即十三州志所云『江水至會稽，與浙江合』者也。於會稽郡吴縣下云：『南江在南東入海。』是即地志所云『江水自石城東出，經吴國南爲南江』者也。據漢書言，是石城之水，其東北一支入松江者爲南江，其東南一支入浙江者，爲分江水。水經合而序之，則曰沔水與江合流，東至石城縣分爲二：其一爲北江，其一爲南江。南江東與貴池長水合，又東逕臨城縣，又東合涇水，又東與桐水合，又東逕安吴縣，又東旋溪水注之，又東逕宛陵縣，又東逕寧國縣南，又東逕故鄣縣南，安吉縣北，又東北爲長瀆，歷湖口東，則松江出焉。江水奇分，謂之三江口，又東至會稽餘姚縣，東入於海。郭景純曰：『南江支分歷烏程縣、南通、餘姚縣，與浙江合。』是水經以分江水爲南江之支流，謂南江既貫震澤赴吴淞，而又有分行自餘姚入海者。非謂南江已至吴淞，復趨而入浙也。景純正懼人牽連錯會水經之文，故申言以明之。蓋分江水所以得名，正謂其自南江而分，然其與南江判也。自安吉始，則自石城以至故鄣，不應先有分江水之目。漢書遽爲載之石城之下者，誤也。既至安吉與南江判，自當别標分江水之名，水經猶蒙長瀆之文言之者，亦誤也。兩家書法，各有所失，朏明遂謂漢書誤以松江爲南江，水經本直以分江水爲南江，而『東則松江』以下十五字，乃注之誤混於經者。酈善長欲援水經以合漢書，故攙入松江於其間。

夫使石城之水既合長瀆而歷湖口，則其入松江也蓋亦自然之勢，而迂道南行者，不得不爲支流。

朏明反欲指爲正派，而抑其震澤之大川，何哉？是故水經之南江，即漢書之南江，特未有取兩書而詳爲疏證者，所以啓善長之疑。況夫支分之説，原自景純發之，則篤信漢志者，亦非善長一人也。特是水經謂石城之水合涇水、桐水以趨安吉，則考之未覈。桐水發於廣德，而注爲高淳之胥溪，匯於丹陽、石臼諸湖，又合溧陽之瀨水以入荆谿，乃漢書中江之水，非南江之水也。

若夫以今日之地按之，則自貴池而東，中高不能通安吉，不知漢時石城之水，何由以達太湖，是南江之道可疑。自安吉而東，中高不能通海寧，不知漢時安吉之水，何由以達東浙，是分江水之道可疑。斯則岸谷變遷，誠有難以臆度者，而兩書言之鑿鑿，恐亦非無稽也。

今姑亦據古人所載，收之於志，則愚以爲在貴池，恐祇應載南江，而移分江水於安吉，庶幾得之。執事以爲然否？

奉馮茗園前輩論姑蘇姑胥地名帖 〔校〕黄本列卷四十六，作奉馮茗園前輩帖子。

日知録謂〔校〕黄本作『近偶閲顧亭林高士日知録』。姑蘇即姑胥，古文『胥』『蘇』通用，因引國策、毛傳證之。按陸德明釋文『胥』固讀『蘇』，〔校〕黄本作『踈』。而文選『蘇』亦訓『須』，亭林之説是也。姑胥，又號胥母之山。越絶書『闔閭晝遊胥母』，不以子胥明矣。至酈善長釋松江水，引虞氏，謂今胥山上有壇石，長老以爲胥神所治。

魯哀公十三年，越使疇無餘、謳陽伐吴，吴人獲之，兩大夫死，一立廟於胥山，一在丞山，是立説之最妄者。春秋内傳：『是年六月丙子，越伐吴，爲二隊：疇無餘、謳陽自南方，先及郊，吴王孫彌庸以見其父之旗，屬徒獨出，王子地助之。乙酉，彌庸獲疇無餘，地獲謳陽，會越子至，復戰，大敗吴師，丁亥入吴。』然則兩大夫雖俘，而句踐次日告捷，固不應死於吴；即死，不過敗軍之將，安得有廟？况善長釋浙江水，又據史記之言，謂是子胥之祠，引吴録以證之。一人之口，前後矛盾，予故特爲辨之，以申亭林之緒。

又據善長，則臺固闔閭所造，以望太湖。吴、越之竟以笠澤爲鴻溝，闔閭之望不爲無意。嗣子驕荒失道，於是先施、鄭旦以爲歌舞之區，轉盼而麋鹿窺之，百世而上，可浩歎也。

答陳時夏先生論漢壽得名帖

【校】黄本列卷四十六。

古有兩漢壽：一在荆之武陵，見續漢書；一在益之葭萌，見蜀志。楊用修、陳仲醇指爲犍爲者固妄，即葭萌得名漢壽，考華陽國志在昭烈時。壯繆之封，蓋前乎此，其爲荆州無疑。况益之漢壽，一入典午，便改晉壽，歷代未有以爲封國者。荆之漢壽，則東漢以來之郡治，惟孫權曾稱吴壽，而入晉仍還舊名。晉書王鎮惡、沈林子，梁書蔡道隆，皆封漢壽，嗣壯繆而分茅者，實代有之，直至隋文帝平江南，漢壽之名始易。諸史班班可考，不特唐劉夢得詩足證也。

與施東萊論明代以北京爲行在帖 〔校〕黄本列卷四十七，作與施東萊論前明故事二則。

明太祖之元年，詔以建康爲南京，大梁爲北京。又遣懿文太子之秦中，相度形勢，以漕運不便而止。尋詔建鳳陽爲中都，曰：『吾鄉也。』然則太祖之意，固未嘗終宅吴中也。成祖以藩邸發祥之地，定鼎燕山，始猶以巡幸爲詞，再返舊京，迨永樂十八年後，則定都矣。顧歷代猶託以暫駐之名，以示將返舊京之意，其命官敕命中，皆有『行在』二字：如部僚則曰『行在某部尚書』，府衛則曰『行在某府都督』。正統六年，復申定都之旨，然尚有稱『行在』者，以後始漸去。然則英廟以前官南京者，原未嘗有南京之目，後世妄加之耳。

但古者天子所居，即名『行在』。蔡中郎曰：『天子以四海爲家，故謂所在爲行在所。』史記衛將軍傳：『大將軍同蘇建詣行在所。』漢書趙充國傳：『詔徵充國詣行在所。』孔光傳：『供養行内。』注曰：『行在所之内中，猶言禁中。』然則後世所稱，沿習失考。惟歸熙甫曾言其訛，故偶因論有明官制及之。

答張石癡徵士問四大書院帖子〔校〕黄本列卷四十七。

尊諭所及四大書院，考據未覈，以愚觀之，當以王厚齋玉海所定爲是，蓋嵩陽、睢陽、嶽麓、白鹿也。然予嘗考其始終盛衰興廢之詳，有北宋之四大書院，有南宋之四大書院，而北宋之四大書院，諸家紀載互有不同。嵩陽書院，建自五代周時，及宋王沂公請額於朝，至道二年賜額及經。戚同文講學睢陽，生徒即其居爲肄業之地，祥符三年賜額，晏元獻公延范希文掌教焉。白鹿洞者，唐李渤與其弟涉讀書精舍，南唐即其故宇建爲國庠，而宋初太平興國二年賜額者也。嶽麓者，宋太守朱洞所建，而山長周式講學之地，祥符八年賜額。馬端臨職官考與厚齋同，而其學校考則取石鼓而去嵩陽，一人之言，前後相舛。

范石湖衡山記：『始諸郡未命教時，天下有書院四：徂徠、金山、石鼓、嶽麓。』又一説也。衡陽圖志亦取石鼓而去睢陽。愚考石鼓者，李寬之精舍也，宋景祐中賜額，未幾改爲州學，則其爲書院不久。石守道與孫明復相師友，講學力行，魯人宗之，稱爲徂徠先生，然較之睢陽、白鹿、嵩陽，則稍晚出。金山當是茅山，在江寧，天聖二年所賜額，其後無聞。自慶曆修舉學校，而書院之盛，日出未已。大略北方所置則仿嵩陽、睢陽，南方則仿白鹿、嶽麓，莫之與京，是之謂四大書院。

然自金源南牧，中原板蕩，二陽鞠爲茂草，故厚齋謂嶽麓、白鹿以張宣公、朱子而盛，而東萊之麗澤、陸氏之象山並起齊名，四家之徒徧天下，則又南宋之四大書院也。足下以爲是否？

答趙誠夫論褚塘小誌帖

讀〔校〕黄本作『趙』。誠夫所纂褚塘小誌，其辨河南公世系甚善。褚塘在杭城中，里社之小者耳。誠夫表章桑梓，使得與益都錦里並傳後代，可喜也已。不揣弇陋，請得牽連書所聞，以爲誠夫疏證之一助。

誠夫據趙德甫金石録，言元和姓纂錢唐別有褚氏，本與河南族系不同。以愚核之，錢塘固别有褚氏，然亦出自陽翟，特南遷有先後之不同，此在元和姓纂言之甚析，而德甫考之不詳耳。褚氏之居陽翟自後漢之重始，漢末有鹽官長盛，徙居由拳。盛生泰，仕吴，封錢塘臨平侯，按，臨平當是鄉侯之爵。遂居錢塘。裔孫陽，蕭齊民部尚書、駙馬都尉、錢塘侯。陽生遼民，梁鄱陽王國常侍。遼民生仁弘，陳始興王法曹參軍、暨陽令。仁弘生範，隋豫章郡丞。範生義宗。義宗生無量，唐左散騎常侍兼侍讀、贈禮部尚書舒國公，謚曰文。此錢塘褚氏自漢南遷之一支。

其留居陽翟者，晉初有安東將軍、揚州都督、關内侯招。招孫䂮，晉安東將軍，徙居丹陽。䂮生洽，晉武昌太守。洽生裒，晉中書令衛將軍、録尚書事、贈太傅都鄉侯，謚元穆。裒生歆，晉散騎常侍、祕書監。歆生爽，晉義興太守。爽生秀之，宋太常。秀之生法顯，齊鄱陽太守。法顯生炫，齊散騎常侍、贈太常。炫生澐，梁中書侍郎、湘東王府諮議參軍。澐生濛，梁太子舍人。濛生玠，陳御史中丞。玠生亮，唐左散騎常侍、陽翟侯，謚康，是爲河南公之父，徙居錢塘。此錢塘褚氏自六朝南遷之一支。

然愚又考，舒公自遷錢塘以來，皆居臨平，蓋從其遠祖始封之地，其累世塋域，亦在臨平山中。據□□□記〔校〕黄本無『據』字、『記』字。載湖中龍戲，舒公晏坐讀書一事，則城中之褚，確爲河南公所居。而晉初有九真太守陶，其末有始平太守含，含之子征虜參軍遏，遏之子伯玉爲高士。梁有五經博士仲都，其子武陵王參軍修，其末有褚雅，亦高士。隋有太學博士輝，則皆自漢南遷之裔。舒公三子：廷詢駕部郎中，廷誨給事中，廷賓渭南尉；族姪思光虞部郎中，子鉦司勛員外。其族實與河南公一支競爽云。

愚又讀唐彦謙集，言河南公之柩，至咸通中始得蒙恩歸葬陽翟，其時以平徐肆赦，始賜其孫八品官，扶護以歸。而傳中不載此事，表亦不載，所賜八品官之孫爲誰，則唐書之罣漏，固有不僅如誠夫所舉者，況仁和志又安足據歟。

答萬九沙編修問史參政遺事帖子

承問南宋史參政軼事。吾鄉自南渡紹興而後，方有登政府者，而史氏一門五人，相終始焉。史氏宰執自參政始，吾鄉宰執亦即自參政始。然參政在宋史既不立傳，而乾道、開慶、寶慶、延祐四志，皆未詳其顛末。惟宋會要言其爲右諫議大夫時，上言：『浙西民田最廣，而平時無甚害者，大湖之利也。近年瀕湖之地多爲軍士侵據，累土增高，長堤彌望，名曰壩田，旱則據之以溉，而民田不沾其利；水則遠近泛濫，不得入湖，而民田盡没。望詔有司究治，盡復太湖舊跡，使軍民各安。』從之。今載入宋史河渠志。參政之可傳者，祇此而已。

秦檜傳言：『自檜獨相，執政二十八人，皆世無一譽柔佞易制者，如孫近、韓肖胄、樓炤、王次翁、范同、万俟卨、程克俊、李文會、楊愿、李若谷、何若、段拂、汪勃、詹大方、余堯弼、巫伋、章夏、宋璞、史才、魏師遜、施鉅、鄭仲熊之徒，率拔之冗散，遽躋政地。既共政，則拱默而已。又多自言官，聽檜彈擊，即以政府報之。由中丞諫議而陞者凡十有二人，然甫入即出，或一閲月、或半年即罷去。』洪文敏曰：『秦檜見人能助我，自小官不三二年至執政，如史才、施鉅、鄭仲熊、宋璞最捷，然不能數月而罷。』今考史氏家傳，參政方爲御史檢法官，超右正言，劾吏部尚書林大鼐，進右諫議大夫；再劾簽書樞密院事宋璞，遂代其位。明年爲御史中丞魏師遜所劾，罷官。代參政者，即師遜也。更勝迭負，蓋與宋史之言符合。參政立朝時，朝端無事，故雖同在秦氏臭味之中，而其阿附之迹，較他人獨少。

然考朱子語録言：『林大鼐當秦檜被黜閒居之時，對策盛稱其乞立趙後之功。及檜再相，遂不次擢用，尋以講筵獨邀玉帶之賜，爲檜所忌，嗾言官論罷之。』則參政之所以自通於檜，可知也。特不知其後竟以何事不當於檜而被斥，而家傳遂欲躋之忤檜諸賢之列，則欺人矣。水心先生嘗曰：『凡秦檜時執政，吾未有言其善者。』是二十八人之定案也已。

家傳又言：『參政以紹興三十二年卒，恩例猶爲檜黨所抑，僅以本官加贈金紫光禄大夫。』此其説愈不然。當是時，和議方壞，秦氏之遊魂餘息，斥逐殆盡，而居揆席者，陳康伯、朱倬，皆賢者也。當此潦水之盡，而潛德不揚，此豈尚可信哉？且參政之於文惠，其親則猶子也；文惠之於孝宗，則甘盤舊學之契也。參政之卒也是年七月，文惠已由翰林學士入政府，豈有從父果以忤大姦屈抑終其身，而不爲一言者，文惠非賢者矣。

參政字德夫，一字聞道，政和八年王嘉榜進士，由遂昌丞改餘姚尉。丁父艱，服闋，知餘杭縣，倅温州，以李莊簡公薦，除右正言，進右諫議大夫，拜端明殿學士，簽書樞密院事，權參知政事。既罷，以舊職提舉臨安府洞霄宫。四明宰執考云其謚康肅者，無據。

竊嘗謂志乘有美而無惡，然如曾任大臣者，雖法不應立傳，亦當旁見其始末，不當使漫然無可稽。

茲因下問，謹參考大略，以備采録。

答九沙先生問史樞密兄弟遺事帖子

地志之佳者，正以其能爲舊史拾遺，况南宋一百五十年中事，史册斷爛，尤當博採舊聞，以使後學有所考據者也。史樞密兄弟事，在宋史祇見於理宗本紀紹定六年忠獻臨終時所賜出身、官爵而已。其後樞密入政府，則有宰相拜罷表可稽，而觀文以散僚，遂不概見。考樞密左右其父最早，寧宗大漸之夕，忠獻定策禁中，得與聞其謀者，祇鄭清之與樞密。見安晚集。及忠獻爲師相，一切詔誥，詞臣必先呈稿；或不愜，則令樞密竄改，陳貿窗坐是解直院不肯爲。見吴氏木筆雜鈔。樞密之長都司，方行履畝之政，多用貪暴爲耳目，文移所及，田里騷然，或以一家之田追及數家。湖、秀之民歌曰：『無田一身輕，有錢萬事足。』見太學生裘埜疏。括浙右虚籍田幾百萬，後按其田皆諸道舊隸，始罷征，而田籍不去，宋亡，民猶以爲累。延祐志。忠獻既卒，鄭清之陽與相結，而陰排之，見黄氏日鈔。然理宗終以其父定策之功，下詔保全之，賜第湖上，引入西府，且有意相之，會以疾卒。見史氏家傳。其官：三爲侍郎，四爲尚書，知平江府者三，知紹興府者再，知嘉興、隆興各一，皆以殿閣學士兼安撫發運銜，遂由樞密簽書進同知，贈太師，初謚恭惠，改謚忠清，是樞密之大略也。

觀文爲忠獻愛妾林氏子，紹定賜官時年尚少，以其婦洪氏不得於林而出之。杜範在給舍，言朝廷當戒諭史氏，弗使醜聲有聞。理宗不問。見杜丞相集。改尚郡主。見家傳。林氏卒，觀文請恩澤，恤典極盛。見鄭氏四明文獻。賈氏當國，惡其諸舅不復用。見王深寧集。其官亦三爲侍郎，四爲尚書，歷知處、嚴、温、婺四州，紹興、建寧、寧國三府，奉祠洞霄。此觀文之大略也。忠獻二子大抵皆不理於人口，然就其生平，則亦有可采：淳熙四先生之没，廟堂賜謚，祇及楊、袁、沈而未及舒，樞密始與本道節使言之，令其上請，而力贊於朝，廣平得謚文靖。又回授己子恩澤以與族子。見四明文獻。其所爲雲麓稿亦有時名。見家傳。觀文頗謙儉，不事紈綺，冬日猶葛幬。見延祐志。其守括蒼、會稽皆有惠政。見後村集。後村最惡史氏，此言乃公論也。國亡，杜門養疾，人罕得見。見深寧集。此皆先正所節取者，執事倘爲分别書之，各不相掩，是春秋之史法，而亦吾鄉校之定論也。敢因下問而陳之。

答九沙先生問史學士諸公遺事帖子

史文惠教諸子孫，從遊於楊、袁二先生之門，又延沈先生之弟季文於家，故其諸子孫雖有大墮家聲者，然亦多以不附宗衮有聲者。宋史罣漏，漫無考索，故如固叔、南叔、定叔風節一例而不能備録，爲可惜也。

固叔於同叔爲共産，〔嚴注〕固叔名彌堅，謚忠宣。定叔名彌應，號自樂。同叔即彌遠。吴鶴林草其閣學告身，有曰：『在熙寧則如安國之於安石，在元祐如大臨之於大防。』其帥潭州也，平土寇，興義倉，蔚爲能吏，以勸其兄辭政不見聽，遂奉祠禄以老，幾二十年，而宋史略焉，然四明志中尚載之。

定叔爲文惠從子，最不爲同叔所喜，交游之來言時事者，輒退之。釋褐寧海縣尉，罷歸不出。陳和仲曰：『予外家赫奕寵榮，蟬鼎相望，獨舅氏嘗罹讒退，閉門求志，行吟空山，有詩數卷，宣患難之所志。』則定叔一尉寧海，即以貝錦受困者也。其自樂山吟，則宋梅磵所開雕，稱以爲耿介拔俗之語，瀟灑出塵之作。其人如此，宋史或以其官小略之，而四明志亦無傳焉，然鄭千之文獻集中尚有之。

朝奉大夫守之，字子仁，則文惠長孫也，方叔之子。心非叔父所爲，主管紹興府千秋鴻禧觀，中年避勢遠嫌，退居月湖之松島，著升聞録以寓規諫。詔書累起之，力辭不出，杜門講學，又學古文於樓攻媿。同叔每有所爲，必曰：『弗使十二郎知否？』寧宗御書『碧沚』二字賜之，斯則僅見於清河書畫舫及史氏家傳而已。故愚以爲苟有作者，改撰宋史，則此三公者，豈在南叔之下，而可略之？

然此特不附同叔之子弟也。其後嵩之爲相，則固叔少子賓之，方以敷文待制轉運湖北，未老遽乞休歸老滄洲。滄洲，固叔引身時所居，亦寧宗御書也。是當附之固叔之後者。

南叔之孫蒙卿，以傳朱子之學，宋史入之附傳。而蒙卿弟芳卿，博學著書，仕至司户參軍，元人改授不赴。其時尚有世卿，損之子也，亦不仕元，皆當附之蒙卿之後者。

璟卿死於嵩之，宋史見之嵩之傳中。璟卿無子，從子綜伯爲後，宋亡歎曰：『時事如此，修身齊家以俟太平可也。』綜伯從弟彦伯亦遯跡不出，皆當附之璟卿之後者。

嗚呼！固叔以下諸公，當日不能不爲宗衮所抑，而今則反以此而使人推求其軼事，則甚矣顯晦之不足爲重輕也。

與沈徵君彤論沈氏家傳書〔校〕黄本列卷四十四。

清門世澤之盛，中吴世家所不易得。辱示家傳，不禁肅然起畏也。獨葉星期作君庸先生傳，則多誣者，不敢不告之足下，速爲改正。

傳謂袁督師崇焕擁兵不朝，中樞募人入其營探之，先生應募，予以兵騎，卻之，隻身前往説督師曰：『公前殺毛帥，人言籍籍，當亟入朝。』督師許之曰：『明日即請覲。』先生又言：『城中人恐懼，當俟宣詔而後入。』督師又許之。先生復命中樞，次日宣督師入，賜貂玉，再見，即縛下獄。以此爲先生之功，何其悖也。大兵以己巳之十月分道入京，所經自龍井關大安口，其地原非督師所轄，而聞警赴援，千里勤事，此固有功無過者也。其抵京也，即時召見，奉有温旨。其時督師與滿桂分禦大兵，廣渠門之戰，督師親執桴鼓，斬獲千人，六王子傷焉。而督師亦集矢肋下，於是以夷傷多，請移營入城休息。而是時中官素不與督師相能，毛帥之客從而煽之，以圖復仇。輔臣錢公龍錫則督師之内主，而中官尤深恨之者，相聚而謀，欲以傾督師者及輔臣，而大兵亦忌督師之能，思以反間去之，於是縱降卒歸，謂督師將爲内應，中官實其言曰：『此入城休士之奏所由至也。』莊愍大驚，而督師罹重辟矣。曹公能始謂闖口遣師助禦，在敵未入口之先，迎敵克捷，在已迫畿之後，其所以雪督師者甚至。夏公彝仲言亦略同。鄺舍人湛若於粤中追理督師死事，〔嚴注〕粤中追理督師，嶠雅曾言及之耳，何嘗鄺氏主其事乎？復官賜謚，而本朝檔案出，備書反間之語，於是督師之冤大白。

夫督師以求入城被譴，而今謂其擁兵不朝，異矣。且督師抵京即入見，又何有於中樞之探乎？滿武愍亦嘗入城小休，特不以所部入耳。亡國之後，稗史雜出，有漫以不經之語爲案者，此正墮晉鄙門客之術中。星期亦薄有名，不期史學荒陋如此。君庸先生好兵任俠，原屬同甫、稼軒一流人物，其逆知天下有事，造漁船千艘以防未然，卒使舍人兄弟得資之以舉義師，即此足以傳矣。後人不必妄爲烏有之事以誣之也。

至於崇禎賢良辟召之舉在乙亥，而庚辰特用又是一事，先生之薦而不就係乙亥，非庚辰也。蓋無一不誤者。敢敬陳之，而弗我罪焉否？

答董愚亭兄弟論董氏宗譜書 〔校〕黄本列卷四十七。

辱以高門宗譜見示，此乃四百年文獻所係，不可不慎也。世家支系，至今日而紊亂殆盡，亦更無博物如劉向、宋忠者，出而爲天下扶此局，遂使家家户户，皆以謬本流傳，悲夫！

吾鄉董氏蓋數宗，大抵皆祖徵君，而派别各分：其最先著，莫如奉化泉溪一支。建炎航海之難，布衣董之邵與李佾、任戩起義兵，金人旁徇屬縣至奉化，三戰三卻之，故是時甬上諸縣塗炭，而奉化晏然者，之邵三人之力也。然是時張俊棄明州而走，抑三人之功不上聞，而三人亦不自言功，身後蔡文懿公始言於朝，皆追贈修武郎而已。之邵之孫曰仁澤、仁聲、仁森，相繼以進士官至殿閣侍從；曰子燚，亦進士。

又累傳而遷鄞，是爲明洪武中進士恭禮，登第後，以養母隱慈水之黄楊嶴，即葬焉，里人呼爲孝子，明末殉難兵科都給事中志寧，其裔也。其留居於奉〔校〕黄本下有『化』字。者，是爲明洪武中徵士清禮，官至監司，其羣從亦多以薦辟至大員者，是奉化董氏之顯於宋者也。其與仁澤兄弟先後登甲科者，有董彌明、董亨復、董淮，則鄞人也，是鄞董氏之顯於宋者也。

元之初大有文名於時者，曰董復禮，清容先生所最傾挹者也。復禮亦奉化人，然非修武之後，自其曾祖庭堅以來無仕者，復禮始振之，而惜其不壽，是奉化董氏之顯於元者也。

高門居慈水，蓋在三宗之外，别爲一支，顧不甚顯，直至梅隱先生遷鄞而大。若由梅隱先生追溯之，不過三四世可考耳。今觀譜中，自徵君而下五十餘世，絲連繩貫，名位科第，無一佚者，將無蹈沈約、魏收之失。

唐之董晉，本庸相耳，昌黎客其門，遂爲之狀，多溢詞，蓋不足重。且歐陽公唐宰相世系表並不言其出自四明，而譜中入之，是一失也。宋之董儼亦庸人，且吾鄉宋時官宰執者十八人，〔李注〕宋史宰輔表：宰相四人：史浩、史彌遠、鄭清之、史嵩之。宰執七人：史才、樓鑰、宣繒、袁韶、余天錫、應繇、史宅之。共十一人，餘七人不知何姓名，俟考。或刊者誤一爲八。更無容增加者，而譜中入之，是二失也。董鼎父子私淑朱子之學，其所作易解，明之大全盡采之，近日徐尚書通志堂又雕之。乃番陽人，而譜中忽稱爲甬上宗長，且有世德録之序，能無失笑。

其餘不能枚舉，即其以甬上諸宗之董盡爲編入，而於仁澤兄弟上不及其祖之邵，使别自有祖；下不及其孫恭禮，使别自有孫；横穿而强附之。又以亨復與淮爲其諸子，不亦武斷荒陋之甚耶？

今幸有賢昆仲汲古精於考索，且以尊祖合宗之意，必求其言之可信者以傳。不棄芻蕘，賜以下問，而惜乎僕之非其人也。雖然，由此一舉廓清之功，爬梳叢誤，得以盡正舊譜之失，是高門文獻之幸也，抑亦吾甬上世家文獻之幸也。

鮚埼亭集外編卷四十六

簡帖六

説杜工部杜鵑詩答李甘谷

〔校〕原注：『蔣增。』黄本無此篇。

承問古今之箋杜鵑行者，紛紛異同，當何所主？愚反覆此詩，當係玄宗劫遷南内，肅宗不朝而作，首四句故爲錯落，不欲顯其意也。

其曰：『我昔遊錦城，結廬錦水邊。有竹一頃餘，喬木上參天。杜鵑暮春至，哀哀叫其間。我見常再拜，重是古帝魂。』蓋指玄宗之去國，雖奔竄蒙塵，而蜀人戴之，無貳心也。

其曰『生子百鳥巢，百鳥不敢嗔，仍爲餧其子，禮若奉至尊』。蓋指肅宗在靈武，李、郭諸將爲之盡力，番戎亦皆助順，一如所以事玄宗也。

其曰『鴻雁及羔羊，有禮太古前，行飛與跪乳，識序如知恩。聖賢古法則，付與後世傳。君看禽鳥性，猶解事杜鵑。』蓋指玄宗還京，都人聚觀涕泣，及居興慶宫，父老過之，多呼萬歲是也。

其曰『今忽暮春間，值我病經年，身病不能拜，淚下如迸泉』。蓋指玄宗逼遷而崩，肅宗以病不臨喪是也。

蓋國家君臣父子之際，難以訟言，而又不忍默而已，故託之杜鵑。况前此玄宗幸蜀，正與望帝有關會，晚年遭變，工部自歎遠羈蜀中，不得維持調護於宫闈之間也。夫百鳥因杜鵑而奉其子，而爲杜鵑之子者反漠然，則百鳥之不若矣。

前人解此詩，亦有指南内之事者，特未能逐句闡明其意；或更疑玄宗崩於辛丑，而工部以乙巳至雲安，其事相隔已至四年，頗於是歲不合。然予嘗讀李端叔姑谿集，則云：『工部追念開元之盛，屢見於詩。及張、李劫遷，上皇遽爾殂落，流傳至蜀固已踰時，且爲尊者諱，亦不敢遽形篇什。迨至雲安，有觸於杜鵑，因不覺言之淋漓至是耳。』其論真可謂先得我心者，今并録之，以復足下。

答胡復翁都憲論義山漫成五章帖子〔校〕黄本列卷四十七，作答胡都御史復翁。

辱示義山漫成五章箋釋，以爲義山生平出處自敘之略，故隱詞以寄意，實發前人所未發，顧尚令擣昧覆審其間，因取唐史及本集證之，則亦略有足以引申尊意者。

義山蒙負恩無行之謗，長洲朱長孺始暴白之，謂『義山之爲令狐綯所惡者，以其就王茂元、鄭亞之辟，而二人爲李衛公之黨故也。當時黨論，牛曲李直，義山之去就，不可謂非。且衛公雖惡綯父楚，而於綯則固嘗有補闕之任矣。綯因其失勢而力排之，如此險人，而必始終依之，是且流爲「八關十六子」，而後不爲負恩，不爲無行也』。其論核矣。然不知義山於漫成五章中，已自道其心跡也。

首二章謂沈、宋、王、楊，不過屬對之能，而志其歸依於李、杜，蓋自喻其少年，雖學章奏之文於令狐楚，而非其所願，誠如執事之所解矣。然其歸依，不徒在李、杜之文章，而推本於其操持，則有慕於太白之忤中官，少陵之每飯不忘君父，而感歎於『蒼蠅』之惑，以致傷於異代之同遇者，情見乎詞，是非徒以文章言之也。

中二章謂茂元以將種克繼家聲，擬之征虜，而其擇壻則自比於右軍，且喜其能用己於草萊，亦誠如執事之所解矣。但其所云偏師、裨將，則當是茂元會討澤潞時，蓋茂元帥河陽是全軍，非偏師，是大使，非裨將也。若討澤潞時，則何弘敬、王元逵爲招討，茂元特偏師耳，裨將耳。其時義山在軍中，爲之草檄，故喜其能用草萊也。然其云『不妨常日饒輕薄』，則又指令狐輩誹謗之口，以見茂元能爲國討賊，豈真締交浪子者，而己之非輕薄，亦可見矣。此正與次章操持之説，互相剖晰者也。

末章以張、郭比衛公亦良然，但其賦此詩，恐是因杜悰之再復維州而發。方文宗時，衛公復維州，牛僧孺以開邊釁抑而阻之，衛公深以爲恨。大中三年，悰卒復之，而衛公亦即於是年卒矣。維州爲西番要地，復之本非黷武，而即所以和戎，特見阻於黨人之門户，今悰成衛公之志，而衛公卒不及見也，故垂淚而傷之。義山贈悰詩有曰『人言真可畏，公意本無争』，亦即此詩之意也。

合而觀之，則義山生平沈屈，歷然可見。然向非執事發其蒙，則亦無從遽考也。

義山閨房諸詩蓋其所以招輕薄之論，然考其悼亡後，柳仲郢予以樂籍，而義山固辭，以爲『早歲志在玄門，此都更敦夙契。南國妖姬，叢臺妙妓，雖偶涉於篇什，實不接於風流，乞從至願，賜寢前言，使國人盡保展禽，酒肆不疑阮籍』，則又可以見諸詩之未足定其生平也。并請質之。

奉答謝石林侍御論碑版故事帖子

〔校〕黄本列卷四十七。

會典：『五品以上用碑，五品以下用碣，庶人祇用壙銘』，即柳州所引唐令也。然以今之官制考之，正難以一例拘。内官則京卿而外，翰詹之講、讀、諭、洗，新升五品之科道，用碑宜也；部郎及内閣侍讀諸官，其可乎？外官則僉事以上，用碑宜也；府貳、州牧諸官，其可乎？至右班則非總兵以上，亦難用碑。蓋唐、宋時，官至五品甚難，與今日稍不同。柳州爲楊郎中作墓碣，謂郎中於品第五，以其秩不克偕，故降從碣。然則古人於此原有裁量，不肯紊也。

自明以來，不論秩而論望，故如郎中之秩不爲卑，而望甚淺，是又當斟酌而用之。穆堂詹事謂今雖開府以上，苟非有詔賜碑，皆不得稱碑，但可曰墓表耳。故其應陽城相公家之請，但曰墓表，此未嘗詳考會典而遽爲之説者也。會典固有賜碑之禮，但止爲重臣而設，此自唐、宋以來皆然，若五品以上之用碑者，不必俱邀君賜也。賜碑亦有數等，或御製碑文，或但用御篆，或敕詞臣撰文，或但給碑價而已。其御製文與篆者，非輔臣、勛臣不能得；其給碑價者，則賜葬之臣皆得之。若五品以上之用碑者，則特以其官應立碑，即無恤典亦得立之。歷考唐、宋以至今所同也。

至於墓表，則碑碣所通用。墓碣稱表，柳州爲其父侍御府君及陸給事是也。墓碑稱表，歐公爲其父崇公是也。徐師魯謂碑碣有尊卑，而表無之，蓋碑碣之變稱，是矣。而潘蒼崖謂碑高不過丈二，碣高止四尺，表之高與碣同，是竟以表爲碣。而黄梨洲祖其説，雖本之家禮，然實非也。

考之漢人之制，士庶皆得用碑。自唐以後則截然，獨香山爲長城縣崔令，遺山爲費縣郭令皆作碑，此其僭，不可訓。至元人，則其誤用益多矣。碑碣之變稱，考之漢人文字：有曰『神道闕銘』，曰『墓闕銘』，〔校〕黄本無此四字。曰『墓石柱文』，曰『墓幢記』，曰『家闕銘』，曰『穿中柱文』，曰『殯表』，曰『靈表』，曰『神誥』，曰『哀讚』，曰『哀頌』，曰『哀辭』，皆金石例所未備也。卒復不罄。

與唐丈南軒論漢隸書

〔校〕黄本列卷四十七，作答董守素論漢隸帖。

漢隸本末，前日席間未竟其説，大略其難定者，有數節焉。往者嘗聞吾友趙君谷林之言矣。其引蕭子良曰：秦時王次仲作八分書。漢靈帝時有上谷王次仲，與秦時人同姓名，亦作八分書。鍾繇謂之『章程書』，李陽冰論篆本之。谷林謂古今之見於同姓名録者多矣，不應兩次仲皆能作八分書也。且既已作於秦矣，何以又作於漢耶？豈其法之失傳耶？抑别有進於古者耶？若稽之酈道元水經注，則所謂『大翮』、『小翮』者，正在今之上谷，又不應兩次仲皆居上谷也。然則東漢時之次仲，乃傳之者妄也。

至歐陽子誤以八分爲隸，不解其所以到誤之因。及考晉衛恒四體書勢曰：『秦既用篆，奏事煩多，篆字難成，即令隸人佐書，曰「隸字」，漢因行之。隸書者，篆之捷也。上谷王次仲始作楷法，至靈帝時，師宜官爲最。梁鵠竊得其法，授之毛弘，今八分，皆弘法也。』夫次仲作八分法，未嘗作楷法，即衛氏亦於下文明言毛弘所精之法爲八分，則上文當言次仲始作八分，歷傳宜官，以至於弘，何忽云作楷法也。其言宜官之書，大者一字徑丈，小者方寸千言，是直以楷書當之，非八分也。然則衛氏誤以八分爲楷，而歐氏又誤以八分爲隸，此亦殊不可解者也。

楷書作於程邈，自漢以來皆無異詞，而道元謂其自出於古，非始於秦，又異聞也。

辨隸古書分書真書答董罧圃

〔校〕原注：『蔣增。』黃本無此篇。

隸書、分書、真書，漢、魏而下，棼錯難考。趙德甫辨歐陽公以分書爲隸之謬，謂唐以前，皆指真書爲隸，其言似核而未盡。故洪盤洲五隸，仍用歐公所稱。

予考之諸書：如洛陽伽藍記曰：『三字石經爲古、篆、隸三種字』，其所云『隸』，則是真書。然又曰：『別有四十八碑皆隸書』，其所云『隸』，則是分書。水經注曰：『程邈作隸』，是真書。然又云：『王次仲作今隸書』，則是分書。是似乎分書與真書，皆得稱隸。不特此也，即楷書亦不得專屬真書，如衛恒隸勢曰：『王次仲始作楷法』，江式曰：『熹平石經楷法多蔡邕書』，其所云楷是分書。而蕭子良曰：『鍾繇始作楷法』，則是真書。是似乎分書與真書皆得稱楷，然則金石録之言，未足定也。

蓋嘗考東京以前，未有分書之稱，蔡琰始有隸八篆二之説，而分書之稱自此起。孔安國尚書序謂『以今文讀古文，爲隸古定之』。隸古者，謂雖隸而近古，兼有篆體一二分存其中也。然則程邈所作是真書，王次仲所作是隸古書。漢人惟文移案牘用真書，此外皆以隸古行之。故漢人所謂楷法者，隸古也。而真書最賤。曹魏以後，真書之用漸廣，而真書亦得稱楷法矣。真書進而混於楷，故隸古亦降而混於真，其實漢人以隸古書爲楷書，而真書則祇稱隸書。自魏以後始混之。故隋志有楷書，又有隸書，不相混也。

隸古書，大略即含分書，而隋志以爲始於魏，則漢之隸古，又微不同於分書。洪盤洲云『漢字有分有隸，其學中絶，不可分別』，則以分書亦出於漢，與隋志異。而洪容齋云：『隸古變於魏，而後有分，以分視隸，猶康瓠之於周鼎，則已不同於盤洲矣。』吾丘衍曰：『分書，隸古之末有挑法者，比秦隸則易識，比漢隸微似篆，以篆筆作漢隸，即得之。』以吾丘之言推之，又似分書先於隸古。要之，隸古之不得竟稱分書，則有明徵。

竊以爲漢人石刻皆隸古書，其入魏者始爲分書。袁清容云『大篆最忌雜小篆，隸古最忌雜八分』，是矣。明乎此，則隸古書、分書、真書判然，而歐、趙、洪三家連環之結可解矣。鏞案：張懷瓘謂：『八分，篆之捷；隸，八分之捷。』郭忠恕云：『小篆散而八分生，八分破而隸書出。』蓋皆以隸古爲八分。先生此辨，可以折衷羣言。

答南軒書係少作，此乃晚歲定論也。

與厲樊榭論機神廟祀書〔校〕黄本列卷四十七。

機神非命祀，足下所作碑文，甚有援據。顧於祀禮中天人正配之故，尚未分析。古者上祀則天神之祭，配以人鬼：如五天帝則以五人帝配之，社神配以句龍，稷配以柱，郊祀亦配以始受命之先祖。蓋天道遼遠，恐吾無以接之，故籍人鬼之有功於人者，以通幽明〔校〕黄本作『冥』。之郵，而默致其氣類。下此，則不盡求之天神：如耕有先農、先嗇，蠶有先蠶，竈有先炊，牧有先牧，但祭先代剏始之人以爲神，所以致其報本之意而已。天下無物不有天神以尸之，而其祭則不偏爲推及者，禮有等也。故古禮配位可以變易，如句龍至漢而易爲禹，柱至商而易爲棄，但以其功計之，則不妨取捨也。報本之〔際〕〔祭〕爲正位，百世不改，蓋以其始事者定之，則更無人焉可進易也。

昔人嘗誤以天駟爲先蠶，不知天駟司蠶之氣則有之，然非始蠶之人也，稱之爲先蠶，舛矣。近來織造之局，特蠶事之一，則但以始機之人配之先蠶，於禮已足。然考之周禮，有典絲，有幭氏，有職染諸官，非僅蠶事之所能盡也。后稷之外，别有先農、先嗇，則先蠶之外别有機神，比例以觀，亦未爲不可。樊榭引淮南子爲證，以黄帝之臣伯余爲機之始，是已。而又引唐六典織染署曾有七月七日祭杼之文，而疑今所祀與唐異，則不知織女之爲杼神，在天者也。

昔人於祀禮天人之故，不甚分曉。既誤以天駟爲先蠶，則即以織女爲機神，而不知先蠶之非天駟，猶之織女之不可爲機神也。況其祭以七月七日，則附會七夕牽牛之説，是世俗乞巧之祀，非報本之祀也。今之祀，猶幸其非玉枷雲袿之飾，則亟當講明唐制之非，而以淮南之説正之，庶使其免於不著不察之咎。不然恐有讀唐典，而反謂冕服之非者，不已舛乎？足下以爲然否。

寄江都朱憲齋戲語祀司命帖子

〔校〕黄本列卷四十七，作祝司命一則寄江都宋憲齋書。

前者嶧陽爲僕言：江都風俗，於除月二十四日修司命祭，以新秫作飯供之。蓋因諺言司命將至帝所言各人善惡，新秫食之膩口，使不能語耳。僕時笑以爲愚。偶閲東京夢華録：汴京人以年夜請僧道看經，備酒果送神，燒合家替代紙，貼竈馬於竈上，以酒糟塗抹竈門曰『醉司命』，蓋即祖道之意。而竹垞醉司命詞『司命入覲，行步偶旅，覼縷兩目，醉不能語』，則與足下里人所見略近，乃知天下俗事總有來歷，既與嶧陽述之，并以語足下。屈指書到時，應值司命祭期左右，茶香豆熟，亦足資嗢噱也。

答施東萊問明代誥敕帖

〔校〕黄本與卷四十五與施東萊論明代以北平爲行在帖并列於卷四十七，題作與施東萊論前朝故事二則。

昨〔校〕黄本作『又』。賜札問明大臣誥敕中有專與夫封不及其妻者，是蓋其嫡母、生母並存者也。明制，嫡母在，其生母不得受封，則子婦亦停。出陸釴病逸居漫記。在唐、宋時無此例。倘以上下一體言之，則藩王入正大統，即尊所生，何獨臣子不爾，似亦可不必也。

巡撫不得稱中丞帖子示董生

〔校〕黃本列卷四十七。

今世以巡撫稱中丞者，不學之人所沿幕賓游客之妄語也。而近雖洽聞如堇浦，亦襲之。〔李注〕此説未然。近制巡撫皆兼副都銜，則亦可稱中丞矣。不得以在都有左副都，而謂其稱爲僭。亦不得以别兼兵侍銜，而謂其稱爲貶。

夫中丞者，漢、唐、宋之官也。漢以御史大夫爲副相，爲亞公，而其下則有中丞。漢之中丞不甚顯，〔李注〕東漢以中丞爲三獨坐之一，是亦要官矣。唐始爲要官，宋遂稱中司。今世之官無足比御史大夫者，但可比例於古之中丞，則總憲、副憲、僉憲，皆中丞也。〔李注〕今之左都御史爲臺臣之長，是論其職，固御史大夫矣，不得以權任降於漢唐，而遂比之中丞也。今世不學，欲以總憲稱大夫，副憲、僉憲稱中丞，非也。總憲，九卿耳，不可以言副相，言亞公也。

明之巡撫，例用僉憲，稍進之則爲副憲，於是多稱中丞者。然有功則更進之，而以侍郎兼憲節，即不復稱中丞矣。

比來官制又不同。撫臣加銜，以其省之大小爲差：如江南一撫臣，江蘇定以部銜，江、安則但用副都銜；浙撫以部銜，閩撫但用副都銜；而二廣皆用副都銜，此其以省爲定者也。〔李注〕今則各省巡撫皆兼部銜、副都銜，未知起於乾隆幾年，當考之。然亦有不可以一定泥者，如今之安撫鄂君，由甘撫而浙撫，皆部銜，而忽移安撫，則不得去其部銜矣。今之廣撫鶴君，由倉場總督改廣撫，則亦帶部銜矣。此以其所任之人之資爲定者也。夫既加部銜，而猶稱中丞，是反削其官也。況憲司豈遂無中丞乎？左憲使爲九卿留京，而右憲使出持節爲督撫，今溷曰中丞，何以處夫九卿之留京者也。〔李注〕此說更泥。今制左副都四員，則在京已有四中丞矣，外省稱中丞，何所嫌乎？故曰一矢口而文理皆有未安者，此之謂也。

曰然則今之呼巡撫者，宜何稱？曰以其地，如浙撫某公，蘇撫某公，可也。否則但稱曰撫軍亦可也。世疑撫軍之名見於國語，以爲太子之稱，而不知晉時固有撫軍將軍之官，與今之巡撫足相比例，用之可無礙也。

乃若不學之徒更從而躋之，有所謂大中丞者，謬之尤也。中丞之名，以承大夫，猶之詹事、大理、太常、國子之有丞，皆以承其長官，非疑丞之丞也。故丞相可稱大，以所承者，天子也。中丞不可稱大，以所承者，大夫也。其亦弗思而已矣。

嗟乎！官制不明，稱謂日紊，故巡道之加副使者，明人稱曰憲副，以避副都御史也；加僉事者，明人稱曰憲僉，以避僉都御史也。今則直曰副憲、僉憲，以外臺而混内臺之官矣，固宜其日益進而大也。

答陳南皋論太守稱明府帖

〔校〕黄本列卷四十七。

昨承枉過，僕以奉中憲孫公辭保舉帖呈覽，蒙賜教，以明府之稱不宜加之郡守。

竊謂明府本郡守之稱，其以之加縣令者，乃通用耳。請於兩漢史傳略舉數條爲例：渤海太守龔遂被召議曹，王生從至京師，會遂引入宫，王生醉，從後呼曰：『明府且止，願有所白。』東郡太守韓延壽常出，欲罰騎吏之後至者。門卒請曰：『今早，明府早駕久駐未出，騎吏父來出謁，適會明府登車，以敬父受罰。』潁川太守嚴翊被召，官屬爲設祖道，翊伏地哭。掾史曰：『明府吉徵，不宜有此。』後漢李郃謂漢中太守曰：『竇將軍椒房之親，願明府一心王室，勿與交通。』張綱爲廣陵太守，喻郡中賊張嬰，嬰泣下曰：『今聞明府之言，乃嬰等更生之辰。』鍾皓爲郡功曹，辟司徒府，太守問誰可代者。皓曰：『明府欲必得其人，西門亭長陳寔可。』蓋無不指郡守言者。

至若西漢之京兆尹，東漢之河南尹，皆位在郡守之上，然而孫寶爲京兆尹，老吏侯文謂曰：『明府素著威名。』梁不疑爲河南尹，尚書張陵謂曰：『明府不以陵不肖。』然則雖尊於郡守者，尚且稱之。惟搜神記：由拳縣，秦時長水縣，有大水，欲没縣，主簿令幹入白令，令曰：『何忽作魚？』幹曰：『明府亦作魚。』遂淪爲湖。益都耆舊傳：閻憲爲綿竹令，有男子杜成夜得遺裝，明早送吏曰：『縣有明府君，犯此則慙。』太平御覽：北齊魏州刺史元暉爲衛國令，郎茂曰：『長史言衛國人不敢申訴者，畏明府耳。』是則縣令稱明府之始。〔李注〕後漢書張儉傳：李篤謂〔外〕黄令毛欽曰『明廷』。蓋兩漢郡守多入爲三公，三公得開府辟召，故稱郡守曰『明府』以尊之。而稱縣令曰『明廷』，以郡縣皆有治事之廷也。自唐人通稱縣令曰『明府』，因稱縣尉曰『少府』，此流俗不學，所當亟正者也。又郡守治事之廷亦尊之曰府。漢書于定國傳曰『具獄上府』，又曰『哭于府上』。師古注：『府，郡之曹府也。』於是唐人據之，遂成通稱。如杜少陵集中所贈崔明府、蕭明府、王明府、郭明府、嚴明府、終明府、狄明府、趙明府詩，皆縣令也。沿至今日，遂無敢以明府稱郡守者，斯前輩所以有觚不觚之録也。

漢時太守亦呼府君：如張邈爲陳留太守，高柔稱張府君。孫堅爲長沙太守，王叡稱孫府君。王朗爲會稽太守，虞翻稱王府君。臧洪呼廣陵太守張超爲府君，孫策呼豫章太守華歆爲府君。其見諸金石者：晉孫楚有雁門太守牽府君碑，孫綽有潁川太守□府君碑，宋傅亮有安城太守傅府君碑，不一而足。〔李評〕謝山爲堂邑知縣張興宗作事狀，稱之曰張府君，何也？恐既不宜於今，復不合於古矣。即刺史亦或稱府君：北周庾信有幽州刺史豆盧府君碑。〔校〕黄本無『不』字至此二十六字。若以是行之近世，其有不駭愕者幾希。

其在一家稱尊者爲府君，古焦仲卿妻詩：『媒人下牀去，諾諾復爾爾。還部向府君，下官奉使命，言談大有緣。府君得聞之，心中大歡喜。』〔李注〕此詩所言府君，亦謂太守也。後漢孔融造李膺門，語門者曰：『我是府君通家子弟。』豈若唐、宋以後，專以府君爲先祖之稱乎？俗尚相承，習焉不察，非敢估過，亦求以明其是耳。

答族人祭始祖以下書

〔校〕原注『蔣增』。黄本無此篇。

古者天子得祭始祖，諸侯而下則否。此三代時所可行之禮，今世必不可也。程子、朱子皆謂冬至應祭始祖，立春應祭先祖，然於始祖以下之不可不祭，則未之及也。夫今世之氏族紊矣，世系闕矣，非猶三代之世，有官司以掌斯民之譜牒，而使人秩然其可考者，庶以祭祀維之，使人於版祝之中，知吾始祖以下，一世、二世，以至於高曾，其代數幾何，其宗派若何，而且祖爲誰，妣爲誰，不至瞀然爲籍父之徒也。

吾家得姓受氏之始祖，已無可考者，其居鄞之祖，自侍御府君始，其暨於今，二十四傳，而侍御府君以下十四世，向未有祭，子孫遂莫有知者。一二妄人，竟欲以十五世祖直接侍御府君，其謬至此。先君按家乘，定世數，特爲侍御府君以下，重置栗主。然栗主藏於影堂，即家乘亦掌於宗子之家，子姓不能常見，不若祭時祝版，凡與祭者皆得耳而目之。今定議祭侍御府君，則其下諸祖配食，庶吾後人知有此十四世之祖。

夫以古禮而言，因祭始祖而兼及諸祖，幾於干祫，誠失之僭。然今世祀先之禮本無定限，況不出於此，則人且將於其世系之遠者而忘之，尚何由導吾後人以尊祖敬宗之義歟？彼妄人不足論，今稍知學者，又援古制相疑，故敬陳之。

與厲樊榭勸應制科書

〔校〕黄本「勸」作「促」，「書」作「帖子」。

堇浦來京，始知樊榭之病已脱然，爲之欣慰。愚自去年有婦之喪，方寸凄楚，春試不捷，意中固早知之。科名之得當與否，自是吾身外之事，唯是東西南北，不能不奔走於路，以謀高堂旦夕之養，可謂長喟者也。近奉明詔特開制科，以求三館著作之選。吾浙中人才之盛，天下之人交口推之無異辭；樊榭之姿詣，吾浙中人交口推之無異詞。乃聞樊榭有不欲應辟之意，愚竊以爲不然。

穀梁子曰：『心志既通，而名譽不聞，友之罪也；名譽既聞，而有司不舉，有司之罪也。』今樊榭爲有司所物色，非己有所求而得之也，而欲伏而不見以爲高，非中庸矣。且自有是科以來，吾浙人不居天下之後：宋之制科，初猶累易其名，其復博學鴻詞之舊，自紹興三年乙卯始也，而吾浙人相山王公冠場。自紹興以至咸淳，如説齋、東萊、深寧，皆一代儒林之圭臬。越四百年爲國朝康熙己未制科，而吾浙人羨門彭公冠場，其同年者如竹垞、西河，皆一代文苑之圭臬，其餘則尚未能累舉而悉數之也。是吾浙人之於制科，如春秋之世主夏盟，未有能先晉者，迄今先輩之典型尚整，二三兄弟皆足鏃厲而進於古，可弗懼吴、楚之争長，齊人之歌代興也。嗣世繼霸，吾願樊榭與堇浦諸君勉之。

夫是科，固天下膏粱之望也，紹聖廷議以爲是學者之勸率，而世人竊呼爲選定兩制，以足下之才應之，亦未始非盛事也。愚之才，不足以爲樊榭之役，同好諸公阿私而許之，亦欲使預於邾、滕之末，前望古人，退而上下於諸君之間，欿然不覺其自失也。是則由衷之語，而正非樊榭所可援以爲例者也。諒浙中當道必不容樊榭之請，薦章之出，指日可待，吾將求樊榭所業而觀之。

答姚薏田書

〔校〕黄本列卷四十七。

觀三北上，拜受惠書，因憶松吹草堂連牀之話，目前事耳，而忽忽已七年。及與立甫聚京邸，晨風夜雨，未嘗不相念也。自不見薏田來，東馳西鶩，索然無所得。少時造詣，本未嘗有所成就，日復荒落，宜其茫然。古人謂客四方者，足以助文章之氣，此以壯遊言之。若吾輩頻歲謀食之行，能使人嗒然喪其生平而已。薏田來書盛稱僕文，以爲日進於古，是殆傳聞之譌耶？日者捃摭陳作，定爲三十二〔校〕黄本作「六」。卷，因憶盱江之言，謂天將假我以年與，必尚有所進也；如其不然，亦足藉手以見古人。僕文豈敢求古人而見之，而懼其不復有進，聊復存之，以充異日覆瓿之用而已。

近聞制科之詔，浙中當事多相屈致，而薏田謝病未能。今天下之求一當於是科者，豈勝指屈，蓋固有竭其力而得之矣。然其胸中不過數卷抽青儷白之文，無足當於有無之數者也。薏田以古誼自期，則真其人也。雖然，苟足稱是科，則應世之求，而不必過以鳴高。自宋南渡而後，吾浙東西詞科極盛，而吳興則莫氏一門，多以是科發跡。若其文章風力，卓然足爲大科取重，必推倪文節公。薏田居蓮花莊上，莫氏之故址也，至於所學，則繼文節而起，庶幾不媿。

茲者有司再奉詔，以延訪未至，更事博採。薏田必復爲當道所敦迫，而賓友南來，皆云薏田必無出山之想，僕以爲不必也。浙中朋輩多應車乘，而獨至薏田有遐心，是又吾朋輩中之憾也。僕之文雖自知其不足傳，然亦欲待薏田之來，或有良藥，爲我發而瘳之，則又僕之私也。立甫山居，近狀何似？幸爲我寄聲問之。

與趙谷林兄弟書〔校〕黃本列卷四十七。

久不得君家伯仲消息，昨於堇浦寓寮長跪接一紙，備悉起居清吉。下走春闈一戰，正在悼亡傷逝之餘，蕉萃心情，分宜折北。時已戒期返棹，會疾動不果，歲月如駛，又復匆匆度歲，學不增長，文不加充，無可爲故人道者。乃者〔校〕黃本作『今』。天子鼓吹休明，特開大科，將求非常之士用之，東南竹箭之叢，〔校〕黄本作『藂』。其燕躍鵠踴而出者，諒非可以更僕盡也。而萼花競爽，如谷林兄弟，則恐未可多得。

嘗讀宋紹聖以後，詞學題名，其預選者百有七人，景定壬戌以後未考。深寧先生兄弟以寶祐丙辰、開慶己未繼起，詔書褒美，以爲學者之勸。顧前此亦尚有吴兹、吴幵，滕康、滕庾，李正民、李長民，袁植、袁正功，莫沖、莫濟，陳貴謙、陳貴誼，特文采不大著於後世。惟洪文安、洪文惠，同榜中於紹興壬戌，而文敏以乙丑繼之，其詞學之盛，爲二百年中所未有。相傳深寧少時，讀洪氏試帖而豔之，卒能偕其弟追驅而與之齊，有志者事竟成也。夫塤篪協應，固科名之佳話，然非如洪、王家學，要何足爲國家重哉？

國朝己未之役，嘉興柯徵君崇樸兄弟，並應薦書，而以丁内艱未得預試。今倘以賢兄弟當其選，堪爲是科生色。小山堂之牙籤，伐山網海，足以補天禄石渠之闕，而以西湖觴咏詩才，出而和其聲，以鳴國家之盛；花磚綾被之間，時助春草池塘之思，是直一代之光，非僅吾黨之幸也。

下走失學多年，重以稠桑之痛，一二朋好，如堇浦輩，猶欲推轂其間，不知臨軒召試，大典也；待詔承明、未央之廷，極選也；倘以風塵濩落之人，濫廁於末，鮫函雉扇之下，百寮千騎，環共而觀其落筆，有不驚心動魄，竟日不成一字者哉？但使吾諸故人扶摇而上，疲甲凋戈，祇爲壁上之觀足矣。花溪五代史注，其嗣君音信浮沈，當再爲索之也。

奉方望溪先生辭薦書〔校〕黄本『薦書』作『纂三禮帖子』。

伏荷尊諭，以某被放，欲留之三禮局中，備纂修之一席，感佩感佩。館閣諸臣，原以經術爲上，詞章爲末。某於經術雖嘗致力，然自分終慙譾劣，至詞章則似不至在同年諸公之下。今以明試詞章被放，尚敢以經術求進乎？若謂某之被放，原不由詞章，某不敢知。然執事既已知之，執事尚欲以經術援之，其可得乎？

目今與纂修之任者，人人自以跨鄭、王而過之，其中原有素曾究心於此者，亦有並未嘗讀四十九篇、十七篇及『五官』之文，而居然高坐其上者。執事爲總裁蓋亦知之矣。然則無論某於經術譾劣，真令有一二可采，未必不如詞章之見詘，是非執事所能保護也。況某刻期南下，省覲切於晨昏之戀，若一入薦章，則行程中阻矣。

但交好中有堪此任者，不敢不爲執事告。前福建興化通判吴君廷華，其留心三禮蓋二十餘年，於『五官』已成書，某皆曾見之，在局諸公莫之或先。向嘗欲致之執事，以爲纂修之助，且其人久在京師，亦苦拓落，執事若能挈其人而登之，某之受賜多矣。歸期當在冬初，遠違講席，曷勝依戀。

與友人絶交書

〔校〕黄本列卷四十七。

某頓首。某少時從家君子受禮記正義，至『原壤之母死，登木而歌，孔子若爲弗聞也者，而過之曰：「親者無失其爲親也，故者無失其爲故也。」』即憤然請曰：『是非夫子之言也。所貴乎聖賢者，植天經，扶地義，曾有彼自忘其父母，而我尚念故舊之誼者？是非夫子之言也。』家君子曰：『善哉孺子之問也。檀弓多誣聖語，先儒詳言之矣，顧於此條未有及者。但即以爲聖人果有此，則不磷不緇，唯聖人乃可。若學聖人之博大，而自流於比匪之傷，此斷不可者，孺子志之。』

去年足下從淮海歸赴試，甫及第三場，染瘧症，時某來訊足下號房中。尊大人握予手，戰栗，周章無措，某時心危尊大人將因足下致病。及試事竣，某先渡江，聞足下病未起，肩輿就道。尊大人之勞瘁，百端交集，故抵家而已不起。某因以危尊大人者危足下，謂足下以身故喪厥考，呼天搶地，從死固當，但祖宗嗣續之傳，老母弱弟俱從足下肩其事，則一綫之承不可徒死。是以聞訃疾趨哭尊大人於靈座，即訊足下喪次，以此意相慰，且并屬諸好友共爲解諭。乃至今日而始自笑前言之愚且拙也。

方足下於卒哭後赴淮揚而復歸也，内衰而外襲緇裘。某是時即駭愕，謂庶見素冠，庶見素衣，豈在吾黨中即有此歎。隨以此責足下，而足下謂不幸作旅，人多（謙）〔嫌〕諱，故不得不出此。豈料未踰年而有子也。夫尊大人之死，死於足下，則足下之居喪，尤不當與凡爲人子者同例。又況足下是時病尚未愈，衆方憂其不保，是以一切擗踊哭泣，皆加裁節。而足下喪心至此，是可忍也，孰不可忍也。足下亦追思，當是時麻衣非屨，頭顱亂髮，斬斬長三五寸，西階殯所，噫咳如聞，慈寢哭聲，淒其未絶，而乃以代哭之間，合歡同夢。在足下或以繼嗣義重，欲慰死父含飴之望『是或一道』，非固陋者非按『非』字誤，當作『所』。能知，然亦太匆匆矣。嗟乎！當今日而言居喪，固君子所大不忍觀者耳。斬齊之服，孰有持之二十七月者。而寢苫枕凷，置之不問，食稻衣錦，揚揚自如，惟御内生子一事，稍知廉恥者，或尚有所不爲。此蓋夜氣之存，蛛絲馬綫，一息未絶，天地所以不崩裂，人物所以不滅亡，而别於禽獸之幾希者。今某不幸而與足下交，見有此事，天乎！某亦何罪而致此。

足下既舉子，與某相見，某曰：『君家祥祭，有呱呱兒稱阿孫，大是奇事。』足下若弗聞者。某又問曰：『君家舉子，隔小祥忌日幾何？』足下又若弗聞。及雪汀正色斥足下，而足下仍無怍色，徐曰：『不知何故，湊成是事。』足下喪心至此矣，某亦何不幸而見此。昔嘗謂宋元凶劭，弑父弑君，天地間何以有此亂臣賊子？及讀宋書，知文帝以居廬中生此子，乃瞿然曰：『天道昭昭，一至於此！』而小説家有謂商之受辛，明之武宗，其生皆類元凶，是以亡國破家，先後一轍。雖其説未有考，然孝子之後，必有孝子，簷溜涓滴，不可移易，則不孝之後，其有不孝，起而報之，覆宗絶祀，理所固然，夫復何怪。是以唐、宋以來，服内生子，載之律文。獨明太祖起於草莽，不知詩書，其所著孝慈録，削去此條，反詆古禮爲不情。而當時大臣若劉基、宋濂輩，不知引君當道，力争以摧其説，萬季野以爲一時小儒，無復人心。今足下可稱明太祖之功臣哉！

某幼而失學，長而無行，至於如足下者，亦在交游之列，則庭幃之慝，必有不減足下者，是以愆焉如擣，不能昂首一望日月。今請足下自此與某絶，足下善自愛。雖十年友誼，耿耿難忘，但足下知某分量，必不以聖人之博大望某也。

〔嚴評〕終嫌過激。好盡言以招人過，先生其有陽處父之風乎？

鮚埼亭集外編卷四十七

雜問目

〔校〕黄本此卷各篇皆列卷四十九。

答杭堇浦石經雜問

八條 〔校〕黄本作『再答』，前有答杭堇浦徵士石經雜問兩條。

問：金石文字記謂：『開成石經，左傳文公、宣公卷，字更濫惡，而「成」字、「城」字皆缺末筆。穀梁襄昭定哀四公、儀禮士昏禮亦然。當是朱梁所補刻。考宋劉從乂、黎持二記，但言韓建、劉鄩移石，而不言補刻。然「成」、「城」缺筆，其爲梁刻無疑。』愚恐朱梁未必有補經事。〔嚴注〕朱梁既不補刻，則『成』、『城』等字，何以缺筆？

朱梁篡竊西都，方有郊、岐之逼，日不暇給。況全忠豈知重經者？其時佑國節使，繼韓建者王重師、劉悍、劉鄩、康懷貞，亦皆賊徒。愚意移石之舉，出於尹少卿玉羽，而自天祐以來，佚失必多，則補之者即玉羽。此外恐更無人也，藥林所見亦然。

問：崇文總目『九經字樣一卷』，書録解題『五經字樣一卷』，此似當爲兩書？

唐元度之書無兩種，崇文目所云是元度正本，唐志亦然。直齋書録所云是田敏重修，而以張參之書并入其中。書録不詳其本末，遂與崇文目相混，至其卷帙亦不當止唐本之舊，而惜今之不可得見。

問：中興藝文志婁機廣干禄字書，謂其書以蔡邕五經備體、張參五經文字、田放九經字樣爲主。蔡邕之書想即熹平石經之藍本，顧何以不見於歷朝藝文目，又以字樣爲田放所作，何也？

中郎並無此書，其書石經原非備體，後人依附爲此書者，以前史誤指熹平本爲三體也。田放當是田敏之訛，以長興時，敏嘗刻是書也。

問：成都石經或避唐諱或否，讀書志遂有『未叛唐』『既叛唐』之分，果否？

成都石經刻於廣政七年，又七年而工畢，明有歲月可稽，其去知祥之死遠矣。知祥未叛唐時，涖蜀日淺；其既叛，又無暇，可知也，甫稱號而遽殂矣。避諱與否，實係參差，是必寫經諸人，或守高曾之規矩，或竟忘之，無他故也。周平園作文苑英華序謂其於唐人諱、本朝諱，或去或存，竟未畫一，此其證也。晁氏不知，而强爲之解。

問：讀書志詆宋宣和閒席益所補孟子，其言似有過當者。

昭德諸公自説之拾疑孟之緒餘，時有異論，故公武亦云然。其謂諸經大備於孔氏，寧復有闕，則謬語也。禮記、爾雅，豈皆孔子之書，獨斷斷於孟子何耶？至謂席本多謬誤，想不免耳。

問：宋儒多稱成都石刻，不及西安，豈西安本遜成都歟？

西安本遜成都，果然。觀容齋、深寧皆博物君子，亟稱成都本之精謹，故朱子所引石經，成都本也；昭德書庫所藏，成都本也；即當時諸路學宫所貯石經，亦成都本。予家有宋本四明舊志，其中書目石經，皆蜀刻也。蓋不比西安本有蕪累之誚，而惜其無一存者。〔蔣注〕蜀刻之勝於西安，固也。然以學官所儲皆成都本，爲勝於西安之證，則恐南渡後，西安地没於金，成都至宋末始爲元人所破，故當時蜀刻易得，而西安本不可得耳。〔嚴注〕蜀石經安能勝唐石經，此大繆之論。宋南渡後，唐石不易得，故所引每據蜀刻耳。

問：丹鉛録謂淳化石經至今猶有存者，不應明中葉及見之書，而今竟無之。

開封石經，始於至和，成於嘉祐，淳化時則未聞也。惟孟蜀降臣勾中正，曾於淳化寫三體孝經刻石，表進，而餘無之。至淳化帖中所有，乃太宗之草書，非石經也。楊慎多漫言，不足信。

問：開封石經，今隻字不存。同年王延年謂靖康之亂，金人載之而去。劉彦宗於侵宋日，謂宗翰、宗望曰：『遼太宗入汴，載路車法物石經以歸，今則也。』二帥納之。是可爲金人攜去之證，其説似乎有據。

彦宗之言本妄，德光未嘗至西安。今西安之石經具在，則德光所載者何物？周密癸辛雜識曰：『汴學即昔時太學舊址，九經石版山積，一行篆字，一行真字。』是臨安亡，而石經尚存也。汴於宋末，未嘗有所屠薙，如楊髡臨安之毒，則石經當亡於元末之亂。不然明有周邸，翦桐其地，世擅風雅，不應及見遺經，而聽其忽焉以亡也。

答杭堇浦北齊書雜問 六條

問：齊文宣帝九錫文，其事多無可考，今列所疑以問，未審有可疏證否？

如云：『淮、楚列城，灌然桑落。』

按通鑑：『太清三年，東魏使金門公潘樂等將兵五萬襲司州，刺史夏侯强降之，於是東魏盡有淮南之地。』胡三省曰：『太清二年，東魏使辛術〔校〕黄本作『衍』。略江淮之地，至是方盡有淮南。』然則二年所云『獲地二十三州』，蓋究其終言之。

如云：『關、峴衿帶，跨躡蕭條，腸胃之地，岳立鴟峙。偏師纔指，渙同冰釋。』

通鑑：『侯景之絶宇文而專歸梁也，西魏丞相泰恐東魏復取景所部地，使諸將分守諸城。及長社陷，泰以諸城道路阻絶，皆令引軍還。』按平長社乃文襄事，既平，兩月而有柏堂之變，則西魏棄城，正在文宣之時。

如云：『晉熙之所，險薄江雷。命將鞠旅，覆其巢穴。』

前此，梁鄱陽王範以合肥與東魏，求援師以討侯景。東魏取其地而不出師，範走江州。已而範卒，世子嗣保餘軍在晉州。東魏使儀同武威牒雲、洛迎之，將令鎮皖城。嗣未及行，而任約以侯景軍至，洛等引去，嗣遂戰死。然則文宣前不成救範，後不成救嗣也。文宣居霸國日淺，本無功績可敘，故捉風捕影以誦之。

如云：『茫茫涉海，世敵諸華。』

高麗入貢於東魏，見北史高麗傳。

如云：『秦川作阻，尚作仇讐，爰挹椒蘭，飛書通好。』

此則直無其事，而妄言之。關中自宇文護以前，未嘗通使。西魏孝武帝殂，神武傳檄聲罪而已。東魏清河王亶卒，宇文亦討其鴆殺之罪以報之。長社之失，其釁方深，豈肯先屈。前此檄梁，矯稱獨孤信據隴右叛宇文，以示國無西顧之憂，此亦其類也。

如云：『荆川十郡，俄而獻割。』

據通鑑，則梁元帝之通鄴，在文宣受禪後，然是時荆、益已相攜貳，或先〔校〕黄本作『未』。嘗求援，未可知也。

答李朝陽唐書雜問 六條

問：高常侍贈李宓征蠻歸朝詩云：『餉道忽已遠，懸車垂欲窮，野食兼田鼠，晡餐並僰僮。』則宓軍之敗可知，但通鑑以天寶十三年宓敗死，而高詩序在十二年，宓歸朝，不同如此。洪景盧曾疑之，未知孰是？

今滇中尚有蒙氏紀功碑，李苾以十一年南征，其敗還在十二年。是年，楊國忠復使之南征，次年敗没。高常侍所贈詩是前事，通鑑所紀是後事，皆非誤文。宋時滇中爲段氏所有，文獻不通，故景盧無可考證耳。

問：玄宗之崩，新、舊本紀皆云李輔國逼遷以後，怏怏不懌，以棄天下。而南雷引晏元獻語謂輔國實弑逆，且有『腦骨成玉』之語，不知史家何以失之。

是時，肅宗已疾亟，而輔國忽與張后有隙，宫闈之中，彼此[illegible]硊，弑逆之事，蓋或有之。故代宗之誅輔國，投首溷中，取其一臂以祭泰陵，報其毒也。然謂玄宗曾受葉法善藥，腦中有丹，骨作磬聲，刺客因抉骨取丹，則稍誕矣。温公考異摭拾極博，亦未嘗及此，殆以其怪也。〔嚴注〕此事出王銍默記。

問：通鑑所書王思禮事，與唐史背，通鑑固不盡主正史，然杜詩於此事卻與唐史合，如何？

通鑑以哥舒既敗，玄宗至金城，思禮奔至，即授河西節度。思禮至平涼，河西軍亂，不得入而還，玄宗以爲行在都知兵馬使，此事不知所出。然通鑑非無所本者。唐史謂思禮奔至靈武，肅宗責以失守，將斬之，房琯救之而免。考潼關之敗以六月，而房琯至靈武在九月，潼關去長安近，而於靈武遠，思禮當失關時，安得不遽歸長安，而竄伏數月始至靈武乎？是唐史之可疑一也。思禮雖爲潼關都將而敗，然其時哥舒降，而思禮束身自歸，則其罪可以不死。當危急時，思禮素名健將，其勢亦不當輕殺之，是唐史之可疑二也。故愚以通鑑爲是。曰：然則杜公同時之言，亦不足信歟？曰：此其中間，蓋有闕文，而今不可考。思禮既自平涼還玄宗軍中，不聞其同入劍閣，亦不知其何時至靈武，意者既受都知之命，玄宗使之引軍東出，而又有敗衄，遂奔靈武，故肅宗欲斬之，而以房琯救免耳。通鑑得其前一節，杜詩、唐史得其後一節，而中間之事，則俱失之矣。

問：平淮西碑，或謂係李涼公夫人爲唐安公主女，得訴其事於禁中。然則石孝忠有所恃而爲之，乃小人耳，唐人竟爲之傳，不亦過乎？

此事，吾直謂傳聞之妄。以涼公橐鞬見宰相之虚懷，肯使其夫人訴功，而故吏仆石，甚於王濬所爲乎？即云故吏自以所見爲之，涼公亦必辭於朝，以安裴、韓諸公之意，不應嘿爾而已也。況憲宗英主也，涼公請判官、大將以下百五十員，輒嫌其過多，使其所爲如此，必上累涼公矣。況果如此，又何以安李光顔輩，是殆憲宗胸中未盡以韓作爲愜，而改命段作，原未嘗以韓作上石也。好事者妄造其事以實之，甚有碑石流汗成泥之説，則妄之尤者。世固有憑空捏造，流傳爲真者，此類是也。其後知蔡州陳晌，仍磨段作，勒韓作。〔韓碑記事誠有踈漏，卻不在李涼公也。涼公之功，碑中未嘗不明，但失卻田弘正之功，弘正遣其子布以軍從征，敗董重質于五溝，以救裴度，何以不及。〕從黄本增。〔嚴注〕據玉溪生韓碑詩，則非不上石者。〔丁國鈞注〕昌黎撰平淮西碑，憲宗以石本賜韓宏。宏寄絹五百匹，昌黎未敢私受，特奏取旨，則碑文之上石無疑，而憲宗初未嘗以韓作爲不愜也。

問：今雲中晉王李克用墓，旁有代州刺史李公殘碑，秀水朱氏以爲李克讓碑，而疑歐、薛二史並通鑑考異之

不合，未知别有可考否？

有之。唐宰相世系表，克用之弟别有代州刺史克柔，是殆碑中所稱『太保次子』者也。李嗣昭即其假子。克讓之逃入南山而死，當依通鑑，則無墓道矣。又按懿祖紀年録，尚有克儉，亦乾符中所補誅者。而克用將討朱温，使其弟克勤待命河中。是克用之弟不止如家人傳所紀者，秀水考之未備也。

問：梁蕭方等作三十國春秋，未詳其目。唐武敏之亦有是書，乞示之武敏之者，何人也？藝文志亦不詳。

深寧謂三十國者，以晉爲主，而遍紀割據之國，并上紀孫皓殘吴時事。然深寧亦不詳三十國之目，似亦未見此書。今歷數之，不當有三十國之多：大略當首晉，附以孫吴，次劉宋，次蕭齊；五胡則劉淵、劉聰爲漢，而别出劉曜爲前趙，石勒、石虎爲後趙，而别出冉閔爲魏；拓跋前爲代，後爲魏，亦分爲二；代亡之後，二劉分據雲、朔亦爲二；五燕也，五涼也，成也，夏也，合以遼西之段，仇池之楊，共得二十九國；而河西吐谷渾雖未改夷號，亦據中土，故隋志有吐谷渾史，合之始得三十，然亦以意擬之，未知果是否？武敏之乃則天甥，本賀蘭氏，未知即是人否？

答臨川先生雜問 五條

問：永樂大典所引諸家有謝湜，列於胡文定公之前。謝氏顛末，有可考否？

謝湜於宋儒林中無所見，尹和靖語録云：『蜀人謝湜以所著春秋請正程子，程子答以更二十年，方可講此。』則當與劉絢同時，胡氏行輩稍後之矣。今觀其書，亦無甚精蘊，以之備春秋一種可耳。湜嘗赴京，先至洛，見程子，問以何往，答曰：『將試學官。』程子曰：『求爲人師，而試之乎？』湜遂不行。事見遺書，則當以布衣終也。

問：臨川王順伯厚之往來朱、陸之間，有盛名於乾、淳間，未知是荆公之裔否？

是也。順伯乃魏公和甫之裔，見陳直齋書録，尤長碑碣之學，今傳於世者有復齋碑目。宋人言金石之學者，歐、劉、趙、洪四家而外，首數順伯。歷官侍從，出爲監司，以剛正稱於時。

問：洪文惠公五隸，今完者祇隸釋，而隸續已闕，未知諸書尚有存否？

隸續二十一卷，自第五卷至第十卷乃當日之隸圖而附入隸續者，觀書録解題已云然矣。愚已别理而出之，隸圖本止此數〔校〕黄本作『四』。卷，當屬足本，而隸續之闕，則恐無從補也。容齋謂五隸惟『韻』未成，而昭德晁氏志中，有隸韻七卷，則當日未成之本，已行世也。隸纂蓋文惠帥越時摹於蓬萊閣下，乃石本，見寶刻叢編，吾子行尚見之，而今無矣。

問：永樂大典所引李濡水集，愚意即李信仲，而聞足下以爲不然，乞示之。

濡水，是關中之李復，在元祐、紹聖時，極稱博學，關中之有文名者也，字履中。信仲與之同名，時之相去則甚遠。執事欲置之江西文乘，誤矣。濡水議論，容齋采之，晦翁辨之。其集見於書録解題。

信仲僅見於水心集耳。

問：陳清瀾以『家有壬癸神，日供萬斛水』，見佛書中。愚嘗閲藏經徧，無此語也，果何出？

二語元不見於佛書，一時亦不能記其所出。大略當在道經，故今巫祝家禳火嘗用此〔校〕黄本有『二』字。語。若儒家之語，則必不作此氣象也。

答沈東甫徵君文體雜問　六條

問：昨聞臨川侍郎語，以爲：『正史列傳外，不應擅爲人作傳，試觀「八家」無此體，其或寄寓游戲爲之可耳。』然否？

臨川侍郎之説本於亭林，亭林之説本於任氏文章緣起。然考之於古，立傳之例有六，其一則『史傳』是也。『史傳』之外有『家傳』，隋書經籍志中所列六朝人『家傳』之目，則『八家』以前多有之，蓋或上之史館，或存之家乘者也。又有『特傳』，蓋不出於其家之請，而自爲之，如歐公之桑懌，南豐之徐復、洪渥是也。又有『别傳』，則或其事爲正史所未盡，如太平御覽所列古人别傳之類；或舉人一節以見其全體，如韓公於何蕃，東坡於陳慥是也。又其次始爲寄託之傳，如韓公圬者，柳州梓人、種樹之類是也。又其次爲游戲之傳，如韓公之毛穎是也。若必謂非史公不應爲人作傳，則張中丞傳，韓公已爲之題後，而歐陽生傳，即韓公友李翺所爲，皆不聞其以爲非也。若明吴江徐氏辨文體，即以歐、曾所作桑、洪等傳爲家傳，又非也。〔蔣注〕憶侍先生時，問及作傳。先生所論大略如此篇之旨。鏞謂其人微者，未必登國史，不妨爲之，如歐、曾之於桑懌、徐復是也。有國史者，恐當如亭林之言。先生曰：『張中丞非達官乎？』鏞曰：『此又別傳之變例也。當時以中丞守睢陽，不當殺人以食。又疑巡、遠不同死，故李翰爲巡傳，以辨謗，而韓公題後，兼以表遠之忠。否則如柳州，僅爲段太尉逸事狀，上之史館，不敢竟擬作史傳也。』先生頷之。今附解其語於此。

問：哀詞見於古人者亦少，但當爲傷逝之作，而臨川以爲即墓表也。又謂但可加之失意之人。然否？

哀詞、哀讚、哀頌，皆起於東漢，本不過傷逝之作，而間有以充碑版之文者。蔡中郎爲胡夫人作哀讚曰：『仰瞻二親，或有神誥靈表之文，作哀讚，書之於碑。』是竟以當墓碑也。南豐作老蘇哀詞曰：『將以鑱諸墓上。』是竟以當墓表也。廬陵作胥夫人墓志曰：『爲哀詞一篇以弔，而藏諸墓。』則又以哀詞當墓志之銘也。推此，則張紘之哀頌，亦其類也。其但以傷逝而作，而不用之墓者，不在此内焉，所當分別觀之。哀詞之見於古者，大都傷其德之未成，或才之未展，或名之未達，故稍近乎失意之人。近世竟以挽詩當之，則謬甚矣。

問：杜牧之燕將録，乃傳體也，何以不曰『傳』，而曰『録』，古今文章家有之否？

古今諸家皆未見。牧之蓋謙言之，不敢遽爲之傳，而託於稗官別乘之流，但録其事，以俟論定，是亦傳之流也。

問：墓碑出於子孫，葬時所立，否則門生故吏爲立之耳。相去遠者，可作之否？

張曲江集有徐徵君孺子碑，是相隔數百年而爲之者。姚牧菴有陳太常神道碑，以其七世孫之請。明鄭千之集有朱徽公子在碑，亦幾及二百年。如徐、陳二碑，蓋其前此者既毁，而重立也。如朱碑，則補立也。

問：清容題跋文字，竟以題詩入於其中，如此則與散文亂矣。愚疑其非。

題詩自在韻語中，不得歸跋卷。唐文粹凡詩之有序者，皆入序内，昔人以爲非。今清容所題并無序，則誤之尤者。

問：潛邱譏南雷不當以行狀、行述預碑版中，其説甚是。然南雷何以不及别白？

魏、晉人所著先賢行狀，是傳類耳。其後唐人則有太史之狀以上國史，有太常之狀以請謚，有求碑志之狀，原非金石文字也。然尹河南集自十二卷以下，首狀，次碑，次表，次碣，次述，次志，竟以狀述雜碑版中。初嘗疑其例之未合，其後乃知古人之爲狀與述者，雖不盡刻石，而石刻亦有之。輿地碑記目：廬州有唐旌表萬敬儒孝行狀碑，化州譙國夫人冼氏廟有行狀碑。故潘蒼厓金石例，多本昌黎，而亦以行狀入金石，乃知行狀固屬碑版文字之一，而高僧尤多以行述刻碑，或直謂之墓狀。然則南雷所據，未可非也。〖嚴注〗文選列行狀於碑誌之後。

答厲樊榭宋詩人問目 四條〔校〕原注：『蔣增。』

問：孤山社全泉翁，足下先世，其系本、家傳，尚有存否？乞詳示。

先侍御公以宋太平興國中由錢塘遷甬上。而侍御公弟遷山陰，已而無子，侍御以次子後之。七傳爲太保唐公安民，生太傅越王份；份長子爲太保申王大中；次子爲太師徐公大節。徐公，即宋史所謂『保長』者也。大中無子，以從兄思正子爲後，是爲太師和王昭孫，女爲度宗后。泉翁於和王爲再從兄弟，宋時嘗官侍從，國變後，徙居孤山，剡源先生至杭，嘗與相贈答云。

問：高疏寮爲開禧間詩人，其居姚江，或曰居甬上，孰確？

疏寮乃憲敏少師之從孫，翰林學士文虎之子，居甬上，晚年始遷姚江。而諸弟如尚書衡孫，仍居甬上。至今甬上之南湖，有長春院、桂芳橋，皆高氏物也。〔校〕黄本『文虎之子』下作『居甬之湖上，至今湖上有長春院、桂芳橋，皆高氏物。疏寮晚年始遷姚江，而弟如尚書衡孫輩，仍居甬上，詳見延祐四明志』。

問：劉叔贛者何名？有與坡、谷倡和詩。〔校〕黄本無此節。

仲原父者，公是也；叔贛父者，公非也。二公皆以三言爲字，晚年人止呼原父、贛父，叔贛即贛父耳。

問：陳西麓爲咸、淳間詩宿，其遺事無徵，未知尚有可考否？

西麓曾爲制置使參議官，臨安亡後，或告變於元人，謂慶元與海上接應，西麓爲內主，被拘得免。見袁清容集。

答諸生問思復堂集帖 十五條

近來文士，大半是不知而作，如邵念魯爲是集，其意甚欲表章儒先，發揚忠孝，其意最美。然而讀書甚少，以學究固陋之胸，率爾下筆，一往謬誤。後生或見其集而依據之，貽誤不少。當時如吴農祥之誕妄，直是欺人。念魯非其匹也，然其爲不知而作則略同。今偶拈數條以奉答：〔李評〕念魯私淑黎洲，自任傳姚江之學，尤懃懃于殘明文獻，香拾表章，不遺餘力。雖終身授徒鄉俗，聞見有限，讀書不多，其所記載，不能無誤，要其服膺先賢，專心一志，行步繩尺，文如其人，前輩典型，儼然可想。鮚埼以固陋二字概其生平，其亦過矣。思復得南雷文獻之傳，其集中文字，謹嚴爾雅，謝山詆之太過。

王門弟子徐珊。

徐珊初侍陽明，以不對試策著，及官辰州，以墨敗自裁。時人爲之語曰：『君子學道則愛人，小人學道則縊死也。』姚江書院尚以珊配享，至黎洲始斥之。念魯曾問文獻於黎洲，而不及此，乃以高弟推珊，舛矣。

劉門弟子熊汝霖。

此言本之劉伯繩，宜不錯，但有可疑。梨洲於劉門弟子無不序其源流，獨不及熊公，其所作熊公行狀亦不及，則似乎熊公以鄉里後進，往來劉門，而未爲弟子也。伯繩所列劉門弟子，如劉公理順亦未覈，當從梨洲刪之爲是。

陳潛夫，會稽人。

陳公是錢唐産，非會稽人也，至今其後人尚居杭。〔李注〕明史直以爲會稽人。越殉義傳亦同。崇禎丙子同年録則云『祖籍山陰小赭』。

王思任死節。

遂東並非死節，别有辨正。

金廷韶糾張安。

楊機部招四營兵，張安其一也，謂出自曾應遴一人之意，其言亦未確。此事宜更考之。

萬履安之子八人，著者斯年、斯大、斯同。

萬氏八子，最能紹蕺山之學爲梨洲高弟者，曰斯選，當時以康齋比之。斯大、斯同皆精於經，斯同並精於史。又其一曰斯備，工於詩。而斯年最長，非諸弟匹也。

黄百家用鄭寒村文，立石化安山墓門。

寒村未及爲此文而卒。

林霽山、鄭朴翁。

二君何從得其卒之年月，此鄧書燕説也。

陳邦彦以諸生起兵。

陳公是孝廉。

王山史不應詞科薦，逃之江南八年。

山史何嘗逃江南，真大誣也。

張不二，逸其名。

不二名秉純。

謝時禋蹈海死。

時禋是遺民，然是遇盜索金不遂，被拷投水死，非蹈海死也。謝氏子弟欲附之殉難之列，乃以之誑世，而梨洲信之，遂比之皇甫東生，念魯又襲之。

張閣部肯堂是謝歸昌所葬。

非也。閣部是鄞人聞性道所葬，歸昌竊其名，梨洲亦誤聽而載之，念魯又襲之。

西河謂宋儒講學者，無一死節，亦適不會其時。

西河不喜讀宋以後書，故於朱、陸弟子文獻，茫然一無所知，信口狂言。念魯欲爲之救過，然亦不甚了了。夫宋儒死節多矣，蘄州死事李誠之，最在理、度二朝忠臣之先，東萊之高弟也。歐陽巽齋爲朱門世嫡，其弟子爲文山；徐徑畈爲陸氏世嫡，其弟子爲疊山。二公爲宋之大忠，其生平未嘗有語録行世，故莫知其爲朱、陸之私淑者。文山尤不羈，留情聲色，而孰知其遠有源流也。是豈空疏之徒所得語此。況朱子後人有浚，〔嚴注〕朱浚雖死節，而平日諂事賈相，即『朱萬拜』也。南軒後人有唐。而唐震者，雙峰之高弟也；許月卿者，鶴山之高弟也。其餘如趙淳、呂大圭之徒，不勝指屈，而曰『無一死節』，是夢中囈語也。潭州之陷，嶽麓三舍諸生，荷戈登陴，死者尤多，史臣不能博訪，附之李芾傳後，今乃反見謗巇於妄人，可爲軒渠。念魯但曰『不會其時』，夫宋儒豈但以乾、淳之前爲限哉。

〔李評〕西河之言誠過，然曰『講學者無一死節』，非謂宋無死節者也。文、謝未嘗有一語講學。張唐、朱浚是大儒之後，亦非講學之人。唐震等亦未嘗有語録。

奉答萬九沙編修寧波府志雜問 八條

問：陳太博本堂世系，存吾黄氏嘗疑之，足下方考正諸家世譜，以爲何如？

據本堂之子作綱目，則三尚書皆直臣：户部論蔡京而罷，吏部争韓侂胄黨禍并諫開禧兵事而罷，工部論濟邸而罷，本堂劾賈似道而罷。然其事但見綱目，存吾謂作綱目序者歐陽圭齋，修宋史者亦圭齋，而不采綱目之文，況延祐志亦未見，良可疑已。愚今考之，直恐其無是事，蓋史志雖未必無漏，然清容作陳觀墓志，謂陳氏自居奉化以來，最著者爲本堂，則本堂以前三尚書雖達官，其不著可知，安得風節稜稜如此。

問：前所諭〔校〕黄本作『論』。甬東王太古易説問答，見於何書？其人之顛末若何？

會稽胡一中有河圖洛書作範宗旨，其序中引及太古易説，但不詳其名。據胡氏序，則太古亦以九爲圖，十爲書，不甚可啓蒙者。是朱子以後人。按舊志惟王進士宗道有易説，不知其即爲太古否也。

問：仇待制泰然有子而才，未知所出，諸志俱未有及之者，乞詳示。

泰然有子達材，名車，負異禀，摸碑一讀，即能背誦，終身不忘，人呼之爲『仇摸碑』，見剡源先生集中。

問：戴九靈寓慈谿之永樂寺，存吾所述大與牧齋不合，如何？

九靈詩文，率皆黍離、麥秀之感，其不肯屈身異代，無可疑者，謂其授官觖望而逃，誤也。

問：陳侍郎瑜出身，諸志不同，〔校〕黄本有『或曰進士，或曰孝廉，或曰歲貢』。何者足據？

南山僉事集中謂是洪武乙丑進士，官至刑部侍郎，而其作志則失之。楊安成志則曰『甲子歲貢』。

東沙則曰『是科孝廉』。考四明進士名籍，則乙丑也。聞蕊泉志疑以爲辛未陳裕之混，亦非侍郎本堂之孫，學士之姪。

問：豐司業寅初以遜國棄官，足下斷以爲考功之妄，乞詳示。

寅初本名初，以洪武二十七年歲貢，官江西德化教諭。其子慶以宣德中用父宦籍，自江西中式。則謂遜國已棄官者，非妄也耶？考功最喜作僞，其謂寅初由薦舉入官，亦謬。

問：楊廣文實子孫甚貴盛，廣文修成化府志，而其人不傳，何也？

據南山集中有贈其子發解序，言其世紹慈水家學，則固文元裔，而儒林之耆宿也。

問陸副使少石，其平日講學，未聞其詳，所謂留心儒林者，何出？

曾見副使書，其近作乃懷龍溪、緒山、青湖、師山、中離五子，其中論道甚摯，不知行狀何以略之。

奉寄萬九沙編修論寧志補遺雜目 七條

接手教，以寧波府志列傳目録寄來，恐有漏遺，令加增補。從前乾道、寶慶、延祐三志過簡，故人物之可傳者，原多脱落。但今日亦無從考索。愚留心桑梓文獻久，其爲諸志所失者，已多以文章表之。今盡録奉上，其未及成文者，尚得十數人，并附於後：

李璜當列隱逸。

深寧七觀以爲避世之士，其自咏曰：『此身便是龐居士，也更無人賣笊籬。』最博學，爲文嘗用『僧騰客』事。或問之，曰：『梁人臺城事也。』簡文帝募敢死士登土山禦侯景，謂之『僧騰客』。所著有白文公年譜，見攻媿先生集，今亦失傳。延祐志中，載其重修明州學記。

清容師友淵源録，三人，寄公一人。

安劉，汴人，居鄞之小溪，以詩義冠多士。善清言，三歷祕丞郎官，嘗爲賈相客，而以科名自持，卒不得用。按安公官至吏部，其詩學得慶源輔氏之傳。〔嚴注〕見癸辛雜識別集。

應文煒，奉化人，精史學，年六十入太學。早遊江淮。吴毅甫作相，其兄守建康，文煒作書諷之，其兄即謝事去。毅甫奇之，招入相府，不顧而去。史嵩之罷相，其姪璟卿上書，或云文煒教之。嵩之諷所屬掠治，文煒益忿，卒不屈，得免。其言時事得失，多中。按，文煒宋亡時尚在，爲遺民。

樓修，鄞人，宣獻之族孫也。精於曆，言宋司天氣朔盈虚，當改章法，未之信。後授時曆頒，言始驗。四十年中，日布算持籌，疑多財者，以貧死。

葛慶龍，南康人，寓鄞，居僧舍中。精唐律，酒酣飛筆數百言，極精警，然多棄去不復録，有什一集。

陳、吴二詞家。

西麓先生陳允平，曾爲制置司參議官。宋亡，有告慶元遺老，通於海上，西麓爲魁，僅而得脱，蓋亦遺民之望也。其他事蹟不可考矣。吴文英以詞遊公卿間，晚年困躓以死。甬上填詞，當以二家爲祖，而西麓兼稱詩人眉目。

月泉吟社詩人二。

吟社中變姓名爲唐楚友者，白湛淵也，名珽，本奉化舒文靖公後人。少孤，隨母養於杭之白氏。其後亦仕元，官毘陵教授，剡源嘗勸其復姓。

青山白雲人者，陳養直也，亦奉化人，見剡源集。吟社謂其居杭，大抵僑寓也。

汪灝當入文苑。

汪灝亦奉化人，有蠟臺集，愚未之見，但得其爲雪竇寺諸勝詩。又元哈討不花祀田碑，文甚工。王洪卿曰：『蠟臺之父懋卿，叔森卿，皆宋遺民。』而吾鄉談文獻者皆不知。今晦溪有汪氏，或是蠟臺之裔，當訪之。

白苧里社一人。

殘元之際，天台徐一夔僑居嘉興春波門外白苧里。桐廬姚桐壽、崑山顧德輝、温州陳秀民、閩卓成大、江陰孫作、東平牛諒、河南高遜志、江都邱民、錢唐陳世昌、會稽唐肅、江漢皆避地在禾中，而吾鄉周棐以宣公書院山長留梨林，唱酬最多，詳見朱竹垞禾録。

四明洞天寄公一人。

張憲在明初，以淮張舊僚，避地四明，變姓名爲僧寺奴，手攜一册，嘗以自隨，即玉笥集也，死後始有人見之，與今顧俠君所作玉笥傳不同。

奉答萬九沙編修寧志糾繆雜目 十條

舊志之謬極多，辨之幾不勝辨，其爲蕪文所駁正者，亦得十五。辱賜下問，姑舉夙昔所見及而未盡録出者陳之。

小江湖異同。

深寧之言詳矣，然亦尚有未盡。唐志以小江湖在鄮縣南二里，溉田八百頃，開元中令王元暐置，是今城外它山之湖也。但此語本有謬誤。它堰以太和中始立，非開元也。古句章城嘗在溪上，古鄮城不能接溪上也，而謂其二里而近，是以古句章之地望混於鄮也。舒中丞引水記據圖經，以小江湖在鄞縣南二里，正觀中王君照修，則是城中之湖。清容謂今千丈鏡河之惠光塔院，舊名小江塔院，則小江湖自它堰直至鏡川皆其地，蓋元暐所置也。而城中之湖，特以其東有小江里，因亦誤稱爲小江湖。其説近之。或曰在城外者小江湖，在城中者小湖，亦非。更有謂君照所修即它堰者，益非。

南湖、西湖、小湖異同。

城中雙湖，其始但稱南湖，錢公輔衆樂亭序可考也。其後乃有西湖之名，而割長春門右一帶爲南湖，因以西湖爲月湖，南湖爲日湖矣。南湖之中又自採蓮橋取捧花橋一帶五十八丈爲小湖，嘉定間圖可考也。小湖即細湖，舒中丞誤以西、南湖皆名細湖，非也。蓋由西湖而南湖，至細湖爲最深處。

章谿。

聞蕊泉謂莊谿即章谿，蓋音之相近而譌，其説近是。然謂舊志初無章谿之目，則非。至正四明志云『鄞之章谿出皮紙』，是也。但城中之章谿，則烏有耳。

衮繡、感聖、觀音三橋互混。

衮繡橋，一名綏帶橋，崇教寺南者是也，今名水仙廟橋。感聖橋，一名虹橋，以在感聖寺南也。觀音橋在今周觀察第，以在觀音寺南也，其河已塞，橋亦無存，然掘地尚有河岸遺址可考。嘉定間圖，豐尚書宅至觀音橋五十六丈八尺，感聖橋至碧沚西岸二十四丈九尺，其界甚明。蕊泉以衮繡橋爲感聖橋，而以觀音橋爲虹橋，歷考諸志，皆無此語。自成化四明志已不載觀音橋，蓋其道久塞故也。

土埭廟神官爵。

唐天祐中，錢鏐兼領鎮海、鎮東兩軍節度，不應有鄭準得領鎮東之節。其時黄晟以鎮東行軍司馬守明州，則準亦非刺史也。其築土埭有功奉化水利，恐是奉化縣令，否則鎮《校》黄本有『海』字。將耳。況其官爲殿中侍御史，唐末節度，資望雖淺，亦必加常侍等官，殿中非其職也。

靈濟廟神。象山。

謂陳元帥係宜中從子，出於附會。若宜中有姪殉難，豈有不見於宋史者。況二王入閩，乃由温州登舟，不聞由象山。伯顔亦未嘗追二王也。近人無稽之語，大率類此。

竹湖。

今蔣家帶巷之腰帶湖，即竹湖也。舊有竹湖坊，在南湖深處，與細湖接，今淤爲小池矣。

陳藏器、日華子本末。

陳藏器，唐開元中人也，著有本草拾遺，是爲四明醫學之初祖。吾鄉唐人傳者甚少，藏器官京兆三原尉，然非是書，則幾莫之傳也。日華子，宋開寶中人也，著諸家本草，不知姓氏。嘉祐本草所載二人甚明。其云陳藏器即日華子者，出於明之豐吏部，以世有陳日華談諧也，不知别是一人。近或以日華子之姓氏爲大明，則更謬也。

白附子。

陶隱居曰：白附子出芮。芮久絶，無復真者。今人作之唐本草云本出高麗，今出涼州以西。本經出蜀郡，南中記云出東海及新羅，皆不言出吾鄉。獨唐六典以爲吾鄉貢之，或者是時適出而旋絶産耶？諸志皆未載，近有欲以烏頭當之者，非。

高氏醫學。

吾鄉之高有二：其一爲憲敏公之裔，衣冠極盛，似孫、衡孫、衍孫皆名人，其諸子一清以醫學著，見袁清容序。其一爲萬竹先生之裔，則明之志齋一派也。近有與宋時高氏之醫牽合者，未之考耳。

答葛巽亭日湖故事問目 六條

問：薛氏『義門』久矣，嘉靖府志何以云『始於提舉明道』，豈明道之前，不居湖上耶？

薛氏有宅在張村，有園在新莊，然其湖上之城居，則衡州以來，業已有之，特明道重修『義門』耳。樓宣獻『瑞堂』二字，本在張村，其後失火，而『瑞堂』二字無恙，移入城中。

問：蔣金紫巷之蔣氏，有可考耶？湖上有坊曰連桂，爲蔣璿、蔣琓立，未知即此蔣氏否？考二蔣皆籍奉化，坊在湖上，則當居鄞。

是也。慈湖先生作蔣存誠墓志曰：『蔣氏世居小湖之西南。』所云『金紫』，蓋即二蔣之父浚明，以子累贈至金紫光禄大夫，今奉化縣北三嶺山尚有浚明之墓，而左朝議大夫璿、宣奉大夫琓附焉。蔣氏世籍奉化，而居鄞最早，清容所云『吾鄞士族之先，莫如樓、袁、楊、蔣』是也。蓋唐末已居鄞，其自丹陽來之蔣，乃宣和學士猷之後，另爲一宗。建炎降臣蔣安義自剡來，又一宗。浚明在奉化志中有傳，蓋豐清敏所薦士。而清容作蔣曉墓志有云『忠肅陳公，謫明絶朋；俾子允師，連桂以登』，則朝議兄弟皆尊堯弟子，金紫之世學可知矣。中奉有三江亭詩，亦佳。存誠則與慈湖講學。蔣氏科名之盛，在宋亞於樓、史諸家，諫議峴，將作曉，皆名人也。

問：湖曲袁學士橋，其名最古，然未知其爲正獻耶？爲正肅耶？爲文清耶？乞示之。

正獻居在長春門外二里。正肅移居城中鹽橋。其居曰湖者，文清也。文清家自越公以來即居此，特是橋以文清名耳。然文清集中，於湖上景物甚略，其所謂南園者，反在城外，不知其何意也。

問：成化志湖上有蔣園，不詳其地。今予家巷北有茹園，不詳其人。願聞其略。

蔣園即金紫所築，在採蓮橋。王亘陪明州户部遊蔣園詩有云『採蓮橋下路，早蓋拂雲來』是也。成化志以爲將作所築，蓋考之未詳。茹園則不見於掌故。吾鄉世家之中無茹氏。

問：東發先生避地寶幢，見於謝皋羽晞髮集，而尊教以爲嘗寓湖上，果何所據？

延祐志云：『東發歸寶幢山中，誓不入城府，所居曰湖，圖書、器籍掠取，亦不問。』考東發又嘗避地桓溪，自號仗錫山居士，見剡源集。又嘗居定海之澤山，見汪翔龍詩。而湖上，則宋未亡時所居。

問：鄞江廟神，東沙以爲即鄞江王公也，其説果有所徵否？

四休居士周鍔，亦稱鄞江先生，見定海瑞巖山石刻，則未可定其爲王也。是地以鄞江名門，又以鄞江名橋，則舊謂因地得名者，亦未可遽非。倘即其司土之神，而必以王當之，不亦鑿乎？

答蔣生學鏞問湖上三廟緣起

三條〔校〕原注『蔣增』。黄本無此篇。

寶奎廟或以爲祀梓潼之神，或又以爲里名，以『奎章』、『奎墨』例之，則宸翰也。究何所自？

寶奎廟在平橋之南，嘉靖志云：『寶慶圖志但載「寶奎」二字於平橋之南，不言有廟。』及考其記市舶云：『樓异創高麗使行館，今寶奎精舍即其地。』則寶奎先以宸翰得名，後即祀其神以爲廟。由志所言，似高麗使館嘗有宸翰。足下之問，殆即據嘉靖志之説耶？以愚考之殊不然。寶奎精舍蓋史氏藏御書之閣，史氏自忠定築别業於湖南之竹洲，光宗在東宫嘗書『四明洞天』四字賜之，而前此高宗、孝宗所賜御墨尤多。忠定之真隱觀雖在竹洲，其實跨湖而東，迤邐至均奢橋之西，直接平橋，所謂世禄坊者，乃其賜第。忠定卒，是宅歸於長孫子仁，即朴齋侍郎子也，不滿其叔彌遠所爲，退居築園於湖北之碧沚，寧宗亦御書『碧沚』二字賜之，則所謂宸翰者，於高麗使館無預。先是忠定於閣之旁又立城隍神祠，惠濟神祠，即『鮑仙』。其迎奉祝文曰：『昔爲驛亭，以舍使星；既遭兵火，酒罏是名。』是寶奎建閣時，使館之蕪久矣，既有是閣，遂以寶奎爲里名，故圖經但載二字，而不及廟，蓋是時不過史氏第中之物，本無廟也。史朝甫募修真隱觀疏云：『地接寶奎，湖通碧沚。』是寶奎爲里名之證。諸史之别宅月湖者，衮繡坊最在湖之西北，世禄坊在湖之東北，竹洲在南，寶慈寺在西，花菓園在東，碧沚在北，石窗居又在碧沚西北。十洲三島，半屬平泉，其盛如此，今皆廢矣。衮繡坊之橋，明時撤以爲保豐碶石。世禄坊歸於方國珍爲花廳，後歸張布政。竹洲之觀，改祀晏公，後爲陸康僖祠，尋歸吾家。報慈寺爲廣盈倉。碧沚菴歸范侍郎。獨是閣及花菓園，里人訛以爲神祠，故至今尚存。夫宸翰，何神之有？而梓潼之祀自袁學士清容始，其盛也自袁尚寶静思始，今且浸淫遍於天下，或以爲北斗之六星，或以爲張仲，或又以爲即蜀中之張仙。而是廟則因『寶奎』二字，而附會之，幸文獻不至無徵，爲詳其始末如此。

花菓園既係史氏之業，而嘉靖志以其神爲杜愷，近人復記其墓在太白山。方建炎南渡，寓居史氏之園。按忠定入相，在孝宗時，其築是園當在退歸之後，安得於建炎初及交杜愷，且早有是園而居之？但東沙不應竟無稽，或杜愷果有其人否？

花菓園廟在湖心寺之西岸，其廟神即史氏園中之土公也。明中葉以後，忽傳爲建炎將軍杜愷，此本委巷之語，而張司馬修嘉靖志遂載之。司馬里第於是廟最近，漫不考索，可爲一笑。且其志中無稽之言甚多，不止此也。近有費緯祉者，一村學究，作廟記更敷衍其説，謂將軍以扈從至鄞，舍於史忠定之園。將軍本籍祥符，忠定曾令祥符，故相善。將軍卒於是園，因立廟祀之，并有墓在太白山之説。考忠定乃紹興十五年劉章榜進士，而謂建炎已令祥符，其誰欺乎？足下以時代駁之，良是。或謂忠定之叔曰史才，官參政，乃重和元年趙楷榜進士，祥符之任，當屬參政，則時代適當，後人訛以爲忠定耳。今按建炎扈從諸公，如鄭世忠、張鱗、潘迪、李顯忠，皆有後人居鄞，大率南渡初留此，固不敢謂杜將軍必無其人。顧又考史氏自忠定以前，本居湖上，迨越公遷大田山中而葬下水，子孫皆居焉。其復歸湖上，直自忠定始。是園之建，確在忠定退居之後，其於參政無預也。然則將軍寓園之事，絶不足信。況自寶慶、開慶、延祐、至正、成化諸舊志，無載之者，其謂將軍官鎮東將軍，世襲金吾，不知四鎮係六朝官制，宋時並無此官，尤不攻立破者矣。

湖上之靈順廟，鏞家世居其側，蓋二百年矣。立廟不知所自始。廟神本五座。聞父老言，康熙間敕毁五通祠，恐以此見疑，遂增塑一座。竊考先儒以五通爲五行之神，而五顯尤非五通也。未知是否？

是也。五顯之神，不著姓氏。宋時有敕封爲王者：曰『顯聰』，曰『顯明』，曰『顯正』，曰『顯直』，曰『顯德』，此所以呼爲『五顯廟』也。明初亦祀之，載於會典。其建於湖上，則自宋徐侍郎守徽州，迎其香火歸，始立廟。尊家先世舊宅，即徐侍郎故第，是以廟旁徐侍郎橋之名，至今存焉。其以五通爲五行之神者，本於李盱江，其集中有記曰：『江南地熱濕，多厲疫，病革，醫禱不可解，則皆謂五通者，能有力於其間，牲牢酒醴，狼籍其室。景祐元年，里中大疫，吾家染焉，使人請命於五通，決以杯筊，時老母病不識人，妻子暨予相繼困甚。惟五通諗以無害，疾之解去，皆約日期，雖寶龜、泰筮不是過也。五通不名於舊史，不載於典祀，學士大夫未之嘗言，而有功於予，其可以廢乎？蓋疾疫本五行之沴氣，五通者，五行之神，故能司其柄，以轉移生死若此。』按盱江以經術爲文，故其記不無委曲。然直曰五通，而不曰五顯，則無論五通之果司五行與否，而其與五顯自不相涉，明矣。足下欲爲里社辨，反引盱江之説，未讀開禧敕書及明會典故也。又考成化志，元時封五聖爲惠佑侯，五聖或即五通，而五顯則宋時已加王號，豈有降封而爲侯之理。是又五顯非五聖之一證。近世五通之祀，遍大江南北，妖誣日甚。康熙時湯文正公奏毁之。顧前乎此，吾鄉桂訓導璉當弘治中官巢縣，明倫堂偪近五聖廟，巫覡朝夕不絶，亟毁撤其祠宇。有司惑於巫覡之説，訓導遂去官。此非端毅如湯文正，不能繼狄梁公之跡也。若以五顯署祠者，則宋時舊廟，里人不知其本末，而增塑之耳。

鮚埼亭集外編卷四十八

雜著一

〔校〕黃本無本卷諸文。

武王不黜殷辨

以下十八首蔣增。

或有問於予曰：『謝疊山上劉丞相書謂：「紂之亡也，以八百國之師，不能抗夷、齊二子之論，武王、太公亹亹無所容，急以興滅繼絶謝天下。殷之後遂與周並王。使三監淮夷不叛，則武庚必不死，殷命必不黜，殷之位號必不奪，微子未必以宋代殷，而降爲上公也。」如疊山言，則是殷、周之際有二王並立也。有諸？』

予曰：『子亦嘗知天人之旨乎？以有天下者之子孫而言，是祖宗所世守也。斯即一成一旅，不可輕以予人。是固在人之見也。自天言之，則國非一家之私也，雖繼世嗣統者，或未嘗不爲之少恕，而至於貫盈，則訖其命而非爲過。是以爲之臣者，得應天順人，而取而代之。故使武王未嘗黜殷，則必受辛之惡未絶於天，確然有不當黜之義，而渡河之舉，反爲逆節。當黜而黜，武王固已奉天命而行之，安有「東帝」、「西帝」之謬，而見於大聖人之世者。』

或曰：『殷、周固不得並王，使武王誅商之後，立武庚繼殷而退就藩服，不稱尊號，迨小腆自作不靖，然後不得已而黜其命，豈不更善？』

予曰：『爲斯言者，總有一武王非聖人之論横於胸中，而疑乎黜殷之非者也。夫令武王果執臣節，亦必不立武庚。何也？受辛之惡，不止蔡叔，而有天下之與有國，又不可同年而語也。罪人之餘，斷無君臨萬方之理。或求微子於遯荒之中而立之，以箕子、微仲、商容、膠鬲之徒，左右而先後之，武王退居於鎬，不必别爲善後之計也，豈俟立之監而置之輔哉？武王之所以不出此者，洞見夫天人之故，革命而無所嫌也。既不出於此，受辛既死，姑封其後以主既屋之社，以延六百年之祀可也。其不遷之異地者，以累世之宗廟陵寢在焉。此武王之仁也。説者以南巢之放，未嘗封夏後於故都。夫聖人之事，亦豈必相襲乎？且子將以伯夷之事，果有之與否？叩馬之辭，雖未足據，而不食周粟，則古今所傳也。使殷實未嘗黜，則粟固未屬周也。伯夷誣武王矣。』

曰：『然則疊山何以有此言也？』

予曰：『疊山當元人既下江南，思延宋祚，特有爲言之也。不然，曾是「民無二王」之旨，而儒者乃未之聞也哉?』

江源辨

河源遠而江源近。江源之不始於岷山,猶河源之不始於積石,昔人所同辭也。雖然,謂不始於岷山則可,離岷山以求江源則不可。自明崇禎間,江陰徐霞客謂河源在崑崙之北,江源在崑崙之陽。常熟錢氏爲作傳,盛稱其言,而吾鄉萬處士季野已力辨以爲妄。或曰霞客所指,殆即金沙江也。然錢氏述霞客語,謂江源與金沙水相並南下,環滇池以達五嶺,則似乎别有可以稱一江者。今以輿地按之,殆即鴉礲之泉,霞客未知其名耳。

至近日李侍郎穆堂則直以金沙爲江源,乃祖霞客,而復變之。按方輿路程圖,西番之阿克達母必拉西番人云『必拉』者,江也。南行千八百里,始有金沙之名,又東南九百里至雲南之麗江府,又行千四百里至四川境,又行千二百里有打沖河來會之,又行千四百里至馬湖府,又東行二百里至敘州府與岷江會,凡六千九百餘里。而岷江自羊膊嶺至此,僅一千八百餘里,故侍郎謂水必以源遠者爲主,而近者從而附之。今不以六千九百餘里之水爲源,而反主一千八百餘里之水,其勢不能以相統。然無如禹貢明文,確不可易,如侍郎之説,當自金沙入四川以後,穴山通道,直抵羊膊嶺,而後與岷山導江合,且可與河源之自崑崙而積石者相比。不然，姑無論岷山之不得以羊膊盡之也，即羊膊以來之水，已由松而茂而敘，歷一千八百餘里矣，安得忽指金沙之自滇來會者，以爲之源也哉？

且侍郎既以金沙爲江源，而又自狐疑其辭，謂西番之查楚必拉亦發源於崑崙，南行二千餘里，納東西大水十餘，名鴉礱江，又南行六百里，即所謂打沖河，又八百里而會於金沙，凡五千里而至敘，似亦可以爲江源，特以視金沙較近一千餘里，故弗取。按此即霞客所云與金沙並行南下者，更就其遠近以爲定説。夫以四瀆之在天壤，且明著其文於遺經，而可任吾之擇而取之乎？且以洪武間宗泐之言證之，其云西番抹必力赤巴山者，東北爲河源，西南爲江源。然胡處士朏明以是山爲共龍山，非崑崙，若據都實昂霄所記，以西番朶甘思之西爲河源，雖不知其即抹必力赤巴與否，要之去崑崙尚遠。斯皆前代史書與方輿圖之可考者也。

然則侍郎所謂高山聳峙，因據之以爲崑崙者，侍郎自以意定之耳。況累代之窮河源也，皆以天子之力，不能得其要領。是故漢武、張騫所定，則唐人非之；薛元鼎、都實所定，則明人疑之。今欲鑿空求一江源，視河源爲更遠，不亦過歟？陸放翁曰：『吾嘗登岷山，求江源不可得。』蓋自蜀郡之西，大山廣谷，谽牙起伏，走蠻箐中，皆岷山也。李贊皇曰：『岷山連嶺西，不知其極。』薛士隆曰：『今自岷、洮、松疊以南，大山峻嶺，班班可考者，皆岷山之隨地立名者也。』括地志謂：『岷州溢樂縣南連至蜀，幾二千里，皆名岷山。』朏明墨守班志，以爲必在氐道西徼之外，方可當之，亦非通人之論。

近有引江源記者，謂在臨洮郡之木塔山，胐明駁之。然木塔亦岷山之支峰，必有水入江，故云然也。愚最取范石湖之説，以爲大江自西戎來，自岷山出，舉其大略，而不必確求所證於大荒之外。蓋河山兩戒，南紀以岷山、嶓冢負地絡之陽爲越門，北紀以三危、積石負地絡之陰爲胡門，而河源、江源並在極西，以其九州之表，故禹貢略而不書。必指其地以實之，恐如宋孝宗之所以誚程泰之者矣。侍郎之學，淹貫古今，方今人物，愚所首推，而江源考失之好奇，故不敢不辨。

辨宋祁漢書校本

景文漢書校本，今不得見其全，監本引入寥寥。杭堇浦從勵文恭家見宋槧漢書，則其中引之甚備，喜而鈔之，予亦以得所未見。及細閱之，乃知非景文之書，南渡末年，麻沙坊中不學之徒，依托爲之。何以知其然也？崇文總目：『景祐二年祕書丞余靖上書國子監所收史、漢本訛誤極多，請行校正。詔翰林學士張觀，知制誥李淑、宋祁與靖、洎，直講王洙讎對。靖等悉取三館諸本及先儒注解、訓傳、説文、字林之類，數百家之書，以相參校，凡所是正增損者數千言。逾年上之，稱爲新校史記前後漢書。靖等又自録其讎校之説，别爲三史刊誤四十五卷。』是諸公固共有刊誤之作，而非景文一人之書也。〖李注〗宋史藝文志三劉漢書標注六卷，劉攽、劉敞、劉奉世。劉攽漢書刊誤二卷。

而是本實頻引景祐刊誤本，則或者景文晚年别爲一書以行，亦未可定。然使景文果别有是書，則晁、陳、趙簿録中必載之，馬竹村通考亦必載之，而絶無有。

況景文既身預於刊誤之役，而其引之，儼如易代前輩之書，何也？是其可疑者一也。又其頻引陽夏公之言，陽夏公者，謝希深也。景文爲歐公前輩；希深，歐公之友；景文即引其語，何至尊而稱之若此。是其可疑者二也。三劉漢（隸）〔書〕雖發之自原父，直至仲馮始卒業，觀劉跂所跋尾，則出行於世甚晚。景文卒於嘉祐六年，於原父亦前輩，乃頻引而駁之。是其可疑者三也。司馬公生前祇封河内郡公，身後乃贈温公，今以景文引其語，而亦稱曰温公。景文安得至哲宗時？其可疑者四也。朱子文者，陋儒也，其論漢書最可惡，雖不知其時代，然出於南渡以後，景文安得引之。其可疑者五也。

景文之學極博，倘出於其所校正，必有可觀，今鹵莽庸劣之甚，至不知漸江之爲浙江，而疑以爲誤字，則是水經注尚未寓目者，曾謂景文而有此？其他可發笑者，蓋更僕數之而未能盡也。然則其中所引南本、浙本、越本、邵本，安知其非信口捏造者乎？堇浦方爲疏證，故以此書之大略告之。

辨南史陸法和傳

陸法和之與王琳，皆自梁入齊，史臣遂置之同傳，非也。法和豈王琳之比，蓋一庸人耳。其破武陵王紀也，由任約之功；其破任約也，由胡僧祐之功；法和無力焉。跡其好言未來之事，不過鹵莽道士伎倆，忽自稱司徒，元帝以其素號能前知，遂授之，已妄矣。江陵之陷，史稱其自郢州入漢口，將赴難，而元帝止之，謂此間自能破賊，不須離郢，則尤揑造之言。當元帝夜登鳳凰閣，見翼、軫間有客星，徙倚太息，憂其必敗。故徵王僧辨於揚州，王琳於廣州，徐世譜於信州，以至任約、劉棻之兵，無不召焉。豈有郢州最近，而反遺之之理。當時宇文之兵甚盛，以王僧辨之宿將裴回不前，奮不顧身者止王琳耳，而以道遠不及。彼法和之理。其詔僧辨曰：『吾忍死待公，可以至矣。』豈有以破賊自誇，而止郢州援兵者，固未嘗勤王也。胡身之謂法和即至江陵，豈能制魏兵之攻圍者，其徒托爲之言，以見其能知來，斯真論世之識矣。

史又言其反郢也，著衰絰，堊城門，坐葦席，以爲喪君之禮。法和進不成勤王，退不知城守，已有改事二姓之心，尚何持服之有？蓋是時荆、楚諸臣俘入關中者十九，而法和降於鄴下，故得任爲虚誕之言，而無人以質之。雖然李百藥之徒非良史才，不能辨法和之妄固也，通鑑又從而紀之，不亦惑乎？賴有身之之注，能正其誤，吾故爲之申其説。

辨鄞江先生墓志

鄞江先生極爲荆公所重，其墓誌係荆公作，然不載於集中，惟舊志引其語曰『四明立言之士自先生始』而已。至聞蘗泉作鄞縣志，始盡録其全文。予疑其冗蔓不類荆公文體，及觀其所記門下弟子，自豐稷、袁轂、周師厚諸人外，又稱遊學者有張機、張邵、張郯、張祁。〔嚴注〕張祁，字晉彦，號總得居士，其子，孝祥也。考郯、祁皆邵之弟。邵係徽宗宣和三年進士，建炎初假禮部使金，補其弟祁爲明州觀察推官，遂家焉。邵於紹興十三年歸自金，二十五年卒於廣德。而鄞江先生卒於至和二年，邵兄弟能遊學其門，最少亦不下弱冠，而自至和以及宣和，凡六十七年始登第，又八年始使金，留十四年乃歸，又十二年始卒，抑何其長年也。以豐尚書之輩行，相去幾三世，而謂其同門，不亦謬乎？

此蓋王氏後人之不學者僞爲此文，載之家乘，而蘗泉修志遂録入焉。或曰桃源先生爲鄞江之猶子，邵兄弟或嘗經受業，而誤以爲鄞江。此於時代尚不甚遠，然即如此説，而誌文之出於依托，亦可知也。

崇教寺楊義婦事紀疑

吾鄞崇教寺在湖曲，其中有女伽藍像，雙珥弓鞋，而鬚眉則男子，所稱楊義婦之子德順也。寧波府志、鄞縣志載其始末極詳，顧不見於成化以前諸志，至嘉靖志始有之。

據云義婦係唐乾符時人，又云義婦之子控於有司不得直，乃赴汴訴之朱温行營，卒報其父讐。予竊疑事在唐末，而歷宋至元，胡以諸舊志皆漏遺？且乾符，唐僖宗紀年也，其時安得有朱温遽領行營？倘謂係朱温據汴時，則錢鏐已立國，黄晟已領明州，雖浙中嘗羈縻於中原，而不過遥奉正朔，況中隔以淮南之楊氏，亦非朱温威令所能及也。

近讀宋徐仲車集中，有淮陰義婦詩序，與楊義婦事極相肖：序謂淮陰商人之妻李氏有姿色，同商者見而悦之。道殺其夫，厚爲棺殮，持喪以歸，紿云溺死，盡歸其財，無毫髮私。於是伺其葬畢除服，遣人請爲婚，自陳有義於其夫。婦亦感之，遂許嫁，生二子矣。一日，大雨庭下積水，水有浮漚，其人顧之而笑。義婦問之，不應。固問，其人以伉儷已固，不虞其有他，因以實告曰：『汝前夫之溺，我實爲之。已溺復出，我以篙刺之始沈。其時浮漚之狀，正如今日。』義婦默然，乃伺其夫出，即奔告有司，卒正其獄。夫讎既復，自念以色累夫，以身事讎，讎人之子，義不可容，乃縛二子投之於淮，已而自投焉。

斯事與嘉靖志所載，一一符合，獨謂楊義婦有遺孕，其後夫將商於外，囑曰：『所生女也，育之；男也，必不舉。』已而生德順，托言得女，因爲女妝，故寺中之像如之。又謂楊義婦死，德順念以母故死其父，復以父故死其母，遂就崇教寺出家。此一節爲稍異耳。里中至今呼爲『纏足祖師』，遺塑猶存，事跡亦非鑿空所能撰。古今人固有前後如合券者，風教所關，亟宜表章，不敢以嘉靖志爲誣，特疑人代之有舛誤耳。

仲車復曰：『或者以其生事二夫，不得謂之義。是大不然，義婦之嫁，初謂其人果能殮其夫，不私其財，故感而許之。迨生二子，房帷之好已篤，顧能復讎殺子，又自殺其身，昭乎如白日之照九泉，可不謂義乎？』斯言也，即移以作吾鄉楊義婦之定論可也。

辨李國楨事

明甲申以後死事諸臣傳，傳聞異詞，多不可信，然無若李國楨之妄者。先是懷宗念寇禍亟，用人屢不效，思委任勳衛，曰：『畢竟是吾家世臣。』於是使魏國徐弘基、成國朱純臣、襄城伯李國楨，分掌兩都兵柄，而國楨得京營總督。國楨不曉軍務，京營兵數十萬，舊例每一堞守兵五人，戰兵列近畿要地。國楨省軍費，每五堞寘一人，其餘散遣居鄉，戰兵反居城内。事亟，九門晝閉，守兵不得入，戰兵不得出，國楨遂束手無措。賊入城，遽降於賊帥張能。能索金繒數萬，國楨唯唯。歸寓，而所居已爲他帥入踞，一無可得。賊怒，搒掠之，兩脛俱折，以荆籠擡之。國楨不勝痛楚，夜解帶自縊死，或盛以柳棺置道旁，血淋漓於地，見者指曰：『此李總督也。』北平王錦衣世德嘗親見其事而記之。弘光定六等逆案，尚書解學龍秉筆，國楨在降賊諸臣之列。及阮大鋮更定，南京諸勳衛爲之請，謬稱殉義，儼然贈爵賜謚矣。

前此京城未破時，都院李邦華請南遷，實爲國楨所阻，見南都姜閣學曰廣疏中。野史不知，反謂國楨力請南遷，又云帝后葬日，自縊其旁。考左侍郎懋第北使密鈔及趙吏目一桂紀事二書，載帝后之葬甚詳，初不及國楨一字。然世猶以當日謚議與野史所載爲疑，予故爲按其實而歷辨之。

原緯

偶讀竹垞説緯，嫌於其顛末尚未盡，因更爲考索以疏證之。其見於竹垞所述者，不復具焉。

緯書之説，爲吾黨所羞稱，然除災祥怪誕之外，不無可采，如律歷之積分，典禮之遺文，旁羅博綜，其言有物，但使擇焉而精，未嘗不極有關於經術也。按隋書經籍志：『漢世緯書大行，言五經者皆爲其學，惟孔安國、毛公、王璜、賈逵之徒獨非之，相承以爲妖妄。故因魯恭王、河間獻王所得古文參而考之，以成其義。』然則讖候流傳，直出諸經師箋故之前，後世以爲始於東京者，尚考之不詳也。

銅符金匱，萌於周、秦之世。王澤既衰，僞言日起，但百家雜流，不過自名爲子，而緯則竊附於經，是以儒者不免爲所惑。以聖人春秋之筆削，重以子夏之謹守也，而再傳之公羊，遂有善讖之名。然則其淵源不亦遠乎哉。是故秦有公孫枝之册，而兆西戎之霸；趙有董安於之册，而兆孟姚之亡。陳寶之祀野雞，萇弘之射貍首，或識三户之復楚，或徵二世之亡秦，夫孰非圖籙之微言也。且夫天垂象見吉凶，是不易之理也。五行之運，如環無端，是自然之運也。爲緯者，未嘗不竊是意以炫飾其間，豈知其惑世而誣民，一至此哉。

吾觀西漢大儒，雖以董仲舒、劉向，尚不免於災祥之説，則隋志所云，果爲不誣。又未嘗不歎儒者之不善讀緯，而反以其所學陷溺其中也。若鄭康成於緯，或稱爲傳，或稱爲説，正義以爲漢時禁緯，故特諱之，則未必然。隋志：『漢時詔東平王蒼正五經章句，皆命從讖。』安在其禁之也。觀康成答張逸曰：『當爲注時，在文網中，嫌引祕書，故隱其名。』然則康成因己黨錮之故，有所忌而不言耳，非漢世禁緯之明文也。

獨隋煬帝焚緯書，而唐初諸公，如孔穎達、李善輩皆淹通貫穿，則其在民間者，亦未能盡毁也。經學既昌，彼妄誕者將何所用之哉？

原命

古人之談命者多矣。王魯齋言：以日計時，得命一十有二次；其六十之十二，得命七百二十；計之以月，又六十其七百二十，得命四萬三千二百；又計以歲，六十其月，則得命二百五十九萬二千。宋景濂謂一日之内，同時生者不少，而顯晦、吉凶、壽夭或懸絶，故趙普與軍校，蔡京與粉兒，高叔嗣與陳友諒皆同命；童軒亦言高穀與李昂，單昂與王稽，皆同甲子，而絶不相似。余中之衍『皇極經世』之説，推其淵源於王天悦，謂某甲之年月，必得某甲之日時而後富壽；苟得某甲之日時，而遂貧賤，水陸舟車之所産，東西南北之所居，莫不有合，此其所以有同物而不同運者。莊定山曰：『如此，則福善禍淫之語，不足信也。』

黄梨洲調停之曰：『支干之不足言命審矣。顧大賢如横渠、西山，亦喜談星曆之學，以推驗事變，豈其見不及此。善言天者徵之人事，善言人者驗之天命。夫善與人同，即爲合德。知過再犯，即爲轉趾。聞善不信，即爲孤神。財不儉用，即爲耗宿。此以人合天者也。日月之交食，星辰之凌犯，陽九百六之厄，君子以恐懼修省，此以天合人者也。天不能以一定之數制人事之萬變，星翁欲掃除其萬變者，而拘攣於墮地之俄頃，固不足信。然并俄頃而去之，則天豈以空券枉矢，如周赧、曹髦之在上乎？兩者皆失，故必合天人而言之，則即俄頃亦天之八柄也。』梨洲之言，欲通兩家之郵，而未免依違爲調人之見，其於天人之際未盡焉。

夫天自有八柄以馭人，而不在乎支干甲子之間。蓋天之所以賦人者，理也。顧理不能不乘氣以行，氣凝而成質，而後爲人。理純而氣駁，氣猶虚，而質則實，天亦不能求其齊矣。原天之心，上之豈不欲人之皆聖賢而無不肖乎？而不能也。次之豈不欲聖賢常居后王君公之位，以臨治一切黎庶之不肖，使天下常治常安乎？而不能也。又次之豈不欲人之皆康强而無短折，皆温飽而無飢寒乎？而不能也。夫天亦豈有所厚而聖賢之，而后王君公之，而康强之，而温飽之？亦豈有所薄，而不肖之，黎庶之，短折之，飢寒之？不特此也，方且若有老耄昏瞶之顛倒，而聖賢而黎庶之，短折之，飢寒之；不肖而后王君公之，康强之，温飽之；則皆命也，天之所無可如何也。夫以天之所無可如何者，而以是爲其八柄，不亦誤乎？

曰：然則八柄安在？曰：天亦但能操其常，而不能操其變，故天亦有時而窮。然而其變也，究亦未嘗不合乎常。彼儒者福善禍淫之説，時亦有不驗者矣，而不知無不驗也。回而夭，蹠而壽，回若劣於蹠矣；夷、齊而餓，景公而有千駟，夷、齊若屈於景公矣；文、謝而死，留、王而顯，文、謝若拙於留、王矣，此一時之禍福也；千百世之是非昭然，華衮斧鉞施於蓋棺以後，此一定之禍福也。彼據目前易過之跡，如朝露，如冰山者，而以是爲天之八柄，淺之乎言天矣。夫富貴貧賤壽夭之變，天有時窮於無可如何，則區區支干甲子豈反有常數之足憑？若求其足憑，則惟盡其在我，而他無預焉。故孔子於伯牛之死也，始言命；於公伯寮之愬也，始言命。聖人之言命也，必其窮於無可如何，而後以命聽之。非如言星曆者，有覬乎將來之休咎也。是即孟子所云『不謂命』者也。故梨洲之言天也固，其談命也支。

原社

今世重社祀，一府一州一縣皆有之，而又有城隍之神，又有所謂府主之神，何其多歟！全子曰：是未考古之社禮，而失之者也。古者大社之外有國社，有鄉社，有里社。今天下府州縣之社，皆足以比古之國社，其鄉社、里社無聞焉。社神者，府州縣之土神也。古人之祭也，必有配，故社之配也以句龍，降而國社、鄉社、里社，則以其有功於是國、是鄉、是里者配之。今世之社無配，而別出爲城隍，又岐爲府主，是皆古國社之配也。又降之，而一都一鄙皆有境神，是即古鄉社、里社之配也。古人合之，而今人分之，且失其正，而存其配焉耳。夫古之得配食於社者，必官於其土，而遺澤足以及民，禮所謂『勤事而得享』者也；或以鄉老，韓子所謂『殁而可祭於社』者也。此即今之所謂名宦，所謂鄉賢，而附祀於學宫者也。古皆附之於社，今人一變而爲特祠，再變則盡入之於學宫，而又於其外别標所謂城隍，所謂府主，而與社並列，則分之中又分焉。是皆禮之迭失，而不復能正者也。

尤可怪者，世之城隍、府主、境神，必求其人以實之，又不就昔之賢守令及鄉之賢士大夫，而反妄指漫無干涉之古人，且撰爲降神之蹤跡以欺人，乃不經之甚者也。大抵今世不奉天神，而信人鬼，故諸祠之香火，其視壇壝奚翅什伯相過。無他，天神冥漠，苟非誠敬之至無從昭假，而人鬼則有衣冠像設，足以爲愚夫愚婦之所趨。故今世而欲正祀典，惟正社祀而已。其果足配食乎社者則存之，否則汰之。世有深於古禮之士，其必以予言爲然也夫。

釋奥

古者原有奥神，禮器所謂『燔柴於奥』者也。蓋老婦之祭，歷世奉以爲先炊，中夏則祭竈，而以奥配之。又有專祭，則禮器所云是也。太史公封禪書亦記先炊，是漢時尚傳其祭。奥之司火令，雖同於竈，但當時以爲卑者之祭，禮文一切簡殺。故祭竈必用特牲，二醴三黍，又制心肺肝爲俎，先設主，後迎尸。祭奥僅盛於盆，尊於瓶而已。

康成謂奥當作爨，後世皆祖其語。然康成改字，多不可信。而考古人爨祭之禮，其神一爲饎爨，宗婦祭之。一爲饔爨，亯者祭之。俱在廟祀尸卒食之後，而不聞先炊有二。是則古人蓋別有奥神，康成之説非也。由此推之，則王孫賈之意，蓋指蘧伯玉、顔讎由之徒，不過備員，未若己之炙手可熱，獨當時而用事。而亭林顧氏有『奥果何神』之疑，亦可以釋之矣。

亭林别謂奥竈，當以地言，同一媚也，與其將順於朝廷之上，不若逢迎於燕閒之區。竊謂如以地，則室西南隅最爲幽隱，所稱奥援之力，未必不與煬竈相上下耳。

〔李評〕此篇殊爲紕繆，謂古有奥神，故禮器云『燔柴於奥』，鄭注『奥當爲爨』者非。不知五經異義（見御覽禮儀部。）引大戴禮禮器本作竈，故鄭又云或作竈也。

釋竈

竈以掌火爲事，實與門井户霤，各有專司，而其他無聞焉。不知後世何故加以『司命』之稱，謂其能言禍福於帝。是在宋孟元老夢華録云然，蓋由來久矣。

按天官書，文昌六星有司命，即周官（太）〔大〕宗伯槱燎所祀者也。在武陵太守傳，又以爲三台之星，若祭法七祀，其一曰司命。鄭康成以爲小神，居人之間，伺察小過作譴告者，是與文昌之星不同。熊安生作義疏據之，以闢皇侃之説。愚謂七祀所列，亦不得謂之小神，要與天官書所云有别耳。

援神契謂司命有三科：有受命以保慶，有遭命以謫暴，有隨命以督行。趙邠卿曰：『行善得善曰受命，行善得惡曰遭命，行惡得惡曰隨命。』夫行善得惡，似未可言謫暴。若白虎通所解，又微不同，要其大旨，則無殊也。漢制掌之荆巫，民間則刻木爲人，長尺二寸，居者别貯小屋，行者攜置篋中，每以春秋之月祀之。是古者原有司命之神，特巫覡所爲，以之解七祀尚非。今加之於竈，則愈舛矣。

先聖前母祀典或問

乾隆二年，副都御史海寧陳公疏請崇祀先聖前母施氏，事下廷臣集議，舉朝不以爲然。禮部侍郎桐城方公獨争之，衆莫聽。御史桂林謝公初亦以爲宜祀，而次日以疾不至，遂更無争者。

客或以問予，予曰：吾聞諸公之阻斯議也，據奏先聖前母見家語，而今家語無其文，則不足信也。夫小司馬所引誠不見今家語，然今家語出於王肅，顔師古注漢書以爲非復劉向所定，則小司馬尚及見劉向之書也。今因王肅之書所無，遂據之折劉向，何也？

客曰：此孔氏家事，使其果有，衍聖襲公已久，何以未嘗上請？予曰：國家追崇先聖，至五世聖裔之官且萬年，皆孔氏家事，不必盡出其子孫之請。況孔氏譜系之古莫如祖庭廣記，首引劉向家語，諸公乃概未之見耶？

客曰：是則然矣，顧今家語後序，有聖父出妻之文，得毋所出者之即前母耶？果爾，則追崇亦未可輕議。予曰：此何言也，而可信耶？孔氏三世出妻，稍有識者，無不知其妄也。古人固不諱出妻，然不應聖門獨如是之多。彼爲此語者，始於檀弓，檀弓之誣先聖及諸高弟不一而足，而此爲甚。且鄭康成之解亦與王肅異。康成言『先君子喪出母』，是聖父出妻。『伯魚之母死，期而猶哭』，是先聖出妻。『子上之母死不喪』，是子思出妻。而子思之母死於衛，則以爲伯魚死而嫁。是聖門四世三出一嫁，亦不幸之甚矣。王肅又變其說，謂聖父出妻，即子思所言『先君子喪出母』也。伯魚出妻，即子思之母死於衛也。子思出妻，即『子上之母死而不喪』也。而於先聖之出妻，則爲之泯其事。乃後人之言，又與鄭康成、王肅異，謂子思所云先君子指伯魚，是先聖出妻，而伯魚、子思亦皆出妻，則聖父又幸免。不特其事之誣妄，又可見其說之倏移而上，倏移而下，初無定也。此本不足當儒者之辨，而欲據之以議祀禮，不亦異歟？

客曰：先聖前母既無子，則其出未可知也。予曰：古者妾媵有子，女君得免於出。聖父之簉生孟皮矣，施氏不應出也。且先聖之配亓官氏，亦鄭康成之妄指以爲出者，今未嘗不祀也，何獨於前母則信之深也。

客曰：凡國家典禮，定於大宗伯，今尚書張公取羣議而折衷焉。〖李注〗今尚書張公指張伯行。子以詞館新進，嘵嘵置辨，是爲出位。予曰：漢時有大議，雖太學生亦得預聞；宋則三館兩制，並在集議之列。今固無此例，而子辱以下問，姑陳其所見耳。且吾見尚書之議祀典矣，近者方侍郎請湯文正公從祀聖廟，此天下之人皆以爲當從祀者，尚書有憾於侍郎，謂文正公行誼節概雖無愧儒者，而平生未嘗著語録，不得與陸清獻比，首揆從中主其議，遂格不行。今者因侍郎之争而力排之，猶前事也。客變色逡巡而去，因詮次其語，以質後世議禮之君子。

左氏謚説

春秋之謚，宗周而外，晉、魯、齊、衛最具，鄭之七穆皆不書謚，最後始有罕武子、國桓子，而馮簡子不知其爲公族與否，且其人雖賢，顧本末不甚詳，并佚其名而存其謚；子産之謚，别見外傳。以宋諸卿之多賢，其謚無一見於傳者。陳之書謚者三，而司馬桓子、公孫貞子名無可考，獨轅宣仲名存而事略備。其餘惟郳有茅成子耳。吾於是疑左氏於諸國之史，亦未得見其全也。【李注】畢沅校吕氏春秋卷七禁塞篇：「宋康知必死於温」句，宋康，荀子王霸篇作宋獻。楊倞云：周滅之後，其臣子各私爲謚不同。

尤有不可解者，王子帶而謚曰昭；召伯奂暨其子盈而謚曰莊，曰簡；魯之公子慶父暨其子敖而謚曰共，曰穆；公子牙暨其孫僑如而謚曰僖，曰宣；衛之石惡而謚曰悼；齊之高張而謚曰昭；國夏而謚曰惠；然猶可曰諸臣雖以罪或死或奔，而業爲之置後，故徇其後人之請，得良謚焉，亦已謬矣。晉之狐鞫居而謚曰簡，郤犨而謚曰成，欒盈而謚曰懷，齊之崔杼而謚曰武，衛之甯喜而謚曰悼，晉荀寅、士吉射而謚曰文、曰昭，魯郈伯而謚曰昭，則其爵已翦，其族已絶，誰爲賜之，豈其遺臣故吏妄爲立議當時，因而傳之，而左氏亦遂從而載之？則是出於亂賊之徒之口，而竟以登於史乎？〔李注〕郤犨猶當末減，欒盈則更可哀矣。郈伯將君命而死，尤不得謂之亂賊也。吾于欒懷、郈昭之謚，猶見人心之公。

其間惟齊之國佐謚曰武，魯之臧紇亦謚曰武，紇之後從亡而出者謚曰哀，衛太叔疾謚曰悼，此其罪未甚，而宗未覆者，或稍可寬也。子家羈之謚曰懿，則以其人有大節，而又野死，或出於魯人之公論而追賜之，未可知耳。吾以是時諸侯之例考之，唐成公、陳懷公皆弱小亡國之君，顧皆有謚，是其出於遺臣之私謚無疑，諸人殆亦其類乎？

嗚呼！遺臣不忘其君，而謚以哀之，可也。大夫之有罪者，而餘黨竊爲立謚，史氏遂據以相稱，可乎哉？安得百二十國寶書及古世本而遍考焉。

文說 二首

作文當以經術爲根柢，然其成也，有大家，有作家。譬之山川名勝，必有牢籠一切之觀，而後可以登地望，若一丘一壑之佳，則到處有之，然其限於天者，人無如之何也。唐、宋八家而後，作家多，大家不過一二。周平園、樓攻媿力爲恢張，微近於廓，水心則行文有蹊徑，同甫尤多客氣，其餘瘦肥濃淡，得其一體而已。有元一代，規矩相承，而氣魄差減。明初集大成者惟潛溪，中葉以後，真僞相半，雖最醇者莫如震川，亦尚在水心伯仲之間，獨蒙叟雄視晚明，而擬之潛溪，遜其舂容大雅之致，此又有隨乎國運而不自知者。語曰『文章天地之元氣』，豈不信哉。

揚子雲之美新，貽笑千古，固文人之最甚者。餘如退之上宰相書、潮州謝上表、〔李注〕昌黎潮州謝上表，歸命君父之前，言忠而意誠，不得以爲疵玷。祭裴中丞文、京兆尹李實墓銘，放翁閲古泉、南園記、西山建醮青詞，皆爲白圭之玷。就中言之，放翁二記，尚有微詞，然不如不作之爲愈也。水心應酬文字，半屬可删。吾故曰儒者之爲文也，其養之當如嬰兒，其衛之當如處女。

禁原蠶説

周禮夏官：『馬質，禁原蠶。』鄭康成謂：『天駟主蠶，蠶與馬同氣物，莫能兩大。禁原蠶者，懼其傷馬。』臨川李詹事嘗語予曰：『此最漢儒不經之談，吾嘗試之矣，一院之中飼蠶於東，秣馬於西，曾不見其傷也。』予曰：是固然。天下之以兩大而傷者，必其力足以相抗。原蠶雖多，不過女紅之餘分閏位耳，而謂其足以爲馬政之累乎？

然所以必禁之者，則專爲蠶事計也。今天下蠶利，莫盛於浙東、西，吾故熟知其不可也。凡桑柘之生，三月而茂，既翦之以供蠶食，則其木之津液爲之流者數日，歷兼旬而漸有生意，以復其初。原蠶多，則必復取新生之葉，斬艾無遺，而桑柘之氣大剥。況其成絲於夏者，爲質亦薄，不足當春時之十五，是欲博其利，而卒并蠶之氣而耗之。行之數年，蠶且漸減，桑亦盡枯，非贊化育之道也。四時之序，成功者退。是以桑柘用之於春，而休之於夏，不竭蠶之力，非於馬政有所預也。

若夫天南極壤，固有收八蠶之繭者，斯則物産之奇，不可以爲常，故聖人於中國必禁之。或曰：掌之於馬質，何也？曰：周禮蠶無專官，而天駟實以馬祖兼蠶神，則禁原蠶者，馬質掌之，夫豈以兩大之故哉。

説蘋婆果

蘋婆果、來禽皆柰之屬，特其産少異耳。蘋婆果雄於北，來禽貴於南，柰盛於西，其風味則以蘋婆爲上，柰次之，來禽又次之。新城王氏羣芳譜尚考之未晰。佛書所謂蘋婆果肖如來之唇，正指北方之種而言，非柰也。王氏因廣志而誤耳。秀水先氏以蘋婆果爲甘棠，來禽爲杜，則益謬矣。白棠、赤杜，實皆如楝子，豈柰類乎？閩之漳浦一帶又别有蘋婆果，甚堅而劣，其殆嫫母之唇耶？〔一〕

〔一〕《李注》查慎行人海記卷上：『吾鄉呼林檎爲花紅，北人呼爲沙果。又柰似林檎而小，北人曰虎喇檳，出時較頻婆果略早，形大小相似，而色較紅。』若南方之林檎，視二物皆甚小，初白反謂『似林檎而小』，誤矣。

鮚埼亭集外編卷四十九

雜著二 〔校〕黄本無本卷各篇。

記項燕事補注六國年表後 以下二十二首蔣增。

史記始皇本紀云：『王翦虜楚王，楚將項燕立昌平君爲楚王，以江南距秦。次年王翦擊破之，昌平君死，項燕自殺。』而六國年表、楚世家、王翦列傳皆云始皇二十三年王翦擊破楚軍，殺其大將項燕，遂虜楚王。不言立昌平君事。予謂當從本紀。蓋項燕於國亡之後，扶義立君，力竭而殉，國人哀之，故陳勝猶假其名，以爲收集人心之計。即後此項梁一呼而八千子弟響應，亦燕之餘烈耳。若戰敗遽死，雖不失爲忠，感人不若是甚也。

竊歎秦滅六國，其世臣無能與國同患者。收餘燼以相抗，止楚之項燕；狙擊諸博浪沙中以報故國之讎者，止韓之張良。究觀秦所以亡，陳勝假之以發難，項籍因之以成事，而張良卒收其功。世臣爲故國重，於此見之。當取以補六國年表之闕。

拾漢豫章太守賈萌事

新莽篡命，首舉兵南陽討之者安衆侯劉崇也。次年舉兵東郡討之者，翟義、劉信也。其謀劫殺莽，立漢宗室者，期門郎張充等也，俱在莽即真之前。既即真，舉兵東膠討之者，徐鄉侯劉快也。班氏不能特表之，合爲忠義列傳，故其事之詳，不可得聞。然其名俱得見於通鑑。獨酈善長水經注載豫章守賈萌，殉節與翟義同，其爲安成侯張普所賣，與張竦同。亦見太平御覽，而班書并其名不列於史，故通鑑亦失載。世之熟於酈注者寡矣，因記之。〔一〕

〔一〕《李注》謝山經史問答據漢書王莽傳：賈萌以九江連帥爲莽拒漢而死，謂莽之九江即漢之豫章，連帥即太守。恐是莽傳爲可信，與此說異。

記王荆公三經新義事附宋史經籍志

荆公三經新義，至南渡而廢棄。元祐時，不過曰經義兼用注疏及諸家，不得專主王氏之解，所禁者字説耳。獨莆田黄隱作司業，竟焚其書，當時在廷諸公，不以爲然，彈章屢上。

按山堂考索所載：『元祐元年十月癸丑，劉摯言：「國子司業黄隱學不足以教人，行不足以服衆，故相王安石經訓，視諸儒義説得聖賢之意爲多，故先帝立之於學，程式多士。而安石晚年字説，溺於釋典，是以近制禁學者無習而已。至其經義蓋與先儒之説並存，未嘗禁也。隱猥見安石政事多已更改，妄意迎合，欲廢其學，每見生員試卷引用，輒加排斥，何以勸率學校。」同時吕陶亦言：「經義之説，蓋無古今新舊，惟貴其當。先儒之傳注未必盡是，王氏之解未必盡非。隱之誦記王氏新義，推尊久矣，一旦聞朝廷議科舉，則語太學諸生不可復從王氏，或引用者類多黜降，諸生有聞安石之死而欲設齋致奠，以伸師資之報者，隱輒忿怒，欲繩以法，尤可鄙也。」於是上官均等皆乞罷隱，慰公論。』由此觀之，元祐諸賢，平心亦已至矣。嗟乎！蔡京之欲毁通鑑，蓋隱有以啓之。韓忠獻所云『鬼怪輩壞事也』。

二疏不載於宋史，特録之，以附於經籍志之後。

記先少師事

宋穆陵嗣統，吾宗會稽全氏自太師申王而下，皆以戚畹承恩澤。其由進士出身者，則少師府君諱清夫也。少師爲越公次子，一門貂蟬相望，獨習詞賦取科第，已而屢遷至少師，判湖州，頗以盛滿爲懼，未老乞休。

會稽唐氏者亦舊家，其遠祖通議公神道在山陰縣旌善鄉故城山中。先是寶祐時，唐氏之裔以券求售，少師以閒壤畜之而已，不知其爲先塋也。久而知之，瞿然曰：『梓里先正雖其孫支零落，然得無有議我者乎？』乃命守者禁其樵牧，而通唐氏之灑掃如故。越二紀而少師致政歸，唐氏有名班者，謀於宗老，引古誼，致書來請，少師謝而諾之，再至，即歸其券，且爲標其山徑之廣袤，繪圖致唐氏。唐氏感少師之德，特勒石墓旁，而剡源戴師初爲之記。

夫以少師當時之力，於此空山固無足愛，揮而還之，直敝屣耳。顧吾以觀世之有力者，雖以一畝之區，甚或數弓之地，必竭其智計以爭，抑思陵谷推移，吾家所强據而有之者，能保其如帶如礪，永弗失乎？以視少師舂然雅量，廣錫類之思，即以沛及枯之惠，相去何如也。〔嚴評〕以周文王事頌其先世，可乎？且『及枯』二字割裂，可通乎？

適仁和張秀才誠然以祖墓爲勢家所奪，力争之，幾致奇禍，其後幸而得直，請予書其事。予因有感於剡源所記，嘆世風之日下，并以告吾宗人，載之譜乘，補家傳之所未備焉。

記宋湖心寺浮屠妙蓮治錢唐江事

錢唐江潮，其捍禦者爲海塘，此外不聞其爲患，獨宋理宗朝一見之。顧舊史亦不甚詳其事，祇杜正獻集中奏疏，其陳穆陵即位以來大變五，大幸五，而以浙江之決爲一變，其平爲一幸，然亦僅曰『江潮失道，摧陷衝擊，已迫城闉，幾不可以爲國，而怒濤復殺，寢安故流』，未嘗言其所以治也。

四明至正志云：『妙蓮者，湖心寺僧，有道術。史衛王當國，錢塘江變大作，延妙蓮治之，乃趺坐閉目誦咒，江潮頓平。』

予平生不信二氏之學，然推原其故，深服先儒之説，以爲釋本於道，至道何所本，則未有言之者。不知道家之祖，蓋出於三代以來巫史卜祝之官，歷古聖王固嘗用之，而其末流愈遠，而愈失其真。夫聖王通天地人以立教，故典三禮者，其屬有巫，有史，有卜祝，斯其官不可視之爲賤者之流也。苟非有齋戒神明之德，何以知鬼神之情狀，而相與昭格；昭格有所弗通，何以聯天人於一氣。是其術誠不得而賤之。但聖王語常不語怪，任德不任術，如商之巫咸、巫賢，或謂其以官爲氏，而七年之旱，祥桑之拱，但以修德禳之，不聞其以術也。世教衰，人心壞，即史巫卜祝，亦非三代之舊，而道家之徒乃以其清淨之胸，竊取而運之，夫然後有驅役鬼神之法。蓋斯人日役役於羣，動其志氣，不復能感通，而道人輩寂坐槁瞑，反成旁出之伎。至於釋子之所爲，則又本道家，而小別其門户。如妙蓮者，殆亦苦身持力，積久深造，而後能之，非聊爾之術所可幾也。

當是時，君若相，日耽湖山之樂，『格天』之政，夫復何有，非是僧，江患固未可知。嗚呼！以古聖王參贊化育，貫通幽明之所寄，官不能守其職，而流入於異端，彼拘墟之儒，方斥以爲誕妄，不知夫庶子之紊宗，閏位之冒統，其源流有所自出哉？吾聞元泰定間，海岸大崩，浮屠天岸取海沙詛之，遍擲四隅，足跡所踐，海濤皆止，是亦妙蓮之流也。

記王之明事

江陰白孟新夢鼎，其言王之明事，係所目擊，有足資參考者。孟新曰：『初傳太子南來，予即同友人往跡之。甫出城，即有百餘騎馳來，云往衛太子者。至某寺，其門鍵嚴甚，有窺者，騎輒以白棓擊之。俄而有勳戚數人至，亦不得入，内傳語曰：「太子勞諸公，倦甚，請以明日。」皆去。雖寺僧亦不得見太子何狀也。酉時，馬士英遣人至，即入之。漏五下，錦衣馮可宗以騎至，言迎太子，戒僧無動，有起者即殺之，遂以太子去。明日使朝官雜識，則皆言非矣。南京失守，士英走，有入其第者，得馮可宗一緘，自稱門生，言「密啓，獄事恐動人耳目，當早決」。其月日，正太子獄時事也。』然則王之明事，其蹤跡誠屬可駭。竊意方流賊破都城，戈甲雲擾，太子何由脱身南奔。故後人亦多疑其僞，但士英輩之所爲，則妄甚矣。

記馬士英南奔事

士英奔至杭，擁所謂太后者來，杭城士庶皆得入見。太后身長，衣黄，南面立，問以國家禍亂及宫府事，皆不能答。或曰此士英母，或曰宫人也。其後士英走，太后不知所終。吴農祥云。

記許都事

許都之禍，交口稱其誣屈，而陳公大樽、何公慤人、徐公闇公言之尤甚。大樽身在行間，至以殺都爲負，辭給事之擢，棄官去。闇公尚責大樽不能力爭。〔嚴評〕此又不知所據。而慤人爲職方，薦都知兵，俞旨之下，在都死後數日。南都史公時，亦以檄召之。故黄南雷、吴梅村、毛西河所言，皆祖諸公之説。

獨吴徵君慶伯以爲不然，言都本無奇策，特以喜結市井無賴，得人心，健兒俠客暨方外之不逞者皆歸焉。都所結多，不能給，遂肆劫奪，至宣平之官庫亦爲所掠，又假中貴之符召兵，事發，自知不免，遂反。果如此，則都不容誅矣。

竊疑華亭諸君子，以立功自喜，誤信都或有之。史公更歷事多，豈不審其才行，而遽爲檄召之理。

〔嚴評〕史公但據何剛之薦而召之耳。何由知其才行乎？慶伯之父中允，預於討都官司，聲罪之詞，容有過實，而慶伯亦遂詆之已甚。總之都既揭竿爲賊，則下流蒙謗，終難洗雪。但尚讓、張元洵非端士，設得如史公者駕馭之，亦或可收其用，而有司復爲激變，此紛紛之論，所以尚爲之惜者也。〔一〕

〔一〕〔嚴注〕予以陳忠裕自敘年譜考之：忠裕素識都，嘗爲當事言，此等人，用之可得其死力，不用亦能爲變。是忠裕固未嘗以都爲端人，特以其小有才，可供驅使耳。其反也，貪吏激之。其降也，則忠裕之力。無忠裕，都必不降。既降而殺之，是忠裕食言于都，雖謂之負，可也。然忠裕則曰：殺之，亦法之正。特以『造隙之貪令未除，乞降之實跡復晦』爲言。是忠裕未嘗以爲大歉也。至于兵科之擢，則命甫下，而南京師陷，南都以原官召，乃補兵科，曷嘗因都之故而棄官哉？又使忠裕以一許都之故，而怨懟朝廷，辭官不受，則忠裕之志荒矣。謝山一時高興，而爲此言，不知於忠裕大有關係也。

拾中丞高公鄖陽舊卒事

流賊之攻鄖陽，吾鄉高公以疲兵扼之，賊屢至屢挫而去。思陵用公爲陝撫，南中又用公爲湖撫，時大兵已下陝，公至，不得前，還鄖則亦内附矣，時尚有老父在堂，公乃間行歸家，賫志而卒。

方公守鄖，有四卒最勇，專任劫營事，賊至，輒令出劫之。四卒分啖生牛一隻，火酒各一樽，夜去，竟入賊營，但操一鐵鞭，所擊立碎。賊以刃禦，爲鞭所格，或折或墜，皆不支，又往來倏忽，諸營爲之驚擾。四卒及旦而還，無傷者。賊乃終夕嚴備，不得休息，而四卒出入自如，非邏者所能遏。其歸城也，手中鞭皆牢不可開，瞑坐移時，既而張目大呼齊擲之。公既歸，亦不知四卒流落何所。其後有族弟故孝廉斗階以計車北行，宿酒肆中，主人翁老矣，問知爲公族，大不以其應試爲然。斗階叩之，不肯道姓氏，固問，則曰：『吾昔從公鄖陽，即所謂四卒之一也。』因言公事甚悉，且出鐵鞭示之。

嗚呼！方公自鄖歸，天下猶多事，以四卒之技，何難改投以圖進用，而埋身恐後，觀其責斗階之言，諤諤有古人風節，斯不當僅以健兒相目者矣。因記其事，附之公傳後。

記方翼明事

鄒氏明季遺聞穢誣不堪，其爲張搢彦、李明睿、王燮，各曲筆增飾，是思以隻手掩天下目也。然其中亦有一事可採，謂南都翻逆案時，奉化方翼明上疏諫發刑部擬罪。此事他野史不載，獨見鄒氏之書。予初不甚信，近始訪得其諫疏，又知其爲李梅岑先生弟子。梅岑，故遺民風節之高者也。當更博考翼明之平生而傳之。

記石齋先生批錢蟄菴詩

石齋先生在南都，學人稱爲誠明先生，蓋用昔人以加之横渠者也。吾鄉錢蟄菴尚少年，以通家子請業，取所作詩，求先生點定。先生批其卷首曰：『詩甚可觀，然其中有贈女校書作，近來此等習氣，皆元規之塵也。』錢氏至今藏之。

明人放浪舊院，名士多陷没其間，雖以范質公、吴次尾、方密之、姜如須、馮躋仲、黄太沖亦不免焉。王玄趾爲蕺山先生門下，尤狎於此，又狎伶人梁小碧，小碧以此名重一時。諸公賴有後來所造，不至終爲此累耳。讀方望溪記先生拒顧媚事，真可謂峨嵋天半，敻然獨絶者矣。予選甬上耆舊集，就錢氏求蟄菴詩，獲見先生手批之語，爲肅然再拜而記之。

浙西分地録

浙江之地，自明洪武中定爲杭、嘉、湖、寧、紹、台、温、處、金、衢、嚴十一府，東寬而西迮。其實，自秦置會稽郡以來，皆以江南之蘇、松、常、鎮四府爲西境，直達於大江而止。漢志會稽郡治吴，領二十六縣：曰吴，曰曲阿，曰烏傷，曰毗陵，曰餘暨，曰陽羨，曰諸暨，曰無錫，曰山陰，曰丹徒，曰餘姚，曰婁，曰上虞，曰海鹽，曰鄞，曰剡，曰由拳，曰太末，曰烏程，曰句章，曰餘杭，曰錢唐，曰鄮，曰富春，曰冶，曰回浦，則今江南四府之地皆在焉。

後漢順帝永建四年，始分會稽置吴郡，而移會稽之治於山陰，蓋唐浙東分道所由起。吴郡則又今蘇州所由起，會稽則又今紹興所由起。孫皓寶鼎元年，又分吴郡合丹陽郡之地，置吴興郡，是今湖州所由起。晉武帝太康二年，又分吴郡無錫以西毗陵校尉之地，置毗陵郡；惠帝永興元年，又分吴興之陽羨合丹陽之永世，置義興郡，是今常州所由起。元帝初，又分吴郡海虞北境置南東海郡，寄治曲阿，是今鎮江所由起。陳後主禎明元年，分吴郡錢唐縣置錢唐郡，是今杭州所由起。隋平陳，置遂安郡，是今嚴州所由起。

蓋六朝揚州封内，以丹陽爲王都，而吴郡乃其近畿，故多合二郡爲揚州，而以會稽爲東揚州，又於吴郡之京口别置南徐州，以毗陵、義興度屬之。其後又置吴州、震州，以壯形勢。然開府屯兵，則仍以丹陽自爲一局，吴、會稽自爲一局，是以宋顧琛爲吴郡，得合吴興王曇生、義興劉延熙、晉陵袁標之師，以應袁顗，而尋陽王子房應之於會稽；梁杜龕爲震州，得合吴郡王僧智、義興韋載之師拒陳，而張彪亦起會稽是也。

唐之江南東道治蘇州，始復合古會稽郡之舊。惟昇州則古屬丹陽，而唐始割隸之者，迨肅宗乾元二年，又分浙江東、西道，則西道於昇、潤、蘇、杭、常、湖之外，并領宣、歙、饒、江四州，蓋兼有古豫章郡之地；東道於越、衢、婺、明、台、温、處之外，并領西界之睦州。其後西道卒罷領宣、歙、江、饒，而以睦州屬之。東西各領七州。浙西鎮海軍使之治，自憲宗元和而後，皆在潤州，其後楊行密、錢鏐争浙西，潤、常兩州皆歸楊氏，故僖宗光化元年，吴越移鎮海軍治於杭，而吴亦仍置鎮海軍於潤，一如山東兩昭義軍之例。吴越寶大元年，不通中國，於是以蘇之嘉興縣置開元府，是今嘉興所由起。

宋平江左，浙江西路復合，但不領江寧，蓋復古丹陽之舊。南渡後所分軍州，亦猶舊界也。元至正間，始分嘉興置松江府，蓋會稽之西土，自罷侯置守以來，雖其中離合不一，而蘇、松、常、鎮之合於浙西，則未有異者。

若以地勢民風言之，則杭州而西，應與蘇、松四府爲一部；江寧而東，應與徽、池諸府爲一部；揚州而北，應與廬、鳳、淮、徐爲一部；據大江而三分之，是畫野之至當者。唐以昇、宣、歙、饒、江并入浙西，未免有鞭長不及之勢。而明初則嘉、湖亦當歸直隸，將浙西不過百里，胥失之矣。嚴州自六朝以來俱屬西界，唐時暫隸之東，不久即歸之西，其東屬者，亦非也。

浙東分地録

浙江十一府，以秦置會稽郡之封計之，西雖縮而東則贏。蓋秦時會稽之東，自浙江隔岸爲烏傷諸縣，迤邐至於山陰，又東自餘姚、句章至於鄞而止。秦之置郡三十六，而閩中郡弗與焉。今閩中之南境，蓋有秦南海郡之地，其西境蓋有秦豫章郡之地，非盡秦之故封也。而吾浙之台、温、處三府，則實秦閩中郡之北土。

秦之亡也，故越王無諸、閩君摇以兵從漢滅秦。高帝即位，封無諸爲閩越王，惠帝時，又分閩越之地，封摇爲東海王。無諸之所王者，當即今泉、建諸府之地；摇所王者，當即今温、處諸府之地；而福州則爲兩國之交。若漢初，會稽之屬原祗二十四縣：太守治吴，其親轄者爲曲阿、毗陵、陽羨、無錫、丹徒；西部都尉治錢唐，其分轄者當爲婁、海鹽、烏程、由拳、餘杭、富春、烏傷、太末；烏傷、太末在東，然由富春而上，則在部内。東部都尉治鄞，其分轄者當爲餘暨、諸暨、山陰、餘姚、上虞、剡、句章、鄮，皆秦之舊也。吴地記曰：『東甌亡於漢武帝建元二年，漢遷其民於江、淮，其後遺民稍稍復出，於是始立爲回浦縣，其時閩越猶未亡也。十六年復有事於閩越，分其國爲二：東越王餘善與越繇王丑並立。元鼎二年，二國盡平，亦遷其民而虚其地，以其遺民稍出者，立冶縣。於是增設會稽南部都尉，治回浦，而以冶屬焉。後漢既分吴郡，錢唐非復會稽之有，始置西部於太末，而東部由鄞而徙章安，南部由回浦而徙侯官。』司馬彪云：『章安即冶，然則臨海亦冶地也，分冶地爲東南二都尉：東部治臨海，南部治建安。』晉書曰：『建安，武帝時名東冶，後漢改爲侯官。』合二史之言考之，東冶即冶縣也，東部之由鄞而徙者，蓋揺之封；南部之由回浦而徙者，蓋無諸之封。竟以秦閩中郡之全地附於會稽。孫亮太平二年始分會稽東部置臨海郡，則今台州所由起。孫休永安三年始分會稽南部置建安郡。晉武帝太康三年又分建安置晉安郡，則今福、泉諸州所由起。明帝泰明元年，又分臨海置永嘉郡，則今温州所由起。唐之興也，豐、建、汀、漳並建，而猶屬江東采訪使之治蘇者領之，用漢制也。其置福建經略司，自玄宗始。其置福建節度使，自肅宗始。於是侯官都尉之地，遂獨爲一道，而東部則竟隸浙東，蓋自天寶元年分温州置處州，計地而論，直盡得回浦縣之境，福建一道僅得治縣耳。考漢太康記有回浦鄉在鄞縣南，當即南部故治，然則回浦亦在台州之境，與冶相接，當時以二縣包舉全閩也。若孫皓寶鼎二年，分會稽之太末諸縣置東陽郡，是今金華所由起。唐高祖武德四年分東陽之信安置信安郡，是今衢州所由起。玄宗開元二十六年，分會稽之鄮縣置餘姚郡，則今寧波也。是乃秦會稽郡之東境。其時如金華之永康，寧波之象山，則尚係閩中之地所度屬者，是浙東分地之顛末也。以甌閩之界言之，踰仙霞，越杉關，可以别爲一道，若東甌，允宜屬之浙中者也。

百粤分地録

百粤之於越，蓋自無余裂土以來，傳國踰千年，子姓繁衍，分鬮天南之土，凡職方不録者，皆爲所據，芊區瓜疇，各以成部。其在允常、句踐之先已有然者，正如白狄、赤狄之同出於狄，舒庸、舒鳩之同出於舒。太史公乃謂越亡之後，宗支分散，或爲君，或爲長，以臣於楚，非也。

閩越、揚越、甌越、駱越之名甚古，不自七國後始也。周禮夏官有七閩，則閩越之自爲一種，舊矣。史記當周夷王之時，楚熊渠興兵伐揚越，則揚越之自爲一種，舊矣。永嘉爲東甌，鬱林爲西甌，故輿地志曰：『東南有二越，則甌越之種不同，又可知矣。吕覽『越駱之箘』，則駱越又一種矣。安得如太史公之言，以爲越亡之後所分乎？況以罷侯置守之界言之，百粤之地，所謂閩中、南海、桂林、象郡四守，不在三十六郡之數者也。國語：句踐之盛，西至於太末，東至於鄞，此僅僅秦會稽郡界，而於閩中以下四郡無預也。將謂其時四郡未有屬乎？則沃野六七千里，陸與楚之長沙、豫章、黔中三面壤地相接，水可由海道以通齊之膠、萊，不特三江五湖之利也。以句踐之生聚教訓，（肯）虛此而置之乎？將謂句踐滅吴後所并據，則淮、泗之地，卒棄之而不終守，況四郡之隔以險阻，且廣袤而不及控馭乎？然則百粤之舊，有君有長可知也。百粤之種，本出於無余之後，故當越之强則臣於越，越亡則臣於楚。蓋自楚衰而吴盛，吴亡而越盛，江湖以南，漸通於上國，而百粤介在荒服以外，尚仍僻陋之區，風氣未開，故庇民於强者耳。

漢書注則謂自交趾以至會稽，綿亘南東，道里絶遠，各爲種族，未必皆夏少康之裔，斯固未可定。然據其所云，是百粤與越，初非一姓，而史記以越爲楚滅，宗支散處，而後有百粤之稱者，益不足信也已。

鄞西湖十洲志

鄞西湖之勝，至宋元祐間而極盛，南渡以後，皆遭變置，劉户部所作圖已無存者，嘉定間縣境圖則闕之。近修鄞志者，間有所指，或合或否。予爲捃拾舊文，約略故跡，大抵中央得四，而東西兩岸各分其三。

舒亶十洲圖記曰：『因湖上之積土，廣爲十洲，而敞壽聖之閣以名之。』是十洲閣在壽聖院中。

王亘題閣詩曰：『山川如幻閣長秋，一島飛來伴九洲。』是壽聖院爲十洲首，即花嶼也，前輩張瑶芝以爲芙蓉洲，謬已。王亘柳汀詩曰：『臨流截得虹蜺住，留作憧憧兩岸橋。』西憧憧橋即今尚書橋，東憧憧橋即今館驛橋。是逸老堂即柳汀也，聞性道誤以爲月島。舒亶芳草洲詩曰：『小雨如酥露下晞，嶼花汀柳自相依。』明范侍郎指爲碧沚，其説是也。蓋碧沚最居北，柳汀在其南，花嶼又在南，自史氏搆別業後始改名碧沚。舒亶松島詩曰：『歲晚何人同寂寞，水西我有讀書堂。』舒氏𡡉堂在嶴底，而松島在東，則真隱觀乃松島，自史忠定築觀，改名竹洲，張瑶芝遂疑爲竹嶼，非也。是中央之四址也。

由松島絶湖而東爲竹嶼，劉珵詩曰『清影扶疏月際來』，以其接月島也，晝錦橋當其南，牢家橋當其北。横河一道今已塞，在七牧廟旁。竹嶼之下爲月島，劉珵詩曰『衆樂亭前月滿洲』，以斜對柳汀也，牢家橋當其南，均奢橋當其北。月島之下爲菊洲，史氏實奎里在焉，直至平橋而止，近人誤以爲松島是東岸之三島也。

由松島而西爲煙嶼，劉珵詩：『溶溶曳曳拖輕素，遮盡漁簑與釣槎。』湖上漁人皆居嶴底，錦里橋當其南，觀音寺橋當其北。横河一道已塞，在周觀察第旁。煙嶼之下爲雪汀，即報慈觀音寺也，王亘詩曰『梁公宫裏舊池臺』，蓋指錢康憲朱邸而言，觀音寺橋當其南，感聖寺橋當其北。聞性道誤以觀音寺即感聖寺，遂并二橋爲一。雪汀之下爲芙蓉洲，直至衮繡橋而止。近人又有謬以橋北隔河一帶當之者，是

西岸之三址也。〔一〕
嗚呼！陵谷尚有變遷，何況湖上之區區者，特據當日十洲之詩，參以志乘，尚可彷彿其大概云。

甬上寓公偶志

吾鄉僻在海上，然累代星移物换之際，必多四方避地之士，其後或留或去，要足以增吾鄉文獻之重，不可遺也。

國初如北平梁鶴林〔嚴注〕以樟。居鄞城東，青神余生生、〔嚴注〕垚。桐城方子留、〔嚴注〕授。崇沙宋菊齋〔嚴注〕龍。皆居湖上不波航中，休寧江子雲〔嚴注〕漢。居城西，華亭徐闇公〔嚴注〕孚遠。居定海之柴樓，張子退居浹口，而其隱於僧寮者不預焉。

方明之初，西域丁鶴年居定海，金華戴九靈居慈谿永樂寺，曹南吴志淳居鄞東湖，山陰張玉笥居四明山中，永嘉高則誠居鄞櫟社，今尚有瑞光樓故址。龍子高亦居慈谿，南昌揭伯防、錢唐楊彦常、會稽

〔一〕〔李注〕烟嶼樓詩集卷十七柳汀雅集賦月湖款乃曲書後：「全謝山十洲志，由余考之，其所謂中央四洲，東西各三洲者，是也。至其確指洲名，如花嶼、月島之屬，撿之劉、王題咏，往往錯誤。」

盛景章、魏郡邊魯生、永嘉柴養吾，俱居鄞，而玉笥埋名傭於僧寺，至死始有知之者，其跡尤奇。

方元之初，閩中謝皋羽以遊錢塘，張玉田以卜天台，舒閬風、劉正仲以授經，胡梅磵以注通鑑，葛慶龍以詩，皆居鄞。而慈谿黄東發居湖上，又居同谷，居小溪。奉化曹泰宇亦居鄞，此雖同郡，而在甬上則爲客寄。

更追溯之爲南渡：如魏山房、張雪窗、張（於）〔于〕湖、朱灊山皆定家焉，不在此列。若山東焦先生以理學居鄞大函山中，吾鄉得私淑伊、洛之傳，自先生始。晏尚書敦復居湖上，又常寓昌國，有昌國梵慧寺碑、咏梵慧方丈梅花詩猶載於舊志。浦城黄子游則居奉化，皆寓公之生色者也。

嘗思蒐輯諸公軼事遺文，别爲一録，以附圖志之後，而卒卒未暇，姑舉所知者，牽連記其名籍，以俟後之博雅者，成予志焉。

招寶山鐵符志

招寶山，本名候濤山，居民以其當海口，商舶所經，百珍交集，因以『招寶』名之。或以爲因山下蚌珠者，妄也。

相傳宋政和間，沈鐵符山下。按況逵豐惠廟記：『政和七年四月，樓异造畫舫百舵，置海口，專備高麗使臣之用。又造二乘舟，錦帆朱鬣，威耀若神，投鐵符於招寶山之海中以鎮之。時有巨魚出現，長數丈，鱗角耀日，觀者駴之。』然則當時所製『凌虚』、『致遠』、『凌飛』、『順濟』神舟之屬，皆在是山下也。其鐵符殆林靈素等之所爲，道君方崇術士，尚符瑞，而巨魚之祥，守臣以此迎合，邀再任矣。嗟乎！病鄉井以博一官，又造爲詭異，誣惑耳目，异之罪不足責，特外夷貢使曾未幾至，而燕山已塵起矣。嗣君航海，奔迸於金鼇背上，鐵符能少效其靈，卻埼頭犯駕之師否耶？

樓氏晝錦堂世譜特變其説，以爲是時海潮坍溢民田，乃以鐵符自山投之於海，泛濫以定，因以名縣。是樓氏子孫自愧其廢湖給貢使之失，而欲以此掩之，不知定海之得名，在朱梁時，又可見其後人之不學也已。

志懸磁葑廟緣起

『懸磁』何以名廟？因『懸磁』之葑也。『懸磁』何以名葑？肖葑形也。泉深不能及膝，以竿探之，自葑以下可至數丈。歲旱，諸溪俱涸，而葑泉湧不竭。説者以爲自葑以上，如從空中懸磁者。吾考懸甕之山，見於山經，則『懸磁』即『懸甕』之類，皆取於象形歟？廟之神爲誰？殆葑神也。葑神則不應有衣冠面目，而流俗廟必有像，有像則設爲衣冠面目，因其衣冠面目，而别求其人以實之，於是紛紛不一其説：

或曰是鼂峯逸民，乃萬曆末年有神扶鸞而降，自道其生時事，頗類漢之董徵君，里人咸曰『懸磁』

者，懸慈也，因孝而得慈，猶慈谿之以徵君也。然尚未質言其姓氏。

或以爲宋殿前巡檢張竇，建炎扈從來鄞，會金兵迫，避難，重趼負其母入山，其母度不兩全，投井而死，竇亦殉焉。故曰『懸慈』，蓋因慈以愍孝。

予考張竇乃衛士，非巡檢，扈從以鼓噪伏誅，非投井，無一合者。而里人信之尤篤，至大署其神曰張公。

或又以『懸慈』乃老僧之名，有道術，嘗居於此，歿而里人神之，因爲立廟。

是三説者，皆改『磁』爲『慈』，遂并其地名而易之。然不直曰懸慈廟，而係之以『葑』，則其爲祀葑神也，彰彰矣。予故爲之志其緣起。

志阿育王寺舍利始末

南雷舍利辨謂吾鄉阿育王寺舍利，自明嘉靖以來，一失於胡制府防倭之師，再亡於山民李氏，三入於酒家，其故物杳然矣。因進溯前此數千年，流轉不一，其譸張爲幻，當更何如？吾讀魏偁聞見小史鏞按：偁，甬上人。言寺僧爲舍利求放光，多以夜半安排，次日即有微驗，則南雷之前，已有言其僞者。然二家尚未原其始而詰之。

阿育王舍利，其最著者，在丹陽之長干。李延壽扶南傳曰：『晉簡文，咸安中造長干寺塔。其後有西河離石胡人劉薩訶遇疾暴亡，七日而蘇，自言見觀世音語云：「洛下、齊城、丹陽、會稽，有阿育王塔，可往禮拜。」因出家，名惠達，遊行至長干，有阿育王塔，掘入一丈，得金函，盛三舍利及佛爪髮，乃遷於簡文所造塔之西，別爲塔。梁武大同三年開之，因重修塔，帝親幸寺，設無礙食。』此事，温公紀之通鑑。

扶南傳又云：『先是二年，改造會稽鄮縣塔，開舊塔，出舍利，遣光宅寺僧迎至臺，帝禮拜竟，即送還院，入新塔。』此舍利，亦薩訶所得，則即今在甬上者也。

然考會稽記云：『王導初渡江，有道人神采不凡，謂曰：「昔與阿育王同遊鄮縣，置安身舍利塔，阿育王捧塔飛行，虛空入海，弟子攀引不及，一時俱墮化爲烏石，如人形。」至今寺前數里有嶴名烏石，又十五里有塔嶼。』據此，謂王導初渡江，是在簡文帝咸安之前。

又釋感通傳曰：『晉太康中，離石劉薩訶，業弋獵病死而蘇，云冥中見一梵僧，告以宿業甚重，今洛下、齊城、丹陽、會稽，有阿育王古塔，當勤求禮識，可以免厄。乃祝髮名惠達，東詣鄮縣訪之。一夕聞土下金鐘聲，越三日見梵僧七人行道空中，涌地形爲方壇，神光照映。因斸土求之，得石函，中有舍利，六僧騰空而去，其一化爲烏石。』

夫一薩訶也，忽而爲東晉咸安以後之人，忽而爲西晉太康間人，蓋欲附合會稽記王導之時代，故不得不改咸安而爲太康，而蕭梁大同修塔之歲，亦或改而爲普通。是其荒誕不經，何足詰也。

且其異同尚不止此。據釋氏書，佛涅槃後，得舍利八斛四斗。阿育王起浮屠於佛涅槃處，諸國各齎少許歸國，以造寺塔。是阿育王自起之塔，及諸國所分造，猶專指西域言之。此其説尚不甚怪，自中國人爲之增飾，如李延壽謂阿育王一日一夜造八萬四千塔，則遍於天下矣。即以薩訶所舉四塔，惟丹陽見重於前，鄮縣代興於後，蕭梁之地，不及洛下、齊城，故二塔無聞焉。河南志雖紀嵩少有阿育王塔，而不著其異。即長干之舍利，自蕭梁亡而亦無復豔稱之者。吾甬上之後起，則以錢氏之佞佛也。彼爲之紀述者，既已顛倒人代，恣其附會，而逃儒歸墨之徒，亦略不考其始末，膜拜頂禮，惟恐不及。吾故詳著之，以補南雷之所未及。

吴綾志

吾鄉自唐至宋皆貢綾。唐國要圖云：『貢交梭綾。』貞元十道録云：『貢吴綾。』元和國計圖云：『貢吴綾、白附子。』宋九域志云：『貢綾一十四匹。』寶慶志云：『貢大花綾一。』深寧先生七觀亦誇交梭吴綾之精。據舊志言，吾鄉風俗，不甚事蠶桑，故縑帛俱貴，何以登貢物耶？惟奉化絁，絕密而輕如蟬翼，獨最他産；象山苧布獨細，曰『女兒布』，見寶慶志；明時稱慈谿葛布，見於縣志。近則鄞之林村絹，見於萬徵君季野鄮西竹枝詞。而交梭吴綾，已失其傳。鄞之南湖舊有紡絲、織紗諸巷，殆即貢綾時所呼。蓋杼軸羣聚之地，而後遂沿其名耳。

車螯志

今天下車螯莫如淮南，然謝康樂山行記：『永嘉車螯不如北海。』南朝之北海，則膠、萊也。是車螯以齊産爲上，吴産至歐公始稱之，而同時王荆公所咏則鄞産。豈地氣先後之不同，抑待人而始著耶？荆公詩謂其殼可入藥，則又方書所未言者。

大算袋魚志

大算袋魚爲吾鄉土物，即所謂『望潮』者也，其大者曰『章舉』，亦曰『章距』，俗傳以秦始皇東巡，棄算袋於水中，化而爲此魚，固不足述。而羅端良稱博物，其爾雅翼以大算袋魚爲鰂之別名，何其舛也。鰂之出以夏，大算袋魚之出以秋，時既不同，種類亦判。予嘗聞海上人語，『望潮』亦能以鬚纏物而食之，羅氏殆因此而誤耶？因戲爲詩云：『祖龍并六王，多算仗斯袋。持以贈海若，百谷計可會。算囊作墨囊，是亦蔡謨輩。豈知五曹郎，不登十笏隊。』鰂能吐墨汁，望潮則未之聞也。

鮚埼亭集外編卷五十

雜文

祝萬九沙前輩七秩序

節逢獻歲，正星野之北還；序在履端，方斗杓之東指。慶初元而撤荔，家傳太乙之占；撫令節而傳柑，户作紫姑之卜。乃有天生碩果，恰逢杖國耆年；神祐靈光，適值傳家初度。詢皇覽庚寅之日，當攝提娵訾之躔。時則河渚梅開，湖陰柳緑。普天門舊，争逐神鐙佛火而來；一介書生，亦隨明月暗塵以至。請諸君之並坐，聽賤子之一言：

恭惟九沙萬老先生前輩，南滁勛舊名宗，東浙耆英世冑。豐、沛風雲之種，歷四忠三節以傳家；英、褒棨戟之門，兼六鎮九邊以建節。是以王姬下降，貳室宏開；帝妹來歸，盈門有爛。至若數甘陵之圭臬，比跡膺、滂；推汐社之宗盟，追蹤方、謝。蕺山理學，薪火籍之長存；竹浦文章，枹鼓因以不替。積十六朝之喬木，萃五百里之德星。夫明德之後有達人，然極盛之餘難繼起。先生則拔幟於過庭之日，已壓時流；操觚於就傅之年，便驚前哲。覩嵇侍中之狀貌，知爲叔夜之兒；聽陳司空之議論，識是元方之嗣。雖成講義，洛陽之箋素俱空；選就文鈔，鄧林之棗梨都盡。

於是挾天人之三對，信筆彤廷；揮時務之萬言，含毫紫禁。翰墨映螭頭之日，早朝罷後，承蕉露以研磨；奚囊載雉尾之雲，退食歸來，爇蘭膏而排纂。詩成珠玉，新聲播在六宫；袖惹氤氳，香氣攜來五夜。光芒萬丈，凌轢一時。文苑揭爲斗樞，藝林驚以天半。

乃復掄才冀北，俱登天駟之羣；校士黔南，大啓夜郎之陋。羨珊瑚之結網，絳帳增輝；喜桃李之登門，緇幃生色。

豈期素乏宦情，遽興歸思。念故園之松菊，厲晚節以相需；急舊國之蓴鱸，訂佳期以未艾。北高峰下，別業三椽；南屏山前，遺書百卷。窮年皁帽，訂豕虎之訛淆；十載藜牀，考蟲魚之細碎。杜元凱集春秋之解，夢魂自膏肓墨守而成；衛櫟齋成戴記之書，精力從繭絲牛毛以出。野鈔國史，羅網於枯函墜簡之中；秦篆漢文，摩挲於斷碣殘碑之下。芒寒色正，笑石渠、天禄之非精；日曜霜清，嫌菉竹、絳雲之未博。凡此蓋巨公元夫所希有，寧祇薦紳學士所未能。

更有一端，尤爲獨感：以蕪文之陋劣，久藪荒落於三冬；況末學之伊吾，長媿空疏於七録。則是此間傖父，了不異人；何意間世明公，竟爲側目。殷勤訪戴，倒庋傾筐；忼慨推袁，班荆贈紵。開稚川之文籍，盤三壩以借縹緗；啓曹氏之書倉，醉一瓻而檢部帙。道旁苦李，得荷陶成；爨下焦桐，還加拂拭。是則古人知己之恩，所以盟之肝膈；而志士神交之感，直以等諸生成者也。

茲當春日之登龍，幸際稀齡之稱兕。爲蒼生而屬望，甫申嶽降，尚期下北闕之徵車；戀末契而從遊，黄綺籌添，願長作西谿之逸老。三杯藍尾，聊當泛粥之巵；一唱陽春，好作看鐙之曲。

李甘谷五十序

甘谷去年秋，以脾泄病甚，醫師視之，皆曰不治，即親友望問，見其狀者，亦皆曰不治。予謂老友〔陳〕〔鄭〕丈南皋曰：『甘谷無死法。』南皋蹙額應曰：『固幸其然也，但病甚劇，奈何？』予曰：『砌里李氏在吾鄉蓋文獻之職志也。自櫟軒、棟塘以來，十餘世矣。賓父、子年、封若、戒菴、昭武，世其學弗替，而杲堂先生集其成。其中若侍御之清望，黔撫之懋勛，儀部、農部之死事，李氏之名德，固不僅以文章。而杲堂以晞髮、吾汶之風節，出而紹之，又能以文章發明先世之忠孝，斯其立言所以獨尊。況是時也，李氏之難亟矣。杲堂以一身支柱其間，使九宗七族，得保於飄搖簸蕩之中，其功尤巨，是又積慶在風節文章之外者也。杲堂傳之東門，東門傳之甘谷，一綫之寄，舊德是憑，當有所以昌大之者，而謂如嗇夫之喪之，有是理乎？張安世懸記丙吉之有瘳，古人不我欺也。且甘谷之生也，其先太孺人夢有菊花盈谷，菊恬而壽，所謂「傅延年」者也，寒香晚節，正未有艾，故曰「甘谷無死法」。」於是南皋浮白起舞，曰：『善。』已而甘谷之病綿延九死，浹歲而果愈。

今年秋，坐蝸廬，祓除松梧閣、開雲嶺，招予與同社諸公，尋去年『句餘土音』之盟。踰月，其五十生辰也，南皋令畫師爲寫菊英圖。甘谷曰：『吾今將悟無生之妙，以祛浮生之累，神遊於無何有之鄉，屏當一切。惟是膏肓之痼不能盡療者，此枯吟之積習也。其爲我論定之。』

予曰：夫槁木死灰，别窺夫義山法海之界，洞徹元微，此寒山、石門二氏之詩境也。鳶魚之飛躍，沂、雩之風咏，曠然天放，此擊壤、江門儒者之詩境也。兩者俱非僅詩人之詩，而其中有別。儒者雖一物不足以嬰其心，而無一息不求盡其心之所當爲正，非二氏之遺棄世事者比。甘谷行年五十矣，杲堂之薪傳所萃，侍御、黔撫以來之門户所膺，櫟軒、楝塘以來之弓裘所託，天之所以不死甘谷者，謂其所當爲者，重且艱也。非謂冥心忘機，僅博一悟於茶鐺藥竈之間，以盡『八叉』、『三變』之能而已。歐、王爭秋菊落英之説，解之者曰：『落，始也。』甘谷之所以丕承舊德者，方自此始，前此之詩雖工，未足以盡其境也。請即以此爲甘谷壽。

予與甘谷爲十世通家兄弟，先贈公遭易代之厄，嘗向杲堂先生假館而居，非尋常交好比也。疇昔少年，追隨長者，均有碧梧翠竹之聲，今俱老大矣，力追先正，以永終譽，願與同社諸公鏃厲之。

錢芍庭七十序

老友芍庭錢先生，以今年杪春爲七十慶辰，諸子頓首乞言於予。古無祝年之禮，有之自末世，其言大率浮誕不可道。故予於應酬文字，十九束閣，而祝年其尤也。至於芍庭，則不禁有焉。

五百年來，甬上系家莫如楊、張、屠、陸四姓，而錢氏以名德起而齊之，導源於紀善，大於方伯，又數世而爲臨江使君之直節，清溪觀察之講學，寧國使君之大孝。於是明社且屋，則有若太保忠介公暨其弟檢討、樞部、監紀，其子尚賓之破家殉國，而錢氏亦以此覆巢毁室，至於東西逃竄，不可復支。然且寒灰、遡村、讓水諸老之固窮，支守柴桑之節，各以變徵之音，鳴於汐社。

而又有東廬徵君以雄才出，而重支門户。而錢氏之破碎於滄桑者，始得復疇曩之盛。芍庭，則清溪先生之冢孫，東廬先生之子。予於諸老皆不及待，僅得交芍庭兄弟，雅不媿王、謝後人之目。二十年前，芍庭五十，其仲弟春圃尚無恙，同人集於正氣堂下，共爲詩以壽之。時予年少，齒於席末，曾未幾時，而春圃死，其少弟盲隱，以廢疾不能出，諸錢之衰日甚。芍庭隻輪孤另，行吟於荒江寂寞之濱，欲以三旬九食之餘，支東廬先生當日之舊，良亦苦矣。然芍庭不以老而衰，不以蕉萃而喪氣。及予采詩之役，甬上文獻星散，芍庭爲予佽助，陸走重山，水浮絶壑，其所得最多。歲時佳日，烹雞醖酒，必與同人唱酬爲樂。而以予之表章其先世之大節也，尤傾倒不能自已。

嗚呼！以近日衣冠之式微，求如芍庭者，豈不爲故家之眉目哉。諸子試以吾文爲尊人誦之，并以聞之盲隱，以爲何如？

董鈍軒六十序

董氏於余家，在前代並稱朱輪華轂之望，其中師友之淵源，科名之譜系，姻眷之締連，不可以指屈也。年來甬上喬木消沈，新秦子弟，日以狓猖，而甲第之淩夷，至於莫來莫往，亦不獨董氏爲然。予罷官歸，諸董耆舊如晨星，其昕夕過從者，祗鈍軒兄弟三四人。鈍軒之少子秉純，年甫踰冠，頗有志於稽古，來問學。

今年七夕，鈍軒之六十也，秉純先期郵書至杭，乞予言以奉觴。余念鈍軒壯時，隨其先公永昌使君北走燕、岱，東至萊海，南抵滇雲，西遊華嶽，其時董氏方當鼎盛，鈍軒負奇氣斬斬，所與往還，大半騎馬試劍之豪，胸中不肯以閉目合眼之書生自待。年運而往，永昌（官）〔宦〕海風波，家門摧蕩，鈍軒亦復蹭蹬不遇，返智於拙，抑才於恬，置身於槁項黄馘之中，所有詩歌，聊以自遣，何其困也。世無蘇子瞻，誰識陳季常；世無吕伯恭、葉水心，誰知陳同甫、王道夫？鈍軒雖欲不杜門息憧，亦何可得。況復一二交遊，相顧俱無善狀，即數年以來，過從老友，南皋以窮死，芍庭三旬九食，甘谷、巽亭長年病憊，予亦頻歲奔走江淮之上，詩酒風流，渺然契闊。秉純即欲乘初度之良辰，爲高堂謀燕喜，吾恐其擊破唾壺，反增感慨也。

雖然，窮達命也，枯菀時也，而吾曹之所以自立者，非命之所能縛，鈍軒其借此暮景之消㢧，益勵其進修之堅忍，是則吾枌社契家諸兄弟所可籍手，以無慙先人之舊德者。秉純方有志於學古，其不以吾言爲迂，則啜菽飲水，莫非白華之潔也已。

董遜齋母李太君七十序

説者謂古無祝年之文，其列之爲序也，自元之虞、楊諸公始也；猶未以加之婦人，其援例而起也，自明初諸公始也。榕邨李文貞曰：『魯侯燕喜，援壽母以及令妻，則古人未嘗不及此。』然耶否耶？恐未足以爲近日之文例也。惟是人子之情，其於陔堂南北，有不能嘿而已者，但求其無愧詞焉，斯已矣。

今年九月，董母李太君七秩。太君，蓼存先生之繼室也。董氏爲吾甬勾甲族，四百年來，施行馬者連門。蓼存先生言有坊表，而行有壇宇，巋然爲董氏宗老，斯固通國所共知。方中年時，胤嗣未廣，思得淑女以助蘧氏之篚。而太君來歸，其於四行、七誡、十二訓，從容中之。已而攝行中饋之事，累世素封，門户既大，蓼存先生又勤施不怠，其綜理庶務，以爲内助，百口之所仰成，九宗三鄙之所待命，千倉萬箱之所司録，漏四下而未寢，雞三號而遽興，非僅僅酒醪魚菽之是議已也。而太君井井有條，不大聲色，咸歸節度，至於珠璣之飾，紈綺之製，非不充牣篋笥，而蕭然守林下之風，未嘗以嬰情。紙簾竹閣，足跡未嘗踐廳屏，而僕從無不歌其淑德。蓼存先生下世，所生子三，俱已頭角嶄然，各有成立。太君泫然流涕曰：『所望於若輩者，寧止是守爾父之田園已也。出則克自樹立，以追蹤先世之勛閥；入則毋忘爾父樂善好施之懿德，以替其弓裘：斯則若輩之所以慰我矣。』及諸孫漸長，亦是以此語三致意焉。故其子若孫，皆循循守禮，不墜其家聲。宜乎彤管之譽，聞於閭史，而既壽且康，以享福履，膺遐算也。

今太君鶴髮且種種矣，拜前拜後者，其翠竹耶？碧梧耶？芳蘭之苗耶？晨羞夕膳，其白華之潔耶？董氏之宗親，陪彩衣而舞，捧兕觴而前者，其松之欣耶？柏之悦耶？諒哉！其足以矙然而稱慶者也。太君第三子，乞言於予。予生平不敢妄爲祝年之文，以蹈震川『横目二足』之誚。但以太君之生平，實有不愧於中壘、蔚宗之所稱者，約略詮次之以爲序。

祭蒼水張公文

嗚呼！十九年之旄節，此日全歸；三百載之瓣香，一朝大去。漢皇原季布，聖朝之大度如天；柴市殪文山，異世之孤忠若一。爲問南屏深處，孤魂已爲忠武、忠肅之鄰；試看朱鳥飛來，野祭半在重三、重九之日。惟茲枌社，雖甲乙之侶無〔校〕黃本作『長』。存，瞻彼蠣灘，顧蘿蔦之遺未替。適逢忌日，薄薦生芻。溯遺事於七十八歲之遥，若存若殁；夸豐功於三十一城之捷，可涕可歌。固知此志之長存，更幸熙朝之不諱。重歌薤露，以當平陵。

錢忠介公大像繪成重題栗主入祠祭文　代錢濬恭作。

嗚呼！百年桑海，已埋骯髒之腸；再世影堂，重肅清高之像。痛當時之忠憤，貶秩僅用白鷳；考身後之褒崇，依例應加赤芾。忠介遺命，用五品飾，已遵之以殮矣。然監國追贈太保吏部尚書之命，則在其後，是不應以遺命而格之也。故予主仍用一品服飾之議。〔校〕黃本無此注。倘漢官儀而可問，稱唐宰相其何疑。乃準諸通家後輩之公言，非敢違烈考臨終之末命。前者炎威肆虐，栗主遘災；夷伯震驚，自慙負慝。新宮慟哭，又已歷年。雖生有所自，去有所爲，神明無所不周；而魂則已升，魄則已降，憑依究將安託？嗟茲孤子，亦已七齡，爲念衰門，兼承諸父。敬求佳植，既卜吉之可庸；改用新題，庶栖神之有地。

嗚呼！四忠一節，偕騎箕尾以翱翔；上〔校〕黃本作『北』。穆南昭，望駕雲車而肸蠁。又況捧指南之集，編次甫成；招蹈海之魂，碑銘初備。時予勸公子爲昔檢討諸公，行大招之禮。〔校〕黃本無此注。血三年而已碧，恨終古以何窮。敢曰維馨，庶幾不吐。

合祭錢張二公文 錢公以六月五日卒，張公以六月九日生。

嗚呼！琅琦江上，溯往事以魂消；雍睦堂中，問遺年而腸斷。豈意上相歸魂之日，正值元樞降嶽之辰。《嚴注》讀此二句，似乎張公之生在錢公殁之年矣。前輝後光，同符合撰。悲風來黄蘗，百年尚有孤兒；夜雨落南屏，一綫更歸何處？古稱忌日，不著生朝，屬在故人，何妨合席。敬陳二簋，以迓雙車。

合祭錢張二公於砌街李氏文

嗚呼！義公、魯公，爲梓里忠貞之重；此堂此祭，原砌街文獻之遺。黯淡南雲，魂魄化爲朱鳥；蕭寥北郭，精英猶在蒼宫。唯甲乙之子弟尚存，即蒿薤之哀思弗替。敬陳明水，爵兹忌辰。謹以李氏宗海先生、杲堂先生配席。尚享。

祭楊元徽明府文

嗚呼！哲人萎而浩歎，雄圖蹶而悲鳴。望西靡於咸陽之樹，瞻東隕於太華之精。是固通國爲之心惻，千人爲之神驚；而況乎誼實關於門舊，譜幸託夫友朋。

伊明府之令德，實盛世之芳型。語閥閱則原跨西海，問門第則宿著東京。乃以毓雀銜環之德，世召升鱣集舍之禎。弱歲而玄亭奪纛，髫年而崑體齊稱。德祖之機鋩閃鑠，盈川〔校〕黄本作「潁川」。之頭角崢嶸。而且凜四知於暮夜，戒三惑於生平。允不愧而不怍，抑有物而有恒。

早列賓興之席，遂登天子之庭。惟神明之則哲，獨相賞於羣英。謂往哉其汝諧，特簡爾以專城。翳甬東之彈丸，爲濱海之户扃；既商舶之雜處，坊奸宄之易乘。況積年之凋敝，又荒饉之薦更；民力困而未蘇，人心震以不寧。譬鴻翼之見折，擬魚尾之將頳。追明府之下車，沛雨露於風霆。以爲張弛之有道，在於温肅之並行。不有懲也何以勸？不有摧也何以興？彼小民之椎魯，驟心悸而目瞠。及積久以共喻，羣沐浴於和平。故孰殺之謗止，而誰嗣之頌興。

出東城之百里，本斥鹵之縱衡；困潮汐之出入，且有田而莫耕。爰陳書於開府，啓帑藏焉計程。相流泉以置閘，觀夕陽而建磴。羨泥塗之可化，慶膏腴之漸登。至若葺千尋之雉堞，壯百堵之藩屏；

觀子來之畢集，何鼛鼓之克勝。凡此皆興作之要務，而即爲賑恤之大經。夫惟仁則有勇，誠則生明。是以胥吏絶舞文之隙，苞苴杜由竇之萌。竿牘爲之不作，城社爲之肅清。并無暇援琴而弄鶴，衹有事戴月與披星。因之三異聞於制府，上考達於中丞。輶車錫之章服，御屏志其姓名。在我輩固皇皇乎借寇之慕，而使君亦戀戀於用趙之情。方且徼福星之長在，願弗令璽書之見徵。胡三尸之爲虐，羌兩豎之頓嬰。偕諸生以問疾，望公所而怦怦。忽皋某之大呼，已升復於東榮。招芳魂兮不來，徒躑躅而屏營。問遺言於侍者，述餘憾之未瞑；感天恩之高厚，徒結草於三生。遠盼山南之喬兮腸斷，近撫堂北之萲兮淚零。鄭公之渠莫竟，張令之郛誰成？迨彌留而大漸，向哲嗣以丁寧：戒持身之維正，毋隕墜夫家聲。是亦可以想見夫表忠裏孝之敦摯，而追信夫臨深履薄之戰兢。

論彭殤之一致，縱達觀於蓬瀛；齊死歸與生寄，寧粘滯於骸形。又況其來也斯民之父母，其去也大造之精靈。所可朽者骨肉，所不泯者汗青。而獨是望棠陰之如昨，埋玉樹以何能。不能不怪夫天道之無知，而悵彼神聽之難憑。

剡源二哀 有序

予嘗窮六詔諸山水之勝，各爲詞以侈之。然皆宋、元以前語爲多。載思因國之季，陸觀察周明募兵寨在榆林，周貞靖囊雲草瓢在小盤谷。是二蹟者，皆足爲剡源稱重，而又皆鄞産也。乃補述之，以爲他日圖經之據。

榆林風景兮清且嘉，山人住其中兮餐流霞。在昔宋、元厄會兮遭陽九，公棠置砦兮勞防守。三百年來兮龍蛇争，不驚草寇兮驚義兵。彈丸兮海角，隻手支天兮力薄。乃有夸父兮奮戈，不遠鄧林兮逐逐。我祖兮我父，五世相韓兮登系譜；購力士兮無椎，訪滄海君兮無所。碧血兮浸淫，耿耿兮此心。此心兮不移，肯與崦嵫兮俱沈。觀察初立寨時，本爲馮、王二督師犄角。兩公軍敗，觀察尚思支吾，久之軍潰。

我過遺寨兮弔故蹟，嗟土花兮如墨！呼空谷兮蕭寥，聆荒谿兮於邑！誰謂洞天兮不幸，屠雲割瀑兮遭薄命。彼忠孝兮所過存，縱歷劫兮非病。吁嗟乎芳魂兮其可招，猶凜然兮山之皋。

草瓢大於斗，吾髪之所儲。披緇不傳衣，此意將何居？試瞻雪竇兮密邇，有故相兮登堂，謂林閣學增志也。生徒兮雲集，我獨掉頭兮别有行藏，不爲異姓之臣兮，肯爲異姓之子？笑彼逃禪者流兮，久假不歸而忘所止。白雲兮一鋤，蒼松兮一笠；愛泉流兮齒齒，跣足而前兮寧病涉。長齋兀兀兮，不關佛祖之法輪；時或返我邨居兮，不妨一過夫細君。步懸崖兮有奇木，拾野燒兮得餘材；斲爲養和兮擁爲鑪，山靈亦憐我之寡諧也。吁嗟乎！榧灣榧樹猶如故，邈高風兮其誰遡？

哀石將軍廟古樹辭 有序

城西六里有石將軍守信廟，其雙樟樹，相傳以爲建炎時高橋之戰，將軍帥神兵出，樹葉俱變爲蜂以助陣者也。其説雖似誕，然如六朝侯景之難，杜稜夢大雷雷池君周、何二神，乘朱航以甲仗下，稱討景，則亦容或有之。國初，一樹先萎，周先生鄮山爲記，末引諺語，猶以再生望之。雍正丙午，大風并隕其一，社木消沈，爲可悵也。乃摛詞以附鄮山之餘。

入故國而下車兮，愛喬木之蒼蒼。況神爽之所依兮，歷千載其有耿光。溯將軍之佐命兮，吴越尚阻於南荒。暨浙東、西之聲教來同兮，將軍已騎箕而上翔。求立廟之故而無徵兮，意者如水之行地而無疆。既不鄙夷我下邑兮，敢忘薦誠於椒漿。乃兹廟樹之插天兮，與古社木以爭芳。我聞建炎之蒙塵兮，泊蠣灘以旁皇。彼女真之猛勇兮，幾所向其莫當；渡揚子以東下兮，不血刃而踰錢唐。惟第九洞天之在海隅兮，久未罹兵革之殃。凜先聲其豕突兮，欲追風於六龍之飛航。將軍之靈赫斯怒兮，横長刀而慨慷；彼葵心之未死兮，矧枌蔭之難忘。乃戒嚴於二樹兮，曰爾固以良木稱豫章；其爲我洩此憤兮，率蜂蠆以啓行。迨高橋之接刃兮，彷彿神將之堂堂；樹青銅之柯以爲斧兮，驅鐵幹以爲斨；飛霜葉以效靈兮，敵兵爲卻走而踉蹌。嗚呼！以風雲之神物兮，而震驚於桑海之天狼。君臣之際會亦遠兮，遺庇尚令人慨想於甘棠。

我嘗痛哭於當時之諸將兮，三十六策之莫知所從；望塵而遠遯兮，不有其國有其躬。彼張俊之請海舟兮，早定計於伏戎。幸相如之仗策兮，殆即將軍之神誘其衷。卒之欲再舉而膽落兮，致城郭之一空。雖報慈之古佛兮，亦避地於別宫。想將軍爲彈指而出血兮，二樹亦闇然其有戚容。然館頭之得以遠颺兮，尚籍此一戰之功。向令諸將之肯前兮，神力將倍致其奮庸。三江七堰之難諳兮，何患不啜泣於途窮。彼大酋將何恃兮，有如鳥之在籠。車廄之寨可殲兮，築京觀以崇封。豈不爲藝祖吐氣兮，更奚勞黄天蕩之交鋒。

嗚呼！神勇則已鼓兮，奈人力之弗同。嗟兹二樹之競爽兮，謂當天長地久以帡幪。當一个之初弱兮，或望南枝之再蒽。胡憖遺之卒難兮，又喪之以暴霿。豈如莫邪之招干將兮，終有合於雌雄。殆天年之必有所盡兮，不辨夫猿鶴與沙蟲。不然胡不震張俊之廟兮，我將訟風伯於天公。

五嶽遊人哀詞 同陳南皋、李甘谷。

嗚呼！四窗於邑，五嶽沈昏。誰裂清磬，誰賈大椿？鶴浦潮汐，有淚同吞。南皋陳汝登。老成幾盡，學統將淪。棃洲愼獨，用微求仁。誰更灌灌，揭之斯人。謝山全祖望。二老悽愴，半翁酸辛；何況我輩，能無斷魂。爲位而哭，天喪斯文。甘谷李世法。

在昔世父，莫逆寒村；兩家子弟，並茁蘭蓀；追隨講會，連袂接茵；相期和鳴，以光師門。豈料所造，成否各分。一遡長風，直抵天津；一困中流，失船邅屯。瞠乎其後，莫逮絶塵。廿年以來，泥水沈湮；固窮雖樂，十口紛綸。胡奴之粟，耳不欲聞；三旬九食，誰爲過存。素心吾友，古誼惟殷；出之沍凍，賫以陽春。每來訊使，强飯是詢。睠念老伴，晨星難捫；相期晚節，白頭如新。庶幾夙夜，葆兹天真。嗟哉世父，宿草已陳。再世玉樹，猶卧荒雲。麥舟之致，歲必諄諄；聽之邈邈，嗟彼僇民。而今已矣，我益隻輪；涸轍之魚，長槀其鱗。陳南皋。

予年十五，隨侍先君；杖履之來，於西湖濱。曰予今日，特訪阿羣；愛此孺子，拔俗嶙峋。句餘清氣，萃於宿根；從此忘年，以執友親。征夫奔走，京洛逡巡；魚雁往還，相接以神。曷予匡時，道在反身；二曲之教，亟宜持循；緇素之戒，尤書諸紳。予罷官歸，扁舟角巾；叩所新得，挑鐙細論；商榷行藏，定山是嗔。實獲我心，願言卜鄰；謂能如此，道高而尊。積年荼苦，慰唁良勤。予賦絕糧，以擬戲賓；流傳函丈，四顧而呻；曰此誰恥，急輸十囷。雖學微生，不厭其頻；精英宛在，咳唾如聞。河海之迹，窮流難因；豈予之私，天下所云。全謝山。

砌里世好，自祖及孫。惟四詩伯，才力適均。擬之蕙芷，同心共薰。松梧閣下，握手欣欣。有花連枝，有酒合樽。八叉已就，永夕相醺。不肖兄弟，亦荷陶甄；時聆緒論，偷染墨痕。白華失怙，獨雁離倫；塊然小子，屈而不伸。況復多難，瘈狗狺狺；況復沈疾，三彭齗齗。應憐孤另，何以自振。仗庇夫子，有來温温；挾我以纊，飲我以醇；臭味所及，稾木回曛。序我先集，憂我後昆；中心藏之，莫報厥恩。粟蘭在架，手澤未泯；胡忽告逝，赴者在閽。病魔驚起，涕洟浹脣。泉臺長夜，舊雨重敦；偕我父輩，再咏寒筠；爲言孤子，日墜雺氛。李甘谷。

嗚呼！所可惜者，驟丁不辰；雖開八秩，未届庚寅。嚴風颯颯，冷露沄沄。南皋所不慊者，南嶽逡巡。方遲屐齒，不接清芬。靈其過之，洞庭之濆。謝山。南皋有狀，既清且馴；雙韭有志，中穿勒珉；我亦和淚，輓茲孤墳。甘谷。

蕺山講堂策問

問學者，所以求廣其未知未能也。山長空疏荒落，慙不足以爲諸生師，方望教學相長，或得補炳燭之光焉。再發問而莫對也，不知則其不對也固宜，然何以課後亦不問也？方且譁然咎山長敖以所不知，則非求益也。今山長更端以敬問於諸生。

諸生去念臺先生之世如此其近也，其肄業之地，即念臺先生之舊塾也，是亦易知也已。念臺之學本於許敬菴，敬菴出於甘泉，甘泉出於白沙，白沙出於康齋，其門户蓋與陽明殊，世之混而一之者，非也。

然康齋之門以白沙爲別派，念臺最服膺康齋，而白沙則有貶詞，甘泉則無稱焉，何歟？是其五世之澤，異同純駁，諸生能言之歟？

念臺之高弟，即其居近蕺山者，左顧則解吟軒有朱綿之，右顧則石家池有陳敬伯，其生平顛末，亦有能言之者歟？是豈亦荒遠而無稽者乎？

夫循循誘人，山長之事也，教玉人琢玉，非學者所宜言也。試言之。

端溪講堂策問一

掌教敬問諸生：蓋聞講堂之立，學統最重。古禮所謂必釋奠於先師，否則必有合。蓋先師者，其一邦之宿德，嘗有功於道者也。有合，則以其國無足當此統者，而近而合之鄰封之祀也。

粵中先師如唐之趙，如宋之梁與陳，蓽路藍縷，以啓山林，尚未登大儒之壇也。白沙陳文恭公者出，超然自得，其學雖出於吴康齋，而别爲一家，粵中學統，殆莫之或先也。白沙授之甘泉，其門户益盛，受業著録四千餘人，當時稱爲『廣宗』。同時與陽明分講席，當時稱爲『浙宗』。終明之世，學統未有盛於二宗者，而河汾一輩之學，幾至遏而不行。然浙宗與廣宗，亦極有異同，互相可否。以廣人而爲浙學者，薛中離、楊復所，其魁也。浙宗至是始並行於廣中。掌教，浙人也；諸生，廣人也；溝澮本通，宗支可合，其家數倘得而詳之歟？

白沙之學，非可輕議，而甘泉，則後人不能無疑之者，謂其到處建立書院，門庭雜沓，實啓隆、萬以後講學之弊，若鈐山堂文集一序，似不可謂非晚節之玷。〔嚴注〕甘泉八十六歲撰鈐山堂集序，序中有『再拜，再拜，復再拜』之語，若此人而欲置之俎豆間，吾未敢附和也。因謂白沙弟子，特以位望，先甘泉而能得白沙之傳者，當推林緝熙，或曰當推張東所、李子長、謝天錫。諸生能述其人之淵源乎？

甘泉弟子在粤中者，龐弼唐其巨子也，實能和會浙宗，使二家異同之旨，疏通證明，而無所礙。今累經兵火之後，林氏、張氏、李氏、謝氏、龐氏遺書，尚有存否？其與龐氏同時講道於嶺嶠者，葉石洞、唐曙臺之徒，而曙臺亦頗攻浙學，其與龐氏孰是而孰非歟？諸生其亦嘗講明之歟？即薛、楊二家爲浙學，亦孰醇歟？

乃若泰泉黄文裕公於白沙爲後出，於甘泉則同時，顧并浙宗、廣宗而皆不以爲然，是又粤中别一學統也。泰泉之窮經博物，明儒中葉未有出其上者，其論學不合於湛、王，亦各有所見。諸生能言其略歟？

然而泰泉之高弟盧冠巖，則頻問難於甘泉，而以不得侍陽明爲恨，是又何歟？冠巖之所著曰獻子偶存，其中大有見到之言，今之廣東志乘泯然不爲立傳，是何文獻之闕失歟？

瓊山大學衍義補，其言粹矣，然而妬定山，排三原，修實録則毁白沙，何其行之舛也。渭厓以『大禮』蒙謗，而論學之言有可采。同時醇儒如莊渠，亦頗稱其人，其故安在乎？

至於東莞陳清瀾，則俗儒也，巧狗政府之意而攻陽明，并隱譏白沙，以自附於河汾之統，蓋有窺見其底裏直斥爲小人者。然而當時則涇陽序之，近日則亭林稱之，稼書諸公尤尊之，則又何歟？

唯端溪講舍向未有先師祠宇，可謂禮典之大失。今掌教且言之有司，特舉其禮，將與諸生薦溪毛以行釋奠之文，而其源流不可以不曉然也。諸生試一一縷陳，掌教且束帶而聽焉。

端溪講堂策問二

掌教敬問諸生：夫輿地之學，讀史者所最重也。諸生粤人，其於粤中之文獻，諒所留心。請以五嶠言之：湖南得其一，廣東得其一，廣西得其三。然其第三嶠之都龐，漢志以爲九真，故九真郡有都龐縣，宜無可疑。鄧氏南康記本之，而水經則以爲桂陽之南平，裴氏則以爲在揭陽。若揭陽之説爲信，則廣東多其一矣。而厚齋王氏又謂都龐宜在湖南，諸生能折衷之否？

洭水出於都龐之嶠，粤之大川也，其實即湟水，亦即匯水，乃『匯』以『洭』之字形而譌，『湟』以『洭』之字音而譌，而且『匯』之累變爲『灌』，爲『浤』，爲『涯』，『湟』之累變爲『湼』，爲『横』，不可究詰。鄒誕、顔師古、丁度皆爲之溷，諸生其悉數所自出否？況湟水又别名桂水，又名鍾水，其隨所在而異稱，則又何歟？

泰泉謂尉佗嘗改南海爲南武，而引南武侯織以證之。夫織乃騶王無諸之族也，非尉佗之臣也，其以南武名國，或南海境中舊有地名南武者，爲織所據耳。若謂即尉佗所改，織安肯取以名其國乎？其説無據。泰泉博雅君子也，獨於是説則予未之敢信。諸生以爲然否？

尉佗既據南海爲王矣，漢人尋又封南武侯爲王。文穎曰：『蓋遥奪佗之一郡以虚封之，而織實未得王其地也。』夫百粵君長在域外，無可虚封之理，況南海王在文帝時嘗入貢於朝矣。其後謀反，淮南厲王滅之，遷其軍於上淦，遷其民於廬江。未幾廬江之遷者復反，厲王復滅之，則確然非虚封矣。既非虚封，則豈别有一南海郡者乎？其與尉佗分疆而王，史、漢皆失之，今雖不能得其詳，然約略之當在何地，粵人從無能言之者，以故二千餘年，但知粵之開疆者爲尉佗，而不知尚有騶織，何也？諸生其曾參稽而考核之歟？

抑又聞都龐嶠水，一爲涯水而入海矣；其一又自湘水而入江。夫五嶠大川不通南瀆，説者以爲地絡之所限也，而亦竟有會七澤以來歸者，然則於岷、峨未嘗非通津也。諸生少長之地，亦能言其源流否？

其尚各據所知以對，無負掌教踞觚之勞也。

端溪講堂條約 四條

一、正趨向

書院與學校，相爲表裏。學校盛，則書院與之俱盛；書院衰，則學校與之俱衰。宋、明以來，歷可徵也。今聖天子宏作人之化，憲府大臣實宣布之，葺講堂，萃圖籍，以成文明之盛。粵中遠在嶠南，不遠五千里，延掌教以莅之，所望於諸生者甚重，固不僅區區章句之學，博一科舉而已也。況此間前哲張文獻、崔清敏以來，魁儒時出，白沙、才伯、南川、甘泉、弼唐、中離、曙臺諸先生，學統迢遥，弓裘不替。而邱文莊、梁文康、海忠介、陳文忠，並以勛業風節起而翊之。雖諸生未必遽足語此，然豈無中人以上之資，尋墜緒之茫茫，苦質疑之無自者乎？掌教願進而語之。

一、勵課程

院中藏書不下萬卷，雖無祕册，而實皆諸生布帛菽粟之需，苟通是，是亦足矣。掌教固不敢薄待諸生，然諒近來士習沈溺於帖括之學，未必留心及此也。夫學問豈在帖括，然即以帖括言，亦非讀書不工。諸生即未能遽讀十三經注疏、通志堂九經解，然於五經、四書大全其曾熟復乎？即未能遽窺廿三史，然於資治通鑑綱目、文獻通考，其曾詳觀乎？即未能偏覽諸儒之語録、講義，然於性理大全其曾研究乎？自今以始，願諸生分曹定課，日有章程，其有疑義，拈籤以問。每人各置一考課册，填寫所業於其中。掌教五日一升堂，或墨或覆講，其必能啓發神智，薈萃古今，從此更上一層，讀盡諸書，不僅以帖括之士終，而亦必不爲尋常庸劣之帖括也。掌教其待大叩小叩之至而應之。

一、習詞章

功令以帖括取士，諸生之汲汲於此，亦其勢也。然功令未嘗專任帖括：二場之表以觀其駢體，論以觀其散體，判以觀其律令之學；三場之策，以觀其時務；進而爲翰林，則有館課之詩賦，以觀其韻語。苟能是，是亦足矣。諸生倘能如掌教之言，通明經史、性理，其於表、論、判、策已非所難，然而行文之體，或尚未嫺，仍不出帖括家數以應之，亦非矣。則八家文集及朱子文集，不可不讀也，亦須時時習之。掌教當爲别裁其體之不合者，詞氣之駁雜者，婷羣雅而歸於大醇，是所厚望於諸生者也。

詩賦則粤中自有嫡傳，張文獻公以來，世有其人，近而南園五先生，廣州之三家，皆驚代才也。向例院中二課，止及帖括，今掌教添古學一試，各具策問、詩賦、表、論諸題，諸生能者各報名赴課，不必求備，亦不强人以所不能也。掌教當自捐筆資，以爲獎勸之助。

一、戒習氣

士子束身敦行，未有不守禮教而能至成立者。泰山、安定二先生所以能啓兩宋文明之盛，由於立教之有法也。

向聞院中課試，陋習極多。試藝則不在公堂列坐，各歸其舍，是即鈔襲等弊所由生。而且卜晝不已，繼以卜夜，甚至更漏過午夜，相沿成風。以致督學使者試日，有所降黜，大爲掌教之辱。甚至遷延至次日始繳卷，豈非荒唐驕慢之一大徵乎？掌教向主浙之蕺山，嘗力禁之，不許給燭。今念諸生因循已久，姑稍寬之，每試自未牌即升堂，親自監收，許諸生以上更爲度，既上更，掌教即退。其過此而交卷者不閲。三次犯規，即移咨斥出講堂。先三令而五申之，諸生勿怨也。

其諸生告假、銷假，自有册籍，至於每日不無出入，在掌教亦無不情之阻遏，但皆須禀知，無得率情任意，是即禮教之一端也。

至於掌教之來，乃憲府所資給，諸生以師弟之誼，或少致時物，非不知其雅意，然而人心不古，物議易生，緈帳青氈，不可以受藏垢納污之語。爲此亟行諭止，萬勿過於多情。諸生但能奮然自拔於流俗之中，不爲俗人而爲端人，不爲俗學而爲正學，他日院中著録，足爲掌教之光，掌教即拜諸生之賜矣，更不須其他也。

至於諸生聚處樂羣，友朋鏃厲，最是樂事，友其賢者，矜其不能者，當戒澆漓，消嫉妬，相接以虚衷，相勉以古道，相期以遠大之業。是非但掌教之厚望於諸生，亦即憲府牧伯諸公之所有同情者。其或造言生事，分門結黨，飲酒狎邪，試藝則代倩傳遞，種種疵謬，以致斥逐譴責，在諸生諒必無此，但掌教不得不戒之於豫也。